UNIVERSUM DER KUNST

BEGRÜNDET VON ANDRÉ MALRAUX
HERAUSGEGEBEN VON ANDRÉ PARROT, PAUL-MARIE DUVAL
UND HUBERT LANDAIS

ÄGYPTEN

ZWEITER BAND
DAS GROSSREICH

1560–1070 v. Chr.

Herausgegeben von Jean Leclant

Unter Mitarbeit von Cyril Aldred, Paul Barguet,
Christiane Desroches-Noblecourt, Jean Leclant,
Hans Wolfgang Müller

VERLAG C.H.BECK MÜNCHEN

DER DEUTSCHEN AUSGABE LIEGT DIE UNTER DEM TITEL ‹LES PHARAONS ·
L'EMPIRE DES CONQUÉRANTS› 1979 IM VERLAG GALLIMARD, PARIS, ERSCHIENENE
FRANZÖSISCHE AUSGABE ZUGRUNDE
DIE TEXTE VON CYRIL ALDRED UND JEAN LECLANT WURDEN VON SIBYLLE EDZARD
AUS DEM ENGLISCHEN BEZIEHUNGSWEISE FRANZÖSISCHEN,
DIE TEXTE VON PAUL BARGUET UND CHRISTIANE DESROCHES-NOBLECOURT
VON CHRISTINE STRAUSS AUS DEM FRANZÖSISCHEN ÜBERTRAGEN

MIT 431 ABBILDUNGEN, DAVON 127 FARBIG

CIP – Kurztitelaufnahme der Deutschen Bibliothek

Ägypten / hrsg. von Jean Leclant. Unter Mitarb.
von Cyril Aldred . . . – München: Beck.
      Einheitssacht.: Les pharaons

NE: Leclant, Jean [Hrsg.]: Aldred, Cyril
[Mitarb.]; EST

Bd. 2. Das Großreich: 1560–1070 v. Chr. /
[Die Texte von Cyril Aldred u. Jean Leclant
wurden von Sibylle Edzard aus d. Engl. bzw.
Franz., d. Texte von Paul Barguet u. Christiane
Desroches-Noblecourt von Christine Strauss
aus d. Franz. übertr.]. – 1980.
      (Universum der Kunst: Bd. 27)
      ISBN 3 406 03027 0

ISBN 3 406 03027 0

FÜR DIE DEUTSCHE AUSGABE:
© C. H. BECK'SCHE VERLAGSBUCHHANDLUNG (OSCAR BECK), MÜNCHEN 1980
BILDDRUCK: GEORGES LANG UND DRAEGER, PARIS
TEXTDRUCK: C. H. BECK'SCHE BUCHDRUCKEREI, NÖRDLINGEN
EINBAND: A. SCHRAML, MÜNCHEN

INHALT

EINLEITUNG

Von Jean Leclant

In strenger Majestät – so präsentierte sich am Anfang einer langen Geschichte das Ägypten des Alten Reiches in seiner *splendid isolation*; die Pyramiden dienten dem Ruhm der Pharaonen, die damals den Göttern gleich waren. Später, um die Wende des II. Jahrtausends, weitete das Ägypten des Mittleren Reiches seine Grenzen aus, und seine Macht erstreckte sich bis nach Nubien und bis in die benachbarten Gebiete Vorderasiens hinein. Aber erst die Invasion der Hyksos, der ‹Hirten-Könige›, und die Aufrüttelung durch eine Fremdherrschaft bewirkten, daß sich als Gegenreaktion zu Beginn des Neuen Reiches ein Nationalgefühl herausbilden konnte, mit dem sich Eroberungslust und Hegemoniebestrebungen entwickelten. Im Wirrwarr der Gefechte eroberte Ägypten ein Reich, das sich in Afrika schnell bis zum 4. Nilkatarakt ausdehnte und die Truppen Pharaos quer durch Syrien und Palästina bis zum großen Euphratknie führte.

Für den Zeitraum fast eines halben Jahrtausends (etwa 1552–1070) nahm das eroberungsfreudige Ägypten am Kampfgetümmel der Völker und Königreiche teil. In seinem afrikanischen Bereich, wo es ja auch auf den Flußlauf beschränkt war, gab es sich als Kolonialmacht und fand dabei keinen nennenswerten Widerstand; in Vorderasien dagegen konnte es nur ein oft angefochtenes Protektorat aufrechterhalten, da es hier auf ernst zu nehmende Gegner stieß, erst auf die Mitanni, dann auf die Hethiter.

So gewiß Ägypten seine Ursprünglichkeit bewahren und ganz unter der Herrschaft seiner Götter und seiner königlichen Institutionen bleiben wollte – es war nicht mehr allein. Sicher haben gewaltsame, kriegerische Zusammenstöße mit Phasen des rein wirtschaftlichen Austauschs abgewechselt, aber in jedem Falle waren die Einflüsse von außen zahlreich und mannigfaltig. Das Militär spielte eine größere Rolle: neben den Schreibern, Priestern und Verwaltern, oft sogar ihnen vorgesetzt, etablierten sich Offiziere, und zwar besonders Leute aus der Streitwagentruppe, denn die Hyksos hatten ja Pferd und Wagen aus Asien mitgebracht, und die Streitwagen waren zur entscheidenden Macht in den Kämpfen geworden; mehr und mehr kam es zu Auflehnungen gegen die bestehende Herrschaft: eine Gruppe von Militärs setzte den Unschlüssigkeiten der ausgehenden 18. Dynastie ein Ende und organisierte den Aufstieg der Kräfte, die dann die Träger der 19. Dynastie wurden, der Dynastie der Ramessiden.

Mit dem Zustrom von Reichtümern, von Beute und Tributen entwickelten sich der Sinn für Luxus und alle Arten von Prunk. Vorbei war es mit der strengen Größe und nüchternen Eleganz vergangener Epochen. Es gab immer mehr Prestigebauten. Schmuck und Prunkmobiliar funkelten im Überfluß von Gold und kostbaren Steinen. Pomphafte Zeremonien feierten die Götter, den Pharao und seinen Hof. Die Mode triumphierte; die feinen Verzierungen auf alltäglichen Dingen standen im Wechselspiel mit der ihnen innewohnenden Bedeutung, die wie in vergangenen Jahrhunderten stets von einer beherrschenden Sehnsucht nach dem Ewigen bestimmt war.

Obwohl die Hyksos später als regelrechte Barbaren abgelehnt wurden – «zur Zeit dieser Pest», wie die Texte sagen –, hatten sie doch an Wissenschaften und Künsten vergangener Zeiten festgehalten; sie hatten sogar neue Formen wie Spiralen und Palmetten entwickelt.

2 - Medinet Habu - Totentempel Ramses' III.: Teilansicht einer Rekonstruktion des ersten Hofs mit Portikus. 20. Dynastie - *Mehrfarbiger Sandstein*

← 1 - (Frontispiz) - Theben, Tal der Könige, Grab des Tutanchamun - Miniaturmalerei auf einer Truhe: Ausschnitt aus einer Schlacht gegen die Asiaten. 18. Dynastie (um 1330) - *Holz mit bemaltem Stucküberzug; Gesamtlänge der Bildfläche 0,61 m* - Kairo, Ägyptisches Museum. *Vgl. Abb. 107*

Die Befreiung von den Hyksos war der Lohn siegreicher Kämpfe der thebanischen Gaufürsten Kamose und Ahmose (etwa 1552–1527 v. Chr.). Solange Ägypten noch seine Energie darauf konzentrierte, im Süden wie im Norden den Feind zu verjagen, war die künstlerische Produktion bei Neubeginn zunächst bescheiden: der Ernst eines schmucklosen, klassischen Stils hat zuweilen den Anschein des Akademischen; man versuchte wieder an die Überlieferung vor allem aus dem Mittleren Reich anzuknüpfen. Und obwohl die rauhen Krieger, die das Reich neu gründeten, den Königin-Müttern viel Platz einräumten, wurde die Strenge der Formen nur wenig durch einen Hauch zarter Weiblichkeit gemildert. Elegante Einfachheit war das Merkmal der Zeit von Hatschepsut und Thutmosis III. Freilich grenzen die Denkmäler der Königin ans Grandiose: da sind die weiträumigen Höfe mit Säulenstellungen im ‹Herrlichsten der Herrlichen›, nämlich im Totentempel der Hatschepsut, dessen gewaltige Horizontalen sich vor der hohen Felswand von Deir el-Bahari erstrecken; da sind die Pylonen und Obelisken des Tempels von Karnak; und an einer erstaunlichen Reihe von Statuen sieht man das kleine dreieckige Gesicht mit dem scharfen, intelligenten und beherrschenden Blick der Frau, die Pharao sein wollte. Thutmosis III. (1490 bis 1436), der durch diese seine Tante und Stiefmutter zwanzig Jahre lang von der Macht ferngehalten worden war, festigte in siebzehn Feldzügen die Herrschaft Ägyptens in Asien. Der Kampf richtete sich, häufig siegreich, gegen Mitanni. Schon auf seinem ersten Feldzug gewann Thutmosis III. die Schlacht von Megiddo, erreichte aber erst beim achten Feldzug den Euphrat. Das Grab dieses großen Eroberers ist sehr einfach gestaltet: auf den Wänden stehen die Texte eines Totenbuches geschrieben. Die Dekoration von Privatgräbern blieb ziemlich streng; die Formen sind scharf voneinander getrennt und oft durch deutliche Umrißlinien unterstrichen; die Farbauswahl ist sparsam: klare, aber häufig kalte Töne wurden bevorzugt. Amenophis II. (1438 bis 1412), der sportliche König, festigte das Großreich durch drastische Bestrafung von Revolten. Die Pfeiler seiner Sargkammer sind mit einfachen Skizzen geschmückt – in ihrer Schlichtheit strahlen sie eine Kraft aus, die etwas Bewegendes hat.

Unter Thutmosis IV. (1412–1402) zeichnete sich eine Wende ab; der zunehmende Luxus setzte neue, moderne Akzente. Die Gräber von Würdenträgern wurden besonders prächtig ausgeschmückt; die Kompositionen wurden vielfältiger, und durch die raffinierten Gewänder und Schmuckstücke belebten sich die Szenen mit warmen Farben, wobei man vor der Anhäufung oft schillernder Details nicht mehr zurückschreckte. Der Höhepunkt der Eleganz wurde unter Amenophis III. (1402–1364) erreicht; der König und seine reizvolle Gemahlin Teje ließen sich inmitten üppiger Hofszenen darstellen. Relief und Plastik aus der Zeit zeugen von erstaunlicher Virtuosität; das Grab des Ramose enthält eine Fülle so vorzüglicher Reliefs, daß sie, obwohl ihnen ein gewisser Manierismus anhaftet, vielleicht kaum jemals übertroffen werden können.

Die Perfektion wurde so auf die Spitze getrieben, daß sie in sich zusammenzufallen drohte. Die Revolution von Amarna war durch die gleichmäßig zunehmende Verehrung für Aton, die Sonnenscheibe, das heißt die sichtbare Form des Sonnengottes Re, vorbereitet worden; zu der religiösen Häresie trat noch eine weitere: die regelrechte Umwälzung aller künstlerischen Werte. Unter Berufung auf die herausragende Bedeutung der Maat, also der Gerechtigkeit, der Wahrheit, die selbst als Tochter des Re galt, ließ sich Amenophis IV. so darstellen, wie er war: der Drüsenkranke scheute sich nicht, seine fliehende Stirn, seinen zu langen Hals, seine dürren Beine und seinen aufgetriebenen Bauch zu zeigen. Es war ein Realismus, der bald in Übertreibung ausartete, und auch seine Frau, die wunderbare Nofretete, seine Kinder und schließlich die ganze Höflingsgesellschaft ließen sich genauso darstellen wie er. Mit dieser neuen Beachtung der sichtbaren Formen entstand ein Stil, der reine Ursprünglichkeit anstrebte. Und wirklich belebt der Atem der Natur, der durch Echnatons große Hymnen auf die Sonnenscheibe weht, auch die riesigen Wandbilder, wo in kleinen unzusammenhängenden Szenen Tiere herumspringen und Handwerker sich regen – die strenge Unterteilung in Register hatte man aufgegeben; an der Grenze der aspektivischen Darstellungsweise bildete sich ein ungewohnter Sinn für das Räumliche heraus.

Das war nicht bloß eine Episode der Aufmüpfigkeit gegen die Amun-Priesterschaft, sondern eine wirkliche Häresie und auch eine neue Weltsicht. Die ‹Revolution› nahm ihren Ausgang von Theben selbst: in Karnak Ost, also der Geburtsstätte seines Sonnengottes möglichst nahe, baute Amenophis IV. Sanktuare aus kleinen Sandsteinblöcken, den fortan berühmten Talatat, die man zu vielen Tausenden aufgelesen hat und noch immer in den Ruinen von Theben findet. Unter dem Namen Echnaton gründete er später in Mittelägypten beim heutigen Tell el-Amarna auf jungfräulichem Boden eine neue Stadt: Achet-Aton, den ‹Horizont der Sonnenscheibe›. Man müßte die Phasen des Paroxysmus und die Perioden der Rückkehr zu einer gewissen Beruhigung genau verfolgen können. Aber im Grunde war die Amarna-Kunst mit ihren seltsamen Formen, ihren geradezu surrealistischen Körperverdrehungen, ihrem alptraumhaften Eigensinn, aber auch mit ihrem naturseligen Ungestüm nur eine sehr kurze, noch dazu durch Willkürakte stark belastete Episode innerhalb der pharaonischen Kultur: so wurde die Zerstörung von Namensinschriften und Abbildungen des Amun bis zu den Grenzen des Reiches noch in den entferntesten Tempeln Nubiens und selbst in den Opferräumen der Felsgräber systematisch betrieben.

Die Restauration ging ebenso methodisch und umfassend vor. Aus Tutanchaton wurde Tutanchamun (1347–1338), und dieser gab dem Reichsgott von Karnak Macht und Güter zurück. Zwar findet man in seinem wunderbar erhaltenen Grab den Namen Aton noch auf einigen Gegenständen, aber der im Grab herrschende Manierismus ist nur eine Art der Rückkehr zum traditionellen klassischen Stil. In Karnak begnügte man sich damit, einige bewegliche Kultgegenstände wie die heiligen Barken zu reparieren, in Luxor dagegen wurden die Wände der Eingangskolonnade mit Reliefs vom schönen Fest im Harim geschmückt. Die Rückkehr zur Ordnung fand unter Haremheb (1333–1306) statt. Noch als er erst General war, hatte er sich in Saqqara ein Grab anlegen lassen. Es ist gerade freigelegt worden, aber es war schon lange durch prachtvolle, über die großen Sammlungen verstreute Fragmente berühmt. In seinen Reliefs hat sich das Beste der Kunst Amarnas erhalten: die überaus natürlichen Haltungen lassen auf weitgehende Bewegungsfreiheit schließen, aber diese Freiheit ist auf vernünftige Weise gezügelt. Afrikanische Gefangene sind in Form einer schönen Exotengalerie dargestellt und dokumentieren so den Anspruch Ägyptens auf Oberherrschaft.

Auf Haremheb folgte sein Waffengefährte Ramses I. (1306–1304), dann dessen Sohn Sethos I. (1304–1290). Sie gründeten eine neue Dynastie, die 19., und brachen mit Amarna, aber dennoch war nichts mehr wie am Anfang der 18. Dynastie. Das Erbe von Amarna hat sich teilweise erhalten und wurde der klassischen ägyptischen Kunst integriert; ein neuer Akzent hatte Bestand: eine Art von Geistigkeit, von Melancholie bisweilen, Abglanz der mystischen Unruhe einer außergewöhnlichen Zeit. Die Ramessiden kamen aus dem östlichen Delta und hatten Gesichtszüge, die an die benachbarten Semiten erinnern: langgezogene Schädel, ausgeprägte Nasen; schlankere Glieder und große, elegant drapierte Roben betonten die Streckung der Proportionen. Unter Sethos I. scheint das Bemühen um geläuterte Formen am entschiedensten gewesen zu sein: ein sublimer Akademismus herrschte im ‹Haus der Millionen Jahre› in Abydos, das bewundernswerte Reliefs aus feinem Tura-Kalkstein besaß; in den Göttergesprächen ist das Bild des Königs wiederholt den großen Göttern Ägyptens gegenübergestellt: den Reichsgöttern Amun, Re und Ptah und den Jenseitsgöttern Osiris, Isis und Horus. In Karnak fügte Sethos I. rechts und links vom mittleren Säulengang, den Haremheb erbaut hatte, die beiden riesigen Flügel des Hypostylsaals an, und obwohl leider nur aus dem ziemlich groben Sandstein der Steinbrüche vom Gebel es-Silsileh aufgeführt, hat der stolze Bau den Jahrhunderten getrotzt. «Ich werde mich wohl davor hüten, irgend etwas beschreiben zu wollen, weil die Worte nicht ein Tausendstel dessen wiedergeben würden, was man sagen müßte, wenn man von solchen Objekten spricht, und wenn ich eine blasse oder gar stark vereinfachende Skizze entwerfe würde, wollte man mich für einen Enthusiasten oder kurz für einen Narren halten», hat Champollion geschrieben.

Darauf folgte die sehr lange Regierungszeit Ramses' II. (1290–1224), eine weitere grandiose

Phase der pharaonischen Geschichte. Die Kunst paßte sich den Ansprüchen des Großreichs an und unternahm ähnliche Anstrengungen wie das politische Ägypten bei seinen Hegemonie-kämpfen. In Asien kämpfte Ramses gegen den Vorstoß der Hethiter. Wenn die Schlacht von Kadesch auch bei weitem nicht den strahlenden Sieg brachte, den der Bericht des Pentawer ver-herrlicht, so führte er doch zur Unterzeichnung eines Vertrages; dieser ging einem Kompromiß-Frieden voraus, der durch eine Heirat besiegelt wurde. So konnte Ramses an der Westflanke des Landes die Bedrohung durch die Stämme der Marmarika in Grenzen halten und die ersten Wellen der Seevölker seiner Armee einverleiben, nachdem er sie vorher unterworfen hatte. Monumentale Formen setzten sich durch, das Gigantische triumphierte. Mit systematisch geometrischer Planung richtete man die Plastik nach der Architektur aus; die riesigen Königsfiguren vor den Fassaden der beiden Tempel in Abu Simbel sind wie diese aus der Felsmasse herausgehauen; die Zahl der Kunstwerke ist so groß, daß man von einer Serienproduktion sprechen kann. Besonders häufig wurden jetzt Denkmäler früherer Epochen usurpiert. Neben archaistischen Tendenzen, bei denen der Prinz Chaemwese als Bewahrer des Vergangenen tätig werden konnte, gab es neue Erfindungen: die Technik des versenkten Reliefs wurde von nun an allgemein angewendet, sowohl innen wie außen, was vielleicht mit der Weiterentwicklung der solaren Idee zusammenhing. Aus gewissen verschnörkelten Formen entstanden manchmal eigenwillig stimmungsvolle Werke. Der Dekor wurde überladen; besondere Aufmerksamkeit widmete man Ornamenten und Schmuckstücken wie Armbändern, Halsketten und Ohrringen. Man entfernte sich von der edlen Einfachheit, die ganz entschieden das Wesen der ägyptischen Kunst ausmacht. Fremde Einflüsse aus Syrien und der Ägäis werden an etlichen neuen Errungenschaften deutlich: etwa an Bewegungsstudien; sie waren Voraussetzung für eine Glanzleistung der Ramessidenzeit, für die großen Darstellungen historischer Ereignisse; die Heldentaten von Kadesch sind in riesigen Kompositionen in Luxor und Karnak, im Ramesseum und in Abydos ausgebreitet; einen wichtigen Platz hat in ihnen das Pferd, die edle Erwerbung, die den Pharaonen die Eroberung eines Großreichs ermöglicht hat. Die Liebe zum Detail überwog; wie bei den Grabmalereien brachte der Künstler seine persön-liche Note zur Geltung. Das sind Anzeichen für den Individualismus der Zeit, in der figürlich bemalte Ostraka zu den typischen Ausdrucksformen gehören: Spontaneität, Phantasie und Frische der Pinselführung sind ebenfalls Kennzeichen dieser künstlerisch vielschichtigen Epoche.

Was für die Kunst von Ramses dem Großen charakteristisch war, hielt sich noch während der 19. und 20. Dynastie. Die letzte große Bautätigkeit in Theben entfaltete Ramses III. (1184–1153), der Sieger über die vereinigte Koalition der libyschen Stämme (Libu und Meschwesch) und über die Seevölker. Er errichtete einen Tempel vor dem heutigen zweiten Pylon von Karnak und noch einen im Bezirk der Mut; sehr wahrscheinlich hat er den Bau des Chons-Tempels begonnen; vor allem errichtete er das ‹Haus der Millionen Jahre des Königs Usermaatre-Meramun, der sich mit der Ewigkeit vereinigt im Haus des Amun im Westen von Theben›, dem riesigen Tem-pel von Medinet Habu, dessen Ruinen zu den bedeutendsten auf dem Westufer gehören.

Dann folgten Ramessiden, die immer schwächer und ruhmloser wurden, bis die Linie mit Ramses XI. (um 1070) unauffällig erlosch. Das Großreich ging in die Brüche, in Asien wie in Afrika; am Hof häuften sich die Intrigen unter den Frauen des allmächtigen Harims, unter rivali-sierenden Prinzen, unter habgierigen Priestern und Höflingen, die immer häufiger Ausländer waren. Die Mängel der ramessidischen Kunst nahmen überhand: Schwere, Überladenheit, Über-maß ohne wahre Größe, Unordnung. Aber Vortreffliches entstand im monumentalen Barock und auf dem Gebiet aufwendiger Schmuckstücke; man denke an den Schmuck der Tawosret und an die goldenen Ohrgehänge Ramses' XI.; die schöpferische Kraft erweist sich an vielen Statuen; die technischen Qualitäten blieben bestehen. Deshalb hat man es hier eher mit dem Schluß eines Kapitels der politischen Geschichte Ägyptens zu tun als mit dem Ende der ägyptischen Kunst, wie man allzuoft – aber fälschlich – glauben machen wollte.

4

ERSTER TEIL

Die Schreibung der ägyptischen Wörter folgt nur locker der wissenschaftlichen Umschrift;
sie gibt die behelfsmäßige Aussprache der Ägyptologen wieder.
Die Schreibung von Personen- und Ortsnamen richtet sich nach den Prinzipien des von
W. Helck und E. Otto herausgegebenen ‹Lexikons der Ägyptologie›.

I

ARCHITEKTUR

Von Paul Barguet

Während aus älteren Zeiten nur wenige Tempelreste am Ort erhalten sind, hat das Neue Reich wegen der großen Menge und der hervorragenden Qualität der noch vorhandenen Denkmäler und häufig auch wegen ihrer ungeheuren Größe das Interesse der Archäologen gefesselt und die Touristen zu allen Zeiten in Erstaunen versetzt, wenn sie «seine Schätze» entdeckten, «die am Rande des Möglichen liegen». Die politische Macht des ägyptischen Reiches und sein enormer Wohlstand fanden nunmehr ihren Ausdruck in wunderschönen und großartigen Gräbern und Tempeln. Die Materialfülle verbindet sich mit der Vielfalt der Formen und der unvergleichlichen Farbenpracht, um die Architektur zu einem sehr bunten Gesamtwerk und gleichsam zu einem regelrechten Stundenbuch zu machen, in dem sich die hohe Kunst der Architekten mit der Schönheit der Hieroglyphen verbindet, die in den Stein eingemeißelt sind oder sich in leicht erhabenem Relief davon zu lösen scheinen. Obendrein haben die Architekten und Steinmetze die einzelnen Teile des Gesamtwerks harmonisch miteinander in Einklang gebracht, und es ist ihnen ausgezeichnet gelungen, den Bau möglichst in das Landschaftsbild und seinen ockerfarbenen Rahmen mit den steilen Felswänden einzupassen.

Die größten Bauherren waren nicht nur die eroberungslustigen Herrscher wie Thutmosis I., Thutmosis III. und der sportliche König Amenophis II. oder die großen Krieger wie Sethos I., Ramses II. oder Ramses III., die die Fahne Ägyptens hochhielten und bis zum Euphrat im Osten und bis zum 4. Katarakt im Süden trugen, sondern auch die friedliebenden Pharaonen wie die Königin Hatschepsut, Amenophis III. und der berühmte Amenophis IV. (Echnaton). Aber vor allem müssen die ganz einfachen Handwerker hervorgehoben werden, die Steinmetze, die mit großer Sorgfalt in den Steinbrüchen tätig waren und die kostbaren Steine mit großem Geschick bearbeiteten, darunter auch sehr harte wie Basalt und den rötlichen Quarzit; die Steinschneider, die die Tempel zu regelrechten Sammelplätzen historischer und religiöser Texte machten; schließlich die ‹Schreiber mit Farbe›, die es verstanden, die richtigen Mineralien zu finden, um Szenen und Texte mit einem Sortiment symbolträchtiger Farben auszumalen. So trugen sie alle zum höchsten Ruhm ihres Königs und ihrer Götter bei. Sie selbst bauten sich im Diesseits bescheidene Wohnungen und legten sich einfache Gräber an, die sie aber so liebevoll ausschmückten, daß man sie häufig den eindrucksvollen Grabanlagen ihrer Herrscher vorziehen möchte.

Nur jeweils bei Bedarf, etwa wenn ihnen ein neuer königlicher Formenkanon aufgezwungen wurde – wie unter Amenophis IV. (Echnaton) –, veränderten sie die überlieferten Regeln ihrer Vorgänger. Dann schufen sie neue Formen, wie die herrlichen, himmelanstrebenden Papyrussäulen, und sie verstanden es auch, die klassischen Formen abzuwandeln: sie überluden die verschiedenen Säulenformen mit Verzierungen, ließen die Rundung der Pflanzensäule so weit auftreiben, daß sie unnatürlich untersetzt und saftgeschwellt wirkten, bildeten die Kapitelle als Knospen oder geöffnete Blüten aus, versahen den Fuß der aufstrebenden Säulen mit Bodenblät-

tern, verdoppelten die Zahl der Bündelschäfte und schmückten sogar die Basis mit einem strah- Abb. 297
lenförmigen Dekor, der einzigartig in seiner Art war. Die Säulen, Tore, Reliefs und selbst die
Obelisken waren oft nicht mehr bemalt, sondern mit Blattgold überzogen, um so noch deutlicher
die ewige Dauer der Göttlichkeit des Tempels zu preisen. Zahlreiche Texte lassen darauf schließen, daß für seinen Dekor Gold, Elektron, Lapislazuli und Karneol verwendet wurden.

Glücklicherweise war Ägypten reich an Steinbrüchen, die die wichtigsten Steine für seine
Denkmäler der Ewigkeit lieferten. So war der Sandstein vom Gebel es-Silsileh für die meisten
Tempel das am häufigsten verwendete Material. Rosengranit und grauer Granit von Assuan sowie Basalt wurden für Türen und Fußböden bevorzugt, der feine Tura-Kalkstein für die Wand-
verkleidungen, Alabaster mit seiner lebhaften Maserung aus Hatnub für die Barkensanktuare,
die so wirken, als seien sie im Wasser versunken und versteinert. Aber auch der Nilschlamm, diese
‹schwarze Erde›, wurde nicht verschmäht: mit Sand und Stroh vermischt, wurde er zu Ziegeln
gestrichen, die kleiner als im Mittleren Reich waren, und diente als Baumaterial für die königlichen Paläste, Magazine und Häuser. Er war auch ein wesentliches Material bei der Fundamen-
tierung der Tempel, wo er als Subkonstruktion der Fundamentkästen diente.

Besonders der thebanische Gau, das Zentrum der ägyptischen Macht, legt mit seinen beacht-
lichen, noch erhaltenen Denkmälern Zeugnis von der Aktivität der Architekten ab; ihre Häufung
und enormen Ausmaße haben sie vor der endgültigen Zerstörung bewahrt. Der große Tempel
des Amun-Re von Karnak erscheint dort als der Göttertempel *par excellence*. In gemeinsamer An-
strengung entstand ein komplexes und gewaltiges Werk, das schrittweise vergrößert und umgestaltet wurde. Gegenüber von Karnak, auf der linken Seite des Nils, ließ sich jeder König des Neuen
Reiches einen Tempel errichten; in diesem Fall waren es Einzelbauten für den Kult, der jedem
König persönlich als der Erscheinungsform des Amun-Re dargebracht wurde: sie waren zugleich
Totentempel und ‹Häuser der Millionen Jahre›, königliche Tempel also, die zu bestimmten
Zeiten des Jahres den großen Gott von Karnak empfingen. Soweit sie beim Tode des Herrschers
noch nicht vollendet waren, wurden sie gewöhnlich von dessen Nachfolger fertiggestellt.

Aber auch die anderen Teile Ägyptens und selbst die eroberten Gebiete im syrisch-palästinen-
sischen Raum kamen nicht zu kurz. Und wenn auch die 18. Dynastie im Deltagebiet wenig aktiv
gewesen war, so ließ die 19. Dynastie besonders die Gegend von Tanis mit großartigen Denkmälern ausstatten. Nubien und der Sudan besitzen ihrerseits bedeutende architektonische Reste;
die am weitesten vorgeschobenen Siedlungen waren Sesebi und Kawa, und die Felsentempel oder
Heiligtümer, Speos- oder Hemispeosbauten, wurden zu Ehren des lebenden Königs angelegt.

Der ägyptische Tempel, ob aufgebaut oder aus dem Felsen geschlagen, galt als Abbild der
Welt und bildete dessen einzelne Bestandteile nach. Der Himmelsdekor auf der Decke der
Räume mit seinen Sternen, fliegenden Geiern und seiner geflügelten Sonnenscheibe kehrte sogar
an der Decke des Türdurchgangs wieder. Der häufig mit Silber verzierte Steinfußboden sollte
an die schwarze Farbe des Nilschlamms erinnern. Die meist pflanzenförmigen Säulen in Gestalt
von Papyrus, Lotos, Palmen oder einfachen Zeltstangen waren nur stilisierte Nachbildungen,
vor allem irdischer Gewächse. Diese überall erkennbare Steinwerdung gewachsener Formen
erklärt auch den Eckrundstab an den Gebäuden, der auf Binsen- oder Schilfrohrbündel zurückgeht, die ursprünglich die Ecken einer Hütte aus Stampflehm verstärkten. Die Hohlkehle war
eine Nachbildung der Palmrippen, die ihr Dach schützten. Während in den Grabräumen aller
Prunk des diesseitigen Lebens heraufbeschworen wurde, gab der nachtblaue Grund der Decke
in den Gräbern den Himmelsschmuck wieder.

Die Göttertempel

Der Tempel des Amun-Re in Karnak bietet sich, weil besonders vielgestaltig, als Beispiel für die Abb. 283
eingehende Betrachtung der Architektur des Neuen Reiches an. Da er Bauformen aus allen Herr- Abb. 377
schaftszeiten dieser fünf Jahrhunderte während Epoche in sich vereinigt, läßt sich an ihm die

3 - Karnak - Tempel des Amun-Re: Mittelkolonnade im großen Säulensaal zwischen dem zweiten und dritten
   Pylon. 19. Dynastie - *Sandstein; Säulenhöhe bis zum Architrav 22,40 m*

Abb. 381
bis 383
Abb. 378 Entwicklung der Sakralarchitektur vom Anfang der 18. Dynastie bis zu den Ramessiden verfolgen; außerdem hat die Grundkonzeption des aus der Zeit Thutmosis' I. stammenden Tempels
sicher als Vorbild für andere, spätere Tempel gedient. Heute bietet er allerdings das Bild eines
unglaublichen Durcheinanders von Bauteilen.

Die einschneidendste Neuerung, die sich für die Zeit Thutmosis' I. nachweisen läßt, ist die
Abgrenzung eines großen Hofes vor der Fassade des heute zerstörten Tempels des Mittleren
Reiches, der ein Quadrat von 40 m Seitenlänge umfaßte. Eine wahrscheinlich mit Kalkstein ver-
kleidete Sandsteinmauer umschloß den Gesamtkomplex, und eine innere Säulenstellung er-
streckte sich zumindest auf zwei seiner Seiten; sie bestand aus einer Reihe mit sechzehnkantigen
Sandsteinpfeilern und war mit Kolossalstatuen des Königs in Osiris-Gestalt geschmückt. Der
Eingang zum Hof war schließlich durch zwei Sandsteinpylonen abgeschlossen, die mit Kalkstein
verkleidet waren (der heutige vierte und fünfte Pylon). Zwischen ihren hohen Mauern lag ein
Hypostylsaal mit einer Säulenreihe. Die Texte, denen zufolge die Gestaltung der Gesamtanlage
auf den Architekten Ineni zurückgeht, bezeichnen diesen Raum als ‹Hypostylsaal mit Papyrussäulen›, den daran anschließenden Peristylhof als ‹Pfeilerhof›. Es läßt sich heute nicht mehr feststellen, ob dieser Hof einen einheitlichen Baukomplex darstellte oder wegen seiner Ausmaße in
der Mitte geteilt war und zwei aufeinanderfolgende Hofabschnitte bildete: wir nehmen allerdings
an, daß die Königin Hatschepsut durch die Errichtung ihrer Opferräume in der zweiten Hälfte
des Hofes diese Teilung deutlich hervorhob.

Dies war also die Gestalt des Ipet-Sut genannten Tempels am Anfang der 18. Dynastie. Er hat
bereits den monumentalen Eingang in Form des Pylons, dessen zwei Fahnenmastpaare die Westfassade schmückten und dessen Eckrundstäbe ausnahmsweise abgestumpfte Ecken hatten. Dieser
Abb. 379
und 380 erste Zustand ist deshalb von besonderem Interesse, weil er zum Vorbild für den Aton-Tempel
wurde, den Amenophis IV. (Echnaton) etwa fünfhundert Jahre später in Amarna errichten ließ
und dessen Grundriß, offenbar einzig in seiner Art, die Archäologen immer schon beschäftigt
hatte. Außer in der Konstruktionstechnik, auf die wir weiter unten noch zu sprechen kommen
werden, unterscheidet er sich nur in den Maßen von ihm; der Amun-Tempel war eher kurz und
weniger als 130 m lang, der des Aton mit mehr als 210 m sehr viel gestreckter. Ähnlich, wenn auch
nicht so straff im Aufbau ist der große Amun-Tempel Ramses' II. in Tanis; jedoch läßt der
schlechte Erhaltungszustand keinen genauen Vergleich zu.

Diese erste Tempelanlage für Amun-Re in Karnak wurde bald vollständig umgestaltet: zuerst
von Hatschepsut, die in der hinteren Hälfte des Hofes einen Komplex mit Opferräumen auf
hohem Fundament errichten ließ und auf einem Sockel aus schwarzem Granit ein innen vergoldetes Barkensanktuar aus kleinen Blöcken von rötlichem Quarzit aufstellte; nach ihr wurde
Abb. 299 Thutmosis III. als Bauherr tätig. Tatsächlich aber war am Anfang seiner Regierungszeit der
eigentliche Tempel des großen Gottes von Karnak praktisch vollendet und wurde in seinen
Grundformen bis zum Ende der ägyptischen Kultur kaum mehr verändert. Seitdem galt er als
Modell eines ägyptischen Tempels: ein Obeliskenpaar Thutmosis' I. aus Rosengranit, von dem
sich einer noch heute mit 19,60 m Höhe erhebt, stand vor seiner geböschten Tempelfassade (dem
vierten Pylon), die den Zugang zu einem Hypostylsaal freigab; dahinter lagen die Opferräume
mit dem Barkensanktuar, daran anschließend das Allerheiligste, der Tempel des Mittleren Reiches. Immerhin ist eine Eigentümlichkeit hervorzuheben: Hatschepsut ließ im Hypostylsaal,
dessen Holzdecke eigens abgetragen werden mußte, zwei Obelisken aus Rosengranit errichten,
die teilweise mit Gold bedeckt waren und deren einer mit 29,50 m Höhe noch aufrecht steht.

Thutmosis III. ließ im Verlauf seiner Regierung die Gesamtanlage erheblich verändern. Zuerst ersetzte er das Barkensanktuar der Königin durch ein anderes aus Rosengranit, an dessen
Eingang sich zwei monolithische Rosengranitpfeiler erhoben, die mit den Wappenpflanzen von
Ober- und Unterägypten (Lotos und Papyrus) geschmückt waren. Er baute einen ‹inneren› Pylon
in dem freigebliebenen Hofgelände, dahinter errichtete er schmale Bündelsäulen, die gänzlich mit

4 - Karnak - Tempel des Amun-Re: Reste des vierten Pylons zwischen dem Obelisken Thutmosis' I. links und dem der Hatschepsut rechts. 18. Dynastie - *Mit Kalkstein verkleideter Sandstein; Obelisken: Granit; Höhe der Obelisken 19,60 und 29,50 m*

Gold bedeckt waren, und schloß den in der Hauptachse des Tempels liegenden Zugang, der ursprünglich durch zwei Pylonen zum Sanktuar führte, seitlich durch Mauern ab. Statt Sonnenlicht wie im ehemaligen Hof, durchdrang jetzt Halbdunkel die Räume. Dem solaren Aspekt des Amun folgte eine ungreifbare Erscheinungsform, der ‹Verborgene›, ein Aspekt, der von Amenophis IV. nicht akzeptiert werden konnte und zu dessen Bruch mit Theben führte. Hinter dem Tempel, jenseits des Hofes aus dem Mittleren Reich, ließ Thutmosis III. eine monumentale Anlage, das Achmenu, das ‹Haus der Millionen Jahre›, ganz aus Sandstein errichten, dessen Hauptsaal oder ‹Festhalle› das erste bekannte Beispiel einer ‹basilikalen Anlage› darstellt – eine Bauform, die am Anfang der 19. Dynastie in dem gewaltigen Säulensaal wiederaufgenommen wurde, der sich hinter dem zweiten Pylon erstreckt.

Die basilikale Anlage Thutmosis' III. mit fünf Achsen verläuft ungewöhnlicherweise quer zum Haupttempel. Die hohe blaue Decke des Mittelsaals ist mit goldenen Sternen bemalt und wird von zwanzig Zeltstangensäulen getragen. Ihr dunkelrot bemalter Schaft, der Holz imitieren sollte, weist oben einen größeren Durchmesser als an der Basis auf und hat oberhalb einer rundumlaufenden Kante einen abgerundeten Oberabschluß, der mit weit geöffneten Blättern in blauen und

Abb. 299

5 - Karnak - Tempel des Amun-Re: Gesamtansicht des Hofs aus dem Mittleren Reich und der Bauten aus der 18. Dynastie; im Hintergrund die Säulen des großen Säulensaals Sethos' I. - *Sandstein und Granit →*

11

roten Linien verziert ist. Die Decke der Seitenschiffe wird von zweiunddreißig quadratischen Pfeilern getragen, die mit figürlichen Darstellungen geschmückt sind. Durch seitliche Schlitze zwischen den beiden unterschiedlich hohen Decken trat das Tageslicht ein. Dieser Raum, den man von Süden aus betrat, lag in der Ostwest-Achse des großen Tempels und öffnete sich einerseits auf ein Doppelsanktuar für Amun-Re im Norden, andererseits auf zwei unterschiedliche Raumtypen im Osten: die einen, mehr im Süden, liegen hinter einem Raum mit vier sechzehnkantigen Stützen für den Gott Sokar und dienten als Magazinräume mit leicht erhöhtem Boden; die anderen im Norden sind Amun-Re geweiht; die beiden wichtigsten und berühmtesten von ihnen sind in ihrer Art einmalig und wurden unter dem Namen ‹Botanischer Garten› bekannt, weil ihre Wände im unteren Teil mit Darstellungen von Pflanzen und Tieren geschmückt sind, die die Schreiber der königlichen Armeen in Syrien beobachtet hatten und die der König dem Amun in seinem Tempel darbringen wollte. Besonders schön war ein kleiner Raum mit vier Bündelsäulen, von dem aus man in den Raum mit dem Götterschrein gelangte; in die Wände waren unter einer Hohlkehle acht Kultnischen mit einer Holztür eingelassen. Nach den Resten der Trennungstür zwischen den beiden Räumen zu urteilen, kehrt diese ungewöhnliche architektonische Anlage in einer Hathor-Kapelle des Totentempels der Hatschepsut in Deir el-Bahari wieder: zwei eingebundene Halbsäulchen umrahmten auf beiden Seiten die vorspringende Türverkleidung, deren oberer Teil gebogen gewesen sein muß wie in Deir el-Bahari, was darauf hindeutet, daß der Raum, zu dem sich die Tür öffnete, gewölbt war.

Thutmosis III. trat als regelrechter Neuschöpfer in der Architektur auf, der nicht zögerte, die Ordnung selbst in diesem größten ägyptischen Tempel grundlegend zu verändern und neue Formen einzuführen, von denen sich manche allerdings nicht durchsetzen konnten. Aber das hinderte ihn nicht, womöglich den Plan eines alten Tempels unverändert zu übernehmen, um ihn dann in Stein wiederaufzubauen, wie beim Ptah-Tempel in Karnak.

Abb. 376 und 377 In der südlichen Prozessionsstraße in Richtung auf den Mut-Tempel und den Amun-Tempel von Luxor hatte Hatschepsut als repräsentativen Eingang einen Sandsteinpylon mit vier Fahnenmasten, den heutigen achten Pylon, anstelle eines alten Kalksteintors von Amenophis I. Abb. 343 errichten lassen. Dessen noch erhaltene Statue wurde später mit fünf weiteren Kolossalstatuen Thutmosis' II. und Amenophis' II. aus rotem Quarzit und aus Kalkstein vor dem neuen Pylon aufgestellt. Hinter den Torbau der Königin setzte Thutmosis III. einen weiteren, noch größeren, Abb. 295 den heutigen siebten Pylon. Sein Durchgang war etwa 13 m hoch; vor seiner Südseite erhoben Abb. 296 sich zwei Obelisken mit mächtigen Fundamenten (der eine steht heute in Istanbul); königliche Kolossalfiguren standen an seiner Nord- und Südfassade. Thutmosis III. rückte damit den monumentalen Eingang wieder näher an den Tempel heran.

Gegen Ende seiner Regierungszeit gab er dem Karnak-Tempel schließlich eine neue Dimension, indem er Amun gewissermaßen aus seinem Tempel herausholte, um ihn den Ägyptern zu zeigen. Tatsächlich war der gesamte Tempelbezirk mit einer Mauer eingefaßt, aber höchstens der Ostteil ist noch annähernd auszumachen. Jenseits davon hatte die Königin anscheinend direkt an der Außenseite eine Kapelle erbaut, die nach Osten gerichtet war und von zwei Obelisken aus Rosengranit flankiert wurde, die gänzlich mit Gold belegt und deren Basis ausnahmsweise in erhabenem Relief mit Darstellungen der thebanischen Triade geschmückt waren. Dies war der erste Abschnitt einer bedeutenden Entwicklung, die sich unter ihrem Nachfolger Thutmosis III. abzeichnete. Auf dem «oberen Tempelvorhof, nahe des Ipet-Sut», ersetzte der König, der eine neue Umfassungsmauer aus Sandstein hatte errichten lassen, das Sanktuar der Königin tatsächlich durch ein anderes mit einem Naos aus einem einzigen Alabasterblock als Mittelpunkt eines Antengebäudes mit Osiris-Pfeilern, vor dem wohl ein einzelner Obelisk stand. Dieser Abb. 301 33 m hohe Obelisk (heute auf dem Lateransplatz in Rom), den der König nicht mehr aufstellen konnte und der schließlich von Thutmosis IV. errichtet worden war, bildete unter Ramses II. Abb. 384 das Kultzentrum eines östlichen Sanktuars mit dem Namen «Ohr, das hört», dessen weiter

6 - Karnak - Tempel des Amun-Re: Die Wappenpfeiler Thutmosis' III., Symbole von Ober- und Unterägypten, vor dem Barkensanktuar. 18. Dynastie - *Bemalter Granit; Höhe 7,50 m*

8 - Karnak - Tempel des Amun-Re: Türseite im Vorraum des sechsten
Pylons. 18. Dynastie - *Granit*

östlich gelegener Eingang in einer mächtigen, mit Stützmauern versehenen Umfassungsmauer
aus ungebrannten Lehmziegeln lag; seine «oberes Tor des Hauses des Amun» genannte Tür
stand dem Volk zwar offen, doch durfte es die Holzbarrieren im Hypostylsaal nicht überschreiten, wo sich noch zwei gewaltige Osiris-Pfeiler des Königs erhoben, der «die Bitten erhört» und
mit dem Gott gleichgesetzt wurde.

    Dieser ganze östliche Teil von Karnak wurde von da an eine «Art Gebetsstätte für die einfachen Leute», und Amun nahm dort die Gunstbezeugungen des Volkes entgegen. Aber wirklich
bemerkenswert ist die für die Zeit Thutmosis' III. so charakteristische Ausdehnung des Tempelbezirks nach Osten, die zuerst in der Errichtung des Achmenu Ausdruck fand und sich dann in
der Ausweitung des – durch den ‹einzelnen Obelisken› repräsentierten – Amun-Kults über seinen
Temenos hinaus manifestierte. Nach ihm förderte Amenophis IV. diese Tendenz, indem er noch
weiter im Osten, außerhalb des Heiligen Bezirks des Amun, einen umfangreichen Tempel für
Aton errichten ließ, der Gempaaton genannt wurde. Man konnte nur einen Teil seines ersten großen Hofs freilegen, dessen innere Pfeilerstellung mit Osiris-Figuren geschmückt war. Die Anlage entstand zu Beginn seiner Regierungszeit, um 1370 v. Chr. Die achtundzwanzig erhaltenen
Basen der Pfeiler, an die sich die etwa 4 m hohen Königskolosse anlehnten, bestanden aus kleinen
Sandsteinblöcken, die heute wegen ihres einheitlichen Ziegelmaßes (ungefähr 55 × 24 × 20 cm)
als Talatat bezeichnet werden und im Kreuzverband aufgemauert waren. Diese neue Konstruktionstechnik muß für den ganzen Tempel verwendet worden sein, wenn man von den Zehntausenden von Blöcken dieses Formats ausgeht, die in Karnak und Luxor in den Bauten seiner Nach-

Abb. 361

Abb. 388

7 - Karnak - Tempel des Amun-Re: Bündelsäulen im ‹Botanischen Garten› Achmenu, dem Festtempel
  Thutmosis' III. 18. Dynastie - *Sandstein*

9 - Karnak - Tempel des Amun-Re: Polygonale Säulen und Bündelsäulen im Achmenu,
dem Festtempel Thutmosis' III. 18. Dynastie - *Sandstein*

folger wiederverwendet wurden, nachdem die Tempel des Aton zerstört worden waren. Diese kleinen, einheitlichen Blöcke waren leichter zu transportieren und von den Arbeitern schneller zu verbauen. Ihre Verwendung ermöglichte es dem König, in der kurzen Zeit, während der er in Theben residierte, mehrere Sanktuare errichten zu lassen. Interessant wäre die Freilegung der Reste dieses Tempels Gempaaton, damit man nach Kenntnis des Grundrisses die Anlage mit den anderen Tempeln vergleichen könnte, die der König außerhalb von Theben aufführen ließ. So zeigt der Dreiertempel in Sesebi im Sudan offenbar den klassischen Typus. Die anderen Tempel, die er innerhalb Ägyptens dem Aton geweiht hatte, in Memphis, Heliopolis, Assiut, Hermopolis und Abydos, bestanden aus Kalksteintalatat; doch wurden davon nur vereinzelt Teile in späteren Tempeln wiederverwendet aufgefunden.

Allein an den aus lokalem Kalksteintalatat erbauten Tempeln von Amarna, deren Grundrisse genau zu rekonstruieren sind und von denen Reliefdarstellungen in Amarna-Gräbern darüber hinaus Aufrisse zeigen, läßt sich neben dem Wandel der Techniken die gleichzeitige Entwicklung der Formen verfolgen. Tatsächlich vollzog sich auf Geheiß des Königs, der sich jetzt Ech-

10 - Karnak - Tempel des Amun-Re: Der achte Pylon der Königin Hatschepsut. 18. Dynastie - *Sandstein; Breite des Pylons 48 m*

naton nannte, eine umwälzende Veränderung, die von seinen Architekten und Künstlern bewunderungswürdig ins Werk gesetzt wurde. Der Heilige Bezirk, das ‹Haus des Aton in Achet-Aton›, auf dem sich der große Tempel Gempaaton erhob, maß 760 m in der Länge und 270 m in der Breite. Der nach Westen orientierte Tempel selbst war nur 32 m breit und mehr als 210 m lang. Seine sechs aufeinanderfolgenden Höfe lagen unter freiem Himmel; bei den einzelnen Durchgängen war sogar der Türsturz weggelassen worden, damit nichts die Sonne daran hinderte, bis zum Boden vorzudringen. An der Fassade des doppelten Eingangspylons, der immerhin nur halb so breit wie der von Karnak war, erhoben sich fünf Paare von Flaggenmasten. An einen Hypostylsaal mit acht Paar Bündelsäulen schlossen sich zwei lange Höfe an, deren Mittelgang von zwei Plattformen mit Altarsockeln für die Opfer flankiert war. Im ersten Hof stand außerdem in der Mitte ein großer Altar mit Treppe und Balustrade. Für die übrigen Teile des Tempels war der Plan des Karnak-Tempels aus der Zeit des Mittleren Reiches maßgebend: ein Hof mit Portikus im Hintergrund lag vor drei aufeinanderfolgenden Höfen mit Opfertischen. In den beiden letzten stand außerdem ein Mittelaltar; je eine Sichtblendmauer trennte sie voneinander.

Ein grundlegender Unterschied besteht zwischen diesem ausschließlich solaren, ungedeckten

11 - Karnak - Tempel des Amun-Re: Kolossalstatuen Thutmosis' III. vor der nördlichen Fassade des siebten Pylons.
18. Dynastie - *Granit; Höhe mit Basis 4,45 m. Vgl. Abb. 295*

Tempel und dem Tempel von Karnak, in dem man allmählich aus dem Licht des Hofs in das Halbdunkel der Opferräume und schließlich in das vollständige Dunkel des Sanktuars mit tiefliegendem Dach gelangte, in dem die Amun-Statue ihren Platz hatte. Ähnlich überraschend ist die allgemeine Längung der Proportionen, die wahrscheinlich einem neuen Kanon entspricht; und ebenso ungewöhnlich ist die hohe Barriere aus Holzstämmen, aus den zehn Masten, die dicht nebeneinander vor der Fassade des Pylons standen, wie man sie nur in Amarna findet.

Innerhalb dieses Temenos, aber 300 m hinter dem großen Tempel, erhob sich in derselben Achse ein weiterer, kleinerer Tempel, der sich ebenfalls nach Westen öffnete. In seinem Hypostylsaal mit vier Säulenpaaren standen Kolosse des Königs in Osiris-Gestalt; ein gewundener Zwischengang führte weiter in einen Hof mit seitlichen Kapellen; in seiner Mitte stand ein Altar, der von Opfertischen umgeben war. Dieser Bau scheint, wenn auch etwas vereinfacht, dem Achmenu Thutmosis' III. in Karnak zu entsprechen. Dahinter schloß noch ein weiteres Heiligtum an, das aber, wie noch in Karnak, nach Osten gerichtet war.

Nachdem die Krise von Amarna vorüber und die Stadt dem Verfall preisgegeben worden war, kam es in Karnak verstärkt wieder zu Bauaktivitäten. Diesmal aber weitete man den Tempelkomplex nach Westen aus. Schon auf dem Vorplatz vor dem westlichen Eingang des Amun-Re-Tempels, wo sich die Prozessionswege aus dem Norden – vom Bereich des Month-Tempels – und aus dem Süden – vom Bereich des Mut-Tempels und von Luxor – trafen, kamen mehr und mehr Abb. 376 neue Denkmäler hinzu: vor die beiden Obelisken von Thutmosis I. und Thutmosis III. wurden zwei weitere aus Rosengranit gesetzt, von denen nur die Basen und einige Fragmente erhalten sind. Amenophis II. scheint noch zwei weitere errichtet zu haben, so daß sich in der Hauptachse des Amun-Tempels insgesamt elf Obelisken erhoben. Thutmosis IV. ließ diesen Vorplatz in einem großen Hof aufgehen, dessen innerer Portikus aus quadratischen Sandsteinpfeilern bestand, und restaurierte gleichzeitig das Tor des vierten Pylons; er gab ihm einen feinen Goldbeschlag und versah den Eingang mit einem ‹vergoldeten Vorbau›, dessen Papyrussäulen den Einfluß des Alten Reichs zeigten. Zu Beginn der Regierungszeit Amenophis' III. wurde das Haupttor dieses Hofs durch einen gigantischen Sandsteinpylon, den heutigen dritten Pylon, mit vier Paaren von Flaggenmasten ersetzt; das Tor war mit Gold beschlagen, der Boden mit Silber verziert. Über eine Treppe konnte man auf das Dach steigen. Dieser Bau wurde wahrscheinlich von den beiden Architekten Suti und Hor ausgeführt. In seinem Innern und in den Fundamenten verbauten sie eine beträchtliche Anzahl älterer Denkmäler – die Weiße Kapelle Sesostris' I., das Barkensanktuar aus Alabaster Amenophis' I., das Sanktuar Thutmosis' III. und Amenophis' II., die Pfeilerhalle Thutmosis' IV. und andere –, von denen einige ursprünglich an dieser Stelle gestanden hatten. An diesen monumentalen Eingang von Karnak mit seinem großen Vortor schloß sich – wenn man der Malerei im Grab des Neferhotep glauben kann – ein breiter, baumbestandener Weg an; er ging von einem T-förmigen Becken aus, dem Endpunkt eines Seitenkanals des Nils, wo die Heilige Barke festmachte. Kein anderer Bau mit dem Namen Amenophis' III. existierte im Heiligen Bezirk des Amun. Nur ein gewaltiges Tor anstelle des heutigen zehnten Pylons in der Südachse der Prozessionsallee entstand möglicherweise in seiner Zeit. Vor den beiden Torwangen erhoben sich zwei kolossale Königsfiguren aus einem einzigen Block rötlichen Quarzits, jeweils mit fast 20 m Höhe; nur Teile der rechten Statue sind erhalten geblieben.

Die Aktivitäten dieses Königs erstreckten sich tatsächlich ganz auf die benachbarten Tempelbezirke: den Month-Tempel in Karnak Nord, den Mut-Tempel in Karnak Süd und den Amun-Tempel in Luxor. Diese drei von ihm erbauten Tempel sind alle nach Norden orientiert. Der stark zerstörte Mut-Tempel ist durch Grabungen sehr verändert und läßt kaum noch seinen ursprünglichen Zustand erkennen; nur die Pfeiler mit Hathor-Kapitell in seinem peristylen Hof, zahlreiche Sachmet-Statuen in seinem Vorhof und auch sein U-förmiger Heiliger See, Ischeru, dessen beide Arme den Tempel umfassen, sind noch zu sehen. Interessanter dagegen sind die Tempel von Karnak Nord und Luxor. Sie haben mehrere Punkte gemein: zunächst einmal erhob Abb. 392

Abb. 390 sich bei beiden das Tempelhaus auf einem etwa 1 m hohen Sockel mit Hohlkehle. In dem tiefen Unterbau im Month-Tempel waren Architekturteile älterer Denkmäler verbaut worden, die im Sand am Ort erhalten blieben. Auf dem darübergelegten oberen Pflaster, das manchmal wie ein Mosaik wirkte, waren Mauern und Säulen aufgeführt. Schließlich haben die beiden Tempel drei Bauphasen durchlaufen. Bei der zweiten Planung wurde ein großer, säulenumstandener Hof vor die überdachten Tempelteile gelegt. Man verwendete Bündelsäulen; die in Karnak Nord waren aber leichter, weil sie aus zwölf Bündeln bestanden gegenüber denen in Luxor mit acht. Die Säulen des hypostylen Vorraums – zwölf in Karnak, zweiunddreißig in Luxor – waren offensichtlich einmal versetzt worden, wie man an ihren Basen erkennen kann, die nicht mehr genau in das Pflaster eingepaßt sind. Mit dieser Versetzung wollte man anscheinend erreichen, daß die Säulen näher an der Rückwand des Vorraums standen. Schließlich hatte jeder Tempel einen Hohlraum in einer Wand auf der Höhe des Barkensanktuars und einen Schiebeblock, der den Eingang verschloß. Sonst unterscheiden sich die beiden Tempel völlig voneinander. In Karnak Nord, wo nicht mehr als die Fundamente erhalten sind, ließ der König beiderseits der Zugangsrampe zum Tempel zwei Obelisken aus Rosengranit errichten; der Sockel des östlichen ist oben noch konkav, so daß der Fuß des Obelisken konvex gewesen sein muß, um dort hinzupassen. In der dritten Bauphase wurde der Vorbereich des Tempels rundum von zwei Mauern umschlossen, die die beiden Obelisken mit einbezogen und die schließlich im Norden an einem Pylon aus ungebrannten Lehmziegeln in einem Sandsteintor zusammentrafen. Eine neue Zugangsrampe wurde weiter nördlich aus ungebrannten Lehmziegeln gebaut und mit einer Tünche überzogen, die mit farbigen Motiven bemalt war.

Abb. 317   Vor seinem sehr viel besser erhaltenen Tempel in Luxor hat Amenophis III. offensichtlich keine Obelisken errichten lassen. Dennoch ähnelt die Anlage des Tempelvorplatzes dem von Karnak Nord. Der König hatte in der dritten Bauphase den ganzen Bezirk mit zwei Lehmziegelmauern eng umschlossen, die möglicherweise über den Standort der Obelisken hinausreichten und in einem Sandsteinpylon zusammentrafen. Neu aber ist zwischen ihnen die Anlage einer Doppelreihe aus vierzehn schweren Papyrussäulen mit geöffnetem Kapitell aus Sandstein mit einer Höhe von 15,80 m und einem Umfang von 9,80 m. Diese aufwendige Eingangshalle, in der die Prozession zum letzten Mal haltmachte, bevor sie den Tempel betrat, ist charakteristisch für das Ende der Regierungszeit Amenophis' III. Man findet eine derartige Anlage weniger ausgeprägt auch in Sedeinga und in Soleb, dort aber mit Palmstammsäulen, die sich besser für einen Tempel eigneten, in dem der König göttlich verehrt wurde. Der Eingang des Mut-Tempels in Karnak war gleichfalls so gestaltet. Möglicherweise lag eine solche Halle auch vor dem Eingang zum Hof in Karnak Nord; vielleicht gehörten die vier gewaltigen Fragmente von Kalksteinsäulen dazu, die in ptolemäischer Zeit zur Pflasterung verwendet worden sind.

Im Luxor-Tempel ist der große Hof mit Säulenumgang berühmt für seine Eleganz: vor der Ost-, Nord- und Westwand steht eine Doppelreihe von vierundsechzig Bündelsäulen mit geschlossenem Lotoskapitell; zweiunddreißig ebensolche Säulen in der anschließenden Säulenhalle bilden ihren Hintergrund. Aber die Originalität des Tempels liegt in der Zweiteilung seines Allerheiligsten: der vordere Raum, den man nach Durchschreiten des mit acht Säulen (Bündelsäulen?) ausgestatteten Hypostylsaals durch die Mitteltür erreichte, nahm zwischen seinen vier Bündelsäulen die Heilige Barke des Amun auf; das hintere Sanktuar, das man von der Seite durch den mit zwölf Bündelsäulen versehenen Hypostylsaal betrat, war für die Statuen des Amun und der Amaunet bestimmt.

Von den anderen Tempeln und Sanktuaren, die Amenophis III. in Ägypten errichtete, hat sich kaum etwas erhalten, außer einem kleinen Tempel in el-Kab, dessen Decke von vier polygonalen Pfeilern getragen wurde, von denen die an der Tempelfassade stehenden mit einem Sistrum und dem Kopf der Hathor geschmückt sind. Der schöne Kiosk auf Elephantine mit großartig klarer Linienführung entstand im dreißigsten Jahr seiner Regierungszeit. Die Wissen-

12 - Karnak - Tempel des Amun-Re: Sockel der Kolossalstatuen Amenophis' III. beiderseits des monumentalen Tors des zehnten Pylons. 18. Dynastie - *Tor: Granit; Pylon: Sandstein; Reste der Kolossalfigur: Quarzit; Fußlänge 2,90 m*

schaftler der napoleonischen Expedition sahen ihn noch aufrecht stehen; 1822 wurde er abgerissen. Auf einem hohen Sockel mit Hohlkehle, auf den von zwei entgegengesetzten Seiten je eine Treppe führte, erhob sich das Barkensanktuar, das seitlich von einer Galerie mit vierzehn quadratischen Pfeilern umgeben war. Zwei Bündelsäulen rahmten jeden der beiden Eingänge ein; die Pfeiler waren durch niedrige Schranken mit Hohlkehle miteinander verbunden.

Dieser Typ des Barkensanktuars, der auch Peripteraltempel oder besser Tempel mit Umgang genannt wird, war in der 18. Dynastie sehr beliebt, vor allem unter den Thutmosiden; und in Karnak standen etliche solche Tempelchen. Eines aus der gemeinsamen Regierungszeit Thutmosis' III. und der Hatschepsut wurde am Eingang zum Mut-Tempel gefunden, ein anderes in Medinet Habu. Der Kiosk von Thutmosis III. wurde westlich des Heiligen Sees für Amun errichtet; er steht auch noch am Ort, ist aber nur zum Teil erhalten. Über eine Doppeltreppe betrat man eine Sandsteinplattform, über der sich das Sanktuar mit zwei monolithischen Alabasterwänden erhob, die eine alabasterne Decke getragen haben müssen. In der Mitte steht ein kubischer Sockel als Untersatz für die Heilige Barke. Rund um das Gebäude führte ein Umgang aus quadratischen Sandsteinpfeilern, die durch eine Brüstung mit abgerundetem Oberabschluß miteinander verbunden waren. Ein ähnliches Sanktuar ganz aus Sandstein ließ Thutmosis III. in Tod Abb. 298 für den Gott Month errichten. Der große Tempel mit Säulenumgang, den die ersten Thutmo-

13 - Luxor - Tempel des Amun-Re: Peristyler Hof mit Lotosbündelsäulen und die Eingangshalle mit den Papyrussäulen Amenophis' III. 18. Dynastie - *Sandstein*

siden bei Buhen aufführten, zeigte demgegenüber Abweichungen, war viel komplexer und wurde mehrfach umgebaut.

In Karnak war das Ende der 18. Dynastie ganz von der Bautätigkeit des Haremheb bestimmt.
Abb. 343 Er ließ in der majestätischen Südachse, auf der die Prozessionen nach Luxor zogen, den neunten und zehnten Pylon errichten, die mit Talatat aufgefüllt wurden. Ihre Mauern umschlossen ein
Abb. 312 Sandsteingebäude, das Amenophis II. anläßlich seines zweiten Regierungsjubiläums hatte bauen lassen und das sehr viel später unter Sethos I. restauriert wurde. Die mächtigen quadratischen Pfeiler waren von einer Hohlkehle bekrönt. Auf einer Terrasse bildet ein Portikus mit insgesamt vierzehn Pfeilern einschließlich der Eckpfeiler die Fassade. Daran grenzt der Hauptraum mit zwanzig Pfeilern; er ist an der Rückwand durch eine doppelte Scheintür verschlossen, vor der

wahrscheinlich der Königsthron stand. Der nach Osten orientierte Tempel ist zur Prozessionsstraße hin geöffnet.

Haremheb begann noch mit dem Bau eines neuen Pylons, des heutigen zweiten Pylons, in
der Ostwest-Achse des Tempels. Der mit einem Vortor versehene neue Eingangspylon lag mehr
als 50 m vor dem Pylon Amenophis' III. Er wurde unter Ramses I. vollendet und unter Herihor
restauriert; an seiner Front maß er 98 m in der Breite, und seine Tür, «die Lichter von Theben»,
war mehr als 20 m hoch. Seine Fassade mit vier Paaren von Fahnenmasten ist auf einem Wandrelief im Chons-Tempel dargestellt. Jede Tür trug den Namen einer Göttin. Das Füllmaterial des   Abb. 386
Pylons und seine Fundamente bestanden aus Talatat aus den Tempeln des Echnaton; eine In-
nentreppe führte auf das Dach. Zwischen diesen beiden großen Pylonen entstand die größte

Säulenhalle der Welt mit 103 m Breite, 52 m Länge und insgesamt hundertvierunddreißig Papyrussäulen, die mit figürlichen Darstellungen und Inschriften überzogen sind. Ihre Decke bestand aus großen Sandsteinplatten. Der Mittelgang in der großen Ostwest-Achse ist seitlich von je einer Reihe mit zwölf etwa 20 m hohen Säulen mit geöffnetem Kapitell flankiert; jede Säule hat einen Umfang von 10 m. In den Seitenschiffen stehen Säulen mit geschlossenem Kapitell, deren Höhe 13 m und deren Umfang 8,50 m betragen. Der Wald aus Papyrussäulen ist so dicht, daß der Saal gar nicht so groß wirkt, wie er ist. Das Licht tritt durch den Lichtgaden

Abb. 385 zwischen den beiden unterschiedlich hohen Decken ein. Teile der 5 m hohen, mit Öffnungen versehenen Sandsteinplatten befinden sich noch *in situ*. Eine senkrechte Wand, die den Durchgang zu den Masten freiläßt, steht vor der geböschten Fassade des dritten Pylons; die Architrave der Seitenschiffe sind auf dieser Seite gegen die Wand gelehnt, während sie sich beim zweiten Pylon an dessen Innenseite anfügen. Der Saal wurde am Anfang der 19. Dynastie begonnen und erhielt unter Sethos I. sein heutiges Aussehen. Sein Dekor wurde erst unter Ramses II. vollendet; auch Ramses IV. hat hier noch gewirkt.

Diese neue Bauform der basilikalen Anlage ist charakteristisch für die 19. und 20. Dynastie; man findet sie im Ramesseum, im Ptah-Tempel von Memphis und in Medinet Habu; sie unterscheidet sich aber von dem Festraum Thutmosis' III. im Achmenu, da sich dort die Pfeilerstellung in der Querachse erstreckt. Tatsächlich stellt der große Säulensaal an sich einen eigenen Königstempel dar, der in Nordsüd-Richtung orientiert ist und die Bezeichnung trug: «Sethos ist ruhmreich in seinem Haus des Amun». Man betrat ihn durch das Südtor, das die Verbindungsmauer zwischen dem zweiten und dritten Pylon durchbrach. Er fügt sich in die Gesamtanlage des Amun-Tempels durch seine axiale Säulenstellung ein, an der die Prozession der heiligen Barken auf ihrem Weg zum linken Nilufer haltmachte. Danach zog sie weiter auf der Allee, die,

14 - Medinet Habu - Fassade des Tempels mit Umgang, das Barkensanktuar von Thutmosis III. und Hatschepsut. 18. Dynastie - *Sandstein; Breite der Fassade 12,50 m*

15 - Luxor - Tempel des Amun-Re: Säulenhof mit den Kolossalstatuen Ramses' II. und der Kolonnade der Eingangshalle Amenophis' III. 18.-19. Dynastie - *Sandstein und Granit; Höhe der Papyrussäulen 15,80 m* →

16 - Karnak - Tempel des Amun-Re: Der große Säulensaal mit seiner nördlichen Außenwand, die mit Kriegsszenen geschmückt ist. 19. Dynastie - *Sandstein*

von Widdersphingen aus Sandstein flankiert, zum Anlegekai führte; vielleicht einhundertzwanzig solcher Figuren bewachten den Eingang zum Tempel. Beiderseits dieser Allee errichteten Sethos II. und Ramses III. je ein Stationsheiligtum, das erste für die Königsfiguren, die in der Prozession der heiligen Barken mitgeführt wurden, das zweite für die Barken selber. Ramses III. ließ einen richtigen Tempel mit Pylon errichten, vor dem königliche Kolossalstatuen standen; darauf folgten ein peristyler Hof mit zwanzig Osiris-Figuren und einer Säulenhalle, und schließlich der Säulensaal mit dem Sanktuar.

Ramses II. hat innerhalb der Umfassungsmauer des Amun-Tempels wenig erbaut; er begnügte sich vor allem damit, bald da, bald dort seinen Namen einmeißeln zu lassen. In Luxor legte er Abb. 359 vor den Tempeleingang Amenophis' III. einen großen Hof mit einem inneren, doppelreihigen Säulenumgang aus vierundsiebzig ungegliederten Sandsteinsäulen; damit wiederholte er im Abb. 391 selben Größenverhältnis den großen Hof Amenophis' III., allerdings mit einem anderen Säulentypus und nicht mehr mit quadratischem Grundriß, sondern in Form eines Parallelogramms. Diese Abänderung erfolgte im Hinblick auf ein Barkensanktuar Thutmosis' III. und brachte eine leichte Achsenverschiebung des Hofs mit sich. Außerdem erhoben sich kolossale Standfiguren des Königs zwischen den Säulen vor der Rückwand des Hofs, während zwei Sitzfiguren den Eingang zur großen Kolonnade Amenophis' III. beschützten. Von nun an bildete ein Pylon mit vier Flaggenmasten den Eingang des Luxor-Tempels, der sich etwa 528 m in Nordsüd-Richtung erstreckte. Zwei kolossale Sitzfiguren bewachten sein Tor, und vier kolossale Standbilder erho- Abb. 389 ben sich vor den Pylontürmen. Davor waren auch zwei Obelisken aus Rosengranit auf einem Sockel errichtet, der mit adorierenden Affen im Hochrelief geschmückt war. Der westliche Obelisk steht heute auf der Place de la Concorde in Paris.

Ramses II. trat vor allem außerhalb von Theben als großer Baumeister hervor. Auf dem riesigen Ruinenfeld von Tanis finden sich Reste von mehr als fünfundzwanzig Obelisken, mehreren Kolossalstatuen und zahlreichen Palmstammsäulen, die hier fern von ihrem ursprünglichen Auf-

17 - Karnak - Tempel des Amun-Re: Säulenreihe im Seitenschiff des großen Säulensaals zwischen dem zweiten und dritten Pylon. 19. Dynastie - *Sandstein; Säulenhöhe (ohne Abakus) 14,74 m*

18 - Karnak - Tempel des Amun-Re: Widdersphingen vom Prozessionsweg, der zur Kaianlage führte. 19. Dynastie - *Sandstein*

stellungsort wiederverwendet worden waren. In Herakleopolis restaurierte der König den Tempel aus dem Mittleren Reich und errichtete an der Rückwand seines Hofs einen herrlichen Portikus mit acht Palmstammsäulen. In Memphis baute er im Bereich des Ptah-Tempels einen basilikalen Säulensaal auf einem Sockel aus Basalt mit fünfzig Granitsäulen: eine Art Eingangshalle hinter dem Pylon, vor dessen etwa 75 m breiter Fassade kolossale Königsfiguren aus Rosengranit, Alabaster und Sandstein standen. Der schwarze Basalt paßt gut zu der Farbe der granitenen Türschwellen und dem weißen Alabaster der Türpfosten. Die Kombination verschiedenfarbiger Materialien findet sich auch in seinem Tempel in Abydos wieder. Schließlich ließ er in Gebel es-Silsileh in einer Felsnische zu Ehren des Nilgottes eine Stele aus dem Stein schlagen.

Abb. 377 und 387 In der 20. Dynastie errichtete Ramses III. innerhalb des heiligen Tempelbezirks des Amun mit den Blöcken älterer Bauwerke den Chons-Tempel, der von Ramses IV. weitergeführt und vielleicht vollendet wurde. Er zeigt die vereinfachte Grundform des ägyptischen Tempels: Pylon, peristyler Hof, dessen hinterer Teil mit Säulen auf einer Plattform zum Pronaos der späteren Tempel wurde, dann ein Säulensaal, Opferräume, die das Barkensanktuar umschlossen, Säulenvorhalle und Allerheiligstes. Die Geschlossenheit der Tempelanlage ist offenkundig, ihre Aus-

gestaltung wurde aber erst unter Herihor vollendet. Der Tempel ist nach Süden orientiert, und außen ist ein weiterer Tempel an das Allerheiligste angebaut.

Die ‹Häuser der Millionen Jahre› und die Felsentempel

An der Mündung eines Wadis in der Nähe von Beni Hassan, in einer Gegend mit Steinbrüchen, hatte Hatschepsut zwei heilige Felsgrotten als Tempel ausstatten lassen, die beide der löwengestaltigen Göttin Pachet geweiht waren; der interessantere wurde unter dem Namen Speos Artemidos bekannt. Der Grundriß dieses ‹Taltempels› in Form eines umgekehrten T ist ganz einfach: vor dem inneren Sanktuar liegt eine breite, überwölbte Halle mit vier Pfeilern; der Eingang wird durch einen Portikus mit ebenfalls vier Pfeilern gebildet, die außen mit Sistren und innen mit Osiris-Pfeilern der Königin geschmückt waren. Dieser Grundriß war von Hatschepsut in dem großartigen Talkessel von Deir el-Bahari bewundernswert weiterentwickelt und sehr viel später von Haremheb wiederaufgegriffen worden, als dessen Architekt Maja am Gebel es-Silsileh dem Abb. 345 Amun einen Speos weihte, bei dem aber der Hypostylsaal zu einem einfachen, gewölbten Vorraum ohne Säulen umgestaltet wurde.

31

19 - Luxor - Tempel des Amun-Re: Ausschnitt der Kolonnade mit den Kolossalstatuen im Hof Ramses' II. 19. Dynastie -
Sandstein

20 und 21 - Karnak - Chons-Tempel: Gesamtansicht von Nordosten und der Peristylhof. 19.-20. Dynastie - *Sandstein;*
Tempellänge 75 m

Abb. 393
und 394 Vielleicht nirgendwo anders als in Deir el-Bahari wurde ein derart monumentaler Bau in so vollkommener Ausgewogenheit und noch größerer Leichtigkeit ausgeführt. Der Architekt Senmut hat dort eines der großen Meisterwerke der Architektur geschaffen, als er den Tempel seiner Königin an die ockerfarbene Felswand im Westen anfügte und auf stufenweise ansteigende Terrassen setzte, wobei Umfang und Proportionen harmonisch aufeinander abgestimmt wurden. Die waagerechte Linienführung der langgestreckten Säulenhallen ist durch die aufwärtsführenden, aufeinanderfolgenden Zugangsrampen unterbrochen, deren senkrechte Linie sich in Felsspalten fortsetzt. Die Qualität der Materialien ist dabei dem Werk angemessen, und die einheitliche Wirkung des goldfarbenen Kalksteintons wird durch den Rosengranit der beiden Tore kaum durchbrochen; schließlich wird die leichte Asymmetrie der Gesamtanlage, die zum Teil durch die Lage des Tempels in der einen Ecke des Talkessels bedingt ist, noch durch den sehr bedeutsamen Anbau der südlichen Kapelle auf der ersten Terrasse leicht betont.

Dieser Tempel für die Königin Hatschepsut, der ‹Herrlichste der Herrlichen›, ist ein Hemispeos; das schmale Sanktuar, das die Barke des Amun beim ‹Schönen Fest des Wüstentales› aufnahm, ist in den Kalksteinfelsen geschlagen; davor breiten sich drei Terrassen aus. Die westliche Begrenzung aller drei Aufschüttungen, die den Unterbau bilden, waren unterschiedlich gestaltet, wodurch der Architekt seine Originalität bewies. Die Darstellungen der beiden unteren Wände, die die erste und zweite Terrasse abstützen, liegen geschützt unter einem Portikus. Die untere Pfeilerhalle wird von zwei kolossalen Osiris-Pfeilern flankiert und besteht aus einer Reihe von zweiundzwanzig sechzehnkantigen Pfeilern und einer zweiten, davor liegenden Reihe von achtkantigen Halbpfeilern. Dagegen wird der zweite Portikus von zwei gleichen Reihen mit je

22 - Gebel es-Silsileh - Dem Nilgott geweihte Felskapelle von Ramses II. und Merenptah mit Bündelsäulen. 19. Dynastie - *Sandstein*

23 - Deir el-Bahari - Totentempel der Königin Hatschepsut: Blick auf die Tempelterrassen, die Hathor-Kapelle und den Aufweg. 18. Dynastie - *Kalkstein*

zweiundzwanzig quadratischen Pfeilern gebildet; durch die Pfeiler der nördlich und südlich davon aus dem Felsen herausgeschlagenen überdachten Anubis- und Hathor-Kapelle wirkt die Fassade breiter. Die oberste Stützmauer am Fuß der Felswand bildete die Fassade des Sanktuars: achtzehn abwechselnd große und kleine Nischen sind unter einem Stylobat mit Hohlkehle aus dem Felsen geschlagen, davor lag ein großer hypostyler Hof, 37 m breit und 25 m tief, mit hundertundacht sechzehnkantigen Pfeilern. Dieser Pfeilerhof ist der bekrönende Abschluß der obersten Terrasse; nach den letzten polnischen Ausgrabungen läßt sich sein genauer Plan ermitteln, der später von Thutmosis III. für seinen gleich danebenliegenden Tempel übernommen worden war. Vor dem Pfeilerhof lag ein Portikus mit einer Reihe von zweiundzwanzig quadratischen Pfeilern, dahinter eine weitere Reihe mit zweiundzwanzig sechzehnkantigen Pfeilern. Im Norden schloß sich ein Sonnenheiligtum mit freiem Altarhof an und im Süden eine überwölbte Gedächtniskapelle, die der Königin und ihrem Vater Thutmosis I. geweiht war. Die Rückwand war mit einer Scheintür geschmückt.

Die bevorzugten Stützen sind hier also der quadratische und der sechzehnkantige Pfeiler, den Champollion wegen seiner schlichten und klassischen Form als protodorisch bezeichnet hat. Beide vermitteln dem Bauwerk eine gewisse Nüchternheit. Aber dieser rein geometrische Aufbau wurde einerseits durch die Hathor-Köpfe der zierlichen Sistrumsäulen belebt, die erstmals in dieser Art in der Hathor-Kapelle an der Südecke der zweiten Terrasse vorkamen, andererseits durch die Osiris-Pfeiler der Königin: manche standen in einer Reihe vor den quadratischen Pfeilern des obersten Portikus, während andere sich in den großen Nischen der Fassade des Sanktuars erhoben. Außerdem wurde die Architektur aufgelockert durch die Sphingen mit den Gesichtszügen der Königin, die den langen Aufweg zum Tempel flankierten, und jene, die vor den beiden aufeinanderfolgenden, zu den beiden Terrassen führenden Rampen postiert waren, durch

24 - Deir el-Bahari - Totentempel der Königin Hatschepsut: Sistrumsäule der Felskapelle für Amun und Hathor. 18. Dynastie - *Kalkstein*

die Löwen, die die Zugangsrampe zur ersten Terrasse bewachten, und die langen Schlangen, die sich an der Brüstung der zur oberen Terrasse ansteigenden Rampe herabwanden; die Wasserbecken mit Papyrus und anderen Pflanzen an der unteren Terrasse und die Weihrauchbäume, die die Königin aus dem Lande Punt hatte kommen lassen, ersetzten an diesem ockerfarbenen Bau das fehlende Grün und die lebendigen Farben.

Dieser Tempel der Hatschepsut ist einzigartig in der ägyptischen Architektur. Die anderen ‹Häuser der Millionen Jahre› aus dem Neuen Reich, die auf der linken Seite des Nils, «gegenüber von Ipet-Sut», stehen, sind alle aufgemauert und vom Felsen losgelöst. Aber sie haben die allgemeine Gliederung des Hatschepsut-Tempels beibehalten: im nördlichen Tempelteil wurde ein Re-Heiligtum mit Altarhof, im südlichen eine Kapelle für den König und seine Väter angelegt.

Von den Totentempeln, die in der 18. Dynastie entstanden, sind höchstens noch einige Grundmauern zu sehen, nach denen man in groben Zügen den Grundriß nachzeichnen kann. Man

25 - Deir el-Bahari - Blick auf den an den thebanischen Felsen angeschmiegten Totentempel der Königin Hatschepsut.
18. Dynastie - *Kalkstein*

26 und 27 - Deir el-Bahari - Totentempel der Königin Hatschepsut: Eingang zum Sanktuar der Hathor-Kapelle; Zweiter Portikus mit polygonalen Säulen. 18. Dynastie - *Bemalter Kalkstein*

erkennt aber noch, daß die Gliederung in drei verschiedene Terrassenstufen mehr oder weniger beibehalten wurde, jedenfalls bei Thutmosis III. und Thutmosis IV. Aber der große säulenumstandene Hof mit vorgelagertem Portikus, wie er sich bei Hatschepsut direkt vor dem Sanktuar erhob, wurde von nun an mit einigem Abstand vom Sanktuar erbaut, wobei man eine kleine Säulenhalle dazwischenschob; außerdem wurde vor das Sanktuar eine Vorhalle gelegt. Schließlich hat man auch die Magazine und Nebengebäude in die gesamte Tempelanlage mit einbezogen.

Während all diese königlichen Tempel aus Stein aufgeführt waren, wurden unter der Regierung von Amenophis III. in Theben West der ungebrannte Lehmziegel als Baumaterial und die Gewölbearchitektur bevorzugt. Von dem Memnonium, dem Tempel Amenophis' III., genannt «Empfang des Amun und Darstellung seiner Vollkommenheit», blieb nichts mehr erhalten, so daß sich der Grundriß nicht rekonstruieren läßt. Die französischen Wissenschaftler der napoleonischen Expedition schätzten seine Länge auf etwa 600 m. Das Eingangstor befand sich einst hinter den beiden ‹Memnonskolossen›, die je aus einem einzigen Block rötlichen Quarzits gemeißelt sind. Sie beherrschen mit ihren 19,90 m Höhe auch heute noch die Ebene und stellen den König auf seinem Thron dar. Der berühmtere ist der südliche Koloß, der ‹Herrscher der Herrscher›, der einen Statuenkult genoß. Dieser Tempel, dessen Mauern aus ungebrannten Lehmziegeln errichtet und mit Stein verkleidet oder einfach mit einem bemalten Verputz überzogen waren, war das

28 - Deir el-Bahari - Totentempel der Königin Hatschepsut: Ausschnitt des Wanddekors beim Eingang zum Sanktuar der Hathor-Kapelle. 18. Dynastie - *Bemalter Kalkstein*

29 - Theben - Totentempel Amenophis' III., das Memmonium: Die ‹Memnonskolosse›; die linke Figur zeigt Amenophis und trägt die Bezeichnung ‹der Herrscher der Herrscher›. 18. Dynastie - *Quarzit; Höhe 19,90 m*

Werk des berühmten Bauleiters Amenophis, Sohn des Hapu, der sich als Gunstbeweis einen eigenen Totentempel hinter dem seines Königs anlegen durfte. Sein Gedächtnistempel ist 116 m lang – fast dreimal so groß wie der Tempel Thutmosis' III. – und ungewöhnlicherweise zugleich Haus der Erquickung und Totenstiftung. Hier stellt der Lehmziegel noch das hauptsächliche Baumaterial dar. Der Hof, der sich hinter dem ersten Pylon öffnet, war eine Art Garten mit zwanzig Sykomoren, die auf einer um ein Wasserbecken angelegten Terrasse standen. Zentrum war eine gigantische, in den Felsen geschlagene Wanne von 2 m Dicke, die mehrere Meter in

Abb. 399 und 400

30 - Gurna - Totentempel Sethos' I.: Portikus mit Bündelsäulen. 19. Dynastie - *Sandstein; Breite des Portikus 50 m*

den reinen Sand eingetieft war; Stufen, zuerst aus Ziegeln, dann aus Stein, führten zu dem aufsteigenden Sickerwasser des Nils. Im hinteren Teil des Gartens erhob sich ein Portikus mit zehn Säulen vor dem zweiten Ziegelpylon, an den sich ein Hof mit seitlicher Säulenstellung anschloß; auf beiden Seiten lagen überwölbte Kammern. Durch eine breite Vorhalle gelangte man in das Dreiersanktuar.

Auf diese großartigen Denkmäler aus ungebrannten Ziegeln ließ die 19. Dynastie das Zeitalter der gewaltigen Steinkonstruktionen folgen, das mit Ramses V. in der 20. Dynastie endete. Sethos I. errichtete sich in Gurna auf der linken Seite des Nils, genau gegenüber von Karnak, seinen Tempel und gab ihm denselben Namen wie der gewaltigen Säulenhalle in Karnak, die er erbaut hatte; als Stützen wählte er Papyrussäulen mit geschlossenem Kapitell. Wenn auch die beiden aufeinanderfolgenden Eingangspylonen mit den beiden anschließenden Höfen sowie auch der zum zweiten Hof führende königliche Palast zerstört sind, so ist doch von dem ganz aus Sandstein errichteten Tempelhaus genügend erhalten. Es kündigt sich durch einen 50 m breiten Portikus an, der den Besucher sofort durch seine Eleganz beeindruckt; der Abstand zwischen seinen zehn 6,70 m hohen Bündelsäulen gleicht deren Schwerfälligkeit geschickt aus. Dahinter öffnen sich drei Tore, die in die drei Tempelachsen führen, eine Anlage, wie sie schon am Ende der 18. Dynastie im Totentempel des Eje zu finden war. Die nördliche Achse führt zu einem Sonnenhof, die südliche zu den Räumen, die dem Vater des Königs, Ramses I., geweiht waren. Über die Hauptachse wurde die Barke des Amun hineingetragen und in dem kleinen Raum hinter dem Hypostylsaal aufgestellt. Dieser Barkenraum war erstmals von zwei weiteren Sanktuaren flankiert, die die Barken von Mut und Chons aufnahmen. Dahinter lag ein weiterer Raum mit vier schweren, quadratischen Pfeilern, der den hinteren Teil des Tempels einnahm und wohl dem Königskult vorbehalten war. Tatsächlich bildete eine doppelte Scheintür mit einem tief in die Wand eingeschnittenen Scheinfenster darüber die Rückwand dieses Raums; eine ähnliche Scheintür erfüllte die gleiche Funktion in dem Kultraum, der Ramses I. geweiht war. Die königliche Kultstatue als Abbild des Amun muß vor dieser Scheintür gestanden haben; deren Vorbild geht auf das Mittlere Reich zurück; Sethos I. griff es wieder auf und schmückte so auch die Rückwand der sieben Kapellen seines Tempels in Abydos. Abb. 353

Das Meisterwerk Sethos' I. ist zweifellos das ‹Haus der Millionen Jahre›, das er in Abydos auf einem abschüssigen Hang errichten ließ, der eine Abstufung in drei aufeinanderfolgenden Ter- Abb. 403
und 404

Abb. 401
und 402 rassen erforderte. Sethos baute den Tempel gegen eine natürliche Erhebung, in der er ein Kenotaph, das Osireion, anlegen ließ. Alles an diesem Tempel ist außergewöhnlich, sein L-förmiger Grundriß, sein innerer Aufbau mit den sieben parallel liegenden Kapellen und den hinteren Räumen, seine Architektur, der feine Kalkstein der Wände, die kunstvollen farbigen Flachreliefs und schließlich hinter dem Tempel ein kleiner mit Bäumen bestandener Hügel, der das Osiris-Grab birgt; die in den Fels geschlagenen Räume, deren Wände mit Sand- oder Kalkstein ausgekleidet sind, haben mächtige Pfeiler aus Rosengranit. Die Gesamtanlage ist von einer langen Ziegelmauer umschlossen; sie umfaßt in dem ausgesparten Teil der L-förmigen Tempelanlage umfangreiche, aus ungebrannten Ziegeln aufgemauerte Magazine, die in zwei Gruppen aufgeteilt sind, sowie einen zehnsäuligen Empfangsraum. Ihre Reste wurden 1954 freigelegt.

Von den beiden Höfen sind nur wenige Reste erhalten; der vordere besaß Baumanlagen und Wasserbassins, die sich auf einer Breite von 62 m hinter dem Tempeleingang erstreckten. In die Pylonwände des ersten Hofs waren Nischen für die Osiris-Statuen des Königs eingelassen. Jeder Hof war durch einen erhöht stehenden Portikus mit zwölf rechteckigen Pfeilern abgeschlossen. Sieben Tore öffnen sich hinter dem zweiten Portikus und führen in sieben Reihen zu den sieben Abb. 351
und 354 Kultkapellen, die dem König, Ptah, Re-Harachte, Amun-Re, Osiris, Isis und Horus geweiht waren. Davor liegen zwei Hypostylsäle, deren Säulen paarweise angeordnet sind, zwölf Paare in doppelter Reihe im ersten Raum, achtzehn in drei Reihen im zweiten Raum. Der hier verwendete Säulentypus wirkt eher schwerfällig; es ist die Papyrussäule mit glattem Schaft und geschlossenem Kapitell, die hier erstmals vorkam und in allen späteren ramessidischen Bauwerken vorherrschte. Dagegen besteht die letzte Reihe des zweiten Raums, deren Niveau um eine Stufe angehoben ist, aus einfachen, zylindrischen Säulen ohne Kapitell; durch das Fehlen des Kapitells war die Möglichkeit gegeben, den Niveauunterschied auszugleichen.

Jedes Sanktuar ist 5,20 m breit, 10,85 m tief und von einem flachgerundeten Kraggewölbe überdacht. Es ließ sich durch eine doppelte Flügeltür abschließen und war in Längsrichtung unterteilt: der vordere Teil nahm – außer in der Königskapelle – die Götterbarke auf, im hinteren stand wahrscheinlich die Kultstatue an der Rückwand, die aus einer doppelten Scheintür mit einem tief in die Wand eingeschnittenen Scheinfenster darüber gebildet ist. Nur von der Osiris-Kapelle aus gelangt man durch eine echte Tür in die hinteren Tempelräume, die alle dem Osiris geweiht und mit schwerfälligen zylindrischen Säulen ausgestattet sind.

Links von diesen sieben Kapellen schließen sich Räume und Höfe mit ebenfalls zylindrischen Säulen an, die den Südflügel des Tempels bilden und mit diesem durch die berühmte Königsgalerie verbunden sind, einen 25 m langen Korridor, dessen Decke abwechselnd mit Sternen und den Kartuschen Sethos' I. übersät ist. Auf der Westwand sind die Kartuschen von sechsundsiebzig Königen eingraviert, die von Menes bis Sethos I. über Ägypten geherrscht hatten. Die genannten Räume liegen alle auf einer Seite, während sie sich gewöhnlich zu beiden Seiten der axial angeordneten Tempelräume erstrecken: Barkensaal, Schatzhaus, Kulträume für Ptah-Sokar und Nefertem und das Schlachthaus für die Opfertiere. Wenn hier auch kein Sonnenhof wie in den thebanischen Totentempeln existiert, könnte vielleicht die Königsgalerie dem Kultraum entsprechen, der dort dem Vater des Königs geweiht war.

Man kann sich kaum noch den Oberbau des Kenotaphs vorstellen, an den sich der Tempel anschloß. Diese natürliche Erhebung war, wie noch die mit fruchtbarem Boden gefüllten, kalksteinverkleideten Gräben, die in den Sand eingetieft sind, beweisen, von Bäumen umstanden und zum Tempel hin durch eine Mauer abgeschlossen. Südöstlich davon erstreckte sich eine Art gepflasterter, von Quadersteinen umgrenzter Hof, auf den die Räume des Schatzhauses führten. Diese Erhebung trat also an die Stelle des im Alten Reich gebräuchlichen Pyramidengrabes, an dessen Ostseite der Totentempel lag. Wie bei jenem befand sich der Eingang im Norden. Ein etwa 100 m langer, am Eingang überwölbter Gang, zu dem man durch einen senkrechten, ziegelverkleideten Schacht gelangte, führte, leicht abwärts geneigt, tiefer in den Boden bis zum Niveau

31 - Abydos - Totentempel Sethos' I.: Kolonnade im zweiten Säulensaal. 19. Dynastie

32 - Abydos - Osireion, der Kenotaph des Sethos-Tempels: Mittelraum. 19. Dynastie - *Pfeiler:*
Granit; Boden: Sandstein; Höhe der Pfeiler 4 m

der unterirdischen Anlage. Sie erstreckt sich in der Hauptachse des Tempels und besteht aus
einem großen, 30,50 × 20 m messenden Raum; in den Kalksteinwänden liegen siebzehn tiefe
Nischen. In der Mitte erhebt sich eine von einem Wassergraben umgebene Insel; zwei Reihen
mit je fünf mächtigen, monolithischen Rosengranitpfeilern trugen die Decke. Zwei Treppen
führen von der Insel in das Wasser, und zwei riesige, unter einem Satteldach liegende Querräume
mit den Maßen 20 × 6 m umrahmen den großen Saal. Die gesamte Anlage symbolisierte den
Urhügel bei der Erschaffung der Welt; das Auftauchen einer Insel galt als der erste Akt der
Schöpfung. Eine unterirdische Kanalisation sollte zweifellos Nilwasser zuführen und konnte tief
unter der Achse des Sethos-Tempels nachgewiesen werden.

Nicht weit davon liegt der abydenische Tempel Ramses' II. Er ist sehr viel kleiner und zudem
schlechter erhalten, muß aber ehemals besonders schön gewesen sein. Er war reich an Farben, die
noch an einigen der erhaltenen unteren Mauerlagen zu erkennen sind; noch heute weckt der
Tempel Erstaunen wegen der Vielfalt der verwendeten Baumaterialien: das Osiris-Sanktuar,
ganz aus Alabaster, steht auf einem Quarzitsockel und ist mit einem einzigen Block aus Rosengranit überdacht. Die beiden Nebensanktuare für Isis und Horus bestehen aus Kalkstein und
enthielten Statuen aus schwarzem Granit. Die Höfe, Pfeilerhallen und Räume haben Sandstein-
pfeiler, der Pylon bestand aus Kalkstein.

Abb. 362   Der eigentliche Totentempel Ramses' II., das ‹Haus der Millionen Jahre›, ist das Ramesseum
in Theben West, das von den Griechen ‹Grab des Osymandias› genannt wurde. Es entstand
unter der Oberaufsicht des Bauleiters Penre und überrascht durch seinen ungleichmäßig viereckigen Grundriß; diese ungewöhnliche Form kehrt auch in seinem Tempel von Amara wieder.
Die Umfassungsmauer aus Ziegeln war etwa 300 m lang und 177 m breit. Die gesamte Tempelruine wirkt zugleich gewaltig, majestätisch und auch leicht. Gewaltig erscheint die Anlage, weil
sich innerhalb der Umfassungsmauer und rund um den Tempel herum die auf zahlreiche Blöcke
verteilten Magazine aus ungebrannten Ziegeln – in denen Reste von Weingefäßen gefunden

33 - Theben - Totentempel Ramses' II., das Ramesseum: Überwölbte Magazine. 19. Dynastie -
Ungebrannte Lehmziegel

wurden –, die Priesterwohnungen und Werkstätten über eine sehr beachtliche Fläche erstrecken. Dazu gehörten noch ein umfangreicher Königspalast im Süden und ein kleiner, nördlich anschließender Tempel, den man bisher Sethos I. zugeschrieben hatte, der aber nach neuesten Erkenntnissen wahrscheinlich für die Mutter Ramses' II., Tui, errichtet worden war. Die Erhabenheit des Tempels zeigt sich noch in den Resten der kolossalen Königsfiguren, die zerbrochen in den Höfen liegen, vor allem in der Sitzfigur im Hof vor dem zweiten Pylon, die den Eigennamen «Ramses, die Sonne der Herrscher» trägt. Die Statue war aus einem einzigen Rosengranitblock gefertigt, maß 17,50 m in der Höhe und ruhte auf einem monolithischen Sockel ebenfalls aus Rosengranit. Aber man ist auch überwältigt von der Eleganz der kolossalen Osiris-Pfeiler, die Abb. 363 noch im hinteren Hof aufrecht stehen, von den ausgewogenen Proportionen der Papyrussäulen Abb. 364 im Mitteltrakt der großen Säulenhalle und von der Vollkommenheit der zu ihr führenden drei Eingangstore aus schwarzem Granit.

Der Architekt hat die drei Terrassen, die die drei Ebenen des Tempels bilden, deutlich hervorgehoben. Der große Eingangspylon war – nach Lepsius – aus ungebrannten Lehmziegeln errichtet und ist heute zerstört. Er öffnete sich auf einen Hof, in dessen hinterem Teil sich ein mächtiger, weit ausladender Sandsteinpylon erhob, der heutige erste Pylon, der im unteren Teil noch erhalten und fast 70 m breit ist. Der anschließende Hof bildete die erste Terrasse und war rechts, im Norden, von Osiris-Figuren flankiert und links von einer doppelten Reihe glattschäftiger Säulen, die zugleich den Portikus vor dem Palast darstellten. Hinter einem letzten Pylon kam man über eine Rampe mit Stufen in einen wohlproportionierten Hof mit zwei doppelten Säulenhallen auf der rechten und linken Seite und zwei einfachen Reihen mit Osiris-Pfeilern, die die beiden anderen Seiten schmückten. Im Westen stand, etwas erhöht, eine zweite Reihe und

35 - Theben - Totentempel Ramses' II., das Ramesseum: Osiris-Pfeiler im Hof vor der Kolonnade des großen Säulensaals. 19. Dynastie - *Sandstein*

bildete einen Portikus mit einer Säulenreihe vor der Wand des aus achtundvierzig Säulen bestehenden Hypostylsaals. Wie bei Sethos I. in Gurna richten sich die drei Tempelachsen nach den drei Toren aus. Hinter der basilikalen Säulenhalle liegen drei kleine Räume, von denen die beiden ersten, der ‹astronomische Raum› und der ‹Raum der Litaneien›, wahrscheinlich nur eine wiederholte Ausführung der Opferräume sind, die normalerweise den Pronaos des Sanktuars bilden.

Wenn man auch die Pracht dieses gewaltigen Tempels, die seinen eindrucksvollen Ruinen innewohnt, nicht mehr ermessen kann, so vermitteln doch die Tempel, die Ramses II. in Nubien errichten ließ, mit einem Mal eine Vorstellung von der Macht des Königs und der unvergleichlichen Meisterschaft seiner Architekten, Künstler und Bildhauer im Umgang mit dem Material. Außer dem Felsentempel von Beit el-Wali mit seinem einfachen, kreuzförmigen Grundriß, der in die Zeit der gemeinsamen Herrschaft Sethos' I. und Ramses' II. datiert, erinnern die anderen Tempel, Speos- und Hemispeosbauten, vielleicht an das Ende der auf Ramses II. folgenden Ramessiden – noch neun weitere Herrscher mit dem Namen Ramses – und sind in diesem Sinne mit den Totentempeln zu vergleichen. Denn auch dort wird der König vergöttlicht. Der bedeutendste Bau ist der große Felsentempel von Abu Simbel, das ‹Haus der Millionen Jahre›; anstelle einer heili- Abb. 408 gen Grotte wurde es beim Abschluß seiner ersten Regierungsperiode angelegt, die mit dem ersten Jubiläum im dreißigsten Regierungsjahr, etwa 1260 v. Chr., zusammenfiel, das seine königliche Macht erneuerte. Der Tempel ist dem vergöttlichten Ramses geweiht, als Inkarnation eines lokalen Horus-Gottes. Bei der Verwirklichung dieses großangelegten Werks wandte der

34 - Theben - Totentempel Ramses' II., das Ramesseum: Säulen mit geöffnetem Papyruskapitell im Mittelschiff des großen Säulensaals. 19. Dynastie - *Sandstein*

36 - Abu Simbel - Felsentempel Ramses' II.: Tempelfassade mit kolossalen Sitzfiguren; oben eine Reihe von Pavianen (vor der Versetzung 1964). 19. Dynastie - *Sandstein; Höhe der pylonartig gestalteten Fassade 33 m; Höhe der Kolossalfiguren 20 m*

Architekt alle seine Kunst auf, um ihm Proportionen zu geben, die derart mit dem Felsen, in den es eingefügt wurde, harmonierten, daß es wie mit dem Maßstab der natürlichen Umgebung gemessen wirkte. Die Gestaltung der Kolosse und die vollendete Ausführung der Rund- und Flachbilder vermitteln den Eindruck, als betrachte man eine Miniatur durch ein Vergrößerungsglas. Schließlich wurde der Tempel nach Osten orientiert, so daß auf die Statue des Königs zwischen den Göttern an der Rückwand des Sanktuars die Strahlen der aufgehenden Sonne an zwei bestimmten Tagen des Jahrs fielen, von denen einer wahrscheinlich der Krönungstag des Königs war.

Abb. 405   Die Anlage des Tempels ähnelt im wesentlichen dem Hemispeos Sethos' I. in Wadi Miah, ist aber klarer herausgearbeitet: im großen Eingangsraum, der dem traditionellen Hof entspricht,

48

37 - Abu Simbel - Kleiner Felsentempel der Königin Nefertari: Fassade mit sechs Nischen für die Kolossalfiguren des Königs und der Königin (vor der Versetzung 1964). 19. Dynastie - *Sandstein; Höhe 12 m*

stehen Pfeiler mit kolossalen, besonders kunstvoll ausgeführten Osiris-Figuren. Die anschließenden schmalen Räume dienten als Sakristei und Magazine. Die eindrucksvolle Tempelfassade, die 33 m hoch aus dem Felsen geschnitten ist, zeigt vier 20 m hohe Sitzfiguren, die vor dem ‹Pylon› plaziert zu sein scheinen; dieser ist mit einer Hohlkehle versehen und mit einem Fries von Affen bekrönt, die die aufgehende Sonne begrüßen. Im Norden findet man wieder den traditionellen Sonnenhof, dem im Süden eine Kapelle für «Amun in seinem verborgenen Namen» entspricht.

Etwa gleichzeitig entstand in Abu Simbel der zweite Felsentempel für die Königin Nefertari Abb. 366 als Inkarnation einer lokalen Erscheinungsform der Hathor. Aus den sechs hohen Nischen in seiner geböschten Fassade scheinen sechs fast 10 m hohe Kolossalfiguren herauszutreten, die abwechselnd König und Königin darstellen. Das Innere besteht aus einem hypostylen Raum mit

38 - Abu Simbel-Felsentempel Ramses' II.: Osiris-Figuren des großen Eingangsraums. 19. Dynastie - *Bemalter Sandstein; Höhe etwa 10 m*

quadratischen Pfeilern, die mit Sistren verziert sind, und einem großen Pronaos vor dem Sanktuar. Vor dessen Rückwand steht die Hathor-Kuh mit zwei Sistren als den Stützen der Kapelle.

Abb. 395
bis 398 Diese beiden Felsentempel erinnern an die beiden Tempel, die Amenophis III. in Soleb für seinen eigenen Kult und in Sedeinga für den seiner Gemahlin Teje errichten ließ.

Abb. 406
Abb. 407 Anläßlich seines zweiten Regierungsjubiläums ließ Ramses II. den Hemispeos in Derr anlegen, für den er den Plan des Sethos-Tempels in Wadi Miah exakt wiederaufgriff. Bei dem Hemispeos in Wadi es-Sebua und in Gerf Hussein mit den massiven Pfeilern, deren Osiris-Figuren wie vom Alter schwerfällig geworden sind, nehmen die aufgemauerten Teile sehr viel Raum ein, und der Plan ist deutlich von dem Abydos-Tempel des Königs beeinflußt. Der Hemispeos von Wadi es-Sebua dagegen zeigt, abweichend von den anderen Felsentempeln, eine bedeutende Veränderung des Tempelzugangs: vor dem Eingangspylon liegen zwei Höfe, die von einer Mauer aus ungebrannten Lehmziegeln umgeben sind; der Hauptzugang ist von Sphingen flankiert; im ersten Hof tragen sie einen menschlichen Kopf, im zweiten einen Falkenkopf. Nach diesen Sphingen, die sozusagen die Prozessionsstraße zum Tempel bilden, ist er benannt, da Sebua ‹die Löwen› bedeutet.

Die Vorliebe für Felsentempel läßt nach Ramses II. nach. Ramses III. ließ in der 20. Dynastie in

39 - Abu Simbel - Felsentempel Ramses' II.: Ausschnitt eines der Kolossalbilder vor der Fassade. 19. Dynastie - *Sandstein; Gesamthöhe 20 m. Vgl. Abb. 36.*

40 - Soleb - Gesamtansicht des Tempels Amenophis' III. 18. Dynastie - *Sandstein*

Abb. 409
Abb. 373 Medinet Habu das größte bekannte ‹Haus der Millionen Jahre› errichten. Dieser Tempel, «der sich mit der Ewigkeit verbindet», übernahm den Plan des Ramesseums. Sein erster Pylon ist 67 m breit und 22 m hoch; dahinter erstrecken sich auf einer Länge von 150 m zwei Höfe mit Pfeilerhallen und die Säulensäle. Um sie schließen sich die heute arg zerstörten Magazine und der Königspalast, für den drei verschiedene Bauphasen nachgewiesen werden konnten; er umfaßte einen Harim, Baderäume sowie Repräsentationsräume, und in einem von ihnen stand auf einem Podest der Thron. Der ganze Palast war aus Lehmziegeln errichtet, aber vielfach üppig mit Fayencekacheln verkleidet. Durch ein ‹Erscheinungsfenster› konnte der König den Festlichkeiten beiwohnen, die im ersten Hof des Tempels stattfanden. Die gesamte Anlage war von einer rechtwinkligen Ziegelmauer von 6 m Dicke und 12 m Höhe mit Bastionen umschlossen; außerhalb lagen die Wohnungen der Priester und hohen Beamten des Tempels. Aber seinen besonderen Charakter erhält dieser königliche Bezirk durch das gewaltige Hohe Tor, das Migdol, das syrisch beeinflußt ist und gegen Ende seiner Regierungszeit als Eingangstor einer neuen Ziegelmauer diente, die an der Basis 10,50 m stark, 18 m hoch und mit Zinnen und einzelnen Türmchen bekrönt war. Diese Umfassungsmauer wurde nach außen noch durch eine weitere Ziegelmauer verstärkt, die aber weniger hoch und zum Teil mit Stein verkleidet war. Vom Kai aus, an dem die heiligen Barken festmachten, wirkte die Gesamtanlage wie eine richtige Festung, würdig eines Königs, der gezwungen war, sich dem Angriff der Seevölker zu widersetzen.

41 - Medinet Habu - Totentempel Ramses' III.: Portikus des zweiten Hofs. 20. Dynastie - *Sandstein*

42 - Medinet Habu - Luftbild des Totentempels
Ramses' III. (Aufnahme aus dem Jahre 1914).
20. Dynastie - *Sandstein*

43 - Medinet Habu - Totentempel Ramses' III.:
Reste des Königspalastes. 20. Dynastie - *Unge-
brannter Lehmziegel*

11 - Medinet Habu - Totentempel Ramses' III.: Das Hohe Tor von Osten, das Migdol. 20. Dynastie - *Sandstein*

45 - Medinet Habu - Totentempel Ramses' III.: Kolonnade des ersten Hofs mit Portikus. 20. Dynastie - *Sandstein*

Die Grabarchitektur

Wenn sich die Könige auch für ihren eigenen irdischen Kult großartige Bauwerke errichten ließen, versäumten sie darüber nicht, sich unterirdische Wohnungen für das Jenseits anzulegen; sie sollten ihre Mumien im Innern des Kreidefelsens aufnehmen, der die thebanische Westseite überragte: seine pyramidenförmige Erhebung, ‹Horn von Gurna›, trat von jetzt ab an die Stelle der Pyramidenbauten des Alten und Mittleren Reiches, deren letzte in der Zeit des Ahmose in Abydos belegt sind.

Abb. 410 Amenophis I. hatte Dra Abu'l-Naga als Bestattungsort gewählt, nahe der Nekropole seiner Vorfahren, und schuf eine neue Grabform mit abgeknicktem Grundriß, der mit geringen Abwandlungen in der 18. Dynastie weitgehend verwendet wurde und der sich offensichtlich am inneren Aufbau der Pyramiden des Alten Reiches orientierte: ein langer, geneigter Korridor führt zu einem tiefen Schacht, hinter dem sich die Sargkammer öffnet. Der Schacht sollte Grabräuber abhalten und einen eventuellen Wasserzustrom aufhalten; er trat an die Stelle der berühmten Fallsteine aus Granit in den Pyramiden. Die Sargkammer ist unterteilt; im hinteren Teil

56   46 - Medinet Habu - Totentempel Ramses' III.: Decke eines Durchgangs im ersten Hof. 20. Dynastie - *Sandstein*

stand der Sarkophag. Somit entspricht die Anlage der Gliederung in Vorraum und Sargraum bei den Pyramiden.

Abb. 411
bis 420 Von Thutmosis I. bis zum Ende des Neuen Reiches lag die Königsnekropole im berühmten Tal der Könige, einem ausgetrockneten Wadi, das sich nördlich von Dra Abu'l-Naga öffnet und im Süden am Fuß des ‹Horn von Gurna› endet. Dort wurden die Steinmetze mit ihren Meißeln tätig; hier legten sie die Gräber an und schmückten sie nach den Plänen aus, die auf Ostraka oder Papyri vorgezeichnet waren – einige davon sind uns erhalten. Sie transportierten nach und nach den Schutt ab, verwendeten zur Beleuchtung Lampen mit Docht, deren mit einer Salzlake vermischtes Öl keinen Rauch entwickelte, und beendeten ihre Arbeit mit der Aushöhlung des Sargraums, dem ‹Goldhaus›, in dessen Mitte sie quadratische Pfeiler stehen ließen. Nach außen war das Grab durch eine in den Felsen geschlagene Tür verschlossen, die dem Komplex dieser unterirdischen Felsgräber den Namen ‹Biban el-Muluk› eintrug, das bedeutet ‹Tore der Könige›.

Der geneigte Korridor ist bis zur Zeit Thutmosis' III. gebogen angelegt und weist zuerst im Grab Amenophis' II. einen fast rechtwinkligen Knick auf. Später, unter Thutmosis IV. und

48 - Theben, Tal der Königinnen - Grab der Nefertari: Sargraum, dessen Pfeiler eine gestirnte Decke tragen. 19. Dynastie -
Kalkstein; Malerei auf Gipsverputz; Sargraum 8,50 m × 10 m

Amenophis III., wird die Achse zweimal, jeweils scharf im rechten Winkel, verändert. Das Grab
Amenophis' IV. in Amarna kann hier kaum berücksichtigt werden, da es offensichtlich unvollendet blieb, aber man erkennt die Tendenz zur geraden Achse, wie in dem unvollendeten Grab
des Eje in Theben. Tatsächlich setzte sich seit Haremheb eine geradlinige Hauptachse durch, so
daß sich eine Form herausbildete, die die Griechen Syrinx nannten. Aber noch war der Gang nicht
ganz gerade, denn auf der Mitte des Weges wurde die Achse einmal verschoben. Gleichzeitig
kamen noch kleine Räume als Magazine und Aufbewahrungsorte für die Uschebtis dazu; seit
Thutmosis III. wurde außerdem ein Raum mit zwei quadratischen Pfeilern zwischen den Schacht
und den Sargraum gelegt.

Beim Grab der Hatschepsut war der etwa 3 m hohe Korridor ursprünglich sehr einfach angelegt, zieht sich dann aber unverhältnismäßig lang hin: er beschreibt einen großen Bogen von
213 m Länge, senkt sich fast 100 m tief in den Felsboden hinein und wird im weiteren Verlauf

47 - Theben, Tal der Könige - Grab Ramses' VI.: Sargraum mit viereckigen Pfeilern und flach gewölbter
Decke. 20. Dynastie - *Kalkstein; Malerei auf Gipsverputz; Höhe 6 m*

von mehreren Treppen unterbrochen. Der Sargraum ist mehrfach umgestaltet worden. Die Grabkammern der drei Könige mit Namen Thutmosis wirkten durch die Abrundung der Ecken wie gewaltige Königskartuschen. Amenophis II. griff dann die Zweiteilung des Raums, die Amenophis I. eingeführt hatte, wieder auf und vergrößerte den Sargraum. Vorn entstand ein Vorraum mit sechs quadratischen Pfeilern, der um einige Stufen höher als der hintere Teil lag, in dem der Sarkophag abgestellt wurde, eine Anlage, die von nun an bis zu Sethos I. beibehalten wurde. Holztüren trennten die einzelnen Abschnitte des Grabes voneinander.

Die Gräber von Haremheb und Sethos I. sind sehr ähnlich. Die 100 beziehungsweise 150 m lange Kultanlage gliedert sich in zwei große Teile: der vordere, solare Bereich reicht bis zu dem kleinen Doppelpfeilerraum hinter dem Schacht, und bis dorthin drang Licht ein; der hintere, chthonische Teil war vollkommen dunkel. Seit Sethos I. wurde der Grabraum überwölbt. Nach dem in der 19. Dynastie aufgekommenen und während der 20. Dynastie beibehaltenen Typus verliefen die Königsgräber völlig geradlinig, mit Ausnahme des Grabes Ramses' II., das den Grundriß mit Knick wiederaufgriff, und das Ramses' III., bei dem die vom Haremheb eingeführte Achsenverschiebung wieder vorkam. Seit Sethos I. verzichtete man auf den Schacht, an dessen Stelle ein kleiner Raum mit denselben Maßen trat. Schließlich wurde seit Ramses II. der Grabraum in der Mitte des großen Pfeilersaals angelegt, wie schon beim Kenotaph Sethos' I. in Abydos. Am weitesten entwickelt sind die Gräber Ramses' VI. und Ramses' IX.

Die Orientierung der Anlage wechselt von Grab zu Grab. Nach der religiösen Vorstellung der Ägypter müßte der Eingang allerdings im Süden und der Grabraum im Norden liegen; an den Wänden der Sargkammer sind entsprechend den vier Himmelsrichtungen Nischen mit den vier unheilabwehrenden ‹magischen Gründungsziegeln› eingelassen.

Das Grab der Nefertari, der Gemahlin Ramses' II., das im Tal der Königinnen, dem Biban el-Harim, liegt, ist wegen seiner Innenausstattung besonders eindrucksvoll. Die Anlage entspricht in vereinfachter Ausführung dem hinteren Teil des Grabes Ramses' II.; sie umfaßt die Vorkammer, den Korridor mit Treppe und den Pfeilersaal mit dem zentralen Grabraum.

Die Privatgräber unterscheiden sich durch ihre Schlichtheit deutlich von den weitläufigen und prächtigen unterirdischen Königspalästen; außerdem liegen die Kultstelle, die in den Felsen hineingeschlagen ist, und die Sargkammer, zu der ein Schacht führt, auf zwei verschiedenen Ebenen. In Theben sind mehr als vierhundert heute numerierte Gräber bekannt. Die Kultstelle ist der wichtigste Bereich: hinter einem Hof oder einer Terrasse, deren Rückwand manchmal, wie bei Amenuser, mit verzierten Nischen versehen oder, wie bei Puiemre oder Chaemhet, mit Stelen geschmückt ist, liegt eine Querhalle vor einer schmalen Längshalle, der Kultkapelle mit der Statuennische. Die Anordnung der beiden Räume erinnert häufig an das hieroglyphische Zeichen für Opfer, das ein aufrechtstehendes Brot auf einer Matte zeigt. Manchmal wurde der Vorraum so großzügig ausgebaut, daß Stützen benötigt wurden, gelegentlich sogar in der Kapelle. In einigen Gräbern verwendete man viereckige Pfeiler wie bei Tjanuni und Ineni, in anderen poly-

Abb. 421 gonale Pfeiler, häufig aber auch Säulen – im Grab des Ramose stehen zweiunddreißig schwere Papyrussäulen mit geschlossenem Kapitell –, und im Grab des Amenemhet Surer schließlich sind unter den insgesamt siebzig Stützen alle drei Typen vertreten. Der Sargraum hat manchmal auch einen Vorraum wie bei Sennefer in Gurna; dieses ‹Weinrebengrab› mit seiner unregelmäßig aus dem Felsen geschlagenen Decke formt eine Weinlaube nach und ist mit Weintrauben verziert.

Abb. 425 und 426 Nur die Nekropole von Deir el-Medineh zeigt eine ungewöhnliche Architektur: an der Rückwand eines viereckigen Hofs, der mit einer Mauer umschlossen war, erhob sich eine Ziegelpyramide; darunter lag die Eingangshalle, an die sich die ziegelüberwölbte Kapelle anschloß. Die Pyramide war mit Kalk geweißt und mit einem Pyramidion aus Kalkstein bekrönt. An ihrer Ostseite war eine oben abgerundete Stele eingelassen. In den gewölbten Sargraum gelangte man durch einen Schacht, der in den Hof oder den Kultraum führte. Die gleiche Bauweise findet sich auch in Aniba; dort ist aber die Kultstelle an der Vorderseite ganz aufgemauert.

49 - Theben, Tal der Könige - Grab Ramses' VI.: Raum mit zum Sargraum hinabführendem Korridor. 20. Dynastie - *Kalkstein; Malerei auf Gipsverputz; Höhe 3,50 m*

Außerhalb von Theben, das während des Neuen Reiches für ganz Ägypten bestimmend war, zeigt die Nekropole von Amarna einige Besonderheiten. Während die Südgräber weitgehend dem thebanischen Typ ähneln, zeigt die nördliche Gruppe mit ihren etwas jüngeren Gräbern vor der Querhalle entweder einen schmalen, tiefen Raum oder einen breiten Säulensaal mit fast quadratischem Grundriß. Man verwendete immer Papyrusbündelsäulen mit geschlossenem Kapitell, stark gebauchtem Schaft und sehr feinen, reliefierten Inschriften, wie bei Eje; manchmal waren sie auch mit Ornamenten überladen wie bei Tutu. Ein Eckpfeiler mit Hohlkehle hebt sich aus der Säulenreihe heraus.

Stadtarchitektur

Während sich die ‹Häuser der Ewigkeit› bis heute mehr oder weniger gut erhalten haben, weil sie aus Stein erbaut waren, sind die Wohnungen der Lebenden, die aus Stampflehm oder Ziegeln errichtet waren, mit der Zeit vergangen. Von Siedlungen, die im Niltal immer wieder an derselben Stelle übereinandergebaut worden waren und so richtige Hügel bildeten, die die Ebene beherrschten, sind nur riesige Scherbenhaufen zurückgeblieben. Dagegen konnten Ansiedlungen am Rand der Wüste oder selbst auf dem Wüstensand, gewöhnlich Königsstädte, im Grundriß nachgewiesen werden; auf Grund von Wandmalereien in den Gräbern und von Flachreliefs kann man sich eine Vorstellung von ihrem ehemaligen Aussehen machen.

In Malqata, südlich von Medinet Habu, ließ Amenophis III. auf dem Wüstensand, am Rande der thebanischen Felsen, einen Komplex von anscheinend wahllos aneinandergefügten Bauwerken mit mehreren Palastanlagen rund um den Königspalast errichten. Amenophis baute den Harim des orientalischen Pascha, zu dem der ägyptische Herrscher geworden war, mehr als die

51 - Deir el-Medineh - Stadt der Handwerker und Künstler, die mit der Herstellung der Gräber im Tal der Könige beauftragt waren. 18.-20. Dynastie.- *Kalkstein*

Audienzsäle aus. Wände und Decken waren mit naturnahen Darstellungen bemalt, die unter seinem Nachfolger noch beliebter wurden.

Amarna ist als Gesamtanlage besonders interessant, weil man noch die Grundmauern der Stadt ausgraben konnte. Die Stadt wurde nach dem Willen des Echnaton buchstäblich aus dem Wüstenboden gestampft und innerhalb von etwa fünf Jahren aufgebaut. Sie zog sich 13 km am Fuß des Gebirgszuges hin, der auf der rechten Nilseite einen Talkessel in Gestalt eines Halbmonds bildete. Grenzstelen markierten das Gebiet; im Norden lag ein Zollposten. Drei parallele Hauptstraßen verliefen in Nordsüd-Richtung. Die neue Metropole bestand aus der Nord- und Abb. 427 der Südstadt, jede mit einer eigenen Vorstadt; dazwischen lag das von der sogenannten Königsallee durchquerte Stadtzentrum mit dem großen Palast westlich der Straße und dem kleinen Aton-Tempel auf der gegenüberliegenden Seite. Eine überdachte Brücke verband die beiden königlichen Bauten. Sie bestand aus Ziegeln und war mit Holz beschlagen. In der Mitte, wo die beiden Zugangsrampen zusammentrafen, erhob sich ein Kiosk mit zwei zur Straße gerichteten Fenstern.

50 - Tell el-Amarna - Grab des Eje: Säulensaal mit Papyrusbündelsäulen. 18. Dynastie - *Kalkstein;*
  Höhe 4,10 m

Überall ist der Lehmziegel das wesentliche Baumaterial. Die Wände waren sehr häufig verputzt und mit pflanzlichen und tierischen Motiven bunt bemalt; Einzelteile hatten manchmal auch Einlagen aus Jaspis, Fayence, Elfenbein oder Glaspaste. In den Palästen aber wurde Stein bevorzugt. In den Häusern der Vornehmen standen bemalte Palmstamm- oder Papyrussäulen aus Holz mit geöffnetem oder geschlossenem Kapitell. Dagegen kamen in den Palästen häufig außergewöhnliche Formen vor. So sind etwa die unteren Schichten der Säulenschäfte im Maru-Aton aus Alabaster und zeigen Lotosblätter in Einlegearbeit. Der grün bemalte Schaft aus Sandstein bildete Schilfrohrbündel nach und wies im oberen Teil Weintrauben und herabhängende Enten auf. An den Alabasterkapitellen waren halbplastische Lotosblüten und -blätter mit blauer und grüner Paste eingelegt. Aber von all dem wurden nur vereinzelte Reste im Boden gefunden.

Vor dem großen 270 m langen Palast lag ein Hof mit 170 m Seitenlänge, der von Kolossalstatuen des Königs und der Königin aus Quarzit und Granit umstanden war. Im Hintergrund erhob sich ein Pavillon mit zwölf Palmstammsäulen aus Sandstein und einem Erscheinungsfenster. Dann folgten weitere Höfe; einer war durch einen Portikus mit Kalksteinsäulen auf einem mit Alabasterplatten gepflasterten Fußboden abgeschlossen. Dahinter lag schließlich eine große hypostyle Empfangshalle mit achtundvierzig Kalksteinsäulen. Hinter dem Palast erhob sich ein gewaltiges Gebäude mit mehreren Hypostylsälen, darunter wohl auch mit dem Krönungssaal, dessen 544 quadratische Pfeiler eine Decke trugen, die mit Weintrauben auf gelbem Grund bemalt war. Fayencekacheln verkleideten die Wände.

Echnaton wohnte mit Nofretete und den Prinzessinnen auf der anderen Straßenseite. Außer den königlichen Räumen befanden sich dort Kinderzimmer, Wohnungen für die Diener, Magazine und ein großer Garten. Im Norden und Osten lagen die Verwaltungsräume anscheinend wahllos beieinander, und entlang der Straße zogen sich die Vergnügungspavillons, die Harims, hin, deren Fußböden mit pflanzlichen Motiven auf einem Stucküberzug bemalt waren.

In der Südstadt, die anschließend erbaut worden war, lagen die Wohnungen der hohen Beamten wie Panehsi und des Wesirs Nacht, außerdem die Ateliers; die Werkstatt des Bildhauers Thutmosis wurde nicht weit vom Sommerpalast gefunden, dem Maru-Aton. Dabei handelte es sich um eine Gartenarchitektur, wie sie bei den Ägyptern zu allen Zeiten beliebt war, mit mehreren künstlichen Seen und ungewöhnlichen Anlagen wie einer langen Galerie, deren Dach von dreizehn nebeneinanderstehenden Pfeilern getragen wurde; dazwischen lagen T-förmige Becken. Der Boden des Umgangs war mit Tier- und Pflanzendarstellungen bemalt.

In der Nordstadt drängten sich die Büros und Verkaufsläden der Künstler und Kaufleute hinter dem Nordpalast, einem Vergnügungspavillon mit Tiergehege, mit Vogelkäfigen und Ställen für Antilopen, Steinböcke und Gazellen.

Die Häuser der Vornehmen von Amarna lagen zwischen den Palästen und den offiziellen Gebäuden und waren wie die königlichen Pavillons ausgestattet. Der einfache Typus mit viereckigem Grundriß bestand aus drei Teilen: ein langer Empfangsraum oder eine Veranda mit Säulen, ein mit glasierten Kacheln verkleideter Aufenthaltsraum mit vier Säulen und hoher Decke, mit einer Bank und einem zentralen Ofen; schließlich die Privaträume mit Schlafraum, Badezimmer mit Steinplatten für die Reinigung und Ablaufrinnen, Garderobe, Toilette und Nebenräumen. Vom Aufenthaltsraum konnte man auf eine Terrasse treten. Die Küche befand sich außerhalb, ebenso die Speicher, Ställe und die Wohnungen der Bediensteten. Die reichsten Häuser standen in einem Garten.

Die eigentlichen Arbeiterviertel lagen weiter im Osten. Innerhalb einer Umfassungsmauer von 69 m Seitenlänge drängten sich Seite an Seite mehr als siebzig vierräumige Häuser, die gleichmäßig entlang den fünf Straßenzügen aufgereiht waren. Ebenso war das Dorf Deir el-Medineh Abb. 422 in Theben West angelegt, wo die Handwerker und Künstler wohnten, die mit der Ausschachtung und Ausstattung der Königsgräber beauftragt waren. Dieses Dorf aber war aus Bruchsteinen Abb. 423 errichtet. Obwohl die Häuser stark zerstört sind, konnten die Grundmauern wiederaufgerichtet

werden. Dort lag die Küche innerhalb des Hauses hinter dem Schlafraum. Davor befand sich ein und 424
Aufenthaltsraum mit Mittelsäule. Durch ein Holzgitter in der besonders hohen Decke trat
Licht ein. Im Eingangs- oder Empfangsraum stand ein Podest, zu dem einige Stufen führten.
Die Stadt wurde zu Beginn der 18. Dynastie gegründet und in ramessidischer Zeit vielfach umge-
baut. Sie war ganz von einer Mauer umschlossen und scheint von zwei Polizeiposten bewacht
worden zu sein.

Die ägyptischen Siedlungen im Ausland lagen innerhalb von Festungen, wie man überall in Abb. 428
Nubien und im Sudan erkennen kann. In Sesebi erhob sich innerhalb einer riesigen, mit viereckigen Bastionen versehenen Ziegelmauer von 4,60 m Dicke und 270 × 200 m Ausdehnung ein
Dorf aus Ziegeln mit einem schachbrettartigen Plan aus der Zeit des Echnaton. Es war durch
zwei sich im rechten Winkel kreuzende Hauptstraßen in vier Bezirke unterteilt und besaß zahlreiche Keller- und Magazinanlagen. In Amara wurden Reste von drei übereinandergebauten
Siedlungen gefunden, deren zweite in die Zeit Ramses' II. datiert. Die Einwohner dieser Stadt
waren mit dem Schürfen und dem Waschen von Gold beauftragt, das in dem benachbarten Gebel gefunden wurde. Obwohl der Ort auf einer Insel lag, wurde er dennoch befestigt, wie Reste
einer Umfassungsmauer mit Bastionen zeigen.

Die großen Festungen von Buhen und Aniba aber gehen auf das Mittlere Reich zurück; die
Könige der 18. Dynastie haben sie nur vergrößert, restauriert und verstärkt. In Buhen Nord, das
am Nil liegt, wurden die viereckige Umfassungsmauer aus dem Mittleren Reich und das Dorf
weit von einer zweiten Mauer umzogen, die nah beieinanderliegende Vorsprünge und an den
Ecken gewichtigere Bastionen besaß. Der Wehrgraben wurde durch eine weitere senkrechte
Mauer geschützt, deren oberer Rand Zinnen aufwies. Buhen Süd, die Festung Kor, war vorn
172 m lang. Ihr mächtiges Eingangstor wurde umgebaut und erneuert. Die erste Mauerreihe
mit abgerundeten Bastionen mit Schießscharten wurde beseitigt und die zweite, mehr als 9 m
hohe Mauer mit quadratischen Türmen und Schießscharten verstärkt. Diese beiden Anlagen
nehmen bereits die großen Festungen des Mittelalters vorweg. Die erste weist sogar auf die Be-
festigungsanlagen von Vauban voraus.

II

RELIEF UND MALEREI

Von Hans Wolfgang Müller

Wie in den großen älteren Epochen, so wurden auch am Beginn der 18. Dynastie die klassischen graphischen Künste, das Relief und die Malerei, im Dienste bedeutender königlicher Bauaufträge wiedererweckt und innerhalb weniger Jahrzehnte auf die Höhe künstlerischer Vollendung geführt. Auf den uralten Grundlagen ägyptischer Naturwiedergabe aufbauend, empfingen sie von der neuen Zeit ihre spezifische stilistische Prägung. Zu den erhaltenen frühesten Werken gehören die Stele, welche König Ahmose um 1550 v.Chr. dem Andenken an seine Ahnfrau, die längst verstorbene Königin Tetischeri, weihte, und die Opferszenen eines kleinen Stationstempels, welchen Amenophis I. um 1510 v.Chr. als Barkensanktuar für Amun Re, den ⟨König der Götter⟩, aus weißem Alabaster (Kalzit) im Bezirk des Tempels von Karnak errichtete. Die großen, einander gegenüberstehenden Einzelfiguren sind auf diesen Denkmälern wohlproportioniert, in ausdrucksvollen Umrissen und mit reichen Details in versenktem Relief ausgeführt. Inschriften von großen, klaren Hieroglyphen sind den Figuren, freien Raum füllend, in ausgetüftelter Komposition zugeordnet. Es sind Werke der Kalligraphie. Die klassischen Regeln und Proportionen als die Grundlagen für neue Themen und neue eigene Ausdrucksformen sind wiedergewonnen.

Abb. 284

Dieser Neubeginn der Kunst nach mehr als hundertfünfzig Jahre währendem politischem Niedergang in der 2. Zwischenzeit, in der auch die künstlerische Tradition zum Erliegen gekommen war, ging von der Auseinandersetzung mit dem thebanischen Erbe aus, das in Theben in den noch aufrecht stehenden Bauten des frühen Mittleren Reiches gegenwärtig war. Den Opferszenen Amenophis' I. hatten die Reliefs der ⟨Weißen Kapelle⟩ Sesostris' I. (vgl. ⟨Ägypten I. Das Alte und das Mittlere Reich⟩, Abb. 143 und 144), die fast fünfhundert Jahre zuvor errichtet worden war, zum Vorbild gedient. Aber die Reliefs Amenophis' I. sind keineswegs ⟨Kopien⟩; sie zeigen etwas unverwechselbar Neues, einen geschmeidigeren und eleganteren Figurenumriß und – bei aller ⟨hieroglyphischen⟩ Strenge – in den Köpfen einen Zug ausdrucksvoller, individualisierender Gestaltung, der bereits das in den folgenden Jahrzehnten immer mehr verfeinerte Idealbild der Thutmosidenherrscher erkennen läßt.

Die Hinwendung zur Gestaltung neuer und bedeutender Themen und Schilderungen des neuen Lebensgefühls dieser Epoche ging von einer Frau, Königin Hatschepsut (1488–1470 v.Chr.), aus. Sie hat mit weiblicher Intuition und Sensibilität dem universalen Wesen und Wirken des neuen Reichsgottes Amun-Re als dem göttlichen Erzeuger der Dynastie und dem Lenker der Welt und mit der Idee der Gotteskindschaft als der Voraussetzung für die Ausübung des Herrscheramtes in gewaltigen Bauunternehmungen, in Statuen, Reliefdarstellungen und Texten überschwenglichen Ausdruck verliehen.

Der festliche Glanz, der aus den Reliefdarstellungen dieser Königin spricht, sollte der Kunst in den folgenden hundert Jahren entscheidende Impulse geben. Das Allerheiligste Amuns in

52 - Theben, Tal der Königinnen - Grab der Nefertari: Die Königin bei der Opferhandlung. 19. Dynastie (um 1265) - *Bemaltes Stuckrelief*

53 - Abydos - Stele aus dem Schrein der Königin Tetischeri: König Ahmose opfert vor der verstorbenen Königin. 18. Dynastie (um 1540) - *Kalkstein; Breite 1,06 m* - Kairo, Ägyptisches Museum

Karnak, das Barkensanktuar, wurde von Hatschepsut mit kleinfigurigen Reliefs geschmückt, die erstmals Krönungsszenen und Feste mit Barkenprozessionen, von Musik und Tanz begleitet, auf Tempelwänden verewigten. Es ist die aus braunrötlichem Quarzit erbaute ‹*Chapelle Rouge*›, deren durch spätere Wiederverwendung erhaltene Reliefblöcke noch nicht wieder zu den vollständigen Bildkompositionen zusammengesetzt worden sind.

Das umfangreichste und für die weitere Entwicklung des Reliefs bedeutendste Unternehmen der Königin war die Errichtung und Ausstattung ihres Totentempels im Talkessel von Deir el-Bahari, auf der Westseite von Theben. Für das Bildprogramm war es wesentlich, daß diese Totentempel zugleich dem Amun von Karnak als Stationen seiner Barkenprozessionen bei den Besuchen in der Totenstadt, insbesondere anläßlich des ‹Schönen Festes des Wüstentals›, geweiht waren. Als ‹Häuser von Millionen Jahren› – wie sie nun stolz genannt wurden – waren sie nicht nur für das ewige Fortleben ihrer Erbauer, sondern zugleich auch für das Gedächtnis an das Wirken Amuns und für die Verkündung frommer Taten der Könige für den Reichsgott bestimmt. Man bezeichnet die Totentempel des Neuen Reiches daher als ‹Gedächtnistempel›. Die in Terrassen vor der Felskulisse sich entfaltenden offenen, breiten Pfeilerhallen des Gedächtnistempels der Hatschepsut waren für die Aufnahme umfangreicher Reliefzyklen eigens geschaffen. Von den zahlreichen Themen können hier nur wenige genannt und wegen der vielen Tilgungen, die der Nachfolger, König Thutmosis III., veranlaßte, nur Ausschnitte abgebildet werden. Alle diese Darstellungen sind in ihrer klaren Gliederung und meisterlichen bildhauerischen Ausführung in ganz flachem, über die Grundfläche erhobenem Relief von den Ideen her, denen sie ihre Entstehung verdankten und die sie, von Inschriften unterstützt, zum Ausdruck bringen, zu verstehen. Die bedeutendsten Zyklen zeigen die enge Verbundenheit der Königin mit Amun.

54 - Theben, Deir el-Bahari - Gedächtnistempel der Königin Hatschepsut, Geburtshalle: Königinmutter Ahmose. 18. Dynastie (um 1480) - *Bemalter Kalkstein*

Hatschepsuts Herrschaftsanspruch als Frau und alleinregierender Pharao war anfechtbar, und das veranlaßte die Königin, ihre Legitimation in einem großen Reliefzyklus auf der Rückwand der nördlichen Pfeilerhalle der mittleren Terrasse («Geburtshalle») in Bild und Text zu dokumentieren: ihre göttliche Abkunft von Amun und ihre Bestimmung zur Thronerbin durch den Reichsgott selbst. Das Thema der göttlichen Zeugung des Thronerben hatte zwar in einer alten Handschrift des Papyrus Westcar einen literarischen Vorläufer: in der Erzählung von der Geburt der vom Sonnengott mit einer sterblichen Frau gezeugten Gründer der 5. Dynastie; aber niemals war ein solcher Vorgang bildlich dargestellt worden. Das gleiche Thema ist etwa hundert Jahre später von Amenophis III. in dessen Tempel von Luxor in enger Anlehnung an die bildliche und textliche Fassung der Hatschepsut wiederholt worden. In dem Bilderzyklus der Königin ist das intime Geschehen mit einander schreitend oder sitzend zugeordneten großen Figuren geschildert: Amun nähert sich der Königinmutter Ahmose, die von ihm das göttliche Kind empfängt.

55 - Theben, Deir el-Bahari - Gedächtnistempel der Hatschepsut, Punthalle: Die Fürstin des Weihrauchlandes Punt. 18. Dynastie (um 1480) - *Bemalter Kalkstein* - Kairo, Ägyptisches Museum. *Vgl. Abb. 293*

56 - Theben, Talkessel von Deir el-Bahari - Hathor-Kapelle: Thutmosis III. bringt dem Gott Amun Weihrauch und eine Wasserspende dar. 18. Dynastie (um 1440) - *Bemalter Kalkstein* - Kairo, Ägyptisches Museum

Göttliche Helfer führen die Schwangere zur Entbindung, und Amun bestimmt das Neugeborene zur Herrscherin. Das Antlitz der schwangeren Ahmose scheint von innerem Glück beseelt. Vor allem aber wird die propagandistische Bildfolge der anmutigen Gestalten der Königin und der Götter erhöht durch die den einzelnen Szenen beigegebenen Inschriften, in denen das Geschehen in einer bis dahin nicht gehörten poetischen Sprache mit lyrischen Worten gepriesen wird.

Auch in der der ‹Geburtshalle› benachbarten Pfeilerhalle ist ein völlig neuartiges Thema behandelt: die von Hatschepsut in das Weihrauchland Punt entsandte Expedition. Fahrten in das ferne Punt waren schon seit dem Alten Reich in biographischen Inschriften der Expeditionsteilnehmer erwähnt, jedoch niemals bildlich erläutert worden.

Die Reliefs der Punt-Expedition in Deir el-Bahari zeigen die ägyptische Flotte, die an der fernen Küste friedlich vor Anker gegangen ist. Im Wasserstreifen sind die fremdartigen Fische des

57 und 58 - Karnak, Amun-Tempel - Siebter Pylon, südliche Außenwand: Thutmosis III. erschlägt die nördlichen Feinde Ägyptens (Gesamtansicht und Ausschnitt). 18. Dynastie (um 1470) - *Sandstein*

Meeres dargestellt. Am Ufer sind aus Ägypten mitgebrachte Tauschwaren ausgebreitet, und der ägyptische Expeditionsleiter mit militärischem Gefolge begrüßt das exotische Herrscherpaar mit Abb. 293 einer Rede. Selbst die groteske Erscheinung der Fürstin von Punt in ihrer Leibesfülle fügt sich mit Würde in die festliche Begrüßungszeremonie ein. Das ferne Land ist mit den fremdartigen Rundhütten seiner Eingeborenen und mit den dort heimischen Pflanzen und Tieren eingehend geschildert.

Bei allen Szenen entfernen sich die darstellerischen Mittel kaum von der überlieferten Gliederung in Streifen und von der ‹hieroglyphischen› Fassung einzelner Figuren und Figurengruppen. Aber alle Beteiligten schreiten hier in festlicher Würde und sind von eifrigem Handeln bewegt. Mit großer Sorgfalt ist die Modellierung und die Bemalung, selbst an den Nebenfiguren, ausgeführt. Die heute verblaßten Farben waren einst mit farblosem Firnis überzogen, der den Wandbildern erhöhte Leuchtkraft gab.

Zum ersten Male in der ägyptischen Kunst sind die Figuren in größere, anschaulich wiedergegebene örtliche Zusammenhänge hineingestellt worden. In den anschließenden Bildstreifen lie-

59 - Karnak, Amun-Tempel - Füllblock aus dem dritten Pylon: Amenophis II. schießt vom Streitwagen aus mit dem Bogen auf kupferne Scheiben. 18. Dynastie (um 1430) - *Granit* - Luxor, Museum

gen die aus dem fernen Wunderlande nach Theben gebrachten Schätze sorgfältig aufgehäuft, um gewogen und registriert zu werden. Schließlich übergibt die Königin diese Schätze feierlich dem Gott Amun, auf dessen Geheiß und zu dessen Ehre die weite Fahrt unternommen worden war.

Das Außergewöhnliche aber ist die Aufgeschlossenheit für das Fremdartige, ist die vom Wunderbaren, von Festlichkeit und frommer Demut erfüllte Stimmung in den Bildfolgen. Sie kommt in poetischer Sprache in den Inschriften zu den genannten Szenen, wie in allen anderen Darstellungen dieses Tempels, zum Ausdruck.

Die in die Felswand von Deir el-Bahari eingelassene Hathor-Kapelle des Nachfolgers der Hatschepsut, Thutmosis' III., ist vollständig erhalten. Ihre Reliefs vermitteln ein Bild von der üblichen Ausstattung der Heiligtümer der Götter, die in schlichten Gegenüberstellungen die Opferhandlungen des Königs vor der Gottheit wiederholen.

Auf Thutmosis III. geht das erste Monumentalrelief an einer ägyptischen Außenarchitektur zurück; es befindet sich an der Südwand des siebten Pylons von Karnak. Thema und Komposition des triumphierenden Pharao, der die Feinde Ägyptens erschlägt, läßt sich bis an den Beginn der ägyptischen Geschichte zurückverfolgen (Ägypten I. Das Alte und das Mittlere Reich, Abb. 9). Aber Thutmosis III. ließ sein Bild in Riesenmaßen, welche die ganze Außenwand des einen Pylonturmes einnehmen, in versenktem Relief gestalten. Interessant für die Wiedergabe von Gruppen ist die graphische Konstruktion einer Vielzahl von Asiaten in strenger flächiger Reihung der Köpfe in Profil und *en face*, die der König an den Schöpfen gepackt hält, und der Wechsel von erhobener und versenkter Reliefstechnik. Diesem Monumentalbilde entspricht auf

74

dem benachbarten Pylon der Triumph über die südlichen Nachbarn Ägyptens; beide Reliefs beziehen sich also nicht auf ein einmaliges historisches Ereignis, sondern dokumentieren die Erfüllung königlicher Pflicht, die Abwehr aller Feinde im Auftrage des Reichsgottes Amun, der am Bildrande, dem König gegenüber, erscheint. Verglichen mit der sparsamen Reliefausstattung der Göttertempel des Mittleren Reiches (Ägypten I. Das Alte und das Mittlere Reich, S. 142), zeigen die im Neuen Reich hinzutretenden wandfüllenden Themen neben den Kultszenen auch die Weihung von Obelisken und von kostbaren Beutestücken aus den Kriegszügen.

Auch die Kriegszüge zur Erweiterung und Festigung des Imperiums fanden allmählich in den königlichen Darstellungen ihre bildliche Dokumentation. Auf einem Granitrelief Amenophis' II. (1438–1412 v. Chr.), in versenkter Relieftechnik, ist erstmals das Motiv des Königs, der auf pferdebespanntem Streitwagen dahinsprengt und auf kupferne Scheiben schießt, in einer vermutlich von der Dekoration eines Torbaus im Tempel von Karnak stammenden Darstellung erhalten. Das neue Motiv ist sicher nicht für den in der ‹Kunst des Kriegsgottes› sich übenden, sondern für den in der Schlacht gegen Feinde ansprengenden Pharao konzipiert; denn Fragmente von einem größeren Kampfbild mit Pferden und Streitwagen sind bereits aus dem Totentempel des Gemahls der Hatschepsut, Thutmosis' II. (1494–1490 v. Chr.), erhalten.

Vollständig ist die Komposition einer Kampfszene auf einem Wagenkasten Thutmosis' IV. Abb. 106 auf uns gekommen. Hier bereiten sich die monumentalen Schlachtenbilder der Pharaonen der 19. und 20. Dynastie vor.

Unter Amenophis III. hat die Reliefkunst der Tempel die höchste Verfeinerung des Stils in der Führung der Umrißlinien und in der plastischen Erhebung der Figuren erreicht. Die Darstellungen zeigen in ständiger Wiederholung Ritualszenen des vor den verschiedenen Göttern opfernden Königs. Neue Aufgaben stellte den Künstlern der von Amenophis III. errichtete Tempel in Luxor. Als Monumentalbühne für die große Prozession am Opet-Fest erforderte er ein erweiter- Abb. 317 tes und detaillierteres Bildprogramm, das die kultischen Vorgänge in exakter zeitlicher und räumlicher Folge verewigte.

Neben dieser königlichen Reliefkunst in den Heiligtümern der Götter und in den Gedächtnistempeln der Könige gehört die Ausstattung der Privatgräber vom Range und von den Themen her einer anderen Kategorie an. Während die Gedächtnistempel am Fuße des großartigen Höhenzuges, der die thebanische Westseite begrenzt, sich von Norden nach Süden reihten und die Königsgräber in einem hinter der Bergwand verborgenen, verzweigten Felsental angelegt wurden, nisteten sich die Grabanlagen der hohen Beamten als Felsgräber in die Berghänge im Rükken der Tempel ein. Die dem Niltal und dem Fruchtland zugewandten Berghänge wurden im Verlauf des Neuen Reiches mit Felsgräbern geradezu durchlöchert. Die Grabeingänge führen von einem kleinen Vorhof aus durch eine meist schmucklose Felsfassade in die im Felsmassiv liegen- Abb. 288 den Kulträume. Diese – zunächst ein Querraum als Empfangshalle, an den, dem Grabeingang genau gegenüber, ein Längsraum oder Gang anschließt – sind mit Wandbildern ausgestattet. In der Empfangshalle sind die Themen der Wandbilder auf die irdische Existenz des Grabherrn bezogen. Auf einer Schmalwand hat anfangs noch die Scheintür – seit dem Alten Reich die Ver- Abb. 287 bindung des Toten zum Diesseits und zugleich der Ort der Totenopfer – ihren festen Platz. Sie verschwand bald, und Wandbilder traten an ihre Stelle. Auf den Wänden der hinteren Längs- Abb. 307
und 310 halle, die im Prinzip nach Westen gerichtet ist, herrschten die Themen der Bestattungsfeierlichkeiten, der Totenriten und des Jenseits vor. Den Abschluß dieses Raumes bildete die Kultstelle, eine Nische mit einer Statue oder Familiengruppe des Grabherrn. Die Sargkammer liegt tief im Felsen und war durch einen Schacht zugänglich, der nach der Beisetzung verschlossen wurde. In seltenen Fällen sind auch hier die Wände mit Darstellungen jenseitiger Fortexistenz ausgestattet.

Auch im Neuen Reich wird die Grabanlage in den Inschriften als das ‹Haus der Ewigkeit› bezeichnet. Aber die zugänglichen Kulträume zeigen gegenüber denen aus früheren Epochen eine auffallende farbenfreudige Ausstattung der Decken mit geometrischen Mustern, die voll- Abb. 287

Abb. 310 kommen diesseitig anmutet. Ähnliche Deckenmuster schmückten schon die Hallen der Felsengräber der Gaufürsten im Mittleren Reich; aber im Neuen Reich werden die Muster um viele Motive, zum Beispiel um Lotosblüten, Weinranken und Trauben bereichert, die den Kultraum nun als eine festliche ‹Laube› erscheinen lassen. Jede Innenwand ist von farbig gemusterten Bändern eingefaßt und oben mit dem uralten ‹Cheker›-Ornament gekrönt.

Die Wandbilder sind in der frühen 18. Dynastie in bemaltem Relief oder in Malerei ausgeführt; jedoch bald darauf, während der etwa siebzig Regierungsjahre Amenophis' II., Thutmosis' IV. und bis zu Amenophis III., also von etwa 1440 bis 1370 v. Chr., bestehen sie ausschließlich aus Malerei. Der Grund für die Bevorzugung der Malerei ist, daß der Fels der Berghänge, in den die Kultkammern hineingeschlagen werden mußten, sehr brüchig ist und daher für die Ausführung von Reliefs ungeeignet war. Man überzog infolgedessen die rohen Wandflächen mit einer dicken Schicht aus Nilschlamm und darüber mit einer dünnen Schicht weißen Gipsstucks, dessen Oberfläche nach dem Trocknen den Malgrund bildete. Auch bei der Ausstattung der frühen Königsgräber begnügte man sich aus dem gleichen Grunde mit dieser einfacheren Technik.

Von der Bevormundung durch die bildhauerische Reliefausführung befreit, konnte die Malerei während dieser siebzig Jahre die nur ihr eigenen Möglichkeiten freierer, zeichnerischer und farbiger Wiedergabe entwickeln.

In einigen thebanischen Gräbern sind diese Wandmalereien in leuchtenden Farben erhalten geblieben; vieles ist durch spätere Benutzung der Grabräume als Behausungen und durch moderne Kunsträuberei zugrunde gegangen. Neuerdings wirken sich die Massenbesuche der Touristen in den engen Räumen und der Übergang zu feuchterem Klima in noch nicht abzusehendem Umfang schädigend und zerstörend auf die empfindlichen Malereien aus.

Auch die Themen der Wandbilder der Privatgräber zeigen, daß eine neue Zeit mit einer stark gewandelten Einstellung dem Leben und dem Jenseits gegenüber angebrochen ist.

In dem frühen Grabe des Benia-Pahekamen (Nr. 343), das noch mit Reliefs ausgestattet wurde, ist die Szene der feierlichen Totenspeisung um die Wiedergabe der Eltern des Grabherrn und einer Reihe von Gästen vermehrt. In dem nur ausgemalten Grab des Nacht (Nr. 52) nimmt die Darstellung des Grabherrn, der mit seiner Frau den thebanischen Göttern Opfer darbringt, die ganze als Bildfläche abgegrenzte Wandhöhe am Grabeingang ein. Es ist hier nicht möglich, die vielen altbewährten Motive, die aus den königlichen und privaten Gräbern des Alten und Mittleren Reiches in die Bildprogramme der thebanischen Gräber der 18. Dynastie übernommen und in ihrem ursprünglichen Sinn den neuen Vorstellungen angepaßt wurden, und diejenigen, die seit der frühen 18. Dynastie neu hinzugekommen sind, im Wandel ihrer Art der Wiedergabe und Bedeutung aufzuzeigen. Die Fülle des Erhaltenen gebietet Beschränkung auf nur wenige Beispiele, auf Ausschnitte, in denen sich das Neue und Charakteristische am deutlichsten zeigt.

Die besondere Liebe der Menschen des Neuen Reiches zur Natur hat in vielen Wandbildern dieser Zeit Ausdruck gefunden. Der in die Decken der Gräber eingefügte Schmuck von Blumen und Früchten, die Freude an Lotosblüten, Papyrussträußen, an Weinranken und Blütenkränzen bei allen festlichen Gelegenheiten, legen davon Zeugnis ab.

In einigen Gräbern der frühen 18. Dynastie sind Darstellungen von Gärten mit verschiedenartigen Bäumen, Weinspalieren und Teichen mit Fischen und Sumpfvögeln erhalten. Nur der reinen Malerei war es gegeben, solche Kompositionen mit reichen farbigen Details auf den Wänden auszubreiten. In die Wiedergabe des umfriedeten Gartenbezirks ist zuweilen auch das Wohnhaus, von Bäumen umgeben, eingeschlossen. Die auf die Wandflächen projizierten Teiche und Gartengrundstücke mit den Bäumen und Pflanzen in hieroglyphischer Abstraktion waren unvereinbar mit der alten Gliederung in schmale Streifen. Auch Lauben und kleinere Bauten sind zuweilen mit der Darstellung eines Sees verbunden. Der Grabherr und im Garten tätige Arbeiter sind in kleinen Figuren gleichen Maßstabs in diese Landschaftsbilder einbezogen; sie zeigen den Menschen in seiner Umwelt und bestimmen den Ort seiner Arbeit und seiner Muße.

Gewiß sollten solche Themen auf Grabwänden den Grundbesitz und damit die soziale Stellung des Grabherrn unterstreichen. Aber sie haben zugleich einen Bezug auf die Ewigkeit: der Grabherr wünscht sich, daß ihm auch im Jenseits ein solcher Garten zur Verfügung stehe, damit er «sich darin ergehe, damit er unter seinen Sykomoren Kühlung finde und sein Auge an den schönen Bäumen erfreue, die er anlegte, als er noch auf Erden weilte». In eine Gartenanlage mit Teich und einem an diesem gelegenen Gebäude sind im Grabe des Minnacht (Nr. 87) die Riten der Trauerfeierlichkeiten verlegt. In einem anderen Gartenbild tritt aus einer der Sykomoren am Teich die Baumgöttin der thebanischen Nekropole heraus, um den Grabherrn zu erfrischen. In den Liebesliedern, die im Neuen Reich niedergeschrieben wurden, ist der Garten der Ort der Begegnung der Liebenden, die hier «in Trunkenheit vereint» sich ergehen. Noch in den späteren Malereien der Gräber der 19. und 20. Dynastie und selbst in den Handwerkergräbern in Deir

60 - Theben, Scheich Abd el-Gurna - Grab des Benia-Pahekamen (Nr. 343): Die Eltern des Grabherrn am Speisetisch mit Musikanten und eine Reihe von Gästen. 18. Dynastie (um 1490) - *Bemalter Kalkstein*

61 - Theben, Scheich Abd el-Gurna - Grab des Nacht (Nr. 52): Nacht und seine Frau opfern den thebanischen Göttern.
18. Dynastie (um 1410) - *Malerei auf Stuck*

62 - Theben, Scheich Abd el-Gurna - Grab des Nacht (Nr. 52): Nacht und seine Familie auf leichten Nachen im Papyrusdickicht, links Vögel, rechts Fische erlegend. 18. Dynastie (um 1410) - *Malerei auf Stuck*

el-Medineh, aus denen Bilder diesseitigen Lebens gänzlich verschwunden sind, leben die Bäume, Teiche und Gewässer in den farbigen Schilderungen einer glücklichen, wohlversorgten Existenz im Jenseits fort. Abb. 125 und 126

Grabbilder, die den Menschen in der unberührten Natur zeigen, die großen Wandkompositionen mit dem Grabherrn im leichten Papyrusnachen beim Harpunieren der Fische und bei der Vogeljagd mit dem Wurfholz, gehen auf das späte Alte Reich zurück, wo sie in den Reliefdarstellungen und Malereien der Mastabas erschienen (vgl. ‹Ägypten I. Das Alte und das Mittlere Reich›, Abb. 140). In dem alten antithetischen Aufbau wurden sie von den Malern des Neuen Reiches übernommen. Diese standen den alten Meistern in der Darstellung der Tierwelt nicht nach. Und hier, während der 18. Dynastie, auf welche die Wiedergabe dieses Themas in den Privatgräbern im wesentlichen beschränkt blieb, gewann es durch die Darstellung einer reicheren Tierwelt der Vögel, Schmetterlinge und Fische, durch die lebendigere Linienführung der Umrisse und durch die reicher abgestufte Palette der Maler besondere Stimmungsgehalte. Der Grabherr und die ihn begleitenden Damen sind wie zu einem Fest gekleidet. Die Kinder sind nackt. Alle geben durch Gesten ihrer Freude am Erleben der Natur Ausdruck. Diese Fahrten im schwankenden Papyrusnachen hatten sicher keine sportliche Bedeutung; dagegen spricht die Teilnahme der Damen in festlicher Kleidung. Die diesen Bildthemen zuweilen beigefügten Inschriften nennen den Sinn dieser Unternehmungen: «das Herz erfreuen im Durchstreifen der Sumpfgebiete, der Werke der Flurgöttin». Und ein Zusatz zu dieser Inschrift zu einem anderen Bild verlegt die Fahrt an den «Ort der Ewigkeit». Im Grabe des Nacht (Nr. 52) bildet das Papyrusdickicht den dunkelgrünen Hintergrund, der die festlichen menschlichen Gestalten in die Natur gänzlich einbezieht. Ein Schwarm von bunten Vögeln fliegt über den Dolden auf; der schmale Wasserstreifen ist hier einfach blau ausgemalt. In dem wohl nur wenig späteren Grab des Menna (Nr. 69) hat der Maler das Wasser mit Lotosblüten, Fischen und Enten belebt. Vom Nachen aus beugt sich die anmutig kniende Gestalt des nackten Mädchens nieder, um eine Lotosknospe zu pflücken. In dem Grabe des Kenamun (Nr. 93) streifen Enten im Fluge über die fein gefiederten glockenförmigen Kelche der Papyrusstauden dahin.

Gehören die Gräber des Kenamun, des Nacht und Menna der Zeit um 1420 bis 1405 v. Chr. an, so ist auf der reifsten Stufe der künstlerischen Entwicklung unter Amenophis III., in der Vogelfangszene im British Museum, um 1370 v. Chr., der Bildgrund mit einer Fülle von Vögeln verschiedenster Arten und mit Schmetterlingen fast überladen. Ein ganz unwirkliches Motiv ist vor dem Knie des Grabherrn auf seinem Nachen eingefügt worden: eine Katze, die auf schwankendem Papyrusstengel zu hocken scheint und drei Vögel auf einmal erjagt hat. Die farbige Behandlung der bunten Gefieder, des zart getupften Fells der Katze und der Schuppen der Fische in feinsten Abstufungen der Töne bezeichnet den absoluten Höhepunkt der ägyptischen Malerei und Tierdarstellung. Die den Grabherrn begleitende Frau mit einem kunstvoll gebundenen Strauß, mit dem Salbkegel auf dem Haupt, dessen herabtropfendes Öl das weiße plissierte Festkleid bräunlich verfärbt hat, und schließlich das Sistrum in ihrer herabhängenden Hand deuten auf den kultischen Charakter solcher ‹Lustfahrten› hin.

Das Motiv der Jagd auf das Wild der Wüste – einst königliches Privileg – ist von den Gaufürstengräbern des Mittleren Reiches in die Bildprogramme der Beamtengräber des Neuen Reiches übernommen worden. Den reicheren darstellerischen Mitteln der thebanischen Maler bot dieses Motiv neue Gestaltungsmöglichkeiten. Die alte Gruppierung des Wildes in Streifen, auf gewelltem Wüstengelände, tritt allmählich hinter einer die gesamte Bildfläche füllenden freien Kompositionsweise zurück, in der das Wüstengelände nur mehr durch einzelne Kräuter, die zwischen die flüchtenden Tiere gesetzt sind, angedeutet ist.

In den wildesten Bewegungen und Verrenkungen fliehen Gazellen, Hasen und Hyänen dahin, brechen sie, vom Pfeil getroffen, zusammen. Eine nach vorn stürzende, vom Pfeilschuß durchbohrte Gazelle im Jagdbild des User (Grab Nr. 21) ist nicht nur eine glänzend gelungene ‹Bewegungsstudie›, sondern sie bringt auch das Verenden des grazilen Tiers meisterhaft zum Ausdruck.

Abb. 289

Aus der ägäischen Kunst wurde das Motiv des ‹Fliegenden Galopps›, bei dem die Tiere mit nach vorn und nach hinten gestreckten Läufen dahinfliehen, übernommen; es machte die Standlinien überflüssig. An die Stelle des aus dem Stand bogenschießenden Jägers tritt im Grab des Userhat (Nr. 56) als bedeutende Neuerung das Bewegungsmotiv des vom Wagen aus jagenden Bogenschützen, der mit dem Pferdegespann in das Gewirr des fliehenden Wildes hineinsprengt. Es entsteht eine Komposition von höchster dramatischer Spannung, wie sie später in den königlichen Wagenkampfszenen und Schlachtenbildern ihre höchste Vollendung gefunden hat. Auch diese Jagdbilder, die nur in einigen frühen Gräbern der 18. Dynastie vorkommen, sind vermutlich – wie die Jagden in den Papyrussümpfen – in übertragenem, kultischem Sinne zu interpretieren.

Abb. 106 bis 108

Der Leichenzug, die Riten zur Belebung der Mumie und die Wallfahrt zu Schiff nach Abydos sind in den Gräbern der 18. Dynastie nach altüberlieferten Vorlagen dargestellt. Sie zeigen den ordnungsgemäßen Vollzug der Bestattungsriten, die einen ungehinderten Übergang in die jen-

64 – Theben, Scheich Abd el-Gurna – Grab des Menena (Nr. 69): Bei der Fahrt durch das Papyrusdickicht rupft die junge Tochter eine Lotosknospe aus. 18. Dynastie (um 1405) – *Malerei auf Stuck*

63 - Theben, Scheich Abd el-Gurna - Grab des Minnacht (Nr. 87): Gebäude im Garten mit Treppe zum See. 18. Dynastie (um 1480) - *Malerei auf Stuck*

seitige Welt gewährleisten sollten. Gleichsam als Abschluß der Bestattungsfeiern erscheint erstmals in einigen Gräbern der 18. Dynastie – neben Gottheiten der thebanischen Nekropole, die den Toten in Empfang nehmen und mit Speise und kühlem Trank erfrischen – der Totenherrscher Osiris, vor welchem Nacht (Grab Nr. 52) und Pairi (Grab Nr. 129) in Anbetung stehen oder vor dessen Angesicht im Grabe des Menena (Nr. 69) das Totengericht gehalten wird. Diese Motive sind den Vignetten des im frühen Neuen Reich verfaßten Totenbuches entnommen, dessen illustrierte Spruchsammlungen dem Toten auf einer Papyrusrolle in den Sarg gelegt wurden.

Abb. 310

Der tiefstgreifende inhaltliche Wandel in den Bildprogrammen tritt aber in den Gräbern der höchsten Beamten seit dem Beginn des Neuen Reiches mit neuen diesseitigen Themen hervor. Auf der Hauptwand der Empfangshalle, dem Grabeingang gegenüber, erscheint unter einem

65 - Theben, Scheich Abd el-Gurna - Grab des Kenamun (Nr. 93): Papyrusdolden mit fliegenden Enten. 18. Dynastie (um 1420) - *Malerei auf Stuck*

82

66 - Theben, Dra Abu'l-Naga - Grab eines Nebamun: Vogeljagd mit dem Wurfholz und jagende Katze. 18. Dynastie
(um 1380) - *Malerei auf Stuck* - London, British Museum

67 – Theben, Scheich Abd el-Gurna – Grab des Userhat (Nr. 56): Jagd auf das Wild der Wüste mit dem Bogen vom pferdebespannten Wagen aus. 18. Dynastie (um 1430) – *Malerei auf Stuck*

Baldachin der regierende König auf dem Thron, dem der Grabherr bei festlichem Anlaß ehrerbietig geweihte Sträuße oder kostbare Geschenke überreicht. An dieses Hauptbild schließen zuweilen andere Darstellungen, etwa die der Berufung des Grabherrn in sein hohes Amt, meist aber Themen aktiver Ausübung repräsentativer Amtspflichten vor dem König an. Tätig nimmt der Grabherr die Tribute fremder Völker für seinen Herrscher entgegen, inspiziert er die ihm unterstellten Truppen oder kontrolliert er die Bestände des Schatzhauses und die Lieferungen der Handwerksbetriebe für den Tempel Amuns.

Diese Bilder stellen nicht – wie die Themen in den Beamtengräbern des Alten Reiches – ein Leben, das sich ewig in zeitlosem, typischem Ablauf fortsetzen soll, sondern die persönlichen Aspekte eines zeitlich umgrenzten, der Vergangenheit angehörenden Lebens dar. Die Erinnerung an das vergangene Leben soll in diesen Grabbildern festgehalten werden, soll von der hohen Amtsstellung des Grabherrn, seinem Vertrauen beim König, seiner hohen Stellung in der Gesellschaft künden.

Abb. 309   Die Darstellungen der Entgegennahme der Tribute, der Geschenke ausländischer Gesandtschaften oder eingetauschter Handelsware aus fernen Ländern zeigen uns die von Ägypten be-

68 – Theben, Scheich Abd el-Gurna – Grab des Pairi (Nr. 139): Pairi und seine Frau in Anbetung vor Osiris, der Leichenzug, Riten an der Mumie und an Statuen, Wallfahrt zu Schiff nach Abydos. 18. Dynastie (um 1390) – *Malerei auf Stuck*

84

69 - Theben, Scheich Abd el-Gurna - Grab des Rechmire (Nr. 100): Tribute der Nubier mit Giraffe und Äffchen. 18. Dynastie (um 1435) - *Malerei auf Stuck*

70 - Theben, el-Chocha - Grab des Puiemre (Nr. 39): Gesandte der nördlichen Völker, darunter ein Kreter mit langem Haar. 18. Dynastie (um 1470) - *Bemaltes Kalksteinrelief*

71 - Theben, Scheich Abd el-Gurna - Grab des Rechmire (Nr. 100): Tribute der Syrer, darunter Pferde, Bogen und Pfeilköcher, Gefäße, Metallbarren und ein Bär. 18. Dynastie (um 1435) - *Malerei auf Stuck*

gehrten Rohstoffe und die Erzeugnisse fremden Kunstgewerbes. Sie bilden vor allem die Fremden selber in ihrer hellen oder dunklen Hautfarbe, mit ihrer Haartracht und Gewandung ab. Unter den südlichen Völkern sind uns Nubier und Leute aus dem Weihrauchlande Punt, unter den nördlichen Palästinenser, Syrer, Hethiter, Leute von Kreta und von den Ägäischen Inseln bildlich überliefert.

In Anlehnung an den Bilderzyklus der Punt-Expedition im Gedächtnistempel der Hatschepsut zeigen die Reliefbilder im Grabe des Puiemre (Nr. 39), wie der Grabherr die Tribute der nördlichen Völker für den Amun-Tempel entgegennimmt und abwiegen läßt. Im unteren Streifen ist zwischen zwei Syrern ein langhaariger Kreter dargestellt.

Die vollständigste Aufzählung der Fremdvölker mit ihren Abgaben befindet sich in Malerei im Grabe des Wesirs Rechmire (Nr. 100), der unter Thutmosis III. und Amenophis II. sein hohes Amt bekleidete. ‹Die Großen der südlichen Länder›, dunkelhäutige Nubier, führen außer langgehörntem Vieh eine Giraffe herbei; die Semiten darunter in ihren langen Gewändern bringen Pferde, Bogen, Gefäße mit Öl, Metallbarren und einen Bären. Das Detail aus der Tributszene im Grabe des Nebamun (Nr. 90) zeigt in flotter Malerei einen Asiaten mit Pferden und einen anderen mit Gold. In dem Grabe des Mencheperreseneb (Nr. 86) bringen Syrer und Hethiter (?) kost- Abb. 309 bare Gefäße, Waffen und Helme als Tribute. Wertvolle Metallgefäße waren im Grabe des Sebekhotep (Nr. 63), mit vielem kunstvollen Zierat überladen, dargestellt.

In den Grabmalereien des Militärbeamten Userhat (Nr. 56) lassen Offiziere die Rekruten vor dem thronenden Amenophis II. antreten; aber daneben wird die Verpflegung der Soldaten aus dem Proviantamt in großer Breite als Beispiel fürsorglicher Amtsführung gezeigt. In dem Streifen unter den Soldaten werden den soeben Ausgehobenen die Haare vom Barbier auf Militär-

72 - Theben, Scheich Abd el-Gurna - Grab des Sebekhotep (Nr. 63): Goldgetriebene Gefäße mit reichem Dekor. 18. Dynastie (um 1410) - *Malerei auf Stuck* - Privatbesitz

schnitt gestutzt. Während hier die Gruppen der Soldaten in gleichartigen Bewegungen gestaffelt sind, formieren sich im Grab des Tjanuni (Nr. 74), das nur wenig später ausgemalt wurde, die Gruppen von ägyptischen Kriegern und nubischen Söldnern im Marschschritt; unter ihnen ist ein Trommler, der lebendiger und natürlicher wirkt.

Abb. 305

Handwerkerszenen sind unter den Darstellungen von Amtstätigkeiten häufig. In den Bildstreifen der Metallgießer, deren Werkstätten dem Wesir Rechmire unterstellt waren, werden die Arbeitsvorgänge des Schmelzens von ‹asiatischer Bronze› mit Hilfe von Blasebälgen und des Gießens von großen Bronzetoren für den Amun-Tempel sehr eingehend geschildert.

74 - Theben, Scheich Abd el-Gurna - Grab des Sebekhotep (Nr. 63): Diener mit Opfern für den Grabherrn 18. Dynastie (um 1410) - *Malerei auf Stuck*

73 - Theben, Scheich Abd el-Gurna - Grab des Nebamun (Nr. 90): Asiaten mit Pferden und Gold.
18. Dynastie (um 1400) - *Malerei auf Stuck*

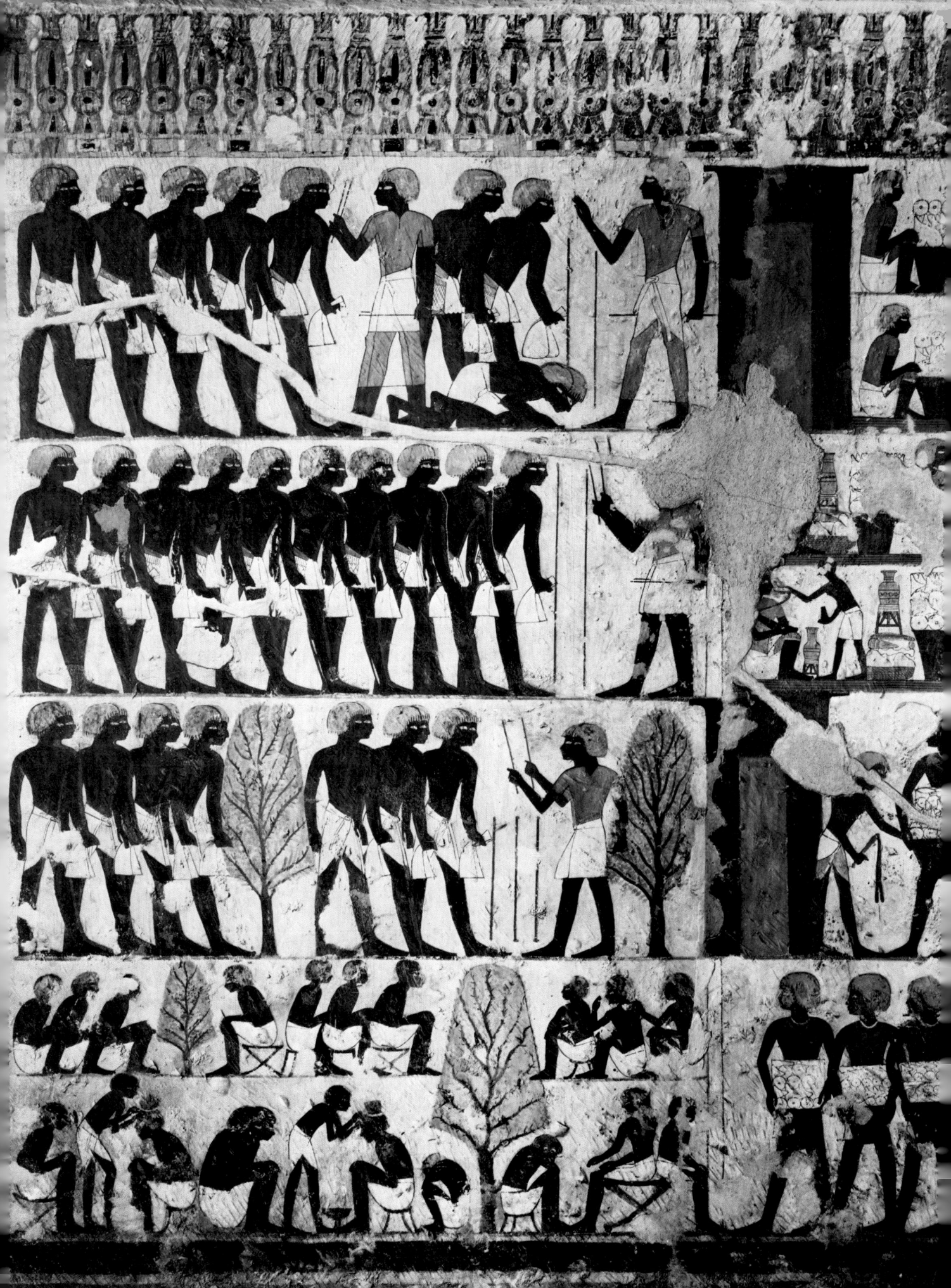

76 - Theben, Scheich Abd el-Gurna - Grab des Tjanuni (Nr. 74): Exerzierende libysche Söldner und ein Trommler. 18. Dynastie (um 1410) - *Malerei auf Stuck*

Im Grabe der Bildhauer Nebamun und Ipuki (Nr. 181) aus der Zeit Amenophis' III. ist in der Darstellung einer Goldschmiedewerkstatt der Reichtum und Luxus dieser Zeit im Abwägen des zu verarbeitenden Goldes und im Ausbreiten des daraus gefertigten Schmucks vor dem Meister angedeutet. Abb. 324

Dagegen finden sich Darstellungen landwirtschaftlicher Arbeiten, die im Alten und Mittleren Reich als Quellen jenseitiger Versorgung in großer Ausführlichkeit auf den Grabwänden erschienen, nur noch zur Dokumentation gewissenhafter Amtsführung des Grabherrn: das Schätzen des Korns auf dem Felde für die Steuer und das Messen der Ernteerträge. Eingestreute Genrebilder, wie die Ährenleserinnen, die sich um ihre Beute raufen, und das Mädchen, das ein anderes von einem in den Fuß eingetretenen Dorn befreit, lockern Ernteszenen auf und verleihen ihnen eine heitere Stimmung. Abb. 311

Das Totenmahl mit der Opferliste, das vom Beginn des Alten Reiches an die reiche bildliche Ausstattung der Kulträume der Gräber bestimmt hatte, nimmt in dem frühen Grab des Benia-Pahekamen (Nr. 343) in großen feierlichen Relieffiguren, die vor dem reich gedeckten Speisetisch sitzen, die Hauptwand der Empfangshalle ein. Nach alter Sitte vollzieht hier der Totenpriester das Ritual. Zwei Gruppen von Musikanten spielen beim Mahle auf. Aber dieses Totenmahl ist um die Eltern und um Gäste, die dem Grabherrn gegenübersitzen, erweitert und bezieht Abb. 287

75 - Theben, Scheich Abd el-Gurna - Grab des Userhat (Nr. 56): Rekrutierung und Verpflegung der Soldaten; darunter wartende Rekruten und Behandlung durch den Barbier. 18. Dynastie (um 1420) - *Malerei auf Stuck*

sich inschriftlich auf das ‹Schöne Fest des Wüstentales›. In seiner großen Komposition ist noch die alte feierliche Form eines kultischen Mahls gewahrt; aber bald wird dieses Thema, wie kaum ein anderes unter den Grabbildern, zunehmend in diesseitigem Sinne zu einem ausgelassenen

Abb. 303   Gelage mit Musik und Tanz umgebildet. Im Grabe des Djehuti (Nr. 45) hocken die Damen beim Mahle in feierlicher Haltung auf Matten am Boden; ein Mädchen in graziöser Gestalt gießt der vor ihr hockenden Dame Wohlgerüche auf die Hände, andere Dienerinnen salben die Damen,

Abb. 78   legen ihnen Blütenkränze um und schenken den Rauschtrunk ein, während im Grab des Rech-mire (Nr. 100) mit Harfen und Lauten zum Mahl aufgespielt wird und im Grabe des Amenemhet

Abb. 308   (Nr. 82) noch eine Flötistin hinzutritt.

Bei diesen graziösen Gestalten der jungen Mädchen, der Dienerinnen und Musikantinnen setzt das Experimentieren der Zeichner ein. Die Gruppe der im Grabe des Nacht (Nr. 52) hinter einem blinden Harfenspieler am Boden hockenden Mädchen mit den zierlichen, koketten Profilen hat gegenüber den älteren, noch fast ‹hieroglyphischen› Fassungen an natürlicher weiblicher An-

78 - Theben, Scheich Abd el-Gurna - Grab des Rechmire (Nr. 100): Bankettszene: Harfen- und Lautenspielerin. 18. Dynastie (um 1435) - *Malerei auf Stuck*

mut und innerem Leben gewonnen. Die einfache Reihung gleichartiger, typenhafter Figuren ist hier überwunden. Anheben und Neigen des Kopfes, Heben und Senken des Blicks der schräggestellten Augen, flüssige, zierliche Bewegungen und durch diese ausgelöste Gegenbewegungen beziehen die Figuren aufeinander und übertragen auf den Betrachter die übermütige festliche Stimmung. Die einst üblichen strähnigen Frauenfrisuren haben modischen, kunstvoll in Zöpfchen und Löckchen gegliederten Perücken, die schlichten weißen Trägergewänder raffinierten plissierten Kleidern aus zarten, durchscheinenden Geweben Platz gemacht, welche die erotischen Reize des weiblichen Körpers wirkungsvoll unterstreichen. Um das Haupt gelegte Blütenkränze und duftende Lotosblüten an der Stirn, breite, farbig gemusterte Halskragen, goldene Schmuckbänder an den Handgelenken und große goldene Ohrgehänge, die unter den Haarsträhnen hervorblinken, erhöhen den farbigen Glanz des Festes. Das abstrakte Gelb als die begrifflich festgelegte weibliche Hautfarbe bleibt nun auf die Wiedergabe des Inkarnats von Göttinnen be-

77 - Theben - Scheich Abd el-Gurna - Grab des Nacht (Nr. 52): Bankettszene: Gruppe junger Mädchen, die sich Liebesäpfel reichen. 18. Dynastie (um 1410) - *Malerei auf Stuck*

schränkt; gemischte Farbtöne von rosa bis hellbraun, die den wirklichen Hauttönen der Mädchen und Frauen näherkommen, bereichern die farbige Wirkung der Bilder. Selbst das Zufällige und Beiläufige der Feiern wird in die Darstellungen der Bankette einbezogen: die weißen Festgewänder sind von den auf den Scheiteln der Damen schmelzenden Salbkegeln gelblich verfärbt. Vereinzelt werden sogar die peinlichen Folgen allzu ausgiebigen Weingenusses in den Reihen der Gäste dargestellt.

Abb. 313   Ein freieres, unkonventionelles Zusammensein von Mann und Frau dringt selbst in die Darstellung des Totenmahls mit Opferliste und mit amtierendem Totenpriester im Pantherfellumhang ein: im Grab des Pairi (Nr. 139) legt der Sohn des Grabherrn seinen Arm liebevoll um die in kleinerer Figur neben ihm sitzende Frau. Solche Motive in den Privatgräbern haben die intimen königlichen Familienszenen der Amarna-Zeit vorbereitet.

Diejenigen Motive, in denen Zeichner und Maler einander mit einfallsreichen Stellungen und Bewegungen überbieten und sich um der sinnlichen Anschaulichkeit willen am weitesten von den alten Regeln der Wiedergabe lösen, sind Dienerinnen, Tänzerinnen und Musikantinnen, junge graziöse Mädchengestalten mit weichen geschmeidigen Gliedern. Die Dienerinnen in den Gräbern der frühen 18. Dynastie sind bekleidet; in der Bankettszene im Grabe des Nacht tragen sie nur mehr einen schmalen Hüftgürtel. In der Musikantinnengruppe des gleichen Grabes ist die nackte Lautenspielerin zwischen den beiden bekleideten Musikantinnen in der Bewegung ihres Körpers, mit der in Vorderansicht gezeigten Brust, durch die Rückwendung ihres Kopfes und durch den nach rückwärts ausgreifenden Tanzschritt als das zentrale Motiv herausgestellt.

79 - Theben, Dra Abu'l-Naga - Grab eines Nebamun: Bankettszene: Auf dem Boden hockende Musikantinnen und Tänzerinnen. 18. Dynastie (um 1380) - *Malerei auf Stuck* - London, British Museum

94

80 – Theben, Scheich Abd el-Gurna – Grab des Nacht (Nr. 52): Bankettszene: Gruppe der Musikantinnen mit Flöte, Laute und Harfe. 18. Dynastie (um 1410) - *Malerei auf Stuck*

81 - Theben, Scheich Abd el-Gurna - Grab des Nebamun (Nr. 90): Traubenpflücker in Weinspalieren. 18. Dynastie (um 1400) - *Malerei auf Stuck*

83 - Theben, Scheich Abd el-Gurna - Grab des Haremheb (Nr. 78): Skizze zu einer Gruppe von Klageweibern. 18. Dynastie (um 1410) - *Konturenzeichnung auf Stuck*

In wunderbarer Harmonie sind die Bewegungen der Körper und Hände der beiden sich überschneidenden jungen Tänzerinnen der etwas späteren Bankettszene aus dem Grabe eines Nebamun im British Museum aufeinander abgestimmt. Die diesen Tanz mit rhythmischem Klatschen der Hände und mit Flötenspiel begleitenden Frauen sitzen gemeinsam auf einer Matte auf dem Boden; sie haben durch die gekurvten Falten ihrer Gewänder an körperlichem Volumen gewonnen. Eine neue Tendenz der Maler zu plastischer Wiedergabe zeigt sich deutlich in der Modellierung der Fußsohlen durch hellere und dunklere Farbtöne. Überschneidungen der Körper schließen diese Gruppe der Musikantinnen eng zusammen. Mit der ungewöhnlichen, gegen alle Regeln der ägyptischen Kunst verstoßenden Wiedergabe von zwei Figuren mit den Körpern und Gesichtern von vorn und der beiden anderen vom Profil her hat der Künstler kaum etwas anderes als die Darstellung ihrer Sitzordnung im Raum versucht.

Diese Entwicklung vom rituellen Totenmahl zu den ganz in diesseitigem Sinne wiedergegebenen Festbanketten hatte ihre Impulse aus dem neuen geselligen und festfreudigen Geist der 18. Dynastie empfangen. Unmittelbaren Anlaß dazu gaben die großen Volksfeste, an denen Amun von Karnak in seiner Barkenprozession die Westseite der Stadt besuchte. Am Abend dieses ‹Schönen Festes des Wüstentales› und bis zum Anbruch des Morgens vereinten sich die Lebenden in den Gräbern mit ihren toten Angehörigen, die in ihren Statuen anwesend waren, bei fröhlichen Gelagen mit Wein, Musik und Tanz. Die Grenzen zwischen Dies- und Jenseits verwischten sich im Rausch des ‹schönen Tages›. Das Grab wurde zum ‹Haus der Herzensfreude›. Die Göttin Hathor, Herrin der thebanischen Westseite und zugleich ‹Herrin der Trunkenheit›, schenkte mit dem Weingenuß diesem Fest die ausgelassene Stimmung. Die in den thebanischen Gräbern auffallend häufigen Darstellungen der Weingärten, des Pflückens und Kelterns der Trauben und der langen Reihen von Weinkrügen gehören ergänzend zu den Banketten.

Ein anderes Thema, das von den Zeichnern und Malern der 18. Dynastie aufgegriffen und ständig weiterentwickelt wurde, ist die Totenklage. In den Darstellungen des Leichenzuges, die nach dem Vorbild alten königlichen Rituals in die Privatgräber des Neuen Reiches übernommen worden waren, hatte die Totenklage keinen Platz. In dem Streifen mit dem Leichenzug im Grabe

82 - Theben, Scheich Abd el-Gurna - Grab des Minnacht (Nr. 87): Totenfeier im Garten: Ritual der Klageweiber. 18. Dynastie (um 1480) - *Malerei auf Stuck*

85 - Theben, el-Chocha - Grab des Nebamun und des Ipuki (Nr. 181): Klagefrauen bei der Überfahrt zu Schiff zur Nekropole. 18. Dynastie (um 1370) - *Malerei auf Stuck*

des Pairi (Nr. 139) fehlen klagende Männer und Frauen. Klagefrauen in geschlossener Gruppe treten erstmals in dem frühen Grabe des Minnacht (Nr. 87), und zwar nicht im Leichenzug, sondern innerhalb der Totenfeiern in einem Garten mit Teich in altertümlicher Komposition auf. Entsprechend dem Ritual der Totenklage bilden hier eine stehende Vorklagende und auf dem Boden hockende Frauen mit festgelegten Gesten die Hauptgruppe, der die Klageweiber in langer Reihe, einzeln oder gestaffelt zu zweien, folgen. Die Künstler, die sich in zunehmendem Maße von der überlieferten ‹hieroglyphischen› Fassung des Rituals lösten und Gefühl und Emotion in den menschlichen Gestalten anschaulich zu machen suchten, fanden in den Gruppen der Klageweiber das Motiv, in dem der Schmerz bis zu hemmungsloser Hingabe in immer ergreifenderer Weise gestaltet werden konnte.

In einer entsprechenden Gruppe stehender Klagefrauen im Grabe des Haremheb (Nr. 78) sind die Gesten der Trauer um nur wenige vermehrt; in demselben Grab hat sich aber der Entwurf zu einer Gruppe hockender Klagefrauen in flüssiger Vorzeichnung erhalten, die im Duktus ausdrucksvoller Umrisse die farbig ausgeführte Gruppe an Eindringlichkeit bei weitem übertrifft.

Erst auf der reifsten Entwicklungsstufe der Malerei unter Amenophis III. und in den ersten Jahren Amenophis' IV. wurde innerhalb der nun in aller Breite gegebenen Schilderungen des Leichenzuges das Thema der Trauer und des Schmerzes zu einem Hauptmotiv. Im Grabe des Ramose (Nr. 55) ist der Leichenzug in drei langen Registern übereinander dargestellt. Eine Gruppe der Klageweiber wendet sich wehklagend dem Sarge im Register darüber zu; daraus erklären sich die schräg nach oben gerichteten Blicke und Gesten. Die Frauen und Mädchen mit aufgelöstem Haar sind einzeln in ausdrucksvoller Umrißzeichnung ausgeführt; ihre Haltungen und Gesten sind konventionell und maßvoll. Die Wiedergabe der aus ihren Augen quellenden Tränen hält sich genau an die Form der Hieroglyphe ‹weinen›. Das Neue in der Gestaltung dieser Gruppe ist die Staffelung der Figuren in die Höhe: über die Wehklagenden auf der gemeinsamen Standlinie ragen Köpfe und Arme im Trauergestus von einzelnen weiteren Figuren

84 - Theben, Scheich Abd el-Gurna - Grab des Ramose (Nr. 55): Klagefrauen im Leichenzug. 18. Dynastie (um 1360) - *Malerei auf Stuck*

87 - Theben, Scheich Abd el-Gurna - Grab des Chaemhet (Nr. 57): Verleihung des Ehrengoldes. 18. Dynastie (um 1370) - *Kalkstein*

88 - Luxor - Tempel Amenophis III.: Der König beim Opfer. 18. Dynastie (um 1390) - *Sandstein*

auf, deren Körper verdeckt, also in einer hinteren Reihe stehend zu denken sind. Mit dieser ‹Hochstaffelung› ist mit rein flächigen Mitteln auch die Tiefendimension dieser geschlossenen Gruppe angedeutet.

Eine bedeutende Steigerung hat der Ausdruck des Schmerzes in den Klageweibern auf dem Schiff im Grabe der beiden Bildhauer Nebamun und Ipuki (Nr. 181) durch wilde Überschneidungen der sich verzweifelt in verschiedene Richtungen wendenden Frauen, durch ihren wehklagend geöffneten, verzerrten Mund und durch den Gegensatz zu den in gefaßter Trauer unter ihnen hockenden Männern erfahren. Dem Künstler desselben Grabes ist in dem ergreifenden Motiv der vor dem Sarge klagenden Witwe ein einzigartiges Stimmungsbild einsamer Trauer gelungen. Der Abstand zu den Figuren vor und hinter dem Sarge ist hier zu einer bedeutungsvollen, distanzierenden Leere geworden.

Infolge der ausschließlichen Verwendung der freieren Technik der reinen Malerei bei der Ausschmückung der Gräber von 1440 bis 1370 v. Chr. lösten sich Umrißzeichnung und Farbgebung mehr und mehr von der Bindung an die überlieferten hieroglyphischen Vorbilder, an die bild-begriffliche Differenzierung der Gesten und Bewegungen. Zwar blieben von diesem Wandel alle Darstellungen der Götter und der Rituale in den Grabbildern ausgeschlossen; aber durch die engen Verbindungen zwischen dem Bereich des Toten und dem der Lebenden, die an den Festen der Nekropole teilhatten, nahmen die Themen diesseitigen Lebens den Geist dieser sinnenfreudigen Zeit in die Grabbilder auf. Das hohe handwerkliche Können der Zeichner und Maler ließ sich vom Geiste dieser Zeit, von dem Luxusbedürfnis, der Freude an der raffinierten Mode, am ästhetisch Schönen, an den graziösen Bewegungen und erotischen Reizen der Mädchen- und Frauengestalten inspirieren. In der Hingabe an den Bildgegenstand nahmen die Ent-

86 - Theben, el-Chocha - Grab des Nebamun und des Ipuki (Nr. 181): Vor dem Sarg einsam trauernde Witwe. 18. Dynastie (um 1370) - *Malerei auf Stuck*

89 - Theben, Scheich Abd el-Gurna - Grab des Ramose (Nr. 55): Kopf des Ramose. 18. Dynastie (um 1360) - *Kalkstein, die Augen schwarz umzogen. Vgl. Abb. 321*

90 - Theben, Scheich Abd el-Gurna - Grab des Ramose (Nr. 55): Hathor-Priesterinnen mit Sistren. 18. Dynastie (um 1360) - *Kalkstein. Vgl. Abb. 321*

würfe einen freien ausdrucksvollen Duktus der Umrißlinien an, und die Farbenpalette wurde reicher und auf harmonische Wirkung abgestimmt. Erstmals in dieser Zeit lassen sich an der ausdrucksvollen Führung der Linien, an der Wiedergabe von Details und an der Farbzusammenstellung die in verschiedenen Gräbern tätigen Künstler erkennen. Aber über solche stilistischen Anzeichen hinaus bewahrte auch im Neuen Reich das Kunstwerk seine ‹Anonymität›, selbst wenn die Künstlernamen überliefert sind. Diese Künstler waren hoch geschätzt; im Grabe eines Amenemhet (Nr. 82, Zeit Thutmosis' III.) bringt der Grabherr auch dem Architekten und den Künstlern seines Grabes Opfer dar. Aber diese inspirierten Zeichner und Maler blieben ‹Handwerker›.

Mit der Entwicklung zu diesseitigen Gehalten und zu sinnlich anschaulicher Wiedergabe stand die uralte Aufgabe der Wandbilder, eine sachliche Verwirklichung ihrer Bildinhalte für das Jenseits zu verbürgen, nicht mehr im Einklang. Auf der Höhe dieser Entwicklung der Malerei trat unvermittelt das Relief mit seinen strengeren und abstrakteren Formtendenzen wieder an deren Stelle. Für die Anlage der Gräber der hohen Beamten der späteren Regierungsjahre Amenophis' III. (um 1370 v. Chr.) und bis in die frühen Regierungsjahre Amenophis' IV. mußten die Künstler eigens die unteren Lagen kompakten Kalksteins am Fuße der Berghänge aufsuchen, um für die Ausstattung mit Reliefs geeigneten Fels zu finden.

91 - Theben, Scheich Abd el-Gurna - Grab des Ramose (Nr. 55): Hofdamen und tief sich verneigende Höflinge neben dem Erscheinungsfenster des Palastes. 18. Dynastie (um 1360) - *Kalkstein*

Das Grab des ‹Aufsehers der Kornspeicher von Ober- und Unterägypten› Chaemhet (Nr. 57) ist ein Beispiel für den Reliefstil klarer, fester Umrisse und feinster Modellierung der Figuren. Landwirtschaftliche Themen aus der Amtstätigkeit, die auf der linken Hälfte der Hauptwand vor dem Bilde des Herrschers ausgebreitet sind, stimmen im Aufbau und in den Hauptfiguren mit den Kompositionen gleicher Themen in der Malerei überein; aber in der Wiedergabe durch erhobenes Relief sind alle Figuren, Gruppen und Bewegungen viel strenger gefaßt; auf alles Abb. 311 Beiwerk, wie zum Beispiel die um ihre Beute streitenden Ährenleserinnen, wurde verzichtet. Als Gegenstück zu den Szenen aus Amt und Beruf erscheint auf einer anderen Wandhälfte erstmals die Belohnung des hohen Beamten, die Verleihung des ‹Ehrengoldes› durch den Herrscher. Vor dem unbeweglich thronenden Amenophis III. verneigt sich der Grabherr im Schmuck seiner Ordensketten, während in den Streifen hinter ihm das Anlegen der Ketten und die den Herrscher preisenden und sich tief vor ihm verneigenden Untergebenen wiedergegeben sind. Neu ist auch die ergebene Haltung der Beamten in einem unteren Register mit den nach vorn herabhängenden Armen, eine Haltung, die in den bald folgenden Jahren des revolutionären Kunststils unter Amenophis IV. bis zum Devoten gesteigert wird.

Gegen Ende seiner Regierungszeit lassen die Reliefs Amenophis' III. eine weiche Linienführung der Umrisse und eine nach Ausdruck strebende Modellierung erkennen, die kaum einer Steigerung fähig schien. Das königliche Porträt mit der zierlichen, kindlich anmutenden Nase, den vollen Lippen und den schräggestellten Augen mit elegant ausschwingenden Brauen findet sich in gleicher formaler Verfeinerung auch bei den Hauptpersonen der gleichzeitigen Beamtengräber. Die reiche Palette der zeitgenössischen Maler wirkte sich auch auf die Bemalung der

92 - Tell el-Amarna - Grab des Eje: Anbetend erhobene Hände der Frau des Eje. 18. Dynastie (um 1355) - *Kalkstein. Vgl. Abb. 327*

Tempelreliefs aus; das zeigt ein im Cleveland Museum verwahrtes Fragment eines Kalksteinreliefs mit einer Reihe von Nilgöttern.

Reliefs aus dem Tempel von Karnak, die Amenophis IV. bald nach seiner Thronbesteigung in Auftrag gab und die nur in Fragmenten erhalten sind, geben den König noch gänzlich in der äußeren Erscheinung und im Stil der Reliefs seines Vaters wieder. Der plötzliche Umschwung, der eine neue Epoche, die revolutionäre Kunst Amenophis' IV. einleitete, ist in dem unfertig

Abb. 321 gebliebenen Grab des Wesirs Ramose (Nr. 55) dokumentiert. In einem Reliefbild von feinster Modellierung empfängt der Grabherr sitzend drei Priesterinnen, die heilige Objekte bringen. Das religiöse Weltbild ist in dieser Szene und in den begleitenden Texten noch unverändert. Aber auf der dem Eingang gegenüberliegenden Hauptwand stehen zwei repräsentative Darstellungen unmittelbar nebeneinander, die inhaltlich und stilistisch durch eine Kluft getrennt sind: auf der linken Wandhälfte sitzen thronend, nach alter Weise unbewegt, Amenophis IV. und die Göttin Maat unter einem prunkvollen Baldachin; ihnen bringt der Wesir nach altem Brauch Sträuße aus den Heiligtümern der thebanischen Götter dar. Auf der rechten Wandhälfte aber ist die Verleihung des Ehrengoldes an den Wesir, die erstmals unter Amenophis III. im Grabe des Chaemhet (Nr. 57) wiedergegeben war, in völlig neuer Fassung in aller Ausführlichkeit ausgebreitet. Der König und seine Gemahlin Nofretete erscheinen im ‹Palastfenster› und über ihnen der neue Gott Aton, die Sonnenscheibe mit den auf das Königspaar gerichteten Strahlen, die in menschlichen Händen endigen und Lebenszeichen halten. Die Königin steht in lässiger Haltung und in modischer Tracht, während der König sich über die Brüstung neigt und dem Wesir die Ehrungen zureicht. Das Königspaar und die Sonnenstrahlen sind später ausgehackt worden; besser erhalten sind am linken Rande des Erscheinungsfensters die Höflinge in der von nun an üblichen devoten Verneigung und in ihrem Bezug auf das offizielle Schauspiel. Der Reliefstil hat sich in dieser großen Komposition gewandelt; die Gestalten sind lässiger in der Bewegung und weniger präzis in der Modellierung. Der Fortgang dieser Szene ist nur in Vorzeichnung ausgeführt, die heute stark verblaßt ist. Auch der Anlaß dieser Ordensverleihung ist in einem weiteren Streifen geschildert: das Vorführen fremder Gesandtschaften.

Erstmals in diesem Grab des Ramose ist der neue Gott Aton in seiner abstrakten Gestalt, in der Hieroglyphe ‹scheinen› mit der Uräusschlange und aktiviert durch menschliche Hände, in welche die Strahlen auslaufen, bezeugt. Hinfort ist das Tagesgestirn ein fester Bestandteil aller offiziellen Darstellungen des Königs, der von seiner Gemahlin und häufig auch von seinen Töchtern begleitet ist. Die Strahlen Atons lassen sich auch auf Tempel, Opfertische und Palastbauten, die in den Wanddarstellungen vorkommen, nieder und segnen alles mit den Sinnbildern des Lebens und des Glückes.

Die noch in den ersten Regierungsjahren des Königs nahe dem Reichstempel Amuns von Karnak erbauten Aton-Heiligtümer verkündeten mit ihren Darstellungen neuer Themen und in ihrem revolutionären Stil anschaulich die neue Lehre von dem Einzigen Sonnengott Aton, wie sie aus späteren Regierungsjahren als ‹Sonnengesang› inschriftlich überliefert ist. Seit alters wurde der Kult des Sonnengottes in offenen Höfen vollzogen. Sein in allen Wandbildern gegenwärtiges Bild in Form einer Sonnenscheibe bestimmte nun jede Darstellung zu einer Szene unter freiem Himmel. Daher wurden die Darstellungen – selbst in Innenräumen – nur noch in der Technik des versenkten Reliefs ausgeführt. Die großen Hauptfiguren sind mit ihren Umrissen meist tief in die aus Sandsteinquadern errichteten Wände der Aton-Heiligtümer eingeschnitten und ausdrucksvoll modelliert. In den kleinfigurigen Nebenszenen dagegen ist die Meißelarbeit häufig von flotter, fast skizzenhafter Ausführung. Alle Reliefs waren bemalt und hoben sich in greller Farbigkeit von weißem Grunde ab.

Keiner der Aton-Tempel steht mehr aufrecht; alle wurden nach dem Scheitern der religiösen Reform abgerissen; ihre Blöcke wurden in spätere Tempel verbaut, aus denen sie, oftmals mit ihrer ursprünglichen Bemalung, wieder geborgen wurden. Es sind die sogenannten ‹Talatat›,

93 - Tell el-Amarna - Großer Königspalast: Amenophis IV. (Echnaton) beim Opfer. 18. Dynastie (um 1355) - *Harter Kalkstein* - Kairo, Ägyptisches Museum

94 - Hermopolis - Die Hand Amenophis' IV. (Echnaton) mit einem Lorbeerzweig. 18. Dynastie (um 1355) - *Kalkstein; Höhe 0,22 m* - New York, Sammlung N. Schimmel

Abb. 319 Blöcke normierter Größe, jetzt nur mehr Fragmente, zusammenhanglose Ausschnitte großer wandfüllender Kompositionen. Ihre Zusammensetzung zu den einstigen Szenen ist noch im Gange; aber schon in diesem fragmentarischen Zustand sind sie Zeugnisse des revolutionären Geistes dieser Kunst, der vielen neuen Motive, Themen und Kompositionen und eines gesteigerten emotionalen Ausdrucks, der alle Szenen beseelt. Der König erscheint in den Wandbildern stets als Handelnder, sei es beim Opfer, sei es bei gottesdienstlichen Verrichtungen. Das Revolutionäre der neuen, nach zeitgenössischen Berichten der Künstler vom König selbst inspirierten Kunst enthüllt sich nirgends deutlicher als in der Erscheinung des Reformators, in den ins Bizarre übersteigerten Formen seines Profils auf langem, dünnem Halse und in den weiblich anmutenden Körperformen. Nur durch die Schurzkleidung unterscheidet er sich von der Gestalt der Königin. Das neue Bild des Königs ist eine klare Absage an das bisher gültige Idealbild kraftvollen, von Amun gezeugten Königtums, eine Entmythologisierung göttlichen Herrschertums; es verkörpert die geistige Rolle eines Propheten, ja eines Ebenbilds des aus sich selbst schaffenden Urgottes, die Amenophis IV. (Echnaton) in der neuen Lehre zugeschrieben wurde.

Bisher ist es unbekannt, in welchem szenischen Zusammenhang die Reliefausschnitte der einzelnen ‹Talatat› standen. Häufig kehren auf ihnen Gruppen und Reihen von Soldaten und Poli- Abb. 326 zeitruppen wieder, die dem Königspaar bei Ausfahrten vorauseilten oder ihm in emotionaler

Haltung Ehren erwiesen und zujubelten. Die Delegierten fremder Völker huldigten dem Königspaar, indem sie sich auf den Bauch warfen und die Erde küßten.

Weit umfangreicher als je zuvor sind in diesen Reliefdarstellungen Architekturen in einer Verbindung von Grundriß und Aufriß der Tempel und Paläste wiedergegeben. Häufig deuten sie den Ausgang und das Ziel einer königlichen Ausfahrt an. In den Räumen des Palastes werden Menschen bei verschiedenen Tätigkeiten gezeigt. Aus den Tempeltoren treten in devoter Haltung die Priester zur Begrüßung des Königspaars heraus. Und schließlich erscheint in den Tempelreliefs auch die Tier- und Pflanzenwelt. Niemals sind vor und nach dieser Epoche solche Themen und Motive auf den Wänden von Tempeln dargestellt oder in die Szenen des Kultes einbezogen worden. Es ist erstaunlich, wie eine solche plötzliche Umstellung der Künstler auf die von der königlichen Lehre vorgeschriebenen neuen Bildfolgen möglich war. Man möchte vermuten, daß der König die bei der Ausmalung der thebanischen Privatgräber im Entwerfen neuer Motive geübten Zeichner und Maler in seine Dienste genommen hat; denn nur dort waren die Voraussetzungen für die Bewältigung der durch die neue Lehre gestellten Aufgaben gegeben.

In seinem sechsten Regierungsjahr verließ Amenophis IV., der seinen Namen Amenophis inzwischen in Echnaton umgewandelt hatte, Theben, die Stadt Amuns, und bezog die von ihm an ‹reiner Stätte› für den neuen Gott Aton erbaute Residenz, Achet-Aton. Auch hier sind die Tempel später abgetragen worden. Die stilistische Wiedergabe bei den Reliefs ist hier zunächst die gleiche, und nur allmählich wird eine Milderung in den Stilformen, eine Mäßigung des Ausdrucks spürbar. In einem Königspalast hat sich ein vereinzelter großer Reliefblock von einer Rampenbrüstung mit der Darstellung des unter dem Aton opfernden Königs erhalten. In dem marmorartigen Kalkstein erscheinen die Formen schärfer und präziser gemeißelt als auf den Sandsteinblöcken von Karnak. Die Reliefausstattung der Aton-Heiligtümer der neuen Residenz   Abb. 319 ist in einzelnen normierten Kalksteinblöcken im Kernmauerwerk eines Tempelbaus Ramses' II. in Hermopolis, auf dem Ostufer des Nils, der Residenz Echnatons gegenüber, teilweise wiederentdeckt worden. Zu einer königlichen Ausfahrt gehört der Block mit dem Gefolge der Hof-   Abb. 329 damen auf leichten, mit Pferden bespannten Wagen. Die Darstellungen des Pferdes, aber auch allen Getiers, wie zum Beispiel des Wüstenwilds, haben durch die neue, die Natur als Schöpfung   Abb. 330 des Sonnengottes preisende Lehre eine innere Beseeltheit erfahren, wobei die Künstler an manche Motive in den Jagdbildern der thebanischen Felsgräber anknüpften.   Abb. 289

Ein Ausschnitt von einer großen Komposition ist der Block mit der ausdrucksvollen Hand des Königs, die unter den Strahlen Atons einen Lorbeerzweig bricht oder darbringt.

Eine Vorstellung von den großen Wandkompositionen und von der Thematik der Ausschmückung der Aton-Heiligtümer in ihrem Zusammenhang können nur noch die bei der neuen Residenz am östlichen Gebirgsrand angelegten Privatgräber und das abseits in einem Tal verborgene Königsgrab vermitteln. Die in den brüchigen Kalkstein der Felsräume in versenkter Technik eingeschnittenen Reliefs sind wegen ihrer Zerstörungen für fotografische Wiedergabe ungeeignet. Norman de Garis Davies hat die Wandbilder der Privatgräber zu Beginn dieses Jahrhunderts in damals besserem Erhaltungszustand in Strichzeichnungen festgehalten und für die Kunstgeschichte gerettet. Die Bildprogramme sind hier weitgehend verändert. Alle Darstellungen des Begräbnisses, der Jenseitshoffnungen und auch der festlichen Bankette sind verbannt. Die Hauptfiguren bilden stets der König und die Königin in Begleitung ihrer Töchter unter der Strahlensonne. Sie erscheinen in den Ausfahrten zum Tempel oder beim Gottesdienst. Die Nebenfiguren, das Gefolge der Höflinge und Hofdamen, die dem Zug vorauseilenden Polizeitruppen sind den großen Hauptfiguren in schmalen Streifen zugeordnet. Der Grabherr und seine Gemahlin kom-   Abb. 327 men nur noch auf Pfeilern und am Eingang des Grabes als große Figuren vor; in den Darstellungen von Amtstätigkeiten bewegt sich der Grabherr als Handelnder unter seinen Untergebenen im gleichen kleinen Maßstab. Häufig ist in den Grabbildern von Amarna die Verleihung des Ehrengoldes gezeigt. Aus einer solchen Darstellung stammt die Reliefplatte mit den ausdrucks-

Abb. 331   vollen Figuren des Eje und seiner Gemahlin, die gemeinsam die Halskragen aus der Hand des Königs unter dem Erscheinungsfenster des Palastes entgegennehmen.

Das Besondere an all diesen Grabbildern ist aber, daß die bedeutenden Szenen eine ganze Wandfläche einnehmen, in der alles auf das Hauptthema, den König unter den Strahlen Atons, konzentriert ist. Manche dieser eine Wand füllenden Bilder sind durch einen farbigen Rahmen ringsum abgesetzt und abgegrenzt.

Auffallend sind die Darstellungen der königlichen Familie in intimem Beisammensein. Sie wollen kaum gegen die höfische Etikette verstoßen. Vorbereitet sind sie durch die Gelageszenen im Kreis der Familie, durch die Erfassung des Gefühlslebens in den Malereien der thebanischen Privatgräber. In Amarna ist die Königsfamilie ein Ersatz für die in dem neuen religiösen Weltbild ausgeschalteten Götterfamilien und Bestandteil der neuen Lehre. Hier ist an Echnatons Schwurformel zu erinnern: «So wahr sich mein Herz an der Königin und ihren Kindern erfreut...» Wie der Sonnengott Aton die ganze Schöpfung mit Liebe durchdringt, so lebt es sein Repräsentant, der König, in seiner Familie vor.

Abb. 322   Das Familienleben des Königspaars mit seinen Töchtern ist mehrfach auf kleinen Altarbildern, die in Privathäusern gefunden wurden, zur Schau gestellt, und selbst unter den Wandmalereien
Abb. 323   eines der Paläste ist dieses Thema bezeugt.

Es mag auf dem Zufall der Erhaltung beruhen, daß gerade in der Zeit, in der die Malerei in den thebanischen Privatgräbern mit der sinnlich-anschaulichen Wiedergabe von Mensch, Tier, Pflanze und Landschaft ihren Höhepunkt erreicht hatte, erstmals auch Malereien in rein dekorativer Verwendung bezeugt sind: in der Ausstattung von königlichen Palästen und bald darauf auch in privaten Häusern. Fragmente von Wand-, Fußboden- und Deckenmalereien einer großen Palastanlage Amenophis' III. auf der Westseite von Theben und die umfangreicheren Reste aus den Palästen der Residenz Amenophis' IV. (Echnaton) bei Amarna zeigen sehr ähnliche Motive und die gleiche künstlerische Ausführung in flüchtiger Pinseltechnik und Farbgebung. Aber von dem eigens für die Paläste entworfenen gesamten Bildprogramm können sie nur eine vage Vorstellung vermitteln. Diese Malereien beschränkten sich keineswegs auf abstrakte farbige Ornamente; manche der in Bruchstücken auf uns gekommenen Motive gehörten zu großflächigen Bildkompositionen. Die Themen sollten – je nach der Bestimmung der Palasträume – die Kulisse für das offizielle Erscheinen des Herrschers nach höfischem Protokoll oder für seine persönliche Sphäre mit heiteren Szenen, einschließlich schöner Haremsdamen, abgeben. Den Weg des Königs durch die Repräsentationsräume bezeichnete ein Streifen mit gefesselt am Boden liegenden Fremdvölkern, auf dem ihm sinnbildlich die Feinde zu Füßen lagen. Aus dem Wasser aufsprießende Sumpfpflanzen mit aufflatternden Vögeln und im Dickicht springenden Kälbern als Dekorationen von Wandsockeln und Fußböden umgaben den König in seiner Eigenschaft als Schöpfer und Garant der Weltordnung mit einer ‹Urlandschaft›, in der nach dem Mythos die Götter das Schöpfungswerk begonnen hatten. Das innige Verhältnis der Menschen dieser Zeit zur Natur, das schon in Darstellungen von Gärten und Fahrten in die Papyrusdickichte in den thebanischen Gräbern Ausdruck gefunden hatte, erhielt durch die neue Lehre vom Einzigen Sonnengott neue und stärkere Impulse. Im Bereich des Nordpalastes von Amarna befand sich ein Vogelgehege, in dem drei Wände mit einem fortlaufenden Fries von Papyrusdickichten mit den darin nistenden Vögeln in ungewöhnlich naturalistischer Wiedergabe dekoriert waren. In einem anderen Palast beim Aton-Tempel in Amarna blieb ein Fragment von einem großen Familienbild des Königspaars erhalten: die auf farbigen
Abb. 323   Kissen sitzenden und einander liebkosenden Prinzessinnen. Die Modellierung der Kinderkörper durch hellere und dunklere Töne geht über die Experimente der thebanischen Maler noch hinaus und setzt in einem großen repräsentativen Wandbild rein malerische Mittel für die Erzielung der Illusion körperhafter Erscheinung ein.

Den Malereien in den Palästen Amenophis' III. und IV. verwandte und wiederum erweiterte

95 - Tell el-Amarna - Altarbild: Amenophis IV. (Echnaton) und Nofretete mit drei Prinzessinnen. 18. Dynastie (um 1355) - *Kalkstein; Höhe 0,32 m* - Berlin, Ägyptisches Museum, Preußischer Kulturbesitz

Themen schmückten in den Palästen der Ramessiden-Zeit die Wände, Türrahmen, Fußböden und Thronpodeste, nun aber in der soliden Ausführung farbig glasierter Kacheln. Abb. 120 und 121

Mit dem Tode Echnatons hatte auch der religiöse Reformversuch ein Ende gefunden. Amarna wurde verlassen, und der letzte legitime Erbe der Dynastie, Tutanchamun, residierte im unterägyptischen Memphis, wohin ihm die Künstler von Amarna folgten. Hier, in Memphis, hat sich ihr Schaffen in den Aufträgen für Reliefausstattungen der Gräber hoher Würdenträger vollendet. Die Themen dieser Grabreliefs zeigen die Rückkehr zu den alten Vorstellungen vom Jenseits. Im Ausdruck der Gestalten aber leben die Errungenschaften der vorangegangenen Kunstrevolution fort.

Noch ganz im Amarna-Stil erscheint die schöne Gestalt der Lautenspielerin als Abschluß einer Gruppe von Musikantinnen auf einem Reliefblock aus Saqqara. Charakteristisch für diesen Stil sind die schwachen Beine und schwellenden Oberschenkel, die Brustpartie von vorn und die Abb. 349

111

96 - Tell el-Amarna, Nordpalast - Wandfries in einem Vogelgehege: Papyrusdickicht mit nistenden Vögeln. 18. Dynastie (um 1355) - *Malerei auf Stuck* - Nach H. Frankfort, ‹The Mural Painting of el-Amarneh›, Taf. V

kühne Wendung des Kopfes nach rückwärts, der auf die Hand, welche die Saiten stimmt, gerichtet ist, während die andere Hand den Klangkörper dicht an das Ohr hinaufzieht.

Das bedeutendste Zeugnis dieser memphitischen Kunst ist das Grab des Haremheb, das er als in Memphis stationierter General vor seiner Thronbesteigung mit Reliefdarstellungen in feinem memphitischem Kalkstein in erhobener und versenkter Technik ausstatten ließ. Diese Reliefs sind heute über viele Museen verstreut. Ins Museo Civico zu Bologna kamen mehrere kleinere Reliefplatten mit sehr lebendigen Schilderungen des militärischen Lagerlebens, in denen unter dem Einfluß der Architekturdarstellungen der Amarnazeit auch Zelte mit ihrem Mobiliar und mit dem Wasser sprengenden und dem auskehrenden Diener sowie ihrem Aufseher abgebildet sind.

Die bedeutendsten Wandstücke befinden sich im Museum zu Leiden. Die Hauptdarstellung zeigt die Verleihung des Ehrengoldes durch das Herrscherpaar; der triumphierende Militärbefehlshaber als der Empfänger der Ehrung bildet nun den Mittelpunkt der Komposition. Der Hofcharge mit ausladendem Schädel, der in devoter Haltung und mit übereifrigen Bewegungen dem General die Ehrenketten umlegt, ist noch ganz vom Amarnastil geprägt. Die Ehrung wird durch die benachbarten Bildstreifen mit der triumphalen Rückkehr des Generals aus syrischen und nubischen Feldzügen in Verbindung gebracht. Die bedeutendste eigene Leistung dieser Kunst zeigt sich hier in der Komposition von Gruppen und in der feinen psychologischen Charakterisierung der Fremden, die in Memphis noch eine Steigerung gegenüber der Amarnakunst erfahren hat. Eine Gruppe von um Schutz flehenden Asiaten bringt mit unterwürfigen Gebärden Petitionen vor, die von einem ägyptischen Dolmetscher mit beschwichtigenden Gesten entgegengenommen und an den General weitergeleitet werden. Die rassisch auf das schärfste herausgearbeiteten, höchst ausdrucksvollen Profile dieser Fremden in ihren langärmeligen Ge-

Abb. 347

Abb. 344

112

103 - Theben, Kurnet Murai - Grab des Vizekönigs von Nubien Hui (Nr. 40): Nubische Prinzen. 18. Dynastie (um 1330) - *Malerei auf Stuck. Vgl. Abb. 101*

gegeben und von jener Freude am Exotischen beseelt, die schon die Reliefdarstellung der Fürstin von Punt im Gedächtnistempel der Hatschepsut auszeichnete.

Die Wiederherstellung des Amun-Kultes und die Wiederbelebung der Tradition der festlichen Götterprozessionen durch Tutanchamun erhielten anläßlich des ersten wieder begangenen ‹Opet-Festes› ihre bedeutendste Manifestation in den Reliefzyklen, mit denen der junge König die von Amenophis III. erbaute, seinerzeit undekoriert gebliebene Große Säulenhalle des Tempels von Luxor ausstatten ließ. Dieses umfangreiche Bildprogramm hatte die Festprozession selbst zum Thema. Die Reliefs sind leider infolge Einsturzes der oberen Wandteile so schlecht erhalten, daß sie hier nur erwähnt werden können. Als die einzige Gestaltung eines so komplexen Themas wie dieses Festzuges in zeitlich und örtlich fortlaufender Schilderung gehören sie zu den bedeutendsten Schöpfungen der Reliefkunst des Neuen Reiches. Über mehr als jeweils fünfzig Meter Länge breitet sich der Bildstreifen auf beiden Wänden des riesigen Raumes in beiden Richtungen aus. Den Festzug der Götterbarken begleiten der König und die höchsten Beamten und, in kleinen Nebenszenen, die Truppen, das Volk von Theben, Sängerinnen, Musikantinnen und Tänzerinnen. Jede Station des Zuges geht nahtlos in die darauffolgende über. Darstellungen von Tempelpylonen mit Fahnenmasten zeigen den Ausgangspunkt oder das Ziel des Prozessionsweges an. Ein letztes Mal entfaltet sich hier in der Wiedergabe eines großen Volksfestes das künstlerische Erbe der Amarnazeit auf den Wänden eines Tempels.

Abb. 351
Abb. 353
Abb. 354

Erst unter Sethos I. wurde die sakrale Kunst der Tempelreliefs, soweit sie das Ritual betreffen, von den letzten Reminiszenzen an die Amarnazeit befreit. Die in feinen Kalkstein geschnittenen großen Reliefzyklen im Tempel Sethos' I. zu Abydos bezeugen das erneuerte Bildprogramm rein kultischer Szenen, die in den Innenräumen in der Technik eines bis in die kleinsten Details sorgfältig modellierten erhobenen Reliefs ausgeführt sind. Sie berichten über Vorgänge des vom König zelebrierten Kultes, wie sie nie zuvor im Bilde in solcher Ausführlichkeit und Freude am Detail geschaffen worden waren. Selbst die heiligen Gegenstände im Inneren der Götterschreine sind mit allen Einzelheiten dargestellt. Das Ritual wird ausschließlich vom König, ohne priesterliche Helfer oder Begleiter, vollzogen. Verglichen mit Tempelreliefs der Vor-Amarnazeit, ist das Streben nach Klarheit und Perfektion der Wiedergabe, jedoch auf der völlig veränderten Grundhaltung geschmeidiger Bewegungen und feierlicher Devotion des Königs in den Kulthandlungen vor den Göttern erkennbar. Die vorzügliche Erhaltung des Tempels und seiner Reliefs in der großenteils noch ursprünglichen Bemalung erlaubt es heute, an Ort und Stelle das Bildprogramm von Wand zu Wand und von Raum zu Raum zu verfolgen. Diese Reliefs in Abydos und die in dem gleichen Stil von dem gleichen Herrscher auf der Nordwand des großen Säulensaals von Karnak erhaltenen sind die letzten großfigurigen sakralen Darstellungen in der

104 - Saqqara - Grab des Ameneminet: Die Toten von der Baumgöttin gespeist und als Seelenvögel in einem Teich unter Bäumen trinkend. 18. Dynastie (um 1330) - *Kalkstein* - München, Staatliche Sammlung Ägyptischer Kunst

105 - Abydos - Tempel Sethos' I., Osiris-Kapelle: Die Barke des Osiris in ihrer Kapelle. 19. Dynastie (um 1295) - *Bemalter Kalkstein*

Technik des erhobenen Reliefs. Unter dem Nachfolger Sethos' I., Ramses II., tritt das weniger aufwendige versenkte Relief auch für die Dekoration der Innenräume an dessen Stelle.

Neben diesen feierlichen Darstellungen des Kultes in den Innenräumen der Tempel kommt unter Sethos I. eine großartige neue Schöpfung der Reliefkunst in versenkter Technik auf den Außenwänden des Tempels von Karnak auf: das monumentale Schlachtenbild. Die Vernichtung der Feinde als Sinnbild der Abwehr alles Bösen war seit dem Beginn der ägyptischen Geschichte die Pflicht des Pharao. Die Befreiungskämpfe und Eroberungszüge, aus welchen der Staat des Neuen Reiches hervorgegangen war, hatten ein neues historisches Bewußtsein erweckt. Die Annalen Thutmosis' III., Kriegstagebücher seiner Feldzüge, die im Tempel von Karnak inschriftlich verewigt wurden, bezeugen erstmals einen Sinn für die Abfolge kriegerischer Ereignisse. Die große Siegesdarstellung dieses großen königlichen Feldherrn auf dem siebten Pylon des Tempels von Karnak hielt sich noch an das überlieferte Piktogramm. Erst das Motiv des Königs auf pferdebespanntem Streitwagen, der feindliche Heerscharen überrollt, brachte eine dramatische Spannung in das Geschehen der für die Existenz Ägyptens als entscheidend verstandenen großen Abwehrkämpfe, welche die Geschichte der 19. und 20. Dynastie bestimmten. Mit dem Import des pferdebespannten Streitwagens hatte vermutlich auch die künstlerische Fassung des Motivs mit den Pferden im ‹Sprunggalopp› Eingang in die ägyptische Kunst gefunden.

106 - Theben, Tal der Könige, Grab Thutmosis' IV. (Nr. 43) - Außendekoration des königlichen Streitwagens: Der König im Streitwagen stürmt gegen Asiaten an. 18. Dynastie (um 1405) - *Holz mit Stucküberzug* - Kairo, Ägyptisches Museum

107 - Theben, Tal der Könige, Grab des Tutanchamun (Nr. 58) - Truhe: Der König im Streitwagen stürmt gegen Asiaten an. 18. Dynastie (um 1330) - *Holz mit bemaltem Stucküberzug*

Hier wurde sie während der 18. Dynastie auf die klare Umrißgestalt und auf die flächige Struktur der ägyptischen Wiedergabe übertragen. In den Jagddarstellungen der Privatgräber und in dem Tempelrelief des vom Streitwagen aus mit dem Bogen auf kupferne Scheiben schießenden Amenophis' II. hatte das Motiv seine vollendete Gestalt gewonnen. In einer ersten vollständigen Kampfszene findet sich dieses Motiv als Dekoration auf den Außenwänden des Wagenkastens Thutmosis' IV. verwendet. Hier wurde der im Streitwagen stehende König dem chaotischen Gewirr von überstürzt Fliehenden oder von seinem Gespann überrollten Asiaten gegenübergestellt. Im Chaos des feindlichen Heeres ist eine spannungsvolle Augenblicksszene herausgehoben: der Anführer der Feinde, von einem Pfeil durchbohrt, aber noch in seinem Streitwagen aufrecht stehend, wendet den Blick rückwärts, dem siegreich anstürmenden Pharao zu; dieser jedoch ist weit über das Kampfgeschehen erhoben. Göttliche Schutzsymbole umgeben ihn; seine todbringenden Pfeile werden von dem falkenköpfigen Kriegsgott, der halbverdeckt neben ihm im Wagen steht, unfehlbar in die Ziele gelenkt. Diese siegreiche Königsgestalt blieb ein ‹Piktogramm›, ein Symbol des Sieges, das austauschbar ist.

Bildmäßig geschlossene Schlachtenbilder bieten erstmals die Kleinmalereien auf den Außenseiten einer hölzernen Truhe aus dem Grabschatz des Tutanchamun. Auf dem gewölbten Deckel

108 - Karnak, Amun-Tempel - Nördliche Außenwand des Großen Säulensaals: Sethos I. im Streitwagen rennt gegen die
Festung Kadesch an. 19. Dynastie (um 1300) - *Sandstein*

109 - Karnak, Amun-Tempel - Nördliche Außenmauer des Großen Säulensaals: Sethos I. kehrt mit Gefangenen aus seinen Kriegen heim. 19. Dynastie (um 1300) - *Sandstein*

110 - Abydos, Tempel Ramses' II. - Bildnis Ramses' II. 19. Dynastie
(um 1270) - *Bemalter Kalkstein; Höhe 0,42 m* - Paris, Louvre

dieser Truhe sind bezeichnenderweise Jagden auf Wüstenwild in dem gleichen Kompositions-
schema dargestellt und bekunden die den beiden Motiven gemeinsame kultische Bedeutung.
Auch in dieser Kleinmalerei bleibt die Gruppe des Königs im Streitwagen ein ‹Piktogramm›,
das hier jedoch realistischer gestaltet ist; dem König folgen seine Wedelträger und Wagentrup-
pen. Das vor und unter den Pferdehufen wiedergegebene Durcheinander fliehender und ge-
schlagener Asiaten ist auf ansteigendem, durch Pflanzen und steinigen Wüstenboden bezeich-
netem Gelände ausgebreitet; aber auch hier geht es nicht um ein einmaliges historisches Kampfgeschehen, sondern um die allgemeine Erfüllung der Königspflicht.

Der Schritt zu örtlich und zeitlich eindeutig festgelegten Darstellungen wurde erst in den großen Schlachtenbildern Sethos' I. auf der nördlichen Außenwand des Tempels von Karnak vollzogen. Um die zeitliche Aufeinanderfolge der Kämpfe auf mehreren Schlachtfeldern anschaulich
zu machen, sind die einzelnen Kampfbilder in Streifen über- und nebeneinander angeordnet.
Reiches landschaftliches und architektonisches Beiwerk und den Kampfplatz genau bestim-
mende Inschriften machen diese Bilder zu Zeugnissen historischer Ereignisse. Zugleich sind sie
eine neue Form der Verherrlichung der Überlegenheit und des Heldentums des göttlichen
Pharao. Eine entscheidende Neuerung sind die Dramatik und die Kohärenz des Geschehens.
Dramatik ergreift nun auch die Figur des Königs, wenn er in der Feldschlacht gegen die Libyer
im Eifer des Kampfes aus dem Wagenkorb mit einem Bein auf die Deichsel heraustritt oder,
vom Wagen abgestiegen, den feindlichen Anführer im Zweikampf zu Boden streckt. Jedes
dieser Einzelbilder ist vom Betrachter als eine kompositionelle Einheit zu erfassen.

Unter Ramses II. und seinen Nachfolgern setzte sich die Entwicklung der Schlachtendarstel-
lungen fort. Das entscheidende kriegerische Ereignis in den Abwehrkämpfen Ramses' II., die
Schlacht um die Stadt Kadesch am Orontes, war in einem großen zeitgenössischen Epos verherr- Abb. 365

111 und 112 - Theben, Medinet Habu - Gedächtnistempel Ramses' III., Nördliche Außenmauer: Ramses III. wehrt den
Angriff der Seevölker ab; Der vom Wagen abgestiegene Pharao als Bogenschütze. 20. Dynastie (um 1170) -
Sandstein

113 - Theben, Medinet Habu - Gedächtnistempel Ramses' III., Südseite des Pylons: Die Wildstierjagd Ramses' III. - 20. Dynastie (um 1170) - *Sandstein*

licht worden und ist in fünf verschiedenen Darstellungen auf Tempelwänden erhalten. Den Kompositionen dieser Schlachtenbilder liegen die Episoden des Epos zugrunde, die eine topographische Wiedergabe nahelegten. Infolge der landkartenartig ineinandergeschobenen Episoden des Aufmarschs des ägyptischen Heeres und der Feinde, des Heerlagers und der vom Orontes umflossenen Stadt ging jene eindrucksvolle Kohärenz, wie sie Schlachtenbilder Sethos' I. zeigten, verloren. Durch Auflösung des Geschehens in kleinfigurige Einzelszenen büßte die Darstellung an Dramatik ein und verlor sich die Übersichtlichkeit des Zusammenhangs.

Der landkartenartigen Wiedergabe des Kampfgeschehens entspricht die Darstellung auf Abb. 368 einem fragmentarischen Papyrusblatt, auf dem eine Goldminengegend in der östlichen Wüste

128

114 - Theben, Medinet Habu - Gedächtnistempel Ramses' III., Südseite des Pylons: Der verendende Wildstier. 20. Dynastie (um 1170) - *Sandstein. Vgl. Abb. 113*

mit den Bergen und Trockentälern und mit einer Stele, die Sethos I. hier errichtete, topographisch genau festgehalten worden ist. Auch ein Tempelbau, die Arbeiterhütten und der Platz, an dem das Gold gewaschen wurde, sind eingezeichnet. Es ist die älteste Landkarte der Weltgeschichte.

In der letzten großen Darstellung des Kampfes zur Abwehr der Seevölker von den ägyptischen Küsten, die Ramses III. um 1170 v. Chr. auf den Außenwänden seines Gedächtnistempels in Medinet Habu in Theben anbringen ließ, ist jegliche Dramatik des Geschehens verloren. Die große Gestalt des bogenschießenden Königs, der von seinem Streitwagen abgestiegen ist und von fern in den Kampf eingreift, ist beziehungslos den Schiffen der Angreifer gegenübergestellt.

115 - Theben, Scheich Abd el-Gurna - Grab des Chonsu (Nr. 31): Die Prozessionsbarke des Gottes Month kehrt in ihr Heiligtum zurück. 19. Dynastie (um 1280) - *Malerei auf Stuck*

Keine Spannung besteht zwischen dem königlichen Sieger und den Besiegten. Die Entwicklung endet hier, wo sie einst ihren Ausgang nahm, beim ‹Piktogramm›.

Aber unter demselben Herrscher und am selben Bauwerk, dem Tempel von Medinet Habu, gelang den ägyptischen Reliefkünstlern eine letzte bedeutende, von höchster innerer Spannung, sprühendem Leben und bildlicher Geschlossenheit erfüllte Komposition: die Wildstierjagd des Königs. Die Hauptfiguren, das königliche Gespann und der gehetzte mächtige Wildstier, sind an die gemeinsame Standlinie gebunden. Aber mit Hilfe des hohen Aufbaus des abschließenden Dickichts am rechten Rande, mit Schilfstengel, welche das Wild überschneiden, ist eine eindrucksvolle Staffelung in die Tiefe erreicht. Das reale Größenverhältnis der Tiere zum Gespann des Königs trägt entscheidend zur dramatischen Steigerung der Handlung bei. Ein mehr als hundert Jahre zuvor erfundenes Motiv wurde hier vom Künstler wiederaufgegriffen: im Eifer der Verfolgung tritt der Pharao mit dem einen Bein aus dem Wagenkasten auf die Deichsel heraus. Aber das Eindrucksvollste in diesem Monumentalbilde ist vollkommen neu. Es sind die Wildstiere, der sich im Todeskampf unter dem ansprengenden Gespann wälzende und der im

116 – Theben, Scheich Abd el-Gurna – Grab des Userhat (Nr. 51): Mutter und Gemahlin des Grabherrn trinken im Schatten der Sykomore. 19. Dynastie (um 1300) – *Malerei auf Stuck*

117 - Theben, Tal der Königinnen - Grab der Königin Nefertari: Die Königin beim Schachspiel. 19. Dynastie (um 1265) - *Bemaltes Stuckrelief*

oberen Teil des Schilfdickichts verendende; der dritte, der vom König verfolgt wird, ist von der Lanze getroffen und versucht mit letzter Kraft, mit keuchend aus dem Maul hängender Zunge, sich durch das Schilf hindurch ins offene Wasser zu retten. Hier wird er von den Jagdbegleitern, die unter der Standlinie des Hauptbildes in einem eigenen Streifen aufmarschieren, mit Pfeilschüssen zur Strecke gebracht. Alle Bemühungen der graphischen Künste, mit den überlieferten

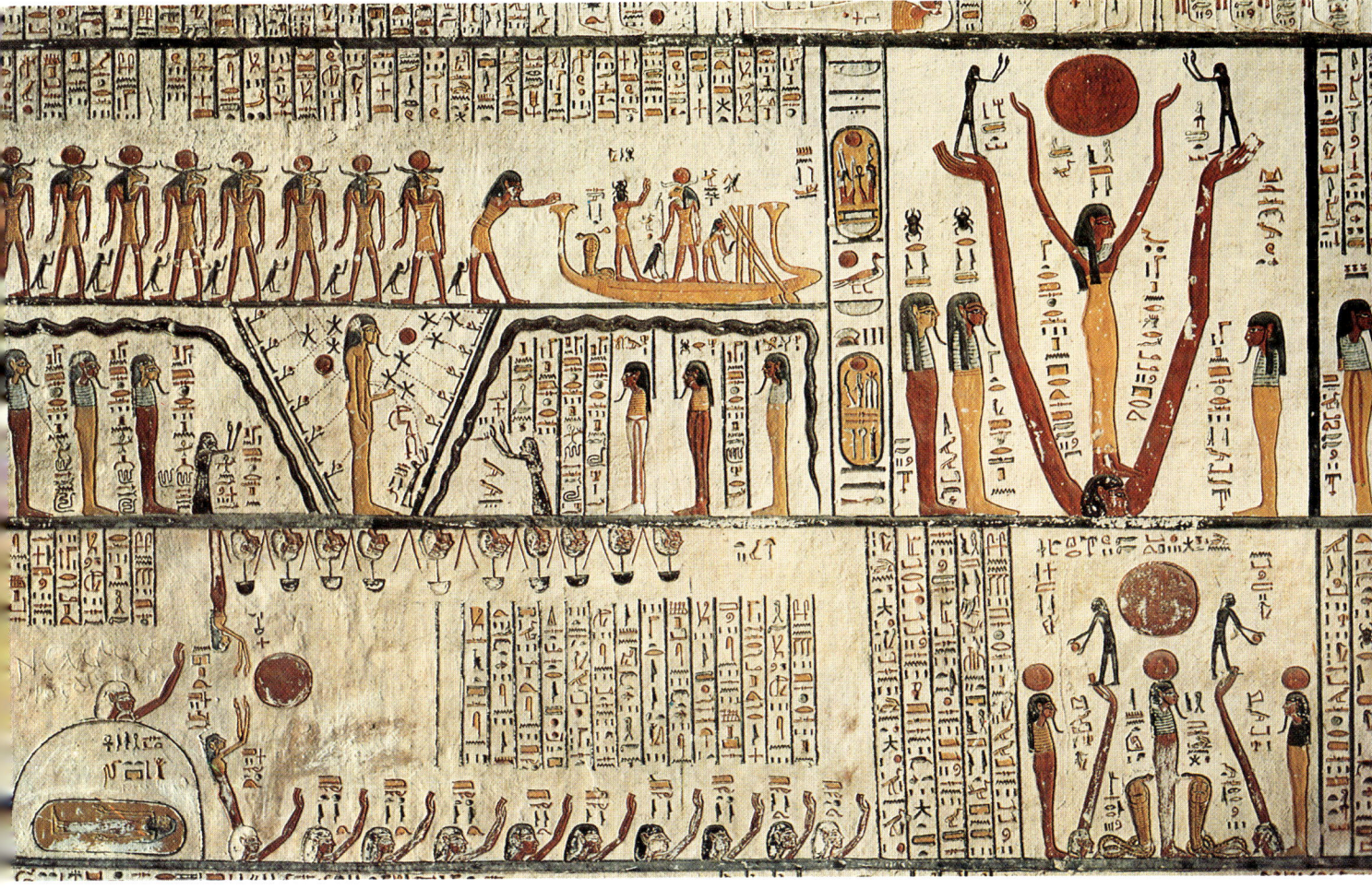

118 - Theben, Tal der Könige - Grab Ramses' VI. (Nr. 9): Die Erschaffung der Tagessonne. 20. Dynastie (um 1140) -
Bemaltes Stuckrelief

Mitteln der Wiedergabe das Bild als eine Aktionseinheit erfaßbar zu machen, haben in dieser letzten großen Komposition eines königlichen Jagdbildes ihre nicht mehr überschreitbaren Grenzen erreicht.

In den Malereien der thebanischen Privatgräber setzte sich in der Ramessidenzeit der Geist der Restauration in religiösen Themen und in einer völlig veränderten Stimmung der Grabbilder durch. Die Szenen glücklichen Erdendaseins und Alltagslebens kamen nicht mehr vor; an ihre Stelle sind Darstellungen der Verehrung der Götter, der Leitung religiöser Feste durch den priesterlichen Grabherrn getreten. Im Grabe des Priesters Chonsu (Nr. 31) wird die Prozessionsbarke des Gottes Month von kahlköpfigen Trägern auf ihren Schultern zum Tempel zurückgeleitet. Neben der Barke schreitet ein Hoherpriester, während der Grabherr die Barke mit einer Räucherung empfängt. Das Grab des Priesters Userhat (Nr. 51) aus der Zeit Sethos' I. ist mit ungewöhnlich stimmungsvollen Malereien ausgestattet. Auch eine ausführliche Schilderung des Totengerichts vor Osiris ist hier wiedergegeben. Überall erheben die Hauptfiguren die Hände zum Gebet, oder sie sind mit gekünstelten Bewegungen bei rituellen Handlungen tätig. Sie haben hohe Stirnen und unnatürlich ausladende kahle Schädel und gestikulieren feierlich und höchst korrekt mit zierlichen Gliedern und spitzen Fingern in manierierter Geschmeidigkeit.

In aufgelöstem Schmerz sind die klagenden Frauen dargestellt. Verzweifelt gestikulierend Abb. 352 werfen sie sich zu Boden, raufen sie ihr Haar.

Ein Hauptbild dieses Grabes (Nr. 51) knüpft an das seit der frühen 18. Dynastie hervortretende Bildthema der Erquickung der Toten durch die Baumgöttin der Nekropole an. Diese Darstellung nimmt hier eine ganze Schmalwand der Eingangshalle ein: der Grabherr, seine Frau und seine Mutter heben sich gegen das reiche Blattwerk und gegen die Früchte einer Sykomore ab, in deren Schatten sie auf zierlichen Stühlen thronen. Vor ihnen steht die Göttin und läßt den Wasserstrahl aus ihrem Spendengefäß in die kostbaren goldenen Trinkbecher sich ergießen. Die zierlichen Profile der beiden Damen unter den schweren Perücken, mit Salbkegeln, Blüten und Blütenkränzen auf dem Scheitel, sind von morbider Schönheit. Die erst in neuerer Zeit zerstörten Augen waren vom Oberlid stark überschattet und hatten einen verschleierten Blick. Auch die Palette des Malers ist auf stimmungsvolle zarte Töne berechnet, auf das blaßblaue Geäst und dunkelgrüne Laub der Sykomore und auf die verschiedenen rosa Töne der Früchte, an denen kleine Vögel picken, die im Geäst umherfliegen. Charakteristisch für diese Zeit ist auch die Entfaltung von übertriebenem Luxus bei den Schmuckstücken der Ohren, den kostbaren Armbändern und den farblich fein abgestimmten zarten Gewändern. Welch ein Gegensatz zwischen dieser müden Dekadenz und den frohen Banketten der 18. Dynastie!

Einem eigenen Bereich der graphischen Künste gehört die Ausstattung der Königsgräber im ‹Tal der Könige›, insbesondere in den Sargkammern, an. In höchst erfindungsreichen, abstrakten Bildkompositionen, die von erläuternden Texten begleitet sind, werden die Fahrt des Sonnengottes durch die Tiefen der Unterwelt während der zwölf Stunden der Nacht und die Neuschaffung der Tagessonne geschildert. In diesen Darstellungen hat man sich um ‹wissenschaftliche Folgerichtigkeit› bemüht; sie beruhen auf einer vollständigen Zusammenstellung aller Spekulationen über die Regionen des Jenseits, die der Sonnengott in jeder Nachtstunde in seinem Schiff durchzieht, auf einer Bestandsaufnahme aller göttlichen und nichtgöttlichen Wesen, die das Jenseits bevölkern. Alle Gefahren, denen das Sonnenschiff begegnen könnte, werden

122 - Theben - Tierfabelpapyrus: Löwe spielt mit Gazelle Schach. 19. Dynastie (um 1200) - *Tintenzeichnung auf Papyrus* - London, British Museum

123 - Theben, Deir el-Medineh - Grab des Sennedjem (Nr. 1): ‹Die Gefilde der Seligen›: Sennedjem schneidet mit der Sichel Korn, seine Frau folgt ihm als Ährenleserin, 19. Dynastie (um 1250) - *Malerei auf Stuck*

124 - Theben, Deir el-Medineh - Grab des Inherchai (Nr. 359): Der Grabherr und seine Frau, umgeben von Enkeln. 20. Dynastie (um 1150) - *Malerei auf Stuck*

einbezogen, dazu die Sprüche, durch die jede Gefährdung gebannt werden kann. Diese Unterweltsbücher (‹Amduat›) und ihre monumentalen Illustrationen sind dem königlichen Jenseits vorbehalten. Sie finden sich erstmals in den königlichen Grabkammern der frühen 18. Dynastie auf gelblichem Grunde in der Art einer Papyrushandschrift aufgezeichnet, wurden aber seit dem Ende dieser Dynastie zu ‹Jenseitsführern› erweitert und in farbigem Relief im Stil der Zeit wiedergegeben.

Eine unmittelbarer zugängliche Welt geben die Wandbilder der Gräber der Königinnen, die an der ‹Stätte der Schönheit›, im Tal der Königinnen, angelegt wurden, in den unterirdischen Räumen wieder. Das Grab der Nefertari, der zweiten Hauptgemahlin Ramses' II., ist wegen Abb. 371 seines wunderbaren Erhaltungszustands und wegen der künstlerischen Qualität seiner Reliefs berühmt. Aber nur die Hauptdarstellungen sind in bemalten Reliefs ausgeführt, und diese mußten wegen des brüchigen Gesteins in eine dick aufgetragene Stuckschicht geschnitten werden. Die Figuren der Königin und der Göttergestalten, vor denen sie betet, sind von hoher Eleganz

125 - Theben, Deir el Medineh - Grab des Sennedjem (Nr. 1): Sennedjem und seine Frau werden von der Baumgöttin gespeist und getränkt. 19. Dynastie (um 1250) - *Malerei auf Stuck*

und feinster Ausführung in den Details, wenngleich die zeichnerischen Zutaten in den Profilen der Königin hart wirken und die Farben nicht mehr die alte Reinheit haben. Die anmutige Szene der in einer Laube auf dem Schachbrett gegen einen unsichtbaren Gegner spielenden Königin findet sich als Motiv vereinzelt auch in thebanischen Privatgräbern. Dieses Spiel verbildlicht – wie die Texte und der Zusammenhang, in dem es steht, bezeugen – einen Akt der Wiedergeburt, die Rückgewinnung der vollen Lebenskraft. Darauf deutet auch die Wiedergabe des Körpers der Königin, der voller Leben durch das zarte Gewebe des plissierten Gewandes hindurchschimmert.

Abb. 374

126 - Theben, Deir el-Medineh - Grab des Amen-Nacht (Nr. 218): Der Tote trinkt aus einem Teich unter einer Dum-Palme. 19. Dynastie (um 1200) - *Malerei auf Stuck*

Seit der Entdeckung dieses Grabes hat sich durch Zutritt von Luftfeuchtigkeit der vollkommene Erhaltungszustand bedrohlich verändert, und neuerdings ist dieses Meisterwerk ramessidischer Reliefkunst in seinem Bestande aufs äußerste gefährdet.

Unter den Beamtengräbern der 19. Dynastie sind manche mit Darstellungen in Relief in erhobener und versenkter Technik würdig ausgestattet.

Von diesen großen Grabanlagen der bedeutenden Persönlichkeiten sind die Handwerkergräber von Deir el-Medineh zu unterscheiden. Denn sie gehören einer durch den niederen sozialen Status, durch gleichen Beruf und religiöse Gemeinschaft in sich geschlossenen Gruppe mit eigenen Vorstellungen vom Jenseits an, die sich in den Wandbildern ihrer Gräber niedergeschlagen

127 - Theben, Deir el-Medineh - Grab des Inherchai (Nr. 359): Der ‹Große Kater›, Helfer des Sonnengottes, tötet die böse Apophis-Schlange unter dem Baum von Heliopolis. 20. Dynastie (um 1150) - *Malerei auf Stuck*

haben. Diese ‹Diener am Platze der Wahrheit›, Zeichner und Maler, welche die Gräber der Könige und Königinnen anzulegen und mit Darstellungen auszustatten hatten, waren als ‹Geheimnisträger› mit ihren Familien in einer von Mauern umschlossenen Siedlung kaserniert. Unmittelbar bei dieser Siedlung liegen ihre Grabstätten, die von ihnen selbst mit Malereien versehen wurden. Sie gewähren mit ihren Themen Einblicke in eine bescheidenere, kleinbürgerliche und frömmelnde Welt.

Das Grab des Bildhauers Ipui (Nr. 217) aus der Regierungszeit Ramses' II. ist noch nach dem alten Vorbild der Anordnung der Kulträume angelegt worden. Auch die Darstellung des Königs – im Erscheinungsfenster des Palastes –, der den Grabherrn belohnt, kommt hier nochmals vor. Aber diese einst die Hauptwand in voller Wandhöhe einnehmende Szene ist nun kleinfigurig in einem schmalen Streifen wiedergegeben. Andere Darstellungen dieses Grabes zeichnen sich durch selbständige und einfallsreiche neue Szenen des Alltagslebens aus: in der Werkstatt ist der Grabherr mit seinen Handwerkern an der Herstellung von Grabausrüstungsgegenständen und an einem großen Schrein für den König beschäftigt; aber nicht allein der Erfolg der Arbeit, nämlich die fertigen Objekte, sondern kleine alltägliche Unfälle bei der Arbeit werden zur Belebung des Werkstattbetriebs geschildert. Sie demonstrieren die menschliche Fürsorge des Meisters für seine Mitarbeiter. Die skizzenhafte Zeichnung mit derben Umrißlinien geht häufig bis zur Karikierung der Typen aus dem niederen Volk: in der Fischfangszene sind die Leute, die das Boot staken, durch stupiden Ausdruck humorvoll charakterisiert und zugleich differenziert.

Die Ramessidenzeit ist die Blütezeit der Kunst flotter Zeichnung, die – wie im Duktus der hieratischen Schreibschrift auf Papyrusrollen – flüssig, häufig flüchtig, stets aber sicher gehandhabt wird. Die künstlerische Phantasie und flotte Linienführung offenbaren sich in dieser Epoche in einem weiteren Bereich in Skizzen zu allerlei Geschichten und vor allem Tierfabeln auf handlichen Kalksteinsplittern, die sich in den Abfallhaufen der Künstlersiedlung in Deir el-Medineh in großer Zahl erhalten haben, oder in langen Bilderfolgen auf Papyrus. Die lustige Gruppe des Löwen, der mit einer Gazelle Schach spielt, ist einer solchen Bilderfolge entnommen, die – wie das Tiermärchen – in ihrer Freude am Unwirklichen erheiternd wirken, vielleicht aber auch Kritik an den sozialen Verhältnissen dieser Zeit üben wollte.

Die Wandbilder in den Handwerkergräbern von Deir el-Medineh sind zumeist in den unzugänglichen unterirdischen Grabkammern angebracht worden. Der vorzügliche Erhaltungszustand der Malereien hat häufig zu einer Überschätzung ihrer künstlerischen Qualität geführt. Der Bildgrund besteht aus einem unreinen Gelb; und die grellen Farben nehmen Rücksicht auf das hier herrschende Dunkel. Keine lebendigen Alltagsbilder, sondern nur der trübe Ernst des Jenseits tritt uns eindrucksvoll auf Wänden und Decken entgegen. Zuweilen erinnert die Wahl der Themen an die unterweltliche Sphäre der Königsgräber, welche diese Handwerker auszugestalten hatten. Die jenseitige Versorgung ist gänzlich göttlichen Wesen und Priestern anvertraut. Die Vergegenwärtigung eines glücklichen bäuerlichen Daseins in den ‹Gefilden der Seligen› nimmt im Grabe des Sennedjem (Nr. 1) eine ganze Wandfläche ein. Hier schneidet der Tote mit der Sichel das mannshohe Korn, während ihm seine Frau ährenlesend folgt. Eine Familienszene im Grabe des Inherchai (Nr. 359) zeigt den Grabherrn und seine Frau in wallenden weißen Gewändern, umgeben von ihren Enkeln in kindlicher Nacktheit. In feierlicher Pose nimmt der Grabherr Gegenstände der Grabausrüstung entgegen. Die Zeichnung ist mit handwerklicher Sicherheit ausgeführt, aber die Komposition bleibt steif und einfallsarm. In keinem der Gräber von Deir el-Medineh fehlt die Speisung des Grabherrn durch die Baumgöttin. Sie bot den Zeichnern und Malern in der farbigen Wiedergabe des Laubwerks ein beliebtes Sujet. Den Vignetten des Totenbuchs unmittelbar entnommene Bilder und Texte bilden die Hauptthemen dieser Gräber.

Der Illustration zu Spruch 92 des Totenbuchs ist das Wandbild im Grabe des Irinefer (Nr. 290) entnommen. Der dem Bilde unterlegte Spruch lautet: «Das Öffnen des Grabes für die Seele und für den Schatten, damit er ausgehe bei Tag und Macht habe über seine Füße.» Das Bild zeigt im Grabeingang, auf den sich die schwarz gemalte Nachtsonne zubewegt, den Schatten des nackten Toten; in den Seelenvogel verwandelt, blickt er dem Tag entgegen, und als Seelenvogel schwingt er sich befreit von seinem Grabesdasein auf.

Der Mythologie ist das sorgfältig gemalte Bild im Grabe des Inherchai entnommen, das den ‹großen Kater›, den Helfer des Sonnengottes auf seiner Nachtfahrt durch die Unterwelt, zeigt, wie er die böse Schlange Apophis unter dem Baum von Heliopolis tötet. In dieser feierlich-trüben Welt des Jenseits, in die kein Strahl diesseitiger Lebensfreude mehr zu dringen vermochte, hielt man sich an die Vorstellungswelt des Unwirklichen, des Erhofften, an die mystischen Verwandlungen des Toten, die in immer neuen Kompositionen anschaulich im Bilde erscheinen und durch das Bild wohl auch – wie in den älteren Epochen – magisch wirksam werden sollten.

128 - Theben, Deir el-Medineh - Grab des Irinefer (Nr. 290): Der Schatten des Toten erscheint im Grabeingang, und seine Seele fliegt auf als Seelenvogel. 20. Dynastie (um 1150) - *Malerei auf Stuck*

III

PLASTIK

Von Cyril Aldred

In der späten Bronzezeit, als das Neue Reich begann, hinterließen tiefgreifende Veränderungen ihre Spuren in der ägyptischen Kunst, und auch auf die Plastik der Zeit wirkten sie sich aus. Traditionell galt Pharao bei den Ägyptern als Schöpfergott ihrer Welt, die er regierte, so weit die Sonne reichte; durch die vertrauteren Beziehungen, die man nun zu den Kulturen des Vorderen Orients unterhielt, kam es den Ägyptern zu Bewußtsein, daß Pharao in Wirklichkeit seine Herrschaft mit den Königen der anderen Länder teilte. Er büßte etwas von seiner fernen Göttlichkeit ein und wurde eine Art Nationalheld, eine Personifikation Ägyptens; er stand einer militärischen Macht und einer sozialen Gruppe vor, die während der 1. Zwischenzeit im Vorderen Orient entstanden waren: durch die Einführung neuer Waffen und des von Pferden gezogenen Streitwagens. Pharao wurde nun als Inkarnation irgendeines Kriegsgottes, als Baal, Sutech oder Month betrachtet, der an der Spitze der *marjannu* stand. Das war eine Elite von Berufssoldaten, die sportlich trainiert und erfahren im Umgang mit Pferden und mit den Techniken einer neuen beweglichen Kriegsführung waren.

Die Vorstellung vom Pharao als von einem Kämpfer kommt in Darstellungen des Königs in heroischer Größe zum Ausdruck; Kolossalstatuen von Königen, manchmal auch von Königinnen, beherrschen die alten Stätten. Macht und Reichtum dieser Monarchen brachten einen großen Bedarf an Luxusgütern einschließlich Plastik mit sich – nicht nur für die Könige selbst, sondern auch für solche Gefolgsleute, die genug Einfluß hatten, um Auftraggeber von Künstlern zu sein oder um vom König, mit dem sie häufig verwandt waren, mit Statuen beschenkt zu werden. Die Könige und ihre Höflinge hatten den Ehrgeiz, gewaltige Tempel für die Götter in den größeren Städten und für den eigenen Totenkult in Theben zu bauen. Alle Tempel mußten mit Ausstattungen jeder Art reich versehen werden. Der Totentempel der Hatschepsut in Deir el-Bahari besaß über zweihundert größere und kleinere Statuen aus unterschiedlichem Material. Über fünfhundert Statuen der Göttin Sachmet stellte Amenophis III. beim Heiligen See des Mut-Tempels bei Theben auf; ihm verdankten auch die Tempel von Luxor, Medinet Habu und anderenorts ihre ähnlich üppige Ausstattung.

Eine Vorliebe für das Kolossale und Reiche hatte in Ägypten seit Beginn des Alten Reiches geherrscht; damals waren machtvolle Denkmäler in Gisa und Saqqara errichtet worden. Während der 12. Dynastie, in einer Zeit der Konsolidierung und des Wohlstands, hatte sich Amenemhet III. solche Bestrebungen mit dem Bau seines ausgedehnten Totentempels, des sogenannten Labyrinths in Hawarah, wieder zu eigen gemacht. Aber im Neuen Reich wurden monumentale Bauprojekte von jedem Herrscher in Angriff genommen. Selbst Ramses IV. plante in den Jahren des Niedergangs der 20. Dynastie einen Totentempel für sich, der eineinhalbmal so groß werden sollte wie der seines Vorgängers in Medinet Habu.

---

129 - Theben, beim Ramesseum - Oberer Teil einer Königinnenstatue, in der Hand ein Menit. 19. Dynastie
(um 1290) - *Bemalter Kalkstein; Höhe 0,75 m* - Kairo, Ägyptisches Museum

Daß die Kunstwerke so an Größe und Umfang zunahmen, dafür gab es zwei Hauptgründe, unabhängig vom wachsenden Reichtum und vom Ehrgeiz, die sich durch die weiter gesteckten Grenzen und durch den vermehrten Austausch von Gütern und Menschen im östlichen Mittelmeerraum entwickelten. Einmal war die Regierung Ägyptens den Bedürfnissen einer Militärherrschaft angepaßt und Ägyptens Bürokratie so umgebildet worden, daß sie mit den Versorgungsproblemen eines Militärstaates fertig werden konnte. Das bedeutete, daß eine große und disziplinierte stehende Armee mit immer neuen Einberufenen zu Hause Arbeitskräfte stellen konnte, wenn keine Kampfhandlungen im Gange waren. Durch Sträflinge und Kriegsgefangene verstärkt, ging die Armee daran, neue Goldminen in der östlichen Wüste auszubeuten und die Vorräte an Edelmetallen zu vergrößern, auf denen die Prosperität des neuen ägyptischen Staates so weitgehend beruhte. Unter Ramses IV. bildete die Armee das Rückgrat der Expedition, die Grauwacke in den Steinbrüchen des Wadi Hammamat schlug, und Armeeangehörige arbeiteten an den Bauten Echnatons. Durch die Anstellung der Armee war dafür gesorgt, daß es einen ständigen und wohlorganisierten Vorrat an Baumaterialien gab und daß eine Werktruppe an umfangreichen Bauvorhaben tätig sein konnte; sie wurde auch zu lebenswichtigen Feldarbeiten herangezogen, die fast das ganze Jahr über anfielen, oder zu den Bewässerungsarbeiten während der Überschwemmungszeit.

Der zweite Grund war die Öffnung der Steinbrüche an den Nilufern bei Gebel es-Silsileh, wo leicht feinkörniger Sandstein gebrochen und mit vergleichsweise geringer Mühe in großen Mengen und Blöcken abtransportiert werden konnte. Der Zugang zu diesem reichlich vorhandenen Baumaterial erlaubte die Überdeckung größerer Räume und die Errichtung riesiger Gebäude in relativ kurzer Zeit. So gewaltige Bauten mußten mit entsprechend großen Statuen in angemessener Zahl ausgestattet werden. Zwei frühe Beispiele haben wir mit der großen Sphinx von Bedreschein und mit der kolossalen Sitzfigur am achten Pylon von Karnak, die beide Thutmosis I. zugeschrieben werden. Für Sitz- und Standfiguren von einer gewissen Höhe brauchte man harten Stein wie Granit, Quarzit, Basalt und harten Kalkstein; viele Arbeiten der Zeit bestehen aus solchem Material, sogar Privatplastik. Überlebensgroße Plastik war im allgemeinen den Königen und deren Hauptfrauen vorbehalten, lediglich die unter Amenophis III. aus dem Felsen gehauenen Statuen des Chaemhet vor seinem thebanischen Grab (Nr. 57) sind sehr groß. Ein Charakteristikum der neuen, ausgedehnten Tempelanlagen, die man nun baute, ist die vermehrte Zahl von Privatstatuen, die als Zeichen der Gunst und Gnade des Königs in den Tempelbezirken stehen durften. Manche von ihnen sind offensichtlich in den königlichen Werkstätten als Geschenke Pharaos für verdiente Beamte angefertigt worden. Solche Statuen waren für den Totenkult bestimmt; sie erhielten einen Teil der täglichen Opfergaben, die aus dem Tempel zurückkamen. Aber sie waren nicht in entlegenen Schreinen oder Kapellen verborgen, die nur für wenige privilegierte Priester zugänglich gewesen wären, sondern sie standen an Stellen, wo sie Betern zugänglich waren, die sich Fürsprache bei dem Gott erhofften. Grabplastik wurde zusätzlich aufgestellt, nicht etwa durch solche Votivgaben abgeschafft. Die Grabräume wurden weiter mit Statuen des Verstorbenen und seiner Frau ausgestattet; häufig waren sie lebensgroß und aus dem anstehenden Felsen gehauen wie in Theben, Amarna und Gebel es-Silsileh. Manchmal war die Grabstatue klein und aus hartem Stein gearbeitet. In den thebanischen Königsgräbern setzten nur die beiden lebensgroßen Königsstatuen aus schwarzbemaltem Holz und die eine oder andere Grabstatuette die alte Tradition der Ka-Statuen fort. Im Totentempel neben dem Königsgrab waren die großen Steinstatuen des Königs untergebracht; er erschien da als lebender Herrscher und zugleich als zum Osiris gewordener König der Toten.

Da man die Tempel im Laufe des Neuen Reiches immer größer baute, konnte man Kapellen für Nebengötter oder verwandte Götter im Hauptgebäude anlegen. Auch sie brauchten ihr Kontingent an Statuen. Aus dieser Zeit sind übrigens häufiger Götterfiguren erhalten. Außerdem nahm jetzt der Glaube an Göttertriaden zu, die aus einem Gott, seiner Gemahlin und ihrem Kind be-

130 - Karnak - Kopf einer Statue eines unbekannten Königs, Amenophis I. (?). 18. Dynastie (um 1506) - *Schist; Höhe 0,21 m* - Kairo, Ägyptisches Museum

standen. Zweier- und Dreiergruppen gab es im Repertoire der Königsplastik seit dem Alten Reich, aber das Konzept der Heiligen Familie, in der der König an die Stelle des Kindes tritt, nahm erst unter Thutmosis III. plastisch Gestalt an. Zur Ramessidenzeit konnten ein König und sein Sohn in eine Göttergruppe einbezogen sein, so etwa in Abydos und Abu Simbel.

Die großen Wandlungen, die sich im Neuen Reich durch die Zunahme solcher Einflüsse in der Plastik auswirken mußten, wurden nicht sofort sichtbar. Die dürftigen Reste an Königsplastik der ersten Könige der 18. Dynastie weisen eher auf eine Rückkehr zu älteren Traditionen hin als auf einen bewußten Versuch, neue Ideen auszudrücken. Der obere Teil der Vorderseite einer Abb. 286 Königinnenstatue aus hartem Kalkstein ist genau im zurückhaltenden Stil des frühen Mittleren Reiches gebildet. Die exakte Linienführung, die subtile Modellierung des Gesichts mit den scharfen Lippenkonturen und der schwach angedeuteten Muskulatur um Nasenflügel und Mundwinkel

147

131 - Deir el-Bahari - Sphinx mit dem Gesicht der Königin Hatschepsut, 18. Dynastie (um 1475) - *Bemalter Kalkstein; Länge 1,07 m* - New York, The Metropolitan Museum of Art

stehen ganz in der Tradition der Königsporträts der späten 11. und frühen 12. Dynastie. Ebenso zeigt der Kopf eines Königs, vielleicht Amenophis I., in seiner gewissen Strenge mit den weit geöffneten Augen, den betonten Augenumrandungen und Schminkstreifen, auch mit den Lippen, die durch eingeschnittene Konturen abgegrenzt sind, den Einfluß des im frühen Mittleren Reich verbreiteten Stils. Aber in den sanfteren, weiblicheren Umrissen teilt sich auch eine neue Empfindung mit. Der quadratische Anblick, den Königsköpfe mit ihrem festen Kinn, den horizontallaufenden Augenbrauen, dem oben abgeplatteten Kopftuch und dem ernsten Gesichtsausdruck im frühen Mittleren Reich boten, hat sich verändert; das Kinn ist nun rund, die Wangen sind fleischig, die Kopfbedeckung ist hoch geschwungen, die Augenbrauen sind in eleganten Kurven hochgezogen, und auf den Lippen liegt ein leises Lächeln. Diese Züge charakterisieren den frühen Stil, der typisch ist für die Plastik von Hatschepsut und Thutmosis III.; an ihm sieht man die Entwicklungstendenzen der Kunst dieser Epoche.

Auch die Privatplastik hielt sich an Vorbilder aus dem Mittleren Reich. Bei den Sitz- und Hockfiguren zeigt sich eine Vorliebe für summarisch behandelte Formen unter langen, verhüllenden Gewändern. Solche Plastik strebt zurück zur Gestalt des blockhaften Steins, vielleicht weil man einen monumentalen Eindruck bei Statuen erzielen wollte, die in Tempelbezirken aufgestellt werden sollten. Der Würfelhocker, der im Mittleren Reich aufgekommen war und den Dargestellten hockend und von seinem Mantel umhüllt zeigte, wurde besonders geschätzt, weil er mehrere ebene Oberflächen bot, die sich zum Einmeißeln von Inschriften eigneten. Derartige Texte wurden mit der Zeit länger und komplizierter. Mögen die Grundformen solcher

Statuen noch so kraftvoll und starr sein, das Gesicht hat immer das jugendliche Idealporträt des jeweiligen Herrschers zum Vorbild, nur fehlt ihm die schwer lastende Innerlichkeit der Gegenstücke aus dem Mittleren Reich.

Es gab besondere Gründe dafür, daß sich die Bildhauer der frühen 18. Dynastie von Vorbildern eines zurückliegenden Zeitalters inspirieren ließen. Die Wiedervereinigung Ägyptens unter einem einheimischen Pharao war das Werk kraftvoller thebanischer Fürsten, deren Revolte gegen die Oberherrschaft der Hyksos sich – erfolgreich, wie sie war – zu einem patriotischen Befreiungskrieg ausgewachsen hatte. Die nationale Begeisterung, die durch diesen triumphalen Aufstand in den Oberägyptern erwacht war, kam als Lokalstolz auch bei den thebanischen Handwerkern zum Ausdruck. Wie es dem neuen Patriotismus wohl anstand, wollten sie wieder die höchsten Maßstäbe anlegen und ließen sich dabei ganz natürlich von ihrer eigenen Vergangenheit leiten. Die Denkmäler der frühen thebanischen Könige, die ebenfalls durch Kriegführung in Unterägypten einen Einheitsstaat etabliert hatten, standen noch da: beredte Beispiele klassischer Werke, geschaffen von berühmten Ahnen der thebanischen Linie. Bei Reliefs und an der Architektur läßt sich die Abhängigkeit leichter nachweisen, aber wir haben darzulegen versucht, daß sie auch in der Plastik offenkundig ist. Statuen und Sphingen von Königinnen, sogar aus so relativ später Zeit wie der Thutmosis' III., haben gelegentlich die gleiche üppige Hathor-Frisur wie die Vorbilder aus dem Mittleren Reich. Freilich darf man nicht außer acht lassen, daß wir unsere Kenntnis der Kunst der frühen 18. Dynastie meist Denkmälern aus Theben verdanken. Von der zeitgleichen Welt Unterägyptens ist fast nichts mehr zu ermitteln, nur unvollkommen können wir den Einfluß des Stils von Memphis wahrnehmen, wo seit frühester Zeit die reinsten Formen der pharaonischen Kunst angeregt und beibehalten wurden. Aber als der Thebaner Ahmose den letzten Hyksosherrscher unterworfen hatte, wurde er zwangsläufig auch Herr über die Rohstoffe, die Beamtenschaft und die Verwaltung des ägyptischen Hauptstaats. Es zeigt sich, daß der Einfluß der eher kosmopolitischen und raffinierteren Kultur Unterägyptens wuchs, je weiter die 18. Dynastie voranschritt.

Der Anfang liegt wohl bei der Gründung des riesigen Palastkomplexes in Memphis durch Thutmosis I.; der Palast wurde übrigens noch am Ende der Dynastie benutzt. Unter Thutmosis I. enthielt ein königliches Grab auch eine Fassung des Amduat-Buchs. Es war der Vorläufer einer Reihe verschiedener heiliger Bücher, die das ganze Neue Reich hindurch unter dem Einfluß des wiederauflebenden Sonnenkults von Heliopolis Königsgräber und Grabausrüstungen schmücken sollten. An den offenen Säulenhöfen und den Pylonen, die dem ursprünglichen ägyptischen Tempel vorgebaut wurden, sieht man auch in der Architektur der Zeit den Einfluß der Sonnenreligion. Schließlich war Sonnenverehrung für die Einführung eines neuen Statuentyps sehr früh in der 18. Dynastie verantwortlich, auf den wir unten zurückkommen.

Deutlicher zeigt sich die Anregung durch Unterägypten an den Graffiti, die hohe Beamte von Hatschepsut und Thutmosis III. an den berühmten Bauten des Alten Reiches in Saqqara, Abusir und Meidum angebracht haben. Die Königin versicherte, sie habe Gebäude in Mittelägypten, die in den Kämpfen gegen die Hyksos zu Ruinen wurden, wiederhergestellt, und entsprechende Restaurierungen hat man offenbar auch unterägyptischen Denkmälern angedeihen lassen. Im Lauf solcher Arbeiten wurde man natürlich sehr vertraut mit dem Stil des Alten Reiches, der in der Gegend von Memphis noch immer vorherrschte. In der Zeit Amenophis' III. entwickelte sich offenbar ein antiquarisches Interesse für die Vergangenheit. Vielleicht ist es bezeichnend, daß schon früher bei einer stark beschädigten Statue Amenophis' II. aus seinem Totentempel der schwebende Horusfalke in derselben Weise den Kopf des Königs schirmte wie bei der Sitzfigur des Chephren. Der Einfluß von Vorbildern aus dem Alten Reich ist an der weicheren Gestaltung des Körpers und der Glieder zu sehen, an dem athletischen Ideal, nach dem die Königsstatuen gebildet sind, und an dem freundlich milden Gesichtsausdruck, der dem bedrückenden Ernst von Königsporträts aus dem Mittleren Reich fernsteht.

Trotzdem waren die Bildhauer der 18. Dynastie keine sklavischen Kopisten, sie brachten auch Eigenes hinzu. Bei der Kleidung beobachtet man eine Tendenz zu getreuerer Wiedergabe der Mode der 18. Dynastie; sie drückt Wohlstand und Prunkbedürfnis der Zeit aus. Neben den herkömmlichen Schurzen und *schendjut*-Schurzen kamen Hemden und lange plissierte Gewänder vor. Man sieht reicher ausgearbeitete Kragen, Gürtel und Schmuckstücke, auch Sandalen wurden dargestellt. Eine neue Kopfbedeckung, die mitraartige Blaue Krone, zeigen Statuen spätestens seit der Zeit Thutmosis' III.; dann gab es neue Frisuren wie die Soldaten-Perücke und eine enge Kappe. Die Frauenkleider wurden üppiger mit ihrem weiten Faltenwurf; ein Mantel kam hinzu, der mit einer langen Schärpe gegürtet wurde. Neben der dreigeteilten Damenperücke kam eine massive Prunkperücke in Mode; andererseits wurde der militärisch kurze Haarschnitt in der Amarnazeit auch bei Frauen üblich.

Die ehrgeizigen Bauvorhaben der Hatschepsut, besonders ihr Totentempel in Deir el-Bahari, erforderten ein riesiges Aufgebot an Statuen. Durch die Belieferung dieses Tempels gaben die Bildhauer der verschiedenen Werkstätten – ob diese nun dem König oder Tempeln wie dem Amun- oder Ptah-Tempel zugehörten – der Plastik entscheidende Impulse: im Künstlerischen und im Technischen beeinflußten sie die Entwicklungsrichtung der Bildhauerkunst während der ganzen 18. Dynastie. Die großen, aus Kalkstein gearbeiteten Osiris-Statuen der Königin, die als Pilaster oder Pfeiler in die Wände und Höfe des Terrassentempels einbezogen sind, stellen wohl die ältesten Teile dieser Ruine dar; in kolossaler Größe zeigen sie die gleichen Züge wie der früher entstandene Kopf aus grünem Stein. Die freistehenden Statuen und Sphingen waren zumeist den Aufweg entlang aufgestellt, der die Ost-West-Achse des Tempels bildet. Dazu gehört ein Paar Wächterlöwen aus bemaltem Kalkstein, die statt des Löwengesichts das Antlitz der Königin tragen. Der Typus erinnert an die drohenden Löwen von Tanis. Trotzdem wirken sie durchaus weiblich mit ihrer weicheren Muskulatur und den glatten Oberflächen. Dieselbe Gestaltung sieht man an den großen Sandsteinsphingen von der Sphingenallee und vom ersten Hof des Tempels; aber die sechs riesigen Rosengranitsphingen vom zweiten Hof strahlen eine monumentale Gelassenheit aus, die man in der 18. Dynastie erst später, bei den Soleb-Löwen, wieder antrifft. Die Sphingen Thutmosis' III. und seiner unmittelbaren Nachfolger sind nicht so weitgehend erhalten und zeigen auch nicht die spannungsreiche Kraft der Hatschepsut-Sphingen.

Abb. 290 Eine ähnliche Monumentalität ist in den kolossalen granitenen Kniefiguren der Opfergefäße haltenden Königin erreicht, die im oberen Hof aufgestellt waren. Die Haltung geht auf frühe Beispiele zurück, wie sie spätestens seit der 6. Dynastie bekannt sind, und kam fortan häufig bei Königsplastik vor, besonders unter Amenophis II. Die restaurierten Kolosse der Hatschepsut in New York weisen die gleiche undifferenzierte Gestaltung der Formen und auch eine gewisse Abstraktion im Verhältnis ihrer Grundformen auf. Zwischen den verschiedenen Plastikgruppen von Deir el-Bahari gibt es jedoch Unterschiede in der Behandlungsweise; sicher liegen sie in den verschiedenen Techniken begründet, die man bei der Bearbeitung härterer oder weicherer Steine anwenden mußte. Harte Steine, auch ein grobkörniger, kristalliner Rosengranit, erforderten mehr Stilisierung und eine großflächigere Modellierung. Solche Einschränkungen Abb. 291 sind bei der Hatschepsut-Statue aus hartem Kalkstein weniger sichtbar, die wahrscheinlich aus der eigenen Totenkapelle der Königin auf der obersten Terrasse stammt. Die leicht überlebensgroße Sitzfigur stellt die Königin im männlichen Schurz des Pharao dar, aber die schlanken Glieder und die Taille, die unverkennbaren Brüste und die zarten Gesichtszüge geben weibliche Eleganz idealisiert wieder. Der gesamte Tempelschmuck zeigt Hatschepsut als männliches Wesen in Königsgewandung, aber das Geschlecht der Epitheta, die sie in den Texten trägt, ist oft zweideutig. Eine solche Kombination der beiden Geschlechter, wie man sie besonders an den kleineren Sitzfiguren der Königin erkennt, ist vielleicht für den weiblichen Zug an den königlichen Idealporträts dieser Zeit verantwortlich.

132 - Karnak, ‹Cachette›-Hof - Sphinx mit dem Kopf des Königs Thutmosis III. 18. Dynastie (um 1450) - *Granit;*
Länge 0,60 m - Kairo, Ägyptisches Museum

Man kann ihn nämlich auch an der lebensgroßen Schiststatue ihres Koregenten Thutmosis III.
entdecken. Den zarten jugendlichen Formen und den gebogenen Brauen nach zu schließen gehört das Stück in seine frühesten Königsjahre; der Kopf einer ähnlichen Statue im British Museum stellt ja auch wahrscheinlich Hatschepsut dar. Material und Haltung erinnern an die klassischen Statuen des frühen Alten Reiches; auch die Form des Gürtels weist auf diese Zeit. Die
gleiche Verbindung junger, leise lächelnder Gesichtszüge mit einem weichen, biegsamen Körper
blieb als Idealporträt des heroischen Königs während der langen Regierungszeit Thutmosis' III.
verbindlich und war auch unter seinem Nachfolger noch üblich. Leichte Modifizierungen kamen hinzu: die Augenbrauen sitzen niedriger, wie es eher der Natur entspricht, der Körperbau
ist etwas robuster – aber bei keiner der vielen Königsplastiken, die in diesen beiden langen Regierungszeiten angefertigt wurden, ist irgendeine Spur fortgeschrittenen Alters angedeutet.
    Im Grunde muß man für die Zeit der Hatschepsut die ganze Skala männlicher Statuen aus den
vielen Quasi-Königsplastiken erschließen, die für ihren Günstling Senmut hergestellt worden

151

133 - Karnak - Sitzfigur des Königs Thutmosis III.
18. Dynastie (um 1450) - *Granit; Höhe 1,07 m* -
Kairo, Ägyptisches Museum

sind. Er war der Erzieher ihrer Tochter Nefrure und Leiter der Arbeiten in Deir el-Bahari. Eine
Menge Hartsteinstatuen und -statuetten sind von ihm erhalten. Manche zeigen ihn sitzend oder
hockend in der Art von Prototypen aus dem Mittleren Reich; nur hält er in den Falten seines
Gewandes auch die kindliche Gestalt Nefrures umfangen. Das ist eine neue Lösung für die Wiedergabe eines Erwachsenen mit einem Kind in der ägyptischen Plastik; sie wurde von zwei
ungefähr gleichzeitigen Beamten kopiert. Eine spätere Version aus der Zeit Amenophis' III.
zeigt dann den Erzieher ohne langen Mantel mit untergeschlagenen Beinen hockend, wobei das
Kind völlig unverhüllt in frontal sitzender Haltung auf dem Schoß gehalten wird. Bei einem
anderen Beispiel sieht man die Prinzessin auf dem Schoß Senmuts. Es ähnelt Plastiken von
Abb. 294 stillenden Frauen oder Königinnen aus dem Mittleren Reich. Eine Standfigur desselben Paars
läßt dagegen eine völlig neue Kompositionsweise für die Gruppe erkennen, die aus einem Er-
wachsenem und einem Kind besteht und einmalig in der ägyptischen Plastik ist. Sie mag von
einer gleichzeitigen Sandstein-Sitzfigur der Amme Satre angeregt sein, die die Königin Hat-

134 - Karnak, ‹Cachette›-Hof - Kopf einer Statue des Königs Thutmosis III. 18. Dynastie (um 1490) -
Basalt; Gesamthöhe 2,00 m - Kairo, Ägyptisches Museum

136 - Karnak, ‹Cachette›-Hof - Würfelhocker des Senmut, des Günstlings der Königin Hatschepsut mit der Prinzessin Nefrure. 18. Dynastie (um 1480) - *Granit; Höhe 1,30 m* - Kairo, Ägyptisches Museum

schepsut als Kind auf dem Schoß hält; es scheint, als sei Senmut mit seiner Last aus einer ähnlich sitzenden Haltung aufgestanden und nach vorn geschritten. Auch sonst sind Senmut-Statuen sehr originell. Die meisten zeigen den Dargestellten kniend und einen Gegenstand vor sich haltend, etwa den Schrein, auf dessen Vorderseite eine Sitzfigur Amuns eingeschnitten ist, oder eine aufgerollte Vermessungs-Schnur, oder die Schlangengöttin von Armant als krypto- Abb. 292 graphische Schreibung des Geburtsnamens der Hatschepsut. Fünf unterschiedlich große Plastiken zeigen Senmut kniend und der Göttin Hathor oder der Göttin Mut ein Sistrum darbringend – es sind offenbar die ersten Beispiele eines Statuentyps, der in der Folge sehr populär werden sollte.

Unter dem wachsenden Einfluß des Sonnenkults kam etwas früher eine andere Art Privatstatue auf; sie zeigt den Besitzer beim Rezitieren einer Hymne auf den Sonnengott bei dessen Auf- und Untergang. Am frühesten sind wohl die Stücke, die den Adoranten kniend mit im Gebet erhobenen Händen wiedergeben und die eine abgekürzte Fassung der Hymne auf den Stegen zwischen seinen Unterarmen und den Haupttext auf einem stelenförmigen Rückenpfeiler tragen. Diese Form mit ihren betonten Diagonalen wurde bald zugunsten einer glücklicheren Lösung aufgegeben, bei der nämlich die kubische Umrißlinie einer ordnungsgemäßen ägyptischen

135 - Karnak, ‹Cachette›-Hof - Oberteil einer Statue des Senmut, des Günstlings der Königin Hatschepsut, mit der Prinzessin Nefrure. 18. Dynastie (um 1480) - *Granit; Höhe 0,60 m* - Kairo, Ägyptisches Museum

137 - Buha (Delta) - Statuette des Senmut, des Günstlings der Königin Hatschepsut, mit aufgerollter Vermessungs-Schnur. 18. Dynastie (um 1475) - *Quarzit; Höhe 0,10 m* - Paris, Louvre

Abb. 285   Statue durch die Verlegung der Stele nach vorn beibehalten wird. Die Stele ist dabei eine kurze, aufrecht stehende Platte, die von oberhalb der Knie bis zum Kinn reicht. Die endgültige Fassung zeigt den Dargestellten, wie er über die obere Rundung einer großen Stele schaut, hinter der er kniet und die er oben oder an den Seiten mit seinen Händen hält. Wegen ihrer blockartigen Gestalt waren solche Plastiken besonders geeignet für die Aufstellung in den Nischen der kleinen Pyramiden über dem Grab oder sogar im Schrein des Opferraums, sicher auch in Tempel-Loculi. Bis zur Zeit Echnatons war der Typus auf Privatplastik beschränkt; unter Echnaton kam er – außerhalb des Totenkults – für Standfiguren des Königs und der Königin in Gebrauch.

138 - Medinet Habu - Würfelhocker des Vorstehers Sennefer. 18. Dynastie (um 1450) - *Granit; Höhe 0,48 m* - London, British Museum

In den thebanischen Gräbern ist das Gesamtrepertoire an Königsplastik von der Mitte der 18. Dynastie abgebildet, besonders in den Gräbern des Rechmire und des Kenamun. Nicht für jeden Statuentypus ist uns ein Beispiel aus der Zeit der Könige erhalten, denen diese beiden Würdenträger dienten, doch sind die fehlenden Typen meistens aus etwas späterer Zeit belegt. Etliches Neue muß man beachten. Der König als menschenköpfige Sphinx war seit der 4. Dynastie bekannt; nun erschien zum erstenmal eine neue Form, die statt der Vorderpranken zwei menschliche Arme aufweist, die Libationsgefäße halten. Das erste bekannte rundplastische Beispiel ist eine hellblaue Fayencestatuette Amenophis' III. im Metropolitan Museum in New York. Auch die falkenköpfige Sphinx hat es rundplastisch gegeben, obwohl die ersten erhaltenen Stücke aus der Zeit Ramses' II. stammen. Kleine Kniefiguren des Königs, der einen großen Salbkrug darbringt, sind anhand von tatsächlichen, vielleicht etwas früheren Beispielen bekannt. Interessant sind Statuen des Königs, der kniend auf dem Boden ausgestreckt ist, wobei seine Handteller entweder flach auf dem Boden liegen oder eine Weihgabe halten. Diesen Statuentypus kennen wir vom Bronzedeckel eines Räuchergefäßes aus der Zeit Sesostris' III.; aber sieht man von den beiden Statuetten Amenophis' III. ab, gehören die frühesten erhaltenen Stücke dieses Typus in die ‹Krönungs›-Serie Ramses' II. König und Königin erscheinen auch Seite an Seite sitzend als Zweiergruppe, meistens gleich groß; aber es ist neu, daß ihre sich kreuzenden Arme jeweils auf dem Rücken des anderen liegen. Dieselbe Haltung wurde auch in der Privatplastik bei Familiengruppen übernommen, die für die Kultnische der Gräber bestimmt waren. Einige Modelle scheinen auf frühere Formen zurückzugehen. So liegen bei Sitzfiguren der Hatschepsut die Hände flach auf den Oberschenkeln, wie bei Statuen Amenemhets III. aus dem Mittleren Reich, und auch Statuen Thutmosis' III. kehren mitunter zu einer früheren Mode zurück: die rechte Hand hält ein Tuch zusammengedrückt auf dem rechten Knie. Dann wieder kann der König mit einem Zepter in der Hand gezeigt werden, das wie in der 5. Dynastie auf einer Schulter liegt. Gewöhnlich trägt er in solchen Fällen aber die Blaue Krone. Einige Abbildungen in den Gräbern von Rechmire und Kenamun zeigen Kompositionen, die kaum in monolithische Form zu bringen gewesen wären; offensichtlich sollten sie in Holz ausgeführt werden, das man dann noch mit Harz oder Goldfolie überziehen wollte; vollständige Beispiele dafür sind unter den Grabstatuen des Tutanchamun-Grabes ans Licht gekommen.

Zweiergruppen vom König zusammen mit einem Gott wurden weiterhin hergestellt. Die Tradition geht mindestens bis auf die 4. Dynastie zurück und war im Mittleren Reich wieder aufgelebt. In Gruppen aus der Zeit Thutmosis' III. erscheint der König in der gleichen Größe wie das thebanische Götterpaar Amun und Mut, obwohl er in der göttlichen Dreiergruppe die Rolle des Kindes zu spielen scheint. Aber es gibt auch Versionen, wo der König kleiner als der Gott gebildet ist, besonders in Zweiergruppen, die den König anthropomorph und die Gottheit tiergestaltig wiedergeben. Außergewöhnlich ist eine Statue der Hathor, die als Kuh aus dem Ursumpf auftaucht und Amenophis II. beschützt; sie wurde in Deir el-Bahari in einer eigenen Kapelle gefunden. Eine andere Variante des Themas zeigt die Göttin als Kobra, die sich im Papyrusdickicht aufrichtet und die Gestalt Amenophis' II. beschützt; seine Hände liegen im Gebetsgestus flach auf dem Schurz. Nach der religiösen Revolution von Amarna wurden Gruppen von Göttern zusammen mit Königen immer üblicher; meistens ist der Gott größer dargestellt als der König, mitunter haben sie aber auch die gleiche Größe. Die Bauten Amenophis' III., besonders seine Jubiläumstempel in Theben, Elephantine und andernorts, erforderten eine großzügige Ausstattung mit Statuen der verschiedenen Götter; aus seiner Zeit gibt es viele Beispiele neben den allgegenwärtigen Stand- und Sitzfiguren der Sachmet. Als die ägyptischen Tempel nach der Zerstörungswelle durch Echnatons Bildersturm wieder rehabilitiert wurden, führte dies zu großen Aktivitäten: Götterbilder wurden entweder neu gestaltet, oder man reparierte beschädigte Stücke.

139 - Karnak, ‹Cachette›-Hof - Kniefigur des Vorstehers Djehuti, der einen Sockel mit verlorener Statuette des Amun (?) darbringt. 18. Dynastie (um 1450) - *Granit; Höhe 0,84 m* - Kairo, Ägyptisches Museum

Zur Zeit Thutmosis' IV. wurden Veränderungen im künstlerischen Klima spürbar. Am deutlichsten zeigen sie sich an den Malereien der thebanischen Gräber; charakteristisch ist die leichtere, flüssige Linienführung und eine üppigere Farbgebung. Gewiß waren Kontakte mit den vorderasiatischen und ägäischen Kulturen verantworlich für die stärkere Verwendung von Glas und schwarzer Bronze, auch für das Überhandnehmen von Motiven wie dem fliegenden Galopp, der fortlaufenden Spirale und der Palmette. Die Frisuren wurden üppiger, die Kleider zunehmend voluminöser und sorgfältiger plissiert; auch schlichen sich gewisse luxuriöse, erotische Züge in viele herkömmliche Motive.

140 - Karnak, ‹Cachette›-Hof - Kopf einer Standfigur des Königs Amenophis II. 18. Dynastie (um 1438) - *Schist; Höhe 0,57 m* - Kairo, Ägyptisches Museum

In der Plastik machen sich diese Tendenzen an einer größeren Weichheit der unter der Haut liegenden Strukturen und an einer Neigung zu sinnlicher Abstraktion der Oberflächen bemerkbar. Das bedeutendste Stück dieser Art ist der Kopf einer großen Statue Amenophis' III. in Brooklyn; er gehört zu einer Reihe von Köpfen, bei denen die pausbäckigen Züge des noch kindlichen Königs zu einer ausgewogenen dekorativen Form stilisiert worden sind. Elemente wie die dicken Umrandungen der langen mandelförmigen Augen, die aufgeworfenen Lippen, die gewölbten Brauen und die scharfkantige spitze Nase kamen bei den Kolossalporträts dieses Königs fast seine ganze lange Regierungszeit hindurch immer wieder vor. Nur die Nase änderte sich mit der Zeit; mit vorrückenden Jahren rundete sich die Spitze. Auch an der Gestaltung des Körpers beobachtet man diese Tendenz zur Abstraktion, so etwa sind die Brustmuskeln zu einer einzigen Falte verbunden, wie es in der 18. Dynastie überwiegend gebräuchlich war. Die Privatporträts richteten sich wie üblich nach den von der Königsplastik inaugurierten Formen.

141 - Karnak - Standfigur des Königs Amenophis II. im Schutz der Göttin Meretseger. 18. Dynastie (um 1440) - *Granit; Höhe 1,245 m* - Kairo, Ägyptisches Museum

Gegenüber der Monumentalität solcher Stücke haben kleinere Kunstwerke den Reiz größerer Naturnähe. Hervorragend ist da die Statuette der Dame Tui, die vielleicht die Mutter der späteren Königin Teje war. Es ist das früheste und besonders klassisch verhaltene Exemplar einer Reihe von Frauenstatuetten, die in der späten 18. und frühen 19. Dynastie hergestellt wurden. Alle sind aus einem harten, nußbraunen Holz geschnitzt (aus Buchsbaum?), wobei die späteren Beispiele unter ihren sorgfältig plissierten Gewändern schwellendere Körper zur Schau stellen. Ein wenig später sind Votivfiguren aus poliertem Steatit anzusetzen; sie stellen die Königin Ahmose-Nofretere als Schutzherrin der Arbeiter der thebanischen Nekropole dar, tragen jedoch die Züge der Königin Teje, der Hauptgemahlin Amenophis' III. Das größte und genauestens ausgearbeitete Werk innerhalb dieser Statuettengattung ist die fragmentarische Gruppe im

142 - Karnak, ‹Cachette›-Hof - Zweiergruppe des Königs Thutmosis IV. und seiner Mutter. 18. Dynastie (um 1412) - *Granit; Höhe 1,10 m* - Kairo, Ägyptisches Museum

143 - Standfigur der Tui, vermutlich der Mutter der Königin Teje. 18. Dynastie (um 1410) - *Holz (Buchsbaum?); Höhe 0,39 m* - Paris, Louvre

162

144 - Kopf einer Statue des Königs Amenophis III. 18. Dynastie (um 1402) - *Basalt; Höhe 0,61 m* - New York, Brooklyn Museum

Louvre, bei der die Standfigur der Königin Teje weitgehend unversehrt geblieben ist. Die Porträtwiedergabe mit den langen Mandelaugen, mit dem runden Gesicht und den beiden Uräen, die einen Geierkopf flankieren (an der Krone der Mut) ist typisch für den offiziellen Stil der ersten Hälfte der Regierungszeit Amenophis' III.

Statuetten aus so verschiedenen Materialien wie Stein, Holz und poliertem Steatit, Details wie in Glas oder Fayence eingelegte Augen und Augenbrauen geben Zeugnis von dem Elan der Werkstätten in dieser blühenden und langwährenden Regierungszeit. Ungefähr aus derselben Periode stammt eine Bronzestatuette mit Silbereinlagen: die Kniefigur stellt Thutmosis IV. dar, der Wassergefäße opfert; sie ist entschieden größer als alle, die aus früherer Zeit erhalten sind,

145 - Medinet Habu - Oberteil einer Standfigur der Göttin Mut (?). 18. Dynastie (um 1375) - *Granit; Gesamthöhe 2,10 m* - Turin, Museo egizio

und wurde in Hohlguß hergestellt, obwohl sich der Kern noch darin befindet – ein Markstein in der Geschichte des Bronzegusses.

Die neuen Kräfte, die im schützenden Rahmen der ägyptischen Kunst an Stärke zunahmen, traten im letzten Jahrzehnt der Herrschaft Amenophis' III. – etwa zur Zeit seines ersten *sed*-Festes – deutlich in Erscheinung. Die Arbeit der Bildhauer war nun weit weniger abstrakt und stilisiert, dafür viel realistischer. Der König wurde in seinen Statuen bedenkenlos mit der ganzen Beleibtheit seiner späten Jahre dargestellt. Eine Holzstatuette in Brooklyn gibt bei aller Diskretion einen unverkennbar dicken Mann wieder. Die Serpentinstatue in New York ist nicht so zurückhaltend; mit ihren schweren Brüsten und dem Hängebauch enthüllt sie fast brutal die Physis des alten Königs. Auch führt sie eine seltene oder sogar unbekannte Haltung ein: die Hände sind auf dem Bauch übereinandergelegt; vielleicht ist damit ein Gebetsgestus des Königs vor Amun dargestellt, der in der Inschrift auf dem Rückenpfeiler angerufen wird. Diese besondere Frömmigkeit ist ein Kennzeichen der Zeit und wird auch an der gleichzeitigen Privatplastik offenbar, der wir uns gleich zuwenden werden. Bemerkenswert an der New Yorker Statuette ist noch die neuartige genaue Schilderung der Zeitmode mit dem losen, faltig herabhängenden Obergewand, den vor-

Abb. 314 und 315

146 - Edfu (?) - Fragment einer Zweiergruppe mit den Standfiguren der Königin Teje und des Königs Amenophis III. 18. Dynastie (um 1375) - *Glasierter Steatit; Höhe 0,295 m* - Paris, Louvre

147 - Karnak, Tempel der Mut - Sitzfigur der Löwengöttin Sachmet. 18. Dynastie (um 1385) - *Granit; Höhe etwa 2,30 m* -
Paris, Louvre

stehenden Sandalen und dem festlichen Halskragen. Das Stück scheint eine verkleinerte Kopie der lebensgroßen Basaltstatuen des Königs zu sein, von denen Fragmente in Medinet Habu gefunden worden sind.

Der im Sinai gefundene Kopf einer Statuette seiner Hauptgemahlin stammt aus derselben Periode; mit seinen scharfen Zügen und dem schmollenden Gesichtsausdruck bekundet er eine ähnlich realistische Auffassung von gebieterischer königlicher Würde. Genauso oder ein wenig später zu datieren sind der hölzerne Kopf, der sicher auch Königin Teje darstellt, und der untere Teil eines großartigen gelben Jaspis-Kopfes in New York. Allen Statuen dieser Gruppe sind Neuerungen gemeinsam wie die plastischere Modellierung des Auges innerhalb der Augenhöhle, die Angabe von Runzeln und Falten auf Hals und Gesicht, ein Mund mit sorgsam gezeichneten Lippen ohne Lächeln und ein leicht melancholischer Ausdruck. Wieweit diese Neuerungen auf einen neuen Oberbildhauer zurückzuführen sind, der um die Zeit des *sed*-Festes ernannt wurde, ist nicht auszumachen. Falls es eine lange Koregentschaft von Amenophis III. und seinem Sohn Amenophis IV. (Echnaton) gegeben hat, wie manche Ägyptologen meinen, könnte ein Gedankenaustausch unter den Künstlern der beiden Höfe stattgefunden haben, zumal auch die Oberbildhauer der beiden Könige, Men und Bak, Vater und Sohn waren. Jedenfalls kamen die Tendenzen der Zeit frei zum Ausdruck. Abb. 320

148 - Theben - Statuette des Königs Amenophis III. 18. Dynastie (um 1370) - *Ebenholz mit Gipsauflage und Vergoldung; Höhe 0,267 m* - New York, Brooklyn Museum

149 - Theben (?) - Fragment einer Statuette des Königs Amenophis III. im Alter. 18. Dynastie (um 1370) - *Serpentin; Höhe 0,23 m* - New York, The Metropolitan Museum of Art

151 - Medinet Gurob - Kopf einer Kompositfigur der Königin Teje. 18. Dynastie (um 1370) - *Eibenholz, Gold, schwarze und weiße Glaspaste; Höhe 0,095 m* - Berlin, Staatliche Museen, Ägyptisches Museum

Einen neuen Geist spürt man auch an der gleichzeitigen Privatplastik, wo sich in der Haltung des Modells oft eine gesteigerte Frömmigkeit ausdrückt; es befindet sich gleichsam in der unsichtbaren Gegenwart seines Gottes. Besonders eindrucksvoll sind Statuen, die das Modell des Schreibers mit der Papyrusrolle auf dem Schoß wiedergeben und mit geneigtem Kopf, als lese oder schreibe er nach der Einflüsterung des Gottes. Schreiberstatuen gab es von gebildeten Männern seit der 4. Dynastie; aber Stücke aus dem Alten Reich zeigen den Dargestellten im ganzen Stolz seiner Gelehrsamkeit, aufmerksam nach vorn schauend. Die Schreiber aus dem Neuen Reich haben eine völlig andere Ausstrahlung: der göttlichen Eingebung gewärtig, neigt der Schreiber demütig den Kopf. Dieser Statuentypus erschien zuerst in der Zeit Amenophis' II. und kommt besonders häufig als Votivstatue des großen Weisen Amenophis, Sohn des Hapu, oder sonst als Darstellung hoher Beamter aus der Zeit Amenophis' III. vor. Meist ist die Gottheit nicht dargestellt, obwohl in der Inschrift auf sie verwiesen wird, so etwa bei der Statue des Har- Abb. 342
emheb, der eine Hymne an Thot, den Gott der Schreiber und der Weisheit, niederschreibt. Aber es gibt auch Exemplare, wo der Gott Thot in Gestalt eines Pavians hoch auf einem Sockel sitzt und unten, vor ihm, um 90° gedreht, der Schreiber. Manchmal hockt der Pavian sogar auf der Schulter des Schreibers.

150 - Sinai - Kopf einer Statuette der Königin Teje. 18. Dynastie (um 1370) - *Schist; Höhe 0,09 m* - Kairo, Ägyptisches Museum

152 - Delta (?) - Statuette des Schreibers Nebmerutef mit dem Pavian des Gottes Thot. 18. Dynastie (um 1364) - *Schist; Höhe 0,194 m* - Paris, Louvre

Solche Statuen zeigen die Züge des Inhabers in idealisierender Prägung, devot, ruhig, weit ab von menschlichen Sorgen, in Gemeinschaft mit dem Gott. Nur die eine Statue von Amenophis, Sohn des Hapu, ist realistisch mit ihren schweren Augenlidern und mit den Falten im Gesicht. Sie gibt einer weiteren Geistesströmung des Zeitalters Ausdruck: dem antiquarischen Interesse an der Vergangenheit, das sich unter anderem auch in der Mühe offenbarte, die man sich beim ersten *sed*-Fest Amenophis' III. damit machte, die Riten in der rechten alten Form zu zelebrieren. In Haltung und Gewandung und sehr weitgehend auch in der Porträtwiedergabe kopiert die Statue Prototypen aus der 13. Dynastie.

Die auf größere Wirklichkeitsnähe abzielenden Veränderungen, die an der Kunst aus den letzten Jahren Amenophis' III. zu beobachten sind, haben unter seinem Nachfolger Amenophis IV. (Echnaton) mehr den Charakter eines völligen Abweichens vom Wege. Das Ausmaß der Revolution, die beim Regierungsantritt dieses jungen Reformers in der Kunst ausbrach, läßt sich an zweidimensionalen Darstellungen leichter ablesen, also an Relief und Malerei, wo eine neue Raumvorstellung zur Geltung kommt. Die Plastik war noch durch technische und architektonische Rücksichten behindert. Trotzdem hat sie mit den Kolossalstatuen, die zu Beginn seiner Regierungszeit in Karnak aufgestellt worden sind, die dramatischsten Zeugnisse für diesen Wandel hervorgebracht. So erschreckend, wie die Statuen mit ihrer heftigen Abkehr von klassisch-ägyptischen Idealen auf die Zeitgenossen Echnatons gewirkt haben müssen, erscheinen sie uns noch heute. Realismus ist hier umgewandelt in Abnormität; der eigenartige Körper Echnatons wurde zu

153 - Karnak - Schreiberfigur des Amenophis, Sohn des Hapu. 18. Dynastie (um 1370) - *Granit; Höhe 1,42 m* - Kairo, Ägyptisches Museum

einem neuen Symbol des Göttlichen gelängt und entstellt. Der Oberbildhauer Bak, der zweifellos diese Arbeiten entworfen hat, beteuert, er sei Schüler des Königs, der ihn unterwiesen habe, und es ist tatsächlich anzunehmen, daß der König die Form der Statuen genau vorgeschrieben hat. Ob sie nun Erscheinungsformen des neuen Sonnengottes – des Aton – mit den Gesichtszügen Echnatons darstellen, später aber abgebrochen worden sind, wie es neu aufkommenden Vorstellungen von der unpersönlichen Natur des Gottes entsprach, oder ob sie nur den König als den irdischen Herrscher wiedergeben wie frühere Osiris-Pfeiler in Tempeln, interessiert uns hier nicht. Offenkundig ist trotz des fragmentarischen Zustands der Kolosse, daß sie in der Geschichte der altägyptischen Kunst den einzigen bewußten Versuch darstellen, eine völlig neue Ausdrucksform zu schaffen und Überlieferungen der Vergangenheit abzuwerfen, selbst wenn der Neuerer nicht ganz mit ihnen brechen konnte. Die Statuen gehören zu den eindrucksvollsten Kunstwerken, die uns Ägypten hinterlassen hat – als sichtbare Äußerung einer geistigen Kraft mit einem beträchtlichen Anflug von Fanatismus im starren Blick. In diesen Kolossen hat die transzendentale Seite der Frömmigkeit, die in den gleichzeitigen privaten Votivstatuen lebt, den Grad der Ekstase erreicht.

Der Symbolismus einer neuen Gottesvorstellung prägt die Form der Plastik aus der Frühzeit Echnatons; man erkennt ihn an der Konzeption der Statuen des Königs, der Königin und ihrer Kinder, die in Tempelbezirken und an öffentlichen Plätzen aufgestellt wurden, wie zum Beispiel die Grenzstelen der neuen Residenzstadt beim modernen Tell el-Amarna. Von freistehenden Statuen, die meist aus hartem Kalkstein gearbeitet waren, sind nur Fragmente erhalten, aber eine Abb. 318 gewisse Vorstellung von ihrer ursprünglichen Gestalt vermittelt die Berliner Statuette Echnatons, der eine Stele vor sich hält; sie muß aus dem Schrein eines Privatgrabs von Tell el-Amarna stammen und ist eine stark verkleinerte Version der Statuen, die im Großen Aton-Tempel von Amarna standen.

Die Übertreibungen am Körper Echnatons finden ihre Entsprechungen in den erotischen Verformungen, denen die Gestalt seiner Großen Gemahlin Nofretete unterworfen ist. Auf Reliefs und in Rundplastiken erscheint sie als höchst reizvolle Frau, einem orientalisch-sinnlichen Schönheitsideal folgend mit schmaler Taille, schweren Schenkeln und Glutäen und mit wohlgewölbtem Schamhügel; dergestalt illustriert sie die Epitheta, die ihr in den Texten beigegeben werden: «Schön an Gesicht, Herrin der Freude, begabt mit Gunst, groß an Liebe». Der Torso im Louvre unterstreicht diese Züge auf unwiderstehliche Art, sie halb verhüllend unter einem Faltengewand. Auch das ist neu an der Plastik unter Echnaton: mit großer technischer Bravour ließ sie die menschlichen Körperformen unter den Falten und Plissierungen dünner Gewänder durchscheinen. Diese Errungenschaft überdauerte die Amarnazeit und stand noch während der Ramessidenzeit in Blüte.

Die extreme Schnelligkeit, mit der die Bauvorhaben Echnatons vorangetrieben wurden, regte die Bildhauer zur Entwicklung der Kompositstatue an, einer bedeutenden Erfindung dieser Zeit. Bei solcher Plastik sind entblößte Teile wie Köpfe, Arme und Füße aus Stein in passender Farbe, meist aus rotem oder gelbem Quarzit gehauen, bekleidete Teile sind dagegen aus Kalkstein oder Fayence gebildet. Spezialisten, die bei der weitgehenden ägyptischen Arbeitsteilung seit jeher wichtig waren, bekamen durch diese Technik Gelegenheit, gesonderte Teile immer geschickter anzufertigen, die dann in ein zusammengesetztes Ganzes eingepaßt werden konnten. Die Endprodukte mit ihren verschiedenen Quasi-Naturfarben und eingelegten Details aus Glas oder Fayence haben sicher außerordentlich prunkvoll gewirkt. Leider ist kein vollständiges Beispiel erhalten, vorhanden sind nur noch einige Quarzitköpfe, wobei die besten Stücke aus dem Magazinraum der Werkstatt des Bildhauers Thutmosis in Tell el-Amarna stammen. Und von diesen ist der Berliner Kopf einer Prinzessin das vortrefflichste Meisterwerk unter den unversehrten Exemplaren; er übertrifft alles, weil der äußerst harte Stein technisch vollendet beherrscht ist und weil der Kopf den Eindruck eines verinnerlichten, jugendlichen Reizes vermittelt. Fast

154 - Karnak, Gempaaton-Tempel - Kolossalfigur des Königs Amenophis IV. (Echnaton). 18. Dynastie (um 1364) - *Bemalter Sandstein; ursprüngliche Höhe über 4,00 m* - Kairo, Ägyptisches Museum

155 - Fragment einer Statuette der Königin Nofretete in einem plissierten Gewand. 18. Dynastie (um 1360) - *Quarzit;*
Höhe 0,294 m - Paris, Louvre

156 - Karnak, Gempaaton-Tempel - Kopf einer Kolossalfigur des Königs Amenophis IV. (Echnaton). 18. Dynastie (um 1364) - *Sandstein; Höhe des Gesichtes 0,39 m* - Kairo, Ägyptisches Museum →

157 - Tell el-Amarna - Unvollendeter Kopf einer Königin. 18. Dynastie (um 1350) -
Quarzit; Höhe 0,224 m - Berlin, Staatliche Museen, Ägyptisches Museum

ebenso qualitätvoll ist der unvollendete Kopf einer Königin; er wurde auch im Magazinraum
des Thutmosis gefunden und stammt wohl von derselben Hand. Wundervoll ist das subtile Spiel
des Lichts auf den zart modellierten Zügen, und das, obwohl die abschließende Polierung fehlt.
Statuen aus Hartgestein bedeuteten im Alten Ägypten eine starke Herausforderung für den Bildhauer, der er sich kaum jemals entzog. Die hier erforderliche Technik des Abschlagens, Abkrat-
zens und Abreibens bedingte sorgfältiger vorbedachte Formen und Oberflächen als die leichtere
Bearbeitung des Kalksteins mit dem Meißel, wobei alle Mängel anschließend mit Gips überdeckt
werden konnten.

So viele verschiedene Stücke hat uns die Werkstatt des Thutmosis überliefert, daß sich die
ganze Spannweite der Porträtbildnerei vor uns ausbreitet; da ist zunächst die bemalte Büste der
Nofretete, über deren Kalksteinkern stellenweise eine dünne Gipsschicht liegt und die sehr
Abb. 325 wahrscheinlich eine vom Meister gearbeitete, offizielle Bildhauervorlage zum Kopieren war;
außerdem gibt es Stuckmasken, abgenommen von Studienmaterial, das in Ton oder Wachs
rasch nach dem Leben modelliert worden war zum Zweck, Ähnlichkeit einzufangen, und das als
Grundlage für die spätere Gestaltung annehmbarer Idealporträts diente. Eine der unvollendeten
Gruppen gibt einen König mit einem Kind auf dem Schoß wieder; es ist eine interessante Komposition, die an die zerbrochene Statue der Amme Satre mit der Königin Hatschepsut als Kind
erinnert. Hier sind jedoch zwei königliche Personen gemeint, und der Kopf des Kindes ist um

158 - Tell el-Amarna - Büste einer Prinzessin. 18. Dynastie (um 1350) - *Bemalter Kalkstein; Höhe 0,155 m* - Paris, Louvre

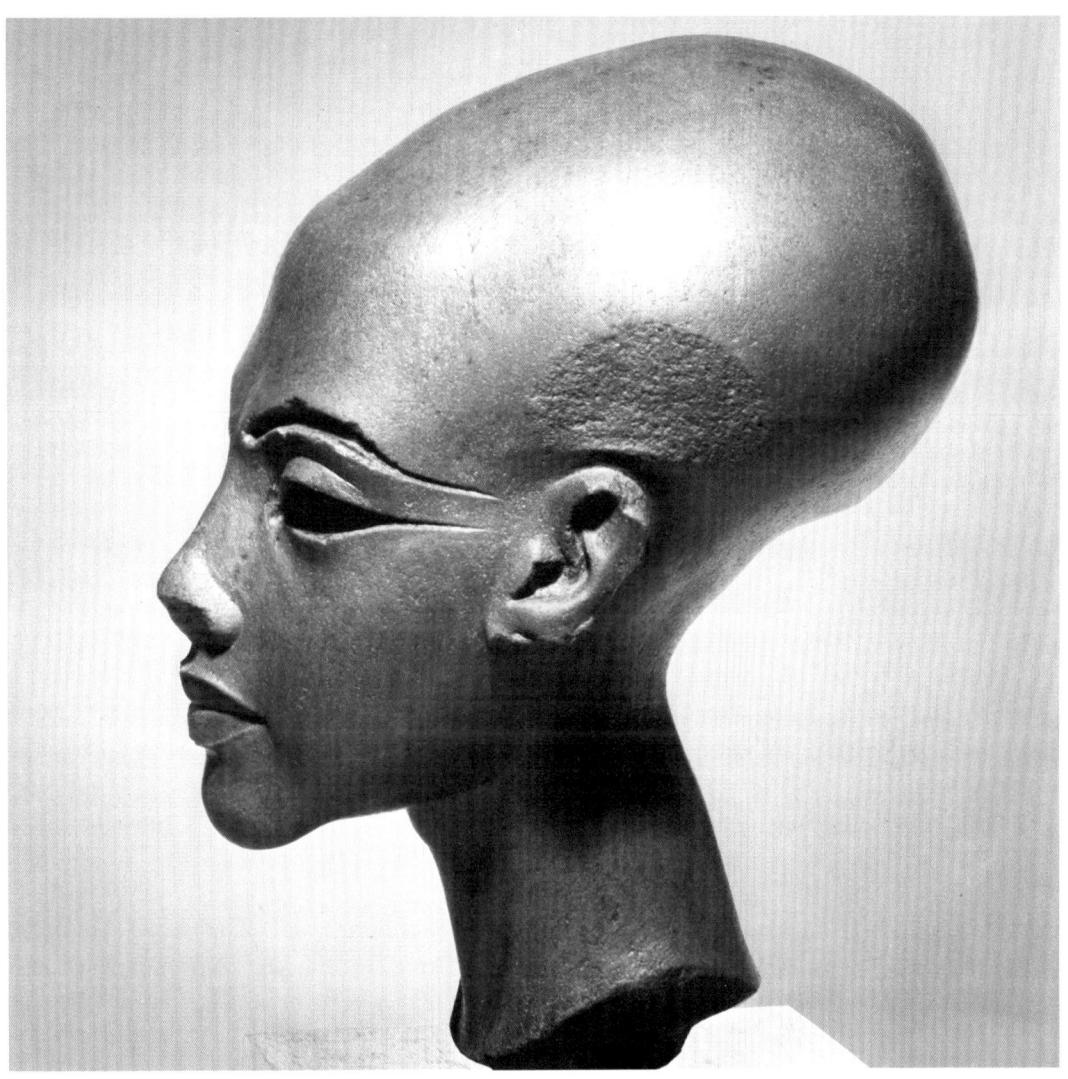

160 - Tell el-Amarna - Kopf einer Prinzessin. 18. Dynastie (um 1350) - *Quarzit; Höhe 0,214 m* - Berlin, Staatliche Museen, Ägyptisches Museum

90° gedreht, so daß es die Lippen des Königs küssen kann. Das Motiv findet man nirgends sonst bei diesem seltenen Typus der Zweiergruppe, aber es entspricht den veränderten Vorstellungen vom Raum und seiner Wiedergabe in der Amarnazeit.

Ein Kennzeichen der Hausarchitektur von Tell el-Amarna war die Hauskapelle, in der die Königsfamilie als Mittler zwischen Mensch und Aton verehrt wurde. Der Mittelpunkt solcher Kapellen war eine Stele oder Statuette, die das Königspaar darstellte, oft zusammen mit einer oder mehreren Töchtern. Die am besten erhaltene Statuette, die wir haben, ist eine bemalte Zweiergruppe im Louvre; man sieht Echnaton und Nofretete, die, obwohl sie kleiner ist, seine Hand hält, als sei sie der dominierende Partner. Das Paar wird in modischer Kleidung dargestellt, beide tragen Sandalen und die ausladenden Fayence-Halskragen aus floralen Einzelteilen, wie sie damals üblich waren. Eine Inschrift im Rücken mit der schon revidierten Form der Aton-Namen weist auf eine Entstehung der Statuette in den späteren Jahren Echnatons hin, als der extreme Stil der Frühzeit, vielleicht infolge der Ernennung eines neuen Oberbildhauers, beträchtlich gemildert war. Denn an allen Skulpturen, die in der zerstörten Werkstatt des Thutmosis gefunden worden sind, wird eine entschiedene Abschwächung der Amarna-Verzückung offen-

159 - Tell el-Amarna - Büste der Königin Nofretete. 18. Dynastie (um 1354) - *Bemalter Gips über einem Kalksteinkern; Höhe 0,50 m* - Berlin, Staatliche Museen, Ägyptisches Museum

161 - Tell el-Amarna - Oberer Teil einer unvollendeten Sitzfigur des Königs, der ein Kind auf seinen Knien küßt. 18. Dynastie (um 1350) - *Kalkstein; Gesamthöhe 0,42 m* - Kairo, Ägyptisches Museum

bar; Verformung und Ekstase in den Porträts von König und Königin sind weitgehend der herkömmlichen Ruhe gewichen, als sei alle Leidenschaft verbraucht.

Standfiguren des königlichen Paars wie die Zweiergruppe im Louvre waren wohl selten im Neuen Reich. Häufiger waren Sitzfiguren, wobei das Paar die Arme umeinandergelegt hatte. Aber erhalten sind noch Gruppen von Standfiguren, die Thutmosis III. mit Göttern zeigen, und auch da fassen sich die Figuren an den Händen – ein Motiv, das mindestens so alt ist wie die Triaden des Mykerinos. Statuetten von Stehenden, die sich an den Händen halten, sind vereinzelt aus dem Mittleren Reich bekannt, aber die Beispiele aus Amarna sind von Formen des Alten Reichs inspiriert; man vergleiche die angeblich aus Gebelein stammende, aber in die Amarnazeit gehörige Gruppe: zwei Erwachsene halten sich an den Händen, und der eine Mann legt in einer Haltung, die an Vorbilder aus dem Alten Reich erinnert, einen Arm um die Schultern des Kindes.

Die Wiedereinführung der Orthodoxie unter Tutanchamun und seinen beiden Nachfolgern regte keine Rückkehr zu den klassischen Formen der Vergangenheit an. Wohl wurde die Neuanfertigung und Restaurierung von Götterbildern stimuliert, auch beseitigte man die Schäden, die

162 - Tell el-Amarna (?) - Zweiergruppe des Königs Echnaton und der Königin Nofretete. 18. Dynastie (um 1352) -
Bemalter Kalkstein; Höhe 0,23 m - Paris, Louvre

in der vorangegangenen Regierungszeit angerichtet worden waren; aber die Bildhauer stellten ohne Zögern ihre Werke weiter im Stil der späten Amarnazeit her. Die Werkstatt des Oberbildhauers Thutmosis aus Amarna wurde verlegt, und es ist möglich, daß er unter Tutanchamun im Amt blieb. Die in Karnak gefundenen Granitstatuen des Königs zeigen Tutanchamun zwar mit einem normalen Körper, ohne die schweren Hüften und ohne die Ausprägung von Hängebauch, Brüsten und Kinn Echnatons, aber mit dem gleichen ernsten Ausdruck. Die Mode, Statuen mit Sandalen zu bilden, wurde beibehalten, auch wenn der König im formelleren Schurz und mit Königskopftuch dargestellt ist. Die Statuen aus seinem Grab können jedoch nicht alle mit Sicherheit in seine Zeit datiert werden: manche hat er wahrscheinlich von seinen Vorgängern Semenchkare und Echnaton usurpiert, obwohl sie seine Inschriften tragen. Der hölzerne Knabenkopf, der sich über dem geöffneten Urlotos erhebt, zeigt den kindlichen Sonnenkönig mit verformtem Schädel, so wie unter Echnaton die Königskinder bevorzugt dargestellt wurden. Auch die auf Leoparden stehenden Figuren des Königs machen vom Körper her den Eindruck, als seien sie ursprünglich für Echnaton gearbeitet worden. Aber die Statue des Königs als Horus, der in einem Einerboot balanciert, um die Apophis-Schlange zu harpunieren, ist mit seiner orthodoxen Gestalt sicher von vornherein für Tutanchamun gefertigt worden. Dieser versichert, er habe den Wächterlöwen, der für den Tempel Amenophis' III. in Soleb bestimmt war, noch

164 - Karnak, ‹Cachette›-Hof - Kopf einer Standfigur des Königs Tutanchamun. 18. Dynastie (um 1347) - *Granit; Gesamthöhe 1,45 m* - Kairo, Ägyptisches Museum

unvollendet im Steinbruch gefunden und ihn zu Ende gebracht, obwohl doch König Eje den Löwen an seinen Platz im Tempel befördert hat. Das Gegenstück des Tiers ist zu stark beschädigt, als daß man zwischen den beiden Löwen irgendwelche stilistischen Unterschiede feststellen könnte. Gewiß ist nur, daß Tutanchamuns Exemplar eine der bedeutendsten Tierplastiken ist, die uns die Alte Welt hinterlassen hat, monumental in ihren vereinfachten Grundformen, erfüllt von latenter Kraft und bewegend in ihrer Löwenwürde.

Die Wiedergabe der menschlichen Gestalt unter Faltengewändern war nicht länger Novität, sondern wurde allgemeiner Brauch; je weiter die Zeit voranschritt, um so zahlreicher wurden die Falten an den Ärmeln von Hemden und Kleidern. Als die klassischen Figuren dieser Art *par excellence* betrachtet man die betrüblich beschädigte Zweiergruppe des Generals Minnacht und seiner Frau und die Schutzgöttinnen aus vergoldetem Holz, die den Kanopenschrein Tutanchamuns beschützen. Aber dessen ganze Regierungszeit hindurch und noch unter seinen Nachfolgern wurden höchst qualitätvolle Privatstatuen und Gruppen solcher Art hergestellt. Die feinste

163 - Gebelein - Familiengruppe. 18. Dynastie (um 1350) - *Bemalter Kalkstein; Höhe 0,17 m* - New York, The Metropolitan Museum of Art

183

166 - Theben, Tal der Könige, Grab des Tutanchamun - Der Kopf des jugendlichen Sonnengottes, aus dem Urlotos emporwachsend. 18. Dynastie (um 1347) - *Bunt bemalte Gipsschicht auf Holz; Höhe etwa 0,30 m* - Kairo, Ägyptisches Museum

Skulptur ist die unvollständige Zweiergruppe eines Unbekannten und seiner Frau im British Museum.

Haremheb beschriftete für sich selbst einige Statuen, die von seinen beiden Vorgängern unfertig hinterlassen worden waren, und andere Plastiken, die ihnen gehörten, wurden vielleicht durch spätere Könige in seinem Namen usurpiert. Darum ist es nicht verwunderlich, daß die Königsstatuen am Ende der 18. Dynastie stilistisch und technisch von einer Homogenität sind,

165 - Theben, Tal der Könige, Grab des Tutanchamun - Statue des Königs Tutanchamun als Horus, die Apophis-Schlange harpunierend. 18. Dynastie (um 1345) - *Bemaltes und vergoldetes Holz; Höhe 0,75 m* - Kairo, Ägyptisches Museum

die es schwierig macht, die Skulpturen bestimmten Regierungszeiten zuzuweisen. Immerhin scheinen gegen Ende der Epoche ein gewisser Formalismus und eine Schärfe der Umrisse die entspannten Haltungen und die freie Gestaltung abgelöst zu haben, die man unmittelbar nach der Amarnazeit beobachten konnte. Die Veränderung wird spürbar an den Unterschieden zwischen dem Kairoer Kopf einer Kolossalstatue der Göttin Mut und der Wiener Zweiergruppe des Haremheb mit Horus. Die Göttin mit den Zügen der Mutnedjmet ist im weichen, fast impressionistischen Stil der Tutanchamun-Zeit gebildet. Die andere Statue ist stilistisch völlig verschieden, die Darstellung ist fest und präzise und läßt schon die ramessidischen Ideale erahnen.

Königs- und Privatplastik unterlagen während der 18. Dynastie einem ständigen stilistischen Wandel, wobei der eigentliche Bruch in der Zeit Amenophis' III. liegt. Das flache ‹hieroglyphische› Auge mit seinen dicken Umrißlinien und erhöhten Schminkstreifen, die in thutmosidischen Zeiten üblich waren, wurde plastischer ausgearbeitet, und außer bei Kolossalstatuen formte man das Oberlid so, daß es das Licht auffängt und daß es nach der Schläfe zu natürlicher in eine Falte über dem Unterlid ausläuft. Die Augenbrauen sind nicht mehr dekorativ geschwungen aufgesetzt, sondern folgen eher dem natürlichen Brauenbogen. Die Trennungslinie der Lippen, die unter den Thutmosiden eine gerade Unterteilung war, wurde zu einer doppelt geschwungenen Kurve, und den Lippen gab man kein formales Lächeln mehr, sondern bildete nachdenklich herabgezogene Mundwinkel. Die Ohren wurden fleischiger, die oberen und unteren Enden standen

Abb. 346

167 - Soleb - Wächterlöwe des Königs Tutanchamun. 18. Dynastie (um 1338) - *Granit; Länge 2,14 m* - London, British Museum

168 - Saqqara (?) - Zweiergruppe eines Unbekannten und seiner Frau. 18. Dynastie (um 1338) - *Kalkstein; Höhe 1,33 m* - London, British Museum →

169 - Karnak - Kopf einer Kolossalstatue der Göttin Mut mit den Zügen der Königin Mutnedjmet.
18. Dynastie (um 1330) - *Kalkstein; Gesamthöhe 1,85 m* - Kairo, Ägyptisches Museum

vom Kopf ab, das Ohrläppchen bekam eine runde Vertiefung, die später zu einem Schlitz verlängert wurde. Die Hauptwindungen des Uräus über der Stirn wurden nun in einer S-Kurve hinter die Kappe gelegt. Wo nicht ein breiter Königsbart die Sehnen des Halses verdeckt, sind sie kräftig angegeben, so auch die Schlüsselbeine und die Brustbeinkerbe. Und diese Neuerungen der Amarna-Bildhauer hielten sich noch unter mehreren Nachfolgeherrschern. Die Zipfel des Königskopftuchs nahmen eine Mode der 13. Dynastie wieder auf: den inneren Saum. Die Blaue Krone wurde größer und aufrechter und bekam Bänder, die im Nacken herunterhingen – manchmal waren es auch breitere, gerippte.

Von Veränderungen in der Kleidermode haben wir schon gesprochen. Die große Prunkperücke wurde obligatorisch für Frauen; auch das Haar der Männer wurde länger und weniger stilisiert dargestellt; gegen Ende der Dynastie fiel gewöhnlich ein schweres Haarteil über jedes Schlüsselbein. In dieselbe Zeit gehören auch die Standfiguren eines Königs oder einer Privatperson mit einem langen Stab, auf dem das Emblem eines Gottes sitzt. Das früheste bekannte Beispiel stammt aus der Zeit Amenophis' III.; der Ursprung des Typus ist wohl beim Entwurf einer Statue für den König Amenemhet III. aus dem Mittleren Reich zu suchen. Jedenfalls wurden solche Statuen in der folgenden Periode häufiger, nur trug der Offiziant dann oft zwei Stäbe, einen in jeder Hand.

188

Die Ramessiden kamen vom Delta. Doch obwohl sie ihre Residenzen und Kunststädte im Norden bauten, trugen sie mit großen Tempelanlagen weiter zur Verschönerung Thebens bei, der heiligen Stadt des Amun. Auch den Brauch, die Königsgräber auf dem thebanischen Westufer im ‹Tal der Könige› anzulegen, gaben sie nicht auf. Außenpolitisch suchten sie die Hegemonie über den Libanon und das südliche Syrien wieder zu erreichen, die Ägypten vor dem Erstarken des Hethiterreichs unter Schuppiluliuma I. im 14. Jahrhundert v. Chr. ausgeübt hatte. Die Hethiter, deren Hand auf den umstrittenen Gebieten lag, nahmen die Herausforderung an, und beide Mächte erschöpften sich in ergebnislosen Kämpfen; es kam zu einem Vertrag, der Ägypten außer einem Beistandspakt auf Gegenseitigkeit kaum etwas brachte. Ethnische Bewegungen, die vielleicht eine Folge klimatischer Veränderungen waren, bedrohten im Grunde schon das Gleichgewicht der Macht im Nahen Osten; sie haben schließlich das Hethiterreich niedergezwungen und Ägypten hinter seine Grenzen verwiesen. Die 19. und die 20. Dynastie fielen also in eine Zeit der Schwankungen, die zugleich den unaufhaltsamen Niedergang der Königsmacht und des Staatsvermögens nach sich zog. Gegen Ende der Epoche brachte eine Folge von unzureichenden Nilüberschwemmungen Hunger und innere Unruhen mit sich. Der Zerfall des unter der alleinigen Herrschaft Pharaos stehenden Einheitsstaats erfolgte sogar noch vor dem Tod des letzten Ramessiden.

Keine Vorahnung dieses Schicksals trübte die hohen Erwartungen, die sich an die Machtübernahme Sethos' I. knüpften, des eigentlichen Begründers der 19. Dynastie. Daß man an das Heraufkommen einer neuen Ära glaubte, darauf weist ein Epithet hin, das der König mitunter seinem Namen beifügte: ‹wehem mesut›, ‹der die Geburt wiederholt›. Das war ein Titel Amenemhets I., des ersten Königs der 12. Dynastie, gewesen, der sich ebenfalls als Inaugurator einer ‹Renaissance›, eines ‹New Deal› betrachtet hatte. Vielfach äußerte sich die Kraft des neu auflebenden Ägypten: außer an den Feldzügen, die unternommen wurden, um in Palästina und Syrien Einfluß zurückzugewinnen, auch an der Bautätigkeit Sethos' I. in Abydos und Theben und an der Erweiterung des Goldabbaus und Goldschürfens in den östlichen Wüstenbergen. Die Bauten Sethos' I. führten die Traditionen der feinen Formgebung und sorgfältigen Technik fort, die für die Arbeiten aus den letzten Dekaden der 18. Dynastie charakteristisch sind. Es gab aber auch eine Weiterentwicklung des Formalismus, der schon bei einigen offiziellen Plastiken Haremhebs begonnen hatte. Großplastik Sethos' I. ist bis auf einige Fragmente nicht erhalten. Die zum Teil restaurierte Kniefigur aus Abydos, jetzt in New York, bewahrte wohl alle Abb. 350 Stilmerkmale der Nach-Amarnazeit, wie die plastische Behandlung von Augen und Lippen, die S-förmige Windung des Uräus, die Falten am Hals und so fort, konnte sie aber doch mit der scharfen Präzision des thutmosidischen Stils verbinden; man sieht es an der Wiedereinführung der hochgewölbten Brauen und der verlängerten Schminkstreifen in den äußeren Augenwinkeln. Eine neue Tendenz war das wohlwollende Lächeln, das durch deutliches Einziehen der Mundwinkel betont wurde; es ersetzte den traurigen Ausdruck der Lippen im Nach-Amarnastil und wurde besonders bei offiziellen Arbeiten ein beherrschendes Charakteristikum des ramessidischen Stils. Bei Statuetten, die für weniger monumentale Zwecke bestimmt waren, konnte der Ausdruck des Königs noch ernst sein. Eine große Alabasterstatue aus Karnak, die in mehreren Teilen so gearbeitet ist, daß diese mit Metallstiften zusammengesetzt werden konnten, scheint von einem früheren König unfertig hinterlassen und lediglich für Sethos I. beschriftet worden zu sein.

Dagegen wimmelt es von Statuen seines Sohnes Ramses II.; eine große Anzahl ist während dessen siebenundsechzigjähriger Regierungszeit in allen Größen und Materialien, auch unterschiedlich in Stil und Qualität, hergestellt worden. Der König erwies sich als der emsigste Bauherr, der je auf Ägyptens Thron gesessen hatte. Nicht nur wurden in Nubien große neue Bauten hochgezogen, auch viele Tempel im eigentlichen Ägypten, die noch von den Tagen Echnatons her entweiht dastanden, wurden wiederaufgebaut und im Namen Ramses' II. neu geweiht. Zu dem Zweck meißelte man an Statuen und anderen Denkmälern seine Kartuschen über die Namen früherer Könige, so daß er vielleicht zu Unrecht in den Ruf kam, sich prinzipienlos anderer Leute Arbeit angeeignet zu haben. So etwa ist es sicher, daß er wie sein Sohn Merenptah viele Statuen Amenophis' III. unfertig im Tempel von Luxor herumliegen fand und sie in seinem Namen fertigstellte.

Während seiner langen Regierungszeit sind sicher mehrere Oberbildhauer aufeinandergefolgt; und seine enormen Bauvorhaben müssen viele Werkstätten erforderlich gemacht haben, außer in Memphis und Theben auch in anderen bedeutenden Kunstzentren, in denen etwas unterschiedliche Traditionen vorherrschten. Als Bestandteile der Tempel, die er in Abu Simbel, Wadi es-Sebua, Derr und Gerf Hussein errichten ließ, wurden Kolossalstatuen *in situ* aus dem weichen nubischen Sandstein geschnitten; sie benötigten breite Formen und stämmige Proportionen, wenn sie baulich stabil sein sollten, und mögen bei einigen königlichen Handwerkern zu der Gewohnheit geführt haben, grob und hastig zu arbeiten. Man wird den Verdacht nicht los, daß der Ehrgeiz des Königs seine Mittel überstieg, vor allem gegen Ende seiner Regierungszeit.

Aus diesen Gründen entfaltet die Plastik Ramses' II. einen verwirrenden Reichtum an qualitativ und stilistisch verschiedenen Beispielen. Die Schwierigkeit, sie innerhalb seiner Zeit zu datieren, macht es beim gegenwärtigen Stand unserer Kenntnis praktisch unmöglich, irgendeine Entwicklung nachzuzeichnen: einige Beobachtungen wollen wir immerhin mitteilen. Es ist sicher, daß die Plastik, die für seine ‹Krönungs›-serie hergestellt wurde, die Tradition der feinen Arbeit weiterführte, die zur Zeit Sethos' I. vorherrschend gewesen war – in jedem Fall war Sethos I. in den frühen Regierungsjahren Ramses' II. dessen Koregent. Die große schwarze Granitsitzfigur in Turin ist ihrer Größe und technischen Meisterschaft wegen die eindrucksvollste von diesen Statuen. Sie zeigt Ramses in der modischen Kleidung der Zeit und mit *heka*-Zepter; seine Hauptgemahlin und ihr ältester Sohn sind in kleinerem Maßstab neben seinen Beinen dargestellt. Das Porträt ist im offiziellen Stil Sethos' I. gehalten, so weitgehend, daß ein Gelehrter zu der Meinung kam, die Statue sei für Sethos I. gefertigt und von Ramses II. usurpiert worden, obwohl das recht unwahrscheinlich ist.

In dieselbe Reihe von frühen, durch sorgfältige Handwerksarbeit gekennzeichneten Stücken gehört die ruhende Sphinx des Königs mit einem Libationsgefäß in den Händen, dessen Deckel den Widderkopf des Amun wiedergibt. Wie bei Skulpturen aus hartem Quarzit häufig zu beobachten, ist sie mit größter Geschicklichkeit gearbeitet. Das Modell ist eine Weiterentwicklung einer Sphinx, die auf einer Wand im Grab des Kenamun abgebildet ist; aber statt des Weinkrugs, den sie dort in jeder menschlichen Hand hält, umfaßt der König hier ein einziges großes Gefäß, ähnlich wie eine liegende Sphinx im ersten Hof des großen Amun-Tempels in Karnak, die offensichtlich aus der Zeit Tutanchamuns stammt.

Eine andere Statue aus dieser frühen Phase ist die Dreiergruppe in Turin: der König sitzt zwischen Amun und Mut und nimmt damit in der thebanischen Dreiheit die Stelle des Kindes Chons ein. Solche Statuen vom König mit Göttern wurden immer populärer in ramessidischen Zeiten – man vergleiche die *in situ* erhaltenen Exemplare in den Tempeln Ramses' II. in Abydos, Abu Simbel und andernorts.

Von demselben frühen eleganten Stil geprägt sind einige Statuen der Nefertari, der Hauptkönigin seiner Jugend; sehr viel kleiner erscheint sie neben einigen Kolossalstatuen in Luxor und Abu Simbel und genauso groß wie der König in dem kleineren Tempel, der ihr in Abu Simbel geweiht war. Eine lebensgroße Büste aus hartem Kalkstein, die in der Nähe des Ramesseums gefunden wurde, stellt mit Sicherheit auch diese junge Königin dar. Die Büste zeigt sie in all ihrem Glanz; sie trägt das Uräendiadem und hält die Menit einer Oberpriesterin der Göttin Hathor in der Hand. Dieses Fragment ist ein Meisterwerk der ramessidischen Kunst; es gibt dem Ideal von Königinnen-Anmut im Neuen Reich bildhaften Ausdruck. Auch einige Statuetten der Nefertari sind erhalten, die aber mit dem Namen der früheren Königin Ahmose-Nofretere,

170 - Karnak - Sitzfigur des Königs Ramses II. mit ‹heka›-Zepter, am Thronsitz seine Gemahlin und sein ältester Sohn. 19. Dynastie (um 1290) - *Granit; Höhe 1,94 m* - Turin, Museo egizio

171 - Karnak, ‹Cachette›-Hof - Sphinx mit dem Kopf des Königs Ramses II., ein Libationsgefäß tragend, das vom Widderkopf des Amun bekrönt ist. 19. Dynastie (um 1290) -
Quarzit; Länge 0,37 m - Kairo, Ägyptisches Museum

beschriftet sind, einer Königin, deren Verehrung zu dieser Zeit wieder populär wurde. Am voll-

Abb. 372 ständigsten ist eine unbeschriftete Statuette aus grünem Stein in Berlin, die fälschlich in eine sehr viel spätere Zeit datiert worden ist, vielleicht wegen der Perfektion ihrer Bildhauerarbeit und ihrer Oberflächenglättung.

Die Kolossalstatuen repräsentieren eine andere Art Plastik aus der Zeit Ramses' II.; im Laufe seines langen Lebens sind sie in großer Menge gehauen worden. Eine Sitzfigur im Ramesseum zum Beispiel wiegt über 1 000 Tonnen und wurde sogar noch in der Zeit von Diodorus Siculus hoch gepriesen. Wie andere Kolossalstatuen des Königs in Luxor hatte sie einen eigenen Namen – Shelley nannte sie ‹König der Könige› – und wurde als Mittler zwischen Mensch und Göttern verehrt; auch besaß sie eine eigene Priesterschaft, die ihren Kult versah. Die kolossalen Standfiguren aus rotem Granit, die in Luxor aufgestellt sind, waren sicher ursprünglich für Amenophis III. hergestellt worden, wie man aus den Proportionen der Königskopftücher und aus den typischen Lippenformen ersehen kann. Eine kleinere, noch unfertige Sitzfigur Amenophis' III. ist kürzlich in Luxor freigelegt worden und weist nun darauf hin, daß beim Herrschaftsantritt Ramses' II. die Kolossalfiguren noch in mehr oder weniger unvollendetem Zustand in den Tempelbereichen Amenophis' III. herumlagen. Das Zeichen der Usurpation wird durch die unbekümmerten Kartuschen Ramses' II. offenbar, die brutal und unpassend in die *schendjut*-Schurze eingeschnitten sind. Aber vor dem Hauptpylon des Ptah-Tempels von Memphis hat ein Paar von Kolossalstatuen aus hartem Kalkstein gestanden, und die eine, die erhalten geblieben ist, trägt in Übergröße die unverkennbaren Züge von Ramses mit der langen gebogenen Nase, den plastisch gebildeten Augen und mit den Lippen, die zum typischen offiziellen Lächeln der Zeit verzogen sind.

Im Freien aufgestellte, riesige Plastik aus hartem Stein erforderte eine summarisch-kühne Ge-

172 - Karnak (?) - Dreiergruppe des Königs Ramses II. zwischen den Gottheiten Amun und Mut. 19. Dynastie (um 1280) - *Granit; Höhe 1,74 m* - Turin, Museo egizio

174 - Theben, Ramesseum - Kopf einer Kolossalfigur des Königs Ramses II. 19. Dynastie (um 1280) - *Quarzit; Gesamt-höhe 2,67 m* - London, British Museum

staltung, damit das Licht sich auf ihr fing und damit sie aus der Entfernung einen gehörigen Ein-druck machte. Viel Stilisierung und eine gewisse Vernachlässigung des Details waren unvermeid-bar bei solchen Arbeiten. Das Meisterstück dieser Art ist die große Quarzitbüste im British Museum, die Giovanni Belzoni aus dem Ramesseum geholt hat. Der Bildhauer hat den Stein sehr bedacht ausgesucht, so daß ein goldener Streifen den Kopf durchzieht, als sei er von einem Sonnenstrahl beleuchtet. Die Schärfe und Präzision der Bearbeitung des harten Steins heben den Formalismus hervor, der schon an der Wiener Statue des Haremheb spürbar war, nur ist er hier

173 - Tanis - Ausschnitt einer Kolossalfigurengruppe mit Ramses II. als Kind unter dem Schutz des Horun-Falken. 19. Dynastie (um 1230) - *Granit; Gesamthöhe 2,31 m* - Kairo, Ägyptisches Museum

von höchster Vortrefflichkeit. Mit dieser Statue erreichten die Bildhauer Ramses' II. den Höhepunkt in der Darstellung des Bildes vom wohlwollenden Gott und heroischen Vorkämpfer Ägyptens. Solche Qualität wurde in der 19. Dynastie nicht wieder erreicht.

All diese Plastik, die kolossale wie die elegante, ist meistens an oberägyptischen Orten gefunden worden und hat das idealisierende Gepräge pharaonischer Skulptur. Aber es gab auch eine andere, realistischere Plastik, die ihren Ursprung in irgendeinem unterägyptischen Zentrum zu haben scheint, obwohl das ganz und gar zufällig sein kann und der Stil vielleicht auf die Ernennung eines neuen Oberbildhauers in der späteren Zeit Ramses' II. zurückzuführen ist. Eine Statue des Königs aus Memphis zeigt ihn mit einer Tempelstandarte in jeder Hand und macht deutlich, daß hier völlig anders an die Porträtierung des Königs herangegangen wurde. Quarzitköpfe in Sydney und in einer New Yorker Privatsammlung sind im gleichen Stil gehalten. Solche Plastik ist meist kompakter und neigt zu stämmigeren Proportionen; ein rundes, ja plumpes Gesicht hat breite Züge, und der Ausdruck ist nicht so wohlwollend wie bei den Kolossalstatuen

Abb. 360 mit ihrem unbeirrbaren Lächeln. Die aus Memphis stammende Granitgruppe mit Ramses II. und Ptah in Kopenhagen veranschaulicht diese Tendenz, obwohl ihr Realismus weniger ausgeprägt ist; sie schlägt eine Brücke zu einem ähnlichen Werk, das zur Zeit seines Nachfolgers Merenptah entstanden ist. Die gedrungenen Formen und die summarische Arbeitsweise dieser Bildhauerschule zeigen sich an einer ungewöhnlichen Gruppe mit dem kindlichen Ramses, der mit einer *sw*-Hieroglyphe neben sich unter dem kraftvollen Schutz des Falkengottes Horus oder Horun hockend dargestellt ist – und damit ein Rebus-Rätsel des Königsnamens bildet. Das Gesicht des Falken wurde offenbar bei der Herstellung beschädigt und ist durch ein eingesetztes Stück harten Kalksteins ergänzt worden, das wohl ursprünglich mit einer Hülle aus Goldfolie bedeckt war.

Die verworrenen Zeiten, die auf den Tod Ramses' II. folgten, brachten eine rapide Abnahme aller Rohstoffe mit sich. Viele Denkmäler Merenptahs wurden von früheren Königen usurpiert; sogar die Lehmziegel von den Bauten Amenophis' III. hat man für seinen Totentempel wiederverwendet. Zur Originalplastik aus der Zeit des Merenptah gehören die Statue aus seinem Totentempel und der Deckel seines Sarkophags, der sich noch in seinem thebanischen Grab befindet; man beobachtet hier denselben Unterschied zwischen Statuen, die in einem diskreten idealisierenden Stil angelegt sind, und Statuen mit herberer, eher realistischer Intention. In beiden Fällen ist die Arbeit meist inhaltlich kraftlos und technisch armselig.

Doch gegen Ende der 19. Dynastie stieg die Qualität wieder an, als nämlich unter Sethos II. Kapellen für die Thebanische Dreiheit gebaut und weitere Bauten hinter dem zweiten Pylon des großen Amun-Tempels in Karnak errichtet wurden. Einige beschädigte Knie- und Standfiguren aus Quarzit sind dort gefunden worden; am vollständigsten ist eine Sitzfigur im British Museum: sie zeigt den jugendlichen König mit einem Sockel auf dem Schoß, der vom Widderkopf des Amun bekrönt ist. Die Statue ist die einzige bildliche Darstellung der Konzeption vom König, der sich den Göttern bei seiner Thronbesteigung unterwirft, und sie ist die einzige bekannte Sitzfigur dieses Königs. Sie ist hinlänglich geschickt, wenn auch nicht glanzvoll aus dem harten Stein herausgearbeitet und zeigt außer dem herkömmlichen *schendjut*-Schurz die Perücke und die Sandalen der ramessidischen Kleidung. Die länglichen Kartuschen, die wie Brandmale an den Schultern sitzen, sind jetzt obligatorisch geworden, nun, nach dem Überhandnehmen solcher Zeichen auf den Statuen früherer Könige, die Ramses II. in seinem Namen neu geweiht hatte.

Die private Steinplastik der 19. Dynastie, die meistens in der Gegend von Theben gefunden wurde, fiel nach Qualität und Größe immer mehr ab. Zweiergruppen von Ehepaaren wurden zur Zeit Sethos' I. und in den frühen Jahren Ramses' II. weiter in der Tradition der späten 18. Dynastie hergestellt, aber auch sie nahmen qualitativ und größenmäßig weiter ab. Freilich gab es Ausnahmen; die in der Nekropole von Deir Drunka entdeckten Statuen aus Kalkstein und

175 - Karnak, Sitzfigur des Königs Sethos II. mit einem Sockel, der vom Widderkopf des Amun bekrönt ist. 19. Dynastie (um 1204) - *Quarzit; Gesamthöhe 1,64 m* - London, British Museum

Holz sind mit großer Geschicklichkeit gearbeitet. Sie gehören eher in die frühen Jahre Ramses' II. Besonders die New Yorker Statuen des königlichen Schreibers und Verwalters Iuni stehen ganz auf der Höhe der besten Arbeiten der 18. Dynastie. Die Kniefigur, die Iuni zeigt, wie er eine Figur des Osiris in einem Naos darbringt, ist besonders gut entworfen und gekonnt ausgeführt; einen Hinweis auf gehobene handwerkliche Qualität geben die verlorenen Einlagen der Augen und Brauen aus Metall.

Der Zeitgeschmack tendierte jedoch zu mehr stilisierten Arbeiten, besonders bei Votivstatuen, die in Tempelbezirken aufgestellt werden sollten. Der Würfelhocker erfreute sich wieder der Abb. 367

197

176 - Deir Drunka - Kniefigur des Iuni, Schreiber und Verwalter des Königs Ramses II., mit einem Naos. 19. Dynastie (um 1280) - *Kalkstein; Höhe 1,295 m* - New York, The Metropolitan Museum of Art

Wertschätzung, die er in der frühen 18. Dynastie besessen hatte, aber die ramessidischen Bildhauer geben den umhüllenden Mantel eher gefältelt als glatt wieder und fügten einen Naos ein, wie ihn kniende Stifter darbringen.

Bei solchen Statuen ist der Körper auf eine starre kubische Masse reduziert und das Interesse eher auf die Gesichtszüge des Dargestellten gelenkt. Außer bei einem oder zwei hohen Staatsbeamten sind solche Porträts leider oft stilisiert und flüchtig, und das Handwerkliche daran ist häufig recht mittelmäßig.

Abb. 358 Eine bedeutende Privatstatue der Zeit, aber doch wohl von königlichen Handwerkern geschaffen, ist die Standfigur des Chaemwese, des gelehrten Sohns Ramses' II., der zwei den Göttern von Abydos geweihte Stäbe trägt. In der Porträtwiedergabe und in der frontalen Haltung wirkt die Statue zwar etwas steif, ist aber hervorragend gearbeitet, und das, obwohl die Verwendung eines widerspenstigen, kieseligen Konglomerats dem gegenwärtigen Aussehen eher Abbruch tut – früher war die Statue sicher von einer bemalten Gipsschicht bedeckt. Warum für ein so bedeutendes Werk ein derart minderwertiger Stein ausgewählt wurde, ist ein Problem. Chaem-

177 - Deir el-Medineh - Stabträgerfigur; auf dem Stab als Emblem der Widderkopf des Amun. 19. Dynastie (um 1270) - *Holz; Höhe 0,425 m* - Paris, Louvre

wese hatte einen Ruf als Zauberer – einige Ägyptologen vermuteten nun, der Stein habe eine uns unbekannte esoterische Bedeutung gehabt.

Unter den ersten drei Herrschern der 19. Dynastie wurden weiter männliche und weibliche Holzfigurinen hergestellt, reizvolle Nebenprodukte der Bildhauerkunst. Die weiblichen Figuren sind elegant gestreckt und schlank; sie erscheinen nicht mehr in der verführerischen Nacktheit der Tänzerinnen, Musikerinnen und Dienerinnen der 18. Dynastie, sondern diskret mit plissierten Gewändern bekleidet. Die männlichen Figuren sind entweder mit dem geschorenen Kopf ihres Priesteramtes dargestellt, oder sie tragen religiöse Embleme wie den vom Widderkopf des Amun bekrönten Stab.

Ein nüchternerer Geist lebt in diesen bescheidenen Arbeiten; sie spiegeln etwas von der Atmosphäre ramessidischer Grabmalereien wider, in denen besonderes Gewicht auf Bildern mit Begräbnisriten und aus der Welt der Toten liegt.

Die Veränderungen der künstlerischen Maßstäbe, die gegen Ende der 19. Dynastie an der Königsplastik deutlich wurden, nahmen zu Beginn der 20. Dynastie ihren Fortgang in den Werken Ramses' III. Die Kolossalstatuen unter Ramses III. sind – wie vieles andere aus der Zeit – von Beispielen seines gloriosen Namensvetters Ramses II. angeregt. Sie unterscheiden sich aber darin, daß sie auf das Lächeln verzichten, das die Lippen zu einer schieren Grimasse mit tiefen Löchern in den Mundwinkeln verzieht. Der Ausdruck ist viel weniger freundlich, zum Beispiel fehlt den ‹Karyatidenfiguren› im ersten Hof des Totentempels von Medinet Habu das wohlwollende Aussehen der entsprechenden Kolossalfiguren in Abu Simbel; und die sorgfältig ausgearbeiteten Kronen und Hoheitszeichen haben plumpe Proportionen. Die dürftige Qualität dieser riesigen Standfiguren mag zum Teil von den strukturellen Mängeln der Sandsteinblöcke herrühren, aus denen sie gebildet sind.

An den kleineren freistehenden Statuen in Medinet Habu beobachtet man einen disziplinierteren Stil. Es sind häufig Zweiergruppen, bei denen der König neben einem Gott sitzt; bei einem Exemplar steht er zwischen zwei Gottheiten und hält deren Hände. Die Gruppen sind mit großer Präzision und Geschicklichkeit aus einem purpurroten Granit gehauen und fein poliert. Das erstaunlichste Stück aus dieser Reihe ist eine restaurierte Dreiergruppe im Kairoer Museum; es zeigt Ramses III., wie ihm Horus und Seth als die Götter Ober- und Unterägyptens die Krone aufsetzen. Die Statue ist ihrer Größe und Komposition wegen interessant, und obwohl es ähnliche Statuen in kleinerem Maßstab gibt, sind sie nicht so vollständig frei von Stegen. Bei den noch *in situ* befindlichen Statuen in Medinet Habu sind besonders die Gesichter Ramses' III. beschädigt; aber es gibt im Kairoer Museum einen Kopf des Königs aus Medinet Habu, der als realistisches Individualporträt außergewöhnlich ist. Bei anderen Statuen dagegen ist die Porträtwiedergabe des Königs von Grund auf verschieden; sie zeigen ein rundes Gesicht, flache Wangen und sehr unspezifisch modellierte Kinn-, Augen-, Nasen- und Mundpartien. Da der Rumpf nicht übermäßig dick ist, darf man bezweifeln, daß der König hier mit Alterskorpulenz dargestellt ist.

Sehr wahrscheinlich hing wie bei der Plastik Ramses' II. der Stil mit der Ernennung eines anderen Oberbildhauers zusammen oder mit dem Fortbestehen einer besonderen Bildhauerschule, die eigene, streng ausgeprägte Überlieferungen hatte.

Die unüblichen Merkmale der Krönungsgruppe Ramses' III. haben sich in der 20. Dynastie bei Königs- wie bei Privatplastiken häufig gut gehalten. Der Größe nach nicht sonderlich eindrucksvoll, zeugen sie doch für die Erfindungsgabe und Geschicklichkeit der ägyptischen Bildhauer zu einer Zeit, als aus Theben die Kunde von Verfall, Korruption und Unruhe unter den Bürgern drang. Wenn aus den nördlichen Residenzen materielle Überreste in ähnlicher Fülle auf uns gekommen wären, könnte sich durchaus ein anderes Bild ergeben. Die Statuenfragmente Ramses' IX. aus Grabungsstätten im Delta führen uns freilich eine bewunderungswür-

178 - Medinet Habu - Ergänzte Dreiergruppe des Königs Ramses III., der von Horus und Seth als den Göttern Ober- und Unterägyptens gekrönt wird. 20. Dynastie (um 1180) - *Granit; Höhe 1,69 m* - Kairo, Ägyptisches Museum

179 - Oberer Teil einer Standfigur des Königs Ramses III. 20. Dynastie (um 1160) - *Kalkstein; Höhe 1,25 m* - Philadelphia, University Museum

dige Arbeit vor Augen; und die Statue des kniend am Boden hingestreckten Königs aus einem schistartigen grünen Stein ist eine der besten dieses Typs.

Einen deutlichen Richtungswechsel kann man in der Zeit Ramses' IV. feststellen. Dieser König war dem Studium der Altertümer ergeben, und bei seinen Expeditionen ins Wadi Hammamat wurden mit Erfolg große Mengen von hochwertigen Steinen gebrochen, die vielleicht während der ganzen übrigen Dynastie für Plastik verwendet worden sind. Das große technische Können der Bildhauer seines Vaters wurde bei der Statuenherstellung genutzt, und außerdem ließ man einige Stilmerkmale aus der Zeit Thutmosis' III. wiederaufleben – der Stil dieser Zeit galt nunmehr als ein klassischer Stil. So hat bei einigen Statuen der Uräus nicht die charakteristische ramessidische Form mit einer Schlinge auf beiden Seiten der Haube, sondern ist wieder wie bei thutmosidischer Plastik gebildet, man vergleiche die Kniefigur aus grünem Stein im British Museum.

Die gleiche Form des Uräus sieht man an der großen unbeschrifteten Granitgruppe aus Abydos. Da sie mit einer beschädigten Gruppe Haremhebs zusammen entdeckt worden ist, hat man sie in seine Zeit datiert, obwohl sie stilistisch ganz unterschiedlich ist; sie kann getrost Ramses IV. zugeschrieben werden, der in Abydos aktiv war. Denn sehr wahrscheinlich sind einige Statuen am Ende seiner kurzen Regierungszeit unfertig und unbeschriftet dort zurückgelassen und von seinen unmittelbaren Nachfolgern übernommen worden. Obwohl das Stück schließlich durch Ramses VI. usurpiert worden ist, sieht man auch an einer Schist-Standfigur des Königs, der eine Amun-Figur darbringt, das ausgeprägte runde Gesicht Ramses' IV. Eine spätere, ähnliche Schist-Statue aus der Zeit Ramses' VII. spricht für die Beständigkeit dieses Kompositionstyps, nur ist das Stück kraftloser gearbeitet; es hat aber doch entschiedenen Porträtcharakter, und es gibt keinerlei Hinweis auf Usurpierung.

Eine weitere ungewöhnliche Plastik, jedoch aus Granit, ist die Statue des triumphierenden Pharao – vielleicht ursprünglich eine Darstellung von Ramses IV., obwohl mit der Inschrift

180 - Abydos - Vierergruppe des Königs Ramses IV. (?) zwischen den Göttern Isis, Osiris und Horus sitzend. 20. Dynastie (um 1146) - *Granit; Gesamthöhe 1,39 m* - Kairo, Ägyptisches Museum

181 - Karnak, ‹Cachette›-Hof - Standfigur des Königs Ramses VI., der eine Statuette des Gottes Amun darbringt.
20. Dynastie (um 1142) - *Schist; Höhe 0,92 m* - Kairo, Ägyptisches Museum

204

182 und 183 - Karnak, ‹Cachette›-Hof - Standfigur des Königs Ramses VI., der einen libyschen Gefangenen beim Schopfe packt (Gesamtdarstellung und Ausschnitt mit dem Kopf des Gefangenen). 20. Dynastie (um 1142) - *Granit; Gesamthöhe 0,74 m* - Kairo, Ägyptisches Museum

185 - Heliopolis (?) - Statue des Königs Ramses IX., der einen Sockel mit Skarabäus darbringt. 20. Dynastie (um 1127) - *Schist; Länge 0,47 m* - Edinburgh, Royal Scottish Museum

Ramses' VI. –, der von seinem zahmen Löwen begleitet wird und einen gefesselten Libyer am Schopfe packt. Es ist ein Meisterwerk der ramessidischen Plastik, kühn erdacht mit seiner streng diagonalen Gliederung und technisch gewagt; deutlich stellt es den Gegensatz zwischen der stolzen Miene des erobernden Königs und der elenden Hilflosigkeit seines Gefangenen heraus.

Das Kairoer Fragment einer gleichen Komposition aus hartem Kalkstein läßt darauf schließen, daß solche Statuen nicht allein auf diese Regierungszeit beschränkt waren.

Die beiden Statuen sind Vorläufer einer anderen ungewöhnlichen Komposition, die aus zwei menschlichen Figuren besteht. Das Stück gehört in die Zeit Merenptahs, wenn es nicht vom vorhergehenden König usurpiert worden ist: die Statue aus Rosengranit zeigt den siegreichen König in dem Augenblick, da er einen libyschen Gefangenen mit seinem Krummschwert enthauptet; der Kopf des Gefangenen ist um einen Winkel von etwa 70° gedreht; die ägyptische Regel der Frontalität wurde dabei außer acht gelassen. Das Werk ist so stark beschädigt, daß seine Qualität schwer zu beurteilen ist, aber an seiner Originalität und Einmaligkeit in der Entstehungszeit ist nicht zu zweifeln.

Die Privatplastik der 20. Dynastie ist kümmerlich an Zahl und außerdem meist gering an Größe; aber sie hat uns zwei bedeutende Statuen eines der mächtigen Ersten Propheten des Amun überliefert, der in dieser Zeit von seinem Sitz in Theben aus praktisch Oberägypten regierte. Die Statue des Ramsesnacht als Schreiber, der auf seine Papyrusrolle schreibt, was der Pavian des Thot ihm eingibt, ist das qualitätvollste Beispiel solcher Kompositionen aus stehenden oder hockenden Menschen mit einem Thot-Pavian auf der Schulter. Das Stück bringt die Reihe der sitzenden Schreiber, die sich mit Hingabe ihrer Kunst widmen, zu einem würdigen Ende; die Bildhauer des Neuen Reiches hatten sie aus Prototypen des Alten Reiches entwickelt. Die andere Statue des Ramsesnacht zeigt ihn kniend; er bringt einen Altar dar, auf dem eine Gruppe der thebanischen Dreiheit thront. Die Statue besteht aus Schist, der Sockel

184 - Standfigur des Königs Ramses VII., der eine Statuette des Gottes Amun darbringt. 20. Dynastie (um 1130) - *Schist; Höhe 0,38 m* - Kairo, Ägyptisches Museum

187 - Karnak, ‹Cachette›-Hof - Kniefigur des Ramsesnacht, des Ersten Propheten des Amun, mit der auf einem Altar thronenden Dreiheit von Theben. 20. Dynastie (um 1140) - *Statue: Schist; Sockel: Alabaster; Höhe 0,405 m* - Kairo, Ägyptisches Museum

aus Alabaster; das wertvolle Material, die sorgfältige Bildhauerarbeit und Polierung, die Feinheit des Details beweisen, daß die ägyptischen Bildhauer selbst in dieser zwielichtigen Zeit Werke von höchster Qualität hervorbringen konnten, wenn ihre Auftraggeber ausreichend daran interessiert waren.

186 - Karnak, ‹Cachette›-Hof - Schreiberfigur des Ramsesnacht, des Ersten Propheten des Amun, mit dem Pavian des Gottes Thot auf der Schulter. 20. Dynastie (um 1140) - *Granit; Höhe 0,75 m* - Kairo, Ägyptisches Museum

IV

KUNSTHANDWERK

Von Christiane Desroches-Noblecourt

Im Altertum stellten meist die wertvollen Güter eines Landes den wahren Grund für eine Invasion dar. Die Eroberer versuchten dann oft, sich die bewährten Formen und Ausdrucksmöglichkeiten der von ihnen zeitweilig beherrschten Kultur anzueignen. Die Hyksos haben gezeigt, daß sie nicht die barbarischen Fremden waren, zu denen sie der lokale Ruf begreiflicherweise oft stempeln wollte: sie machten sich die ägyptische Kunst zu eigen, deren Werke sie bewunderten, ohne sie jedoch geschickt genug kopieren zu können.

Man darf also den Schlag des einstweiligen Siegers gegen die Werkstätten des besiegten Landes nicht auf der künstlerischen Ebene erwarten. Andererseits richteten sich die Ägypter zwar weiter nach den Gesetzen, die seit ‹der Zeit der Götter› ihren charakteristischen Stil bestimmten, waren aber nicht unempfänglich für die handwerklichen Techniken und auch Dekorformen ihrer Feinde, die eine Verbesserung oder eine interessante Neuerung gegenüber ihren eigenen Methoden bedeuteten. So führten sie unter anderem den Schaduf, eine Hebevorrichtung für Wasser, ein, den Kompositbogen und den senkrechten Webstuhl und lernten den Ohrring als neues Schmuckstück schätzen; die Musikanten übernahmen zu ihren einfachen Instrumenten solche aus Vorderasien: die Doppeloboe mit doppeltem Rohrblatt, die Leier und die Laute. Den Metallarbeitern gelang es vorzüglich, Bronze zu ‹damaszieren›, selbst der Prozeß der Niellotechnik war ihnen nicht mehr fremd. Schließlich weiß man, daß die Verwendung von Pferd und Wagen am Ende der Hyksosherrschaft dem Land neue Möglichkeiten eröffnete.

Auch andere Faktoren gaben dem ägyptischen Kunsthandwerk Impulse, die sich während der 18. und 19. Dynastie sogar noch steigerten: die verzehnfachte Lieferung an kostbaren Rohstoffen, die aus Afrika auf dem Weg über den Sudan und das als Staat integrierte Nubien kamen, andererseits die seltenen Produkte wie Möbel und Gegenstände, die zuerst in der Ägäis, später von orientalischen Vasallen hergestellt und als kostbare Tribute gezahlt wurden. Dieser vermehrte Wohlstand und die Kenntnis vom Prunk der steinreichen vorderasiatischen Fürsten inspirierte die geschickten Handwerker von den Ufern des Nils, den traditionellen Formen Grazie und Charme zu verleihen, sie durch Kostbarkeit zu übersteigern und manchmal sogar zu überladen wie nie zuvor. Die Liebe zur schönen Form ist so sichtlich übertrieben, ihre feinsinnige Wiedergabe so reizvoll, daß man angesichts bestimmter Kunstgegenstände vom Ende der 18. Dynastie nach eingehender Erwägung zu dem Schluß kommen muß, daß zumindest in dieser Zeit der Künstler seine Werke tatsächlich einzig und allein für den ästhetischen Genuß schuf und den Gebrauchszweck und die magische Wirksamkeit, die man vom Gegenstand erwartete, hintanstellte. Die besten Beispiele dafür sind ein Parfümfläschchen der Königin Teje aus gelbem Glasfluß im Louvre, der Peitschengriff in Gestalt eines Pferdes mit Granatauge oder auch die zauberhafte kleine Statuette einer Gazelle im Metropolitan Museum von New York. Diese kunstgewerblichen Arbeiten zeigen eine wahre Überfülle an Motiven und Formen, die von einer ebenso überschwenglichen wie anmutigen Ideenwelt beeinflußt sind. Angesichts der erhaltenen Reste, die immerhin über einen Zeitraum von mehreren tausend Jahren trotz Zerstörung und Plünderung auf uns gekommen sind, muß die Zahl der Kunsterzeugnisse, die überall im täglichen Leben verwendet wurden und dem Verstorbenen auf seinem Weg durch die Unterwelt zur Verfügung standen, unübersehbar gewesen sein.

Siegel, Skarabäen und Skaraboide

In der Hyksoszeit scheinen sich die als Siegel verwendeten Skarabäen besonderer Beliebtheit erfreut zu haben: an ihrer nur wenig ausgeprägten Form und der Verzierung ihrer Siegelfläche sind sie leicht zu erkennen. Charakteristisch sind ihr Profil, das Spiralmuster und die friesartige Reihung der oft ungeschickt geschriebenen Hieroglyphen. Manchmal ist der *clipeus* (der Kopfschild) durch einen Menschenkopf ersetzt. Ganz am Anfang der 18. Dynastie benutzte man noch die kleinen, etwa 0,056 m langen Siegel, deren Verzierung sich überschneidende Voluten zeigt, die häufig vom Namen und Titel ihres Eigentümers unterbrochen sind. Im allgemeinen nannten sie von dieser Zeit an nicht mehr ihren Besitzer: ein anderer Typ von Dekor und Inschrift kam auf; bis zum Ende der 20. Dynastie entstanden verschiedene Varianten – ebenso wie beim Profil und bei der Gestaltung des oberen Teils des Amuletts. Der kleine Talisman in Gestalt eines Käfers mit deutlich erkennbaren Beinen unter dem Bauch blieb dagegen, obwohl er offensichtlich nicht als Siegel diente, bis zum Ende der ägyptischen Dynastien in Gebrauch. Ein schönes Beispiel ist ein Anhänger an einer goldenen Flechtkette aus dem Schatz der Königin Ahhotep. Dagegen hat der Siegelskarabäus seine Beinchen seitlich angezogen, so daß unterhalb des Amuletts eine glatte Fläche entstand, in die Zeichen eingeschnitten werden konnten.

Abb. 340

Unter den ersten Königen der 18. Dynastie war die Siegelfläche dieser Skarabäen häufig mit dem Geburts- und Krönungsnamen des regierenden Herrschers geschmückt; ebenso findet man Darstellungen unheilabwehrender Tiere – Muscheln, Fische, göttliche Vögel – oder Pflanzen, wie Papyrus und Lotos, die miteinander verschlungen sind, oder auch das apotropäische Udjat-Auge. Seit der Zeit Thutmosis' III. berichteten Bild und Text manchmal knapp, aber treffend von einem historischen Ereignis wie der Nilpferdjagd oder der Errichtung eines Obelisken. In der Zeit Amenophis' IV. (Echnaton) aber verwendete man anstelle des Skarabäus lieber einen Fingerring mit ovaler Ringplatte als Träger eines Namens oder einer Formel, die besser dem neuen Verständnis des Aton-Kults entsprach: in seinem Namenszug wurde das hieroglyphische Zeichen des Skarabäus, das allzu deutlich auf den jugendlichen Sonnengott in seiner Wiedergeburt anspielte, durch das Bild des als Vermittler fungierenden Königs selbst ersetzt, aber in Gestalt des göttlichen Kindes, das mit dem Finger am Mund auf dem Boden hockt. Mit Beginn der Ramessidenzeit kamen Siegelskarabäen wieder sehr häufig vor. Die Siegelfläche wurde nun fast ausschließlich mit königlichen Szenen verziert: Seine Majestät kämpft gegen Feinde oder gegen Tiere; Pharao fährt im Wagen, sitzt in einer Sänfte beim Jubiläumsfest, verehrt eine der drei großen Götter des Neuen Reiches – Amun, Re oder Ptah – oder greift ein wildes Tier an und so fort. Die Siegelfläche konnte ebenso auch fromme Wünsche tragen, die seinen Besitzer unter den Schutz des Schöpfer- oder ‹Stadt›-Gottes stellten, oder sie war mit Tieren – Sphingen, Greifen, Vierfüßlern, Fröschen oder Geflügel –, mit magischen Zeichen oder heiligen Gegenständen oder Emblemen geschmückt. Die Skarabäen bestanden auch weiterhin aus glasierter Fritte oder waren aus Jaspis, Karneol, Kristall, weißem Quarz oder grünem Feldspat geschnitten, seltener aus rötlichem Kalkstein.

Seit der 18. Dynastie konnte der Körper der Skarabäen durch Tiere wie Fische, Affen, Igel, Frösche oder ähnliche ersetzt werden; man spricht dann von Skaraboiden. Anstelle des Skarabäus wurde manchmal ein einfaches, rechteckiges Plättchen aus Fritte, hartem Stein oder Gold verwendet, das ebenso wie der Skarabäus in drehbarer Fassung in einen Ring eingepaßt ist. Am

189 bis 191 - Stempelsiegel in Form einer Kartusche und ovalen Platte und Rollsiegel mit Volutenverzierung. Anfang 18. Dynastie - *Glasierter Schist; Länge der Stempelsiegel etwa 0,02 m, Länge des Rollsiegels 0,0384 m* - Paris, Louvre; 192 bis 196 - Entwicklung der Skarabäenform im Verlauf des Neuen Reiches - *Glasierter Schist; Länge 0,015-0,02 m* - Paris, Louvre; 197 bis 199 - Drei Skarabäen. 18. Dynastie - *Glasierte Fritte und glasierter Schist; Länge 0,02-0,07 m* - Paris, Louvre

200 - Theben - Kompositskarabäus. 18. Dynastie - *Glasierte Fritte; Länge 0,059 m* - Paris, Louvre
201 - Theben (?) - Siegelring des Königs Haremheb in Form eines rechteckigen Plättchens. 18. Dynastie - *Gold; Höhe*
    0,025 m - Paris, Louvre

Ende der Ramessidenzeit wurde die Siegelfläche stark überlängt und nannte Namen und Titel
des Besitzers. Schließlich kamen noch zwei Sonderformen des Skarabäus vor; dabei ging die
Ringplatte über das Normalmaß von 1,5 cm hinaus und erreichte bis zu 7 oder 8 cm. Aus glasierter Fritte oder Schist besteht die Gruppe der ‹großen Gedenkskarabäen›, die zwischen der Regierungszeit Thutmosis' IV. und der Merenptahs in Umlauf gebracht wurden. Ihr langer Text
sollte an bedeutende, offizielle Ereignisse erinnern und wurde vom Pharao an seine Beamten
verliehen, soweit deren Funktionen das angemessen erscheinen ließ. Die zweite Gruppe, die ebenfalls im Neuen Reich aufkam, sind die Herzskarabäen. Die flache Seite des Amuletts wurde auf
die Mumie gelegt. Die kostbarsten bestanden aus grünem Schist. Herzskarabäen tragen den
Text des 30. Kapitels aus dem Totenbuch, das von dem «Herz» berichtet, «das die Mutter dem
Verstorbenen bei seiner Geburt gegeben hat» und das am Tag des Gerichts nicht gegen ihn aussagen soll, wenn seine Taten – die in seinem Herz bewahrt werden – auf der göttlichen Waag-
schale gewogen werden.

Möbel und Schreinerei

Die Tischler des Neuen Reiches haben sich genau an die Formen der in früheren Zeiten verwendeten Möbel gehalten. Formveränderungen, die den Stil einer jeden großen Epoche kennzeich-
nen, werden in einer weichen Linienführung, in Eleganz, Üppigkeit und der großen Vielfalt
des Dekors deutlich. Unsere Informationsquellen sind einzelne Möbel, die im vorigen Jahrhundert in einigen unangetasteten Gräbern gefunden wurden, sowie Darstellungen dieser Möbel,
die an den Wänden der Gräber aufgemalt und in den Tempelreliefs abgebildet sind. Aber erst
als Carnarvon und Carter 1922 das einzige fast unberührte Königsgrab aufdeckten, konnte man
sich davon überzeugen, daß die Darstellungen von Stühlen, Kästen, Hockern, Betten, Schemeln
und Baldachinen und allen anderen Möbeln und Truhen nicht nur Ausschmückung und Verzierung waren oder gar nur dazu ausgedacht wurden, daß für die Benutzung in der Ewigkeit nur

202 - Theben, Tal der Könige, Grab des Tutanchamun - Der Priesterstuhl des Tutanchamun für religiöse
    Zeremonien. 18. Dynastie - *Ebenholz, teilweise mit Gold belegt und mit Edelsteinen, Glaspaste und Elfenbein*
    inkrustiert; Höhe 1,02 m - Kairo, Ägyptisches Museum

203 -Theben, Tal der Könige, Grab des Tutanchamun - Der vergoldete Thron des Königs mit einer kultischen und intimen Darstellung auf der Rückenlehne. 18. Dynastie - *Holz mit Gold und Silber, mit Einlagen aus Edelsteinen und Glaspaste; Gesamthöhe 1,04 m* - Kairo, Ägyptisches Museum

ja genügend vorhanden war. Ganz im Gegenteil: das Mobiliar Tutanchamuns bestätigte und übertraf sogar das, was die antiken Darstellungen zeigen.

Stuhl und Sessel waren immer schon das wichtigste Mobiliar; in der Zeit Amenophis' III. gaben die Tischler der Rückenlehne und der Sitzfläche eine leichte Krümmung, um sie bequemer zu machen. Auch die Seitenlehnen der Sessel waren geschwungen. Rückenlehne und Seitenlehne wurden mit dicken Kissen ausgelegt und zeigten manchmal durchbrochene Paneele, die mit farbigen Steinen und Glaspasten sowie mit Elfenbein inkrustiert oder auch mit Gold belegt waren. Die Füße hatten immer die Gestalt von Löwentatzen und standen auf kleinen geriefelten Klötzchen. Die ganze Skala, vom Kinderstühlchen bis zum Königsthron, wurde wiedergefunden. Ihre Verzierung richtete sich nach dem Alter und der sozialen Stellung des Besitzers. Schaut man sich die Wuchtigkeit und schwere Pracht mancher etwa gleichzeitiger Throne an, so fällt die enorme Leichtigkeit des Throns des Tutanchamun auf, der mit Gold und Silber überzogen ist und Einlagen aus Glaspaste aufweist. Die Rückenlehne zeigt eine rituelle und zu-

204 - Theben, Tal der Könige, Grab des Tutanchamun - Kopfteil des Totenbettes in Gestalt eines Geparden. 18. Dynastie - *Holz mit Stucküberzug und Vergoldung; Augen aus durchsichtigem Glas und mit opaker Glaspaste eingefaßt; Länge des Bettes 1,81 m* - Kairo, Ägyptisches Museum

216

205 - Theben, Tal der Könige, Grab des Tutanchamun - Schmuckkasten für die ‹Ringe von der Leichenprozession› mit den Königskartuschen. 18. Dynastie - *Elfenbein; Füße und Knöpfe mit Blattgold belegt; Höhe 0,132 m* - Kairo, Ägyptisches Museum

gleich sehr intime Darstellung. Die durchbrochenen Seitenlehnen umfangen den Besitzer in Gestalt von geflügelten Uräen und sind vorn durch zwei Löwenköpfe in Hochrelief geschmückt. Das Verbindungsstück aus ineinandergeschlungenen Papyrus- und Lotosstengeln vorn zwischen den Stuhlbeinen fehlt heute; es war mit Gold belegt und diente gleichzeitig als Stütze. Dasselbe Motiv hat sich zwischen den Füßen des königlichen Hockers mit dem Sitz aus geflochtenem Hanf erhalten. Typisch für diese Zeit ist die Verwendung des Klappstuhls mit gekreuzten Beinen, die in Hälse von Wildenten auslaufen. Dieses Möbel, wie auch die Linienführung bestimmter Sitzmöbel, hatte direkten Einfluß auf unseren ‹ägyptisierenden› Stil. Der Typus des Klappstuhls – mit geschwungener Sitzfläche, die zur Imitation eines geschorenen Tierfells Elfenbeineinlagen hat – und die Form der hohen Rückenlehne des klassischen Stuhls sind in dem berühmten ‹Priester-Thron› des jungen Königs miteinander verbunden. Je zwei Entenschnäbel halten die beiden unteren Querstäbe, die so einen solideren Stand gewährleisten; noch in der arabischen Kunsttischlerei wurde diese Form verwendet. Den Formenreichtum der mitunter dreifüßigen Hocker findet man auch bei den Ständern und den kleinen Tischchen; sie sind rechteckig und haben gerade Beine, wie schon früher, oder leicht schräge Beine, die durch Verstrebungen verstärkt sind; die Tischplatte ist durch eine Art Hohlkehle abgeschlossen, so daß die ganze Form an einen Pylon erinnert (Metropolitan Museum von New York). Viele verschiedene kleine Schemel dienten auch als Untersatz für alle möglichen Gegenstände. Bei den Betten gibt es drei ver-

206 – Theben, Tal der Könige, Grab des Tutanchamun – Kasten mit durchbrochen gearbeiteter Verzierung, abwechselnd mit den unheilabwehrenden Zeichen ‹uas› und ‹anch› auf der ‹neb›-Hieroglyphe. 18. Dynastie - *Holz und Elfenbein mit Gold- und Silberauflagen; Höhe 0,424 m* - Kairo, Ägyptisches Museum

schiedene Typen. Das Totenbett hat kurze Löwenbeine und ist mit Gold belegt, bemalt oder aus Naturholz hergestellt. Die Liegefläche besteht aus zusammengefügten Brettern oder aus Hanfgeflecht und ist vorn mit Löwenköpfen aus Kupfer oder vergoldetem Holz verziert: auf eine solche Totenbahre wurde die Mumie gelegt. Anders das sehr hohe Bett mit tiergestaltigen Längsseiten, das bemalt und mit Gold überzogen ist. Auf diesem Bett trat der verstorbene König seine himmlische Reise in die Ewigkeit an. Schließlich das Bett für jedermann zum Schlafen, das je nach Reichtum seines Besitzers aus Palm-, Mahagoni- oder Zedernholz bestand oder mit Gold belegt war und häufig Löwenbeine anstelle von Füßen, aber keinen Löwenkopf besaß. Das Fußbrett war auch im Neuen Reich häufig mit floralen Motiven verziert, jedoch wurde die Schrägstellung der Liegefläche aufgegeben. Im Schatz des Tutanchamun gab es auch ein dreiteiliges Klappbett, dessen weißer Überzug Elfenbein imitieren sollte. Die Kopfenden waren immer reich verziert; manche, die vielleicht zu Votivzwecken dienten, waren mit Glaspaste ausgestaltet. Kasten und Kästchen gab es unzählige. Die bescheidensten bestanden aus Palmholz, dessen Bemalung Holz- oder Glaseinlagen und Blattgoldverzierungen nachahmte. Die alten architektonischen Formen mit Giebeldeckel stehen neben so ungewöhnlichen Formen wie dem Halbrund, der Kar-

Abb. 335 tusche und selbst der einfachen Hausform (Perückenkasten aus Papyrus im Kairoer Museum). Die schönsten bekannten Beispiele stammen aus der Zeit Tutanchamuns und gehören zu den berühmtesten Kunstwerken seines Schatzes. Ein Kasten hat allseitig Elfenbeineinlagen. Die Mit-

Abb. 333 telmotive der kleinen Felder zeigen leicht reliefierte, stimmungsvolle Szenen mit dem jungen Paar. Die Randfriese mit floralen Motiven sind reliefiert, bemalt und glasiert. Der pultförmige

207 - Theben, Tal der Könige, Grab des Tutanchamun - Kasten mit dem Symbol für die Vereinigung der beiden Länder. 18. Dynastie - *Holz mit Amarantholz, Elfenbein, Gold und Kupfer; Breite 0,371 m* - Kairo, Ägyptisches Museum

208 - Theben, Tal der Könige, Grab des Tutanchamun - Die Göttin Selket umfängt den kapellenförmigen Kanopenkasten. 18. Dynastie - *Vergoldetes Holz; Gesamthöhe des Kastens 2,00 m* - Kairo, Ägyptisches Museum →

209 - Oberägypten - Schrein für die Kataraktengötter mit Säulchen mit Hathor-Kapitellen. 19. Dynastie - *Bemaltes Holz; Länge 0,332 m* - Turin, Museo egizio

Deckel fällt im Vergleich zu dem Typus des Mittleren Reiches auf der ganzen Längsseite schräg ab. Der Deckel einer anderen Truhe für Wäsche ist in seiner ganzen Länge gleichmäßig gewölbt. Die Truhe ist mit großartigen Kriegs- und Jagddarstellungen bemalt, die bisher als ältestes Beispiel für Miniaturmalerei gelten. Daneben gab es auch die Truhe auf sehr schlanken Beinen.

Die Behälter für Rasierzeug, Spiegel und verschiedene Instrumente paßten sich genau der Form ihres Inhalts an: die reichsten waren natürlich inkrustiert und vergoldet. Andere Behältnisse aus Holz, in denen Götterstatuen aufbewahrt wurden (zum Beispiel in Turin), oder Uschebti-Kästen haben die Gestalt eines kleinen Naos mit Säulchen in der typischen Form der Götter-

210 - Theben, Tal der Könige, Grab des Tutanchamun - Ausschnitt von einem Türflügel der vergoldeten Kapelle in Form des nördlichen Landesheiligtums: Die geflügelte Göttin Isis. 18. Dynastie - *Stuckiertes und vergoldetes Holz; Höhe der Kapelle 1,90 m* - Kairo, Ägyptisches Museum

kapelle des Nordens (etwa die des Chabechent im Louvre). Die großen, vergoldeten, raumähnlichen Schreine, die ineinandergeschachtelt waren und den Sarg des verstorbenen Königs schützen sollten, ähneln in ihrer Form den heiligen Kapellen des Südens und des Nordens; die eindrucksvollen Kästen für die königlichen Kanopen waren mit Gold belegt, von einem Uräenfries bekrönt, von den vier Todesgöttinnen beschützt und konnten von einem durchbrochenen Baldachin überdeckt sein (Tutanchamun).

Abb. 339

Zur Grabausstattung gehörten auch die verschiedenen Umhüllungen der Mumie. Wanne und Deckel der mumienförmigen Holzsärge, die im Mittleren Reich aufgekommen waren, wurden nicht mehr aus einem einzigen Stamm gehöhlt, sondern waren häufig aus mehreren Teilen gear-

212 - Deir el-Medineh - Uschebti-Kasten des Chabechent. 19. Dynastie - *Bemaltes Holz; Höhe 0,30 m* - Paris, Louvre

← 211 - Deir el-Bahari - Ausschnitt vom mumiengestaltigen Sarg der Königin Meritamun. 18. Dynastie - *Zedernholz mit Vergoldung und Glaspaste; Gesamtlänge 3,135 m* - Kairo, Ägyptisches Museum

213 - Theben (?) - Totenkasten: Opferszene vor dem Verstorbenen. 18. Dynastie - *Bemaltes Holz; Länge 0,48 m* - Bologna, Museo civico

beitet. Der Zedernholzsarg für Ramses II. war am Kopfende, an der am meisten gewölbten Stelle, durch einen halbkreisförmigen Einsatz aus Tamariskenholz verstärkt. Für die goldenen oder hölzernen Königssärge behielt man den Typus mit schützenden und umhüllenden Flügeln bei (den Feder- oder Rischi-Sarg). Die Privatleute ließen sich anfangs in Holzsärgen beisetzen, die mit figürlichen Darstellungen aus dem Totenkult und der Wiedergabe von Mumienbinden verziert waren. In der Mitte der 18. Dynastie kamen als Dekorelemente Darstellungen der Totengötter, die apotropäischen Augen in Höhe der Schultern der Mumien sowie Inschriften hinzu.

Abb. 348 In der Ramessidenzeit verwendete man zwei Sargarten, den mumienförmigen Sarg und einen Innensarg, der den Verstorbenen wie einen lebenden Menschen darstellte. In den letzten Jahren des Neuen Reiches wurden mumienförmige Särge beliebt, die auf gelbem Grund religiöse Vignetten und farbige Inschriften, manchmal in leichtem Flachrelief, zeigten.

Goldschmiede- und Juwelierarbeiten

Aus dem äußersten Süden Ägyptens und aus Nubien kamen auch weiterhin als Tribute und jährliche Abgaben eine solche Menge an Gold, daß die ersten Ramessiden persönlich auf die Ausbeutung weiterer Lager im östlichen Teil dieser Gegend drangen. Dieses Gold enthielt Kupfer, Eisen, Silber und eine geringe Menge Platin. Aus der Korrespondenz zwischen dem ägyptischen König

214 - Theben, Tal der Könige, Grab des Tutanchamun - Deckel des dritten mumiengestaltigen Sarges des Tutanchamun, in dem die Mumie lag. 18. Dynastie - *Massives Gold mit Einlagen aus Halbedelsteinen und Glaspaste; Gesamtlänge 1,875 m* - Kairo, Ägyptisches Museum

215 - Theben, Tal der Könige, Grab des Tutanchamun - Anhänger in Gestalt eines Falken. 18. Dynastie - *Gold mit Zellenschmelz; Höhe 0,10 m* - Kairo, Ägyptisches Museum

und den babylonischen Herrschern am Ende der 18. Dynastie geht hervor, daß das von den Ägyptern im Tauschhandel gelieferte Gold zur Kontrolle seiner Reinheit von ihren Handelspartnern sofort geschmolzen wurde. Wie dem auch sei, in dieser Zeit wurde die Läuterung des Metalls sehr viel sorgfältiger durchgeführt, und durch die Zerlegung in seine Bestandteile konnten die Ägypter künstliches Elektron herstellen (Elektron enthält 75% Gold, 23% Silber und 2% Kupfer), das sie früher aus dem Land Punt holen mußten, wo es in der Natur vorkam. Bestimmte in den asiatischen Ländern verwendete Verfahren der Goldschmiedekunst wurden von den Ägyptern außerordentlich geschätzt, so zum Beispiel die Herstellung der rosa-

216 - Theben, Tal der Könige, Grab des Tutanchamun - Durchbrochene Schnalle: Triumphale Rückkehr des Königs, vor ihm Gefangene. 18. Dynastie - *Rötliches Gold; Länge 0,085 m* - Kairo, Ägyptisches Museum

217 - Dra Abu'l Naga, Grab der Königin Ahhotep - Pektorale in Form eines Pylons mit der Darstellung der Reinigung des Königs. 18. Dynastie - *Gold mit Einlagen; Höhe 0,072 m* - Kairo, Ägyptisches Museum

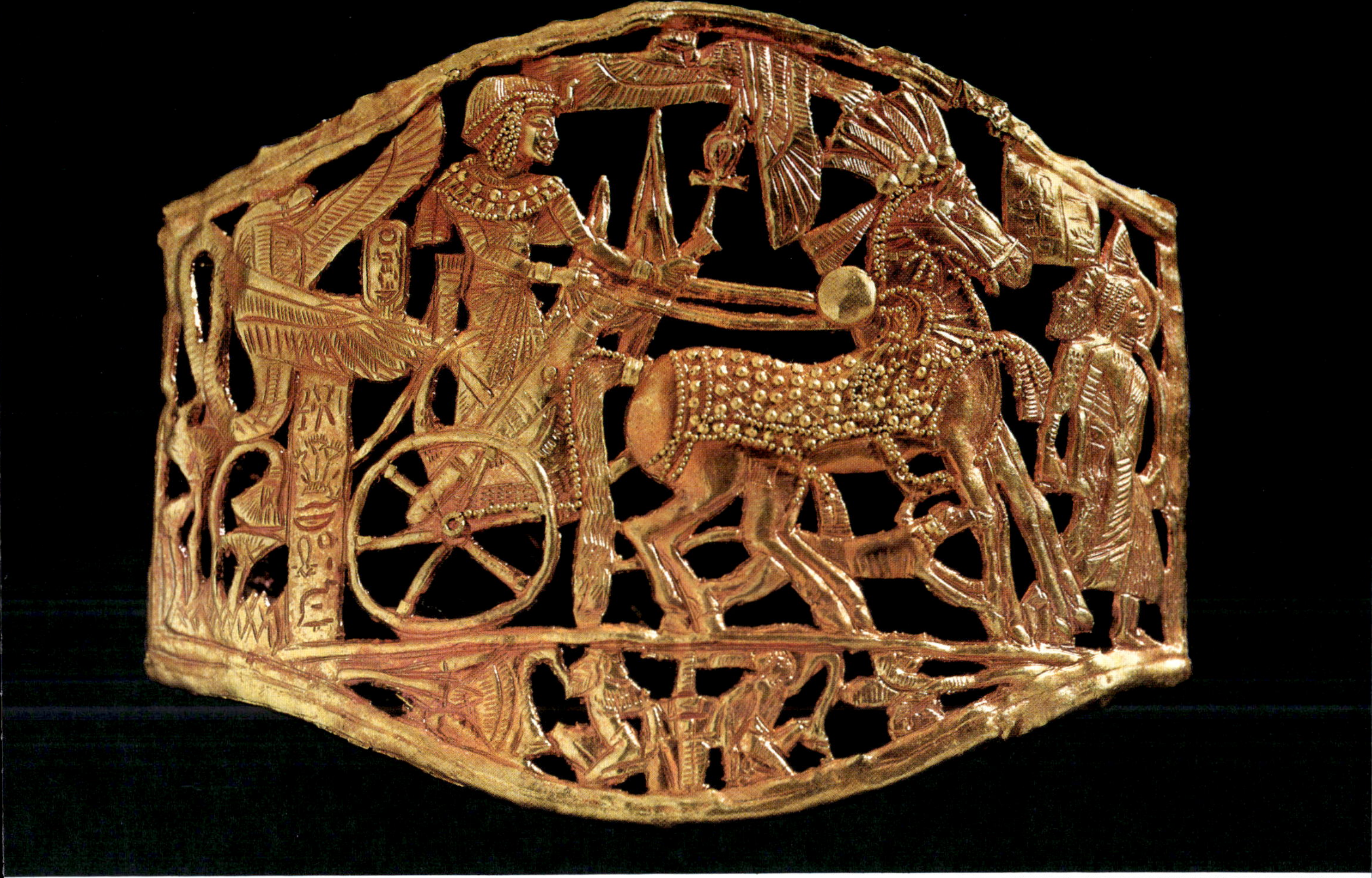

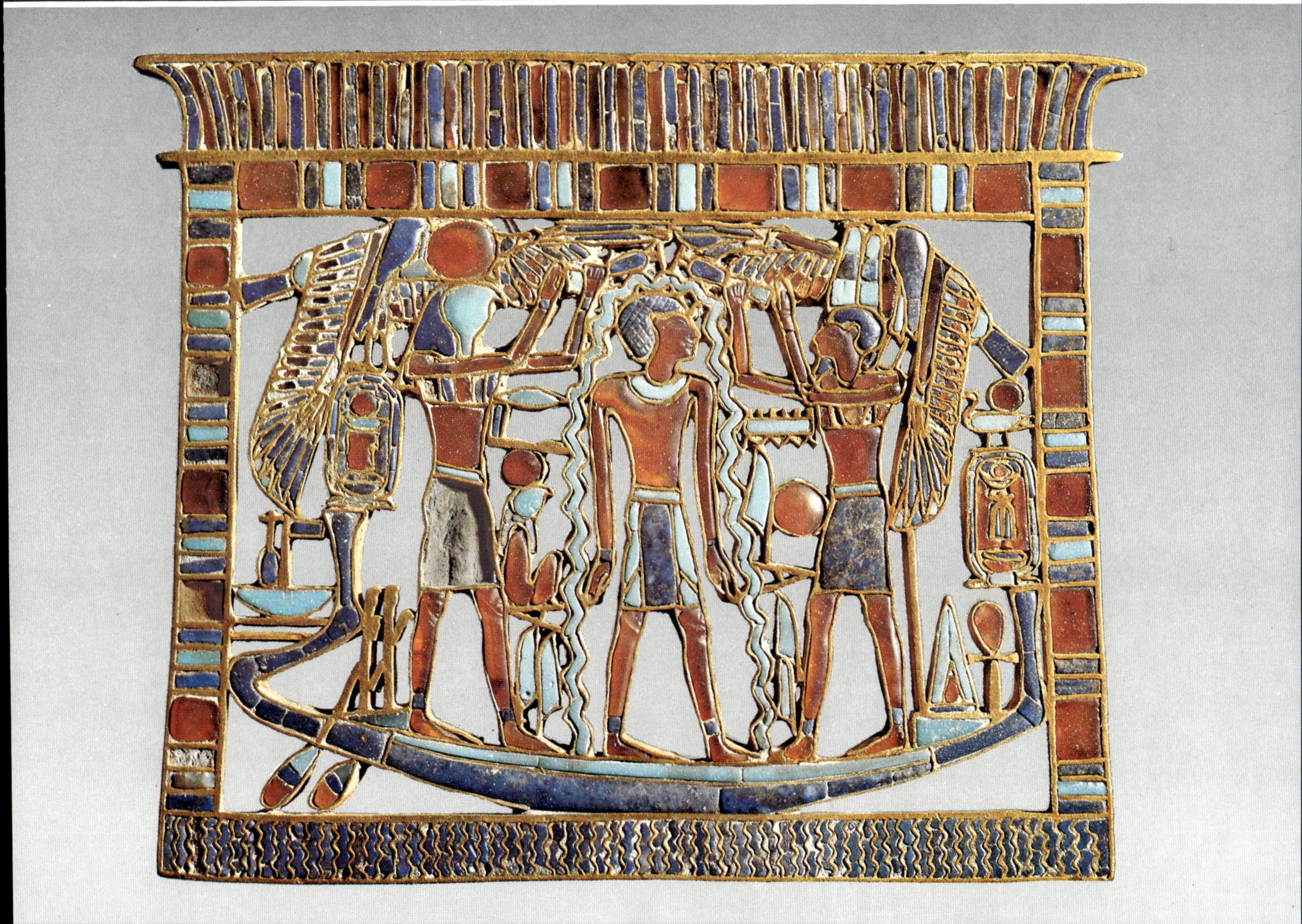

roten Patina, die bei bestimmten Schmuckstücken im Schatz des Tutanchamun gefunden wurde. Durch die Beimischung von Pyrit bei der Herstellung des Schmucks erzielte man an der Oberfläche einen feinen Oxidfilm, unter dem das Gold wirkt, «als schimmere das Blut durch»; darauf spielte der König von Mitanni in einem Brief an Amenophis III. an, um ihm die Geschenke zu beschreiben, die jener ihm geschickt hatte. Das in Ägypten so rare Silber wurde weniger kostbar, seit es, stark bleihaltig, aus Kleinasien eingeführt wurde. Jedoch enthielt der Schatz des Tutanchamun nur wenige Objekte aus Silber – immerhin das ungewöhnliche Gefäß in Form eines Granatapfels.

Die Techniken des Juwelierhandwerks blieben dieselben: Treib- und auch Einlegearbeiten ermöglichten bildliche Darstellungen. Durch Halbedelsteine und genau berechnete Glaspasten erzielte man eine größtmögliche Farbenvielfalt. Ein Schmuckstück im Schatz des Tutanchamun – ein Anhänger in Form eines Geiers – stellt wahrscheinlich das einzige bekannte Beispiel für Emailtechnik in Ägypten dar (die Einlagen scheinen am Stück selbst eingeschmolzen worden zu sein und wurden nicht durch einen Kitt befestigt). Aber vielleicht gibt oder gab es weitere Beispiele in Form noch unbekannter oder heute nicht mehr existierender Kunstgegenstände. Schließlich wurden Amulette, Statuetten und Rundplastiken auch im Wachsausschmelzverfahren und mit Modeln in größeren Einzelteilen hergestellt. Kostbare Gegenstände aus Bronze mit Goldeinlagen kamen seit dem Anfang der 18. Dynastie auf. Der erste königliche Schmuck des Neuen Reiches wurde im Grab der Ahhotep gefunden. Das königliche Pektorale zeigt die klassische Architekturform des Pylons und wurde in Zellentechnik und der typischen Durchbruchsarbeit hergestellt. Im Mittelpunkt der religiös bestimmten Darstellung steht der König, der von Götterfiguren, apotropäischen Symbolen und Zeichen umgeben und in seiner Göttlichkeit definiert wird. Die am Anfang der Dynastie entstandenen Goldschmiedearbeiten, besonders die aus den südlichen Werkstätten des Landes, wirkten infolge der Zweckentfremdung der königlichen Werkstätten während der Hyksoszeit noch steif und unbeholfen. Sehr rasch aber fand man wieder zur eleganten Form zurück, und der königliche Brustschmuck blieb auch weiterhin ein großartiges Geschmeide. Seine Vielfalt nahm durch die Kontakte mit dem asiatischen Kulturkreis noch zu; ein Beispiel dafür sind die geschwungenen Flügel der göttlichen Vögel. Häufig verzichtete man auf den architektonischen Rahmen: Falken, Geier und Tieramulette wurden als graziöse Anhänger an Flechtketten getragen, während echte symbolische Szenen, wie sie seit der Zeit größter Überladenheit am Ende der 18. Dynastie in prachtvollen Gebilden entstanden, an Goldbändern mit geschmiedeten Gliedern und schweren Gegengewichten aufgehängt wurden. Floral gebildete Gehänge waren auch auf der Innenseite verziert.

Der große Halskragen mit mehreren Perlenreihen, der im Leben wie im Tode getragen wurde, war im Neuen Reich mit floralen Motiven und etlichen reizenden Amuletten geschmückt. Der Halskragen der Königin Ahhotep zeigt Reihen von Gazellen jagenden Löwen, Rosetten, geflügelte Uräen, Voluten, Kreuze und Glöckchen, die seine ganze Originalität ausmachen. Im Schatz der drei syrischen Nebenfrauen Thutmosis' III. kamen zu diesen Motiven noch kleine Kätzchen, Fische, Fliegen und Königsfalken hinzu. Seit Amenophis III. bestanden die Halskragen häufig aus Blumenblättern, Lotosknospen, Papyrusdolden, Mohnkapseln, Margeriten, Datteln, Kornblumen, Mandragoren, Perseafrüchten und Weintrauben, jeweils aus glasierter Fritte. Gelb und Malventöne verliehen diesen Kompositionen eine neue Farbwirkung. Seit der Ramessidenzeit wurden auch durchbohrte Perlen in verschiedenen Formen verwendet; die Gegengewichte, die wie Verlängerungen der Verschlüsse wirkten, hingen in Blumenkaskaden aus sich überlappenden Einzelteilen tiefer als die Perücken auf den Rücken herab. Bei Armreifen und Armbändern zeigte sich die gleiche Entwicklung und Vielfalt. In der Zeit des Königs Ahmose kamen noch etwas ungeschickte und unkonventionelle Formen vor; etwa ein Reif mit einer von zwei Sphingen flankierten Kartusche und einem Dorn, der am Armmuskel anliegt, oder ein Stück mit einem Geier mit waagerecht verlaufenden Flügeln; später traten auch Goldreife mit tiergestaltigen

218 - Theben, Tal der Könige, Grab des Tutanchamun - Gegengewicht eines Pektorales mit der Darstellung des Herrschers und der Göttin Maat unter einem Baldachin. 18. Dynastie - *Gold, Silber, Alabaster und Quarz auf farbigem Grund; Höhe 0,084 m* - Kairo, Ägyptisches Museum

219 und 220 - Dra Abu'l-Naga, Grab der Königin Ahhotep - Armreife des Königs Ahmose, dessen Kartusche von zwei Sphingen eingefaßt ist; Armreife mit einem Geier mit horizontalen Flügeln. 18. Dynastie - *Gold mit Einlagen aus Lapislazuli, Karneol und grünem Feldspat; Durchmesser 0,11 m und 0,066 m* - Kairo, Ägyptisches Museum

221 - Theben, Tal der Könige, Grab des Tutanchamun - Ausschnitt vom Königsdiadem mit dem Kopf des Geiers, der Herrin des Südens, und der Kobra, der Herrin des Nordens. 18. Dynastie - *Gold mit Einlagen aus Glaspaste und Karneol; Gesamthöhe 0,37 m* - Kairo, Ägyptisches Museum

Amuletten hinzu, verzierte Elfenbeinreife, Armbänder mit aufgezogenen Perlen oder Reife mit verzierten Hartsteinplaketten, die wie bei den Kameen aus der Zeit Amenophis' III. aus Karneol und Sardonyx geschnitten sind; oder auch die prachtvollen Schmuckstücke von Tutanchamun oder sogar noch von Ramses II., wie etwa ein granulierter, breiter Goldreif mit zwei hochreliefierten Vögeln, deren Körper aus Lapislazuli bestehen. Breite Reife, deren Goldzellen mit Einlagen versehen waren, zeigten in den Motiven – Greifen oder Palmetten (im Louvre) – syrischen Einfluß, der noch auf die Zeit des großen Königs, Thutmosis' III., zurückgeht.

222 - Theben - Armbandplakette, die wahrscheinlich zum ersten Jubiläumsfest Amenophis' III. angefertigt wurde. 18. Dynastie - *Karneol und Gold; Länge 0,05 m* - New York, The Metropolitan Museum of Art; 223 - Theben, Tal der Könige, «cachette» - Ohrring mit Anhänger mit dem Namen Sethos' II. 19. Dynastie - *Gold; Gesamtlänge 0,135 m* - Kairo, Ägyptisches Museum; 224 - Bubastis (bei Zagazig) - Armreife mit zwei Entenköpfen und dem Krönungsnamen Ramses' II. 19. Dynastie - *Gold und Lapislazuli; Durchmesser etwa 0,07 m* - Kairo, Ägyptisches Museum

225 - Theben, Tal der Königinnen, Grab der Nefertari - Die Königin mit schlangenförmigen Ohrringen. 19. Dynastie - *Malerei auf Gipsverputz*

226 - Memphis (?) - Fingerring mit Pferden Ramses' II. 19. Dynastie - *Gold; Durchmesser 0,0183 m* - Paris, Louvre

Die in den Gräbern gefundenen Diademe der Pharaonen blieben relativ schlicht (abgesehen von den wunderbaren Kronen und dem kultischen Kopfschmuck). Das goldene Stirnband war natürlich reich mit floralen Einlagen besetzt und mit dem Geier und der Uräusschlange geschmückt, den Symboltieren des Königtums. Der Schwanz der Schlange windet sich wie ein
Abb. 302 Band bis weit auf den Kopf hinauf. Ganz ähnlich sieht das Diadem einer der syrischen Gemahlinnen Thutmosis' III. aus, jedoch waren die Symboltiere des Königtums durch zwei reizende
Abb. 306 Dorcas-Gazellenköpfe ersetzt. Diese Fürstinnen besaßen noch richtige Goldperücken aus beweglichen Gliedern in Form von roten und goldenen Rosetten, die von Glaseinlagen als Imitationen von Lapislazuli umgeben sind.

Der Siegelring oder auch Ringe mit prächtig gestalteter Ringplatte beweisen häufig eine blühende Phantasie. Aber die originellsten Kompositionen der ganzen Antike sind zweifellos die
Abb. 341 Ringplatte des Tutanchamun, auf der fünf tiergestaltige Wesen den betenden König umgeben, oder auch der berühmte Pferdering im Louvre, der wahrscheinlich mit dem Gespann geschmückt ist, das Ramses II. in der Schlacht bei Kadesch das Leben gerettet haben soll.

Die Ohrringe, die in der Hyksoszeit nur allmählich Verbreitung fanden – kleine Ringe und gerundete Knöpfe, die das Ohrläppchen umfaßten oder durchstießen –, wurden bald größer und reicher gestaltet. Die Damen umrahmten ihr Gesicht häufig mit großen Goldscheiben, die einen Teil der Wangen und der langen Perücke bedeckten. Der kostbar verzierte Ohrschmuck mit schweren Anhängern – die von Tutanchamun und Sethos II. sind besonders berühmt – scheinen von Prinzen getragen worden zu sein, bevor sie das Mannesalter erreicht hatten: diese Sitte ist wahrscheinlich aus Nubien übernommen worden.

Die Goldschmiede stellten häufig auch kostbares Geschirr für den Palast und die hohen Beamten her, aber auch für den Vollzug des Götter- und Totenkults: etwa als Belohnung, die der Herrscher seinen verdienten Generälen überreichte, zum Beispiel die Goldschale des Djehuti,

236

227 - Bubastis (bei Zagazig) - Kanne mit Griff in Form einer Ziege, auf dem Gefäßbauch Schuppenmuster. 19. Dynastie (?) - *Gefäß: Silber; Griff und Lippe: Gold; Höhe 0,165 m* - Kairo, Ägyptisches Museum

228 - Theben (?) - Verzierung eines Kastens: Tutanchamun in einer Weinlaube.
18. Dynastie - *Elfenbein mit Brandmalerei; Höhe 0,068 m* - Paris, Louvre

Abb. 304   der für Thutmosis III. die Stadt Jaffa eingenommen hatte; oder auch als Beitrag oder Opfergabe für das große Neujahrsfest, wo syrische Rhyta und nubische Prunkgefäße aus massivem Gold neben allen möglichen Erzeugnissen ägyptischer Formgebung standen, die beim Ritus und im Kult Verwendung fanden. Die Innenseite der meisterhaften Becken und Schalen wurde mit pflanzlichen und tierischen Ornamenten in Ritztechnik oder Relief verziert. Eine Silberkanne aus Zagazig mit Schuppenmuster am Gefäßbauch ist Ausdruck des verfeinerten Stils der Ramessidenzeit, vor allem wegen ihres Henkels in Gestalt einer kleinen Ziege aus Gold. Der hohe Gefäßhals zeigt rundum gravierte Darstellungen von Wüstenjagd und Vogelfang. Die Verbindung dieser beiden Themen spielt auf die Freuden an, die sich der Mensch im Jenseits erhoffte.

Kostbare Einlegearbeiten und Verkleidungen

Neben der Verwendung von massivem Gold muß noch das Blattgold erwähnt werden, mit dem die Goldschmiede manche Pfosten von Tempeltoren oder viele Götterbilder in Reliefdarstellungen überzogen. Das Metall wurde mit Hilfe von Holzstiften befestigt und an den Rändern mit Gips abgedeckt und übermalt. Möbel und Truhen waren auch weiterhin mit Einlagen aus kleinen

Abb. 333   Elfenbeinplättchen versehen, mit regelrechten reliefierten und bemalten Tafeln, oder aber die Oberflächen wurden mit glasierter Fritte überzogen, vor allem in der Amarnazeit.

Toilettengegenstände

Wendet man sich der Welt dieser kleinen Gegenstände zu, die die Lebenden wie auch – so glaubte man – die Verstorbenen im Neuen Reich verwendeten, so sieht man sich in ein Land voll überquellender Phantasie versetzt. Spiegel mit ihren kostbaren Kästchen aus Holz oder Elfen-

229 - Theben, Tal der Könige, Grab des Tutanchamun - Spiegelkästchen in Form des Lebenszeichens ‹anch› mit dem Namen des Pharao. 18. Dynastie - *Holz mit Goldauflage und Glasflußeinlagen; Höhe 0,27 m* - Kairo, Ägyptisches Museum

230 - Theben (?) - Steinbock-Kamm. 18. Dynastie - *Holz; Höhe, 0,06 m* - Paris, Louvre
231 - Theben - Birnenförmiger Napf mit den Namen der Königin Teje und Amenophis' III. 18. Dynastie - *Glasierte Fritte; Höhe 0,084 m* - Paris, Louvre

bein besaßen Griffe in Form einer kleinen Papyrussäule, die oft durch eine nackte Frauenstatuette ersetzt war. Im einen wie im andern Fall erhob sich darüber eine Papyrusdolde, die zu beiden Seiten in üppige Voluten auslief. Die leicht elliptische Scheibe bestand gewöhnlich aus Bronze, wurde aber für Könige und Götter in Analogie zu Sonne und Mond aus Gold und Silber hergestellt. Die hölzernen Kämme blieben trotz der gewaltigen Perücken gewöhnlich klein, waren aber von rundplastischen Figuren bekrönt: einer der berühmtesten ist der Kamm mit Steinbock im Louvre. In der Sammlung des Metropolitan Museum in New York befindet sich der älteste kleine Stielkamm, der in der Zeit Sethos' I. entstand und mit einer klassischen Papyrusdolde geschmückt ist. Die langen Haarnadeln aus Holz, Knochen oder Elfenbein zeigen auch Köpfe, die mit tierischen oder pflanzlichen Motiven verziert sind. Auch die Haarspangen mit Gelenk blieben nicht ohne minuziöse, feine Verzierungen; eine zeigt sogar einen Reiter auf seinem Pferd in durchbrochener Technik. Das antike Rasierzeug, das aus einer rechteckigen, scharfkantigen Klinge bestanden hatte, wurde durch zwei sehr sinnige Instrumente ersetzt: eine feine Klinge mit unregelmäßig abgerundeten Rändern, deren schmaler Stiel als Griff diente, war speziell für die Pflege des Gesichts bestimmt. Ein zweiter Typus mit verlängertem Stiel, der in einen Entenhals auslief, bestand aus einer kleinen, fächerförmigen Klinge und war den Köpfen der jungen Knaben vorbehalten, bei denen die ‹Jugendlocke› stehengelassen wurde.

Reste von Salben und vielfältigen, wohlriechenden Essenzen, die bei der Toilette verwendet wurden, konnten in Näpfen, Töpfen und kostbaren Behältern nachgewiesen werden. Verschiedene Augenschminke war in kleinen Gefäßen mit hoher Schulter, leicht vorspringendem Fuß und kurzem Hals mit flachem, kreisförmigem Deckel enthalten: dies ist die traditionelle Form der Kohelgefäße, die sich in den reichsten wie auch in den einfachsten Gräbern gefunden haben, ob

232 - Theben - Salblöffel: Junges Mädchen, das eine Amphore trägt. 18. Dynastie - *Bemaltes Holz; Länge 0,315 m* - Paris, Louvre

233 - Theben - Salblöffel: Junges Mädchen beim Pflücken von Lotosblumen.
18. Dynastie - *Holz; Länge 0,18 m* - Paris, Louvre

234 - Theben (?) - Salblöffel vom Typus der ‹Schwimmerin› (Entenkopf modern ergänzt). 18. Dynastie - *Holz und Elfenbein; Länge 0,293 m* - Paris, Louvre

235 - Theben (?) - Salblöffel vom Typus der ‹Schwimmerin›. 18. Dynastie - *Holz und Elfenbein; Länge 0,325 m* - Paris, Louvre

aus Kalkstein, Glaspaste, Kalzit, Serpentinstein, Holz und sogar nur aus Ton. Der dazugehörige Griffel war aus Holz, Ebenholz, Hämatit oder Elfenbein, seltener aus Bronze. Nicht selten bewahrten die vornehmen Damen ihre verschiedenen Salben in drei oder vier kleinen zusammenhängenden Röhrchen aus kostbarem Ebenholz mit zierlich eingelegtem Elfenbein auf, in die anstelle eines Dekors die Namen der verschiedenen Salben oder auch der Jahreszeiten eingeritzt waren, in denen sie benützt werden sollten.

Die Näpfe waren rund oder halbrund und bestanden aus Ebenholz, Elfenbein oder glasierter Fritte in den Farben Türkis oder Lapislazuliblau (in der Zeit der Königin Teje kamen Ultramarinblau, Mauve, Gelb und selbst einige Pastelltöne vor). Man bemühte sich sogar, mit glasierter Fritte kostbare Halbedelsteine zu imitieren, und ihre Oberfläche wurde weitgehend mit floralen Motiven dekoriert. Die drehbaren Deckel zeigten manchmal apotropäische Jagdszenen. Bisweilen stellte der gesamte Gegenstand mit seinen zusammengefügten Einzelteilen eine Ente mit zurückgewandtem Kopf oder auch die Gestalt eines anderen Tiers dar.

Ungewöhnliche, kleine Behälter waren die berühmten sogenannten ‹Salblöffel›. Sie waren aus Holz oder Elfenbein geschnitzt und mit Einlagen aus farbigen, meist blauen Pasten versehen. Sie stellten asiatische oder afrikanische Diener, auch bekleidete oder nackte Mädchen dar; diese trugen den ihnen eigenen Schmuck und hielten einen Gegenstand mit und ohne Deckel, der zur Aufnahme kostbarer Salben diente. Die Bezeichnung ‹Löffel› sollte wohl besser durch den Be-

236 - Theben (?) - Salbschale mit ritueller Darstellung: Die sieben Vögel des Bösen sind im Netz gefangen. 18. Dynastie - *Glasierter Steatit; Länge 0,07 m* - Paris, Louvre

243

237 - Tell el-Amarna - Fischförmiges Gefäß mit schuppenähnlichem Dekor. 18. Dynastie - *Mehrfarbiges Glas; Länge 0,142 m* - London, British Museum; 238 und 239 - Theben (?) - Schminkgefäße in Form von Palmsäulchen mit girlandenförmigem Muster. 18. Dynastie - *Mehrfarbiges Glas; Höhe etwa 0,10 m* - Paris, Louvre; 240 - Theben (?) - Weintraubenförmiges Gefäß. 18. Dynastie - *Mehrfarbiges Glas; Höhe 0,182 m* - Paris, Louvre

241 - Scheich Abd el-Gurna - Grab des Djeserkareseneb (Nr. 38): Junge Dienerinnen schmücken eine Dame für ein Gastmahl. 18. Dynastie - *Malerei auf Gipsverputz*

griff ‹Napf› ersetzt werden, obwohl dieser manchmal durch seine Form – ein Blatt oder eine hohle Blüte – wie eine Löffelschale aussieht. Besonders kunstvoll ist der aus Elfenbein geschnitzte Napf in Form einer Dumpalme, auf die Nubier und Affen steigen, um Nüsse zu pflükken (Foundation Gulbenkian, Lissabon). Man sollte sich im Louvre die hocheleganten Figürchen der jugendlichen Parfümträgerinnen in Ruhe anschauen. Der originellste Typus ist die sogenannte ‹Schwimmerin›, die Figur eines unbekleideten Mädchens, die aus Holz geschnitzt und häufig verziert ist; sie schwimmt und stößt dabei eine Ente vor sich her, deren Kopf und Hals aus Elfenbein bestehen; ihr ausgehöhlter Körper fungiert als Schale mit Deckel, der sich in Form von zwei beweglichen Flügeln um einen Stift dreht. Ich hatte ursprünglich vorgeschlagen, hierin kleine schwimmende Behälter zu sehen, in denen Schminke bei einer geeigneten Temperatur aufbewahrt werden konnte. Jetzt aber tendiere ich eher dahin, die gesamte, erstaunliche Bandbreite der vertrauten, reizvollen Dekors dieser Schalen als unheilabwehrende Darstellungen zu verstehen, die ihren Inhalt und damit ihren Besitzer beschützen und dessen Weiterexistenz gewährleisten sollten: die Darstellung von unterworfenen (also ungefährlichen) Besiegten, die Gefäße schleppen; junge Mädchen im Papyrusdickicht der Göttin Hathor, die dem oder der Gesalbten ewige Liebesfähigkeit verspricht (also Lebenskraft); die Schwimmerin, die eine Ente fängt, deren zweckentfremdeter Körper die Salbe beschützt; ebenso auch Behälter in Form einer Oryxantilope oder eines Steinbocks, den Inkarnationen des Dämonischen, mit gefesselten Läufen und durchgeschnittener Kehle. Tatsächlich geben uns die angeblich ländlichen Szenen eines Schminknapfes aus blaugrün glasiertem Schist im Louvre – ‹der Türkissee› – den Schlüssel zum Verständnis all dieser apotropäischen Ausdrucksmöglichkeiten: am Ende der auf der Außenseite eingeritzten Szenenabfolge steht die Wiedergeburt des Verstorbenen in Gestalt des «kleinen

Sonnenkalbes mit der Milchschnauze», während die sieben Vögel des Bösen im Netz gefangen sind und das gefährliche Nilpferd auf den Grund des Wassers verbannt ist.

In dieser Zeit wurden auch Glasfläschchen für flüssige Parfüms verwendet. Zahlreiche Werkstätten, in denen Glas gegossen oder mit Hilfe eines Tonkerns hergestellt wurde, sind natürlich in Tell el-Amarna, in Lischt und besonders im nordwestlichen Delta entdeckt worden. Bis zur Zeit Thutmosis' III. waren sie noch ein wenig unbeholfen; Becher und Vasen in Form von Früchten kamen in allen opaken und manchmal sogar durchscheinenden Farben vor mit Ausnahme von Rot (Preußischblau auch bei Gefäßen aus der Zeit Tutanchamuns, Kristallweiß in Amarna und im Grab der Mutter Ramses' II.). Dazu trat in der 18. Dynastie bei den Kohlgefäßen in Form von kleinen Palmsäulen ein Wellen- oder Rippendekor, der besonders in der Ramessidenzeit beliebt war. Das berühmte Ziergefäß aus Amarna in Gestalt eines Fischs ist rundum so verziert; noch feiner sind die kleinen Amphoren aus den Gräbern der Vornehmen. Wahrscheinlich sind unter dem Einfluß der Königin Teje kühne Neuerungen in Technik und Form mit besonders großem Geschick gesucht und vorangetrieben worden.

Geschirr und große Gefäße

Die Darstellungen auf den Wänden der königlichen und privaten Gräber bestätigen uns – soweit nötig –, daß das Tafelgeschirr unter den ersten Herrschern der 18. Dynastie extrem verfeinert war. Indessen entstammen fast alle erhaltenen Reste dem funerären Bereich, nur wenige Gegen-

242 - Trinkschale mit der Darstellung eines Wasserbeckens mit Fischen, Lotos und Wasserlilie. 18. Dynastie - *Glasierte Fritte; Durchmesser etwa 0,20 m* - Kairo, Ägyptisches Museum

243 - Theben - Fußschale mit drei umlaufenden Wülsten. 18. Dynastie - *Glas; Durchmesser 0,114 m* - New York, The Metropolitan Museum of Art

244 - Theben (?) - Ausschnitt von einer Trinkschale, die innen mit Hathor-Köpfen und Lotosblumen verziert ist. 18. Dynastie - *Glasierte Fritte; Durchmesser 0,165 m* - Turin, Museo egizio

stände wurden im alltäglichen Leben verwendet; obendrein schickte es sich nicht, Schlemmereien und Bankette der Lebenden abzubilden. Ausschließlich das ketzerische Königspaar der Amarnazeit ließ sich abbilden, wie es mit schönen Zähnen in ein Stück Fleisch oder in eine gebratene Ente hineinbeißt. Offensichtlich aß man nur mit den Fingern; dabei liefen die Diener, die für die Reinigung der Hände zuständig waren, unablässig mit hochhalsigen Wasserkannen, weiten Schalen und feinen Leinenservietten herum. Schüsseln und Teller bestanden aus Edelmetall, Alabaster, Schist und glasierter Fritte; letztere hatten sehr häufig die Form kleiner Schalen mit horizontalen, breiten Wülsten und Randleisten. Aber Getränke nahm man auch in der Öffentlichkeit zu sich; die Darstellungen funerärer Bankette zeigen uns viele Szenen, in denen Herrscher und vornehme Herren pflanzenförmige Kelchbecher mit Standfuß aus Gold, Alabaster oder glasiertem Ton in ihrer Hand halten (diese Kelche mit Fuß waren häufig bemalt, aber auch mit Reliefdarstellungen verziert; sie stammten aus der berühmten Werkstatt von Aschmunein), während die Königin selbst oder eine Dienerin des Festes ein Sieb benützt, um den aus einem eleganten Kännchen eingeschenkten Wein zu filtern. Die Trinkschalen, vor allem

245 - Kus (?) - Trinkschale, verziert mit Vögeln. 18. Dynastie - *Glasierte Fritte; Durchmesser 0,13 m* - Paris, Louvre

Libationsgefäße für Wein im Totenkult, wurden ursprünglich bei festlichen Anlässen verwendet und zeigten schwarze Bemalung auf blauem Grund mit ländlichen Szenen und Hathor-Darstellungen, in denen immer der Lotos als Symbol der Wiedergeburt dargestellt war. Manchmal trank man direkt aus großen Gefäßen mit Hilfe eines Saugrohrs, das aus Asien importiert war.

Die Krüge und Gefäße für Wasser, Wein, Bier und selbst für Milch behielten die traditionellen Formen bei; im Neuen Reich wurden der Dekor und die Formen von Flaschenhals und Henkel verfeinert; sie erhielten einen ein für allemal geprägten, charakteristischen Stil. Die Gefäße waren unten gerundet, spitz zulaufend oder hatten einen ausladenden Ringfuß; der Körper war meist ei- oder herzförmig, der Hals häufig gestreckt, zylindrisch oder in der Mitte verdickt und im oberen Teil kelchartig geöffnet. Ein meist flacher Deckel lag auf der umgrenzenden Lippe auf. Von den Schultern liefen fast immer zwei Wulsthenkel zum Bauch hinab. Hatte das Gefäß regelrecht die Gestalt eines weiblichen Körpers, so war der obere Teil der Schultern häufig mit pflanzlichen Motiven geschmückt, die schuppenförmig einen Halskragen bildeten (eine Alabastervase des Tutanchamun ist sogar mit zwei weiblichen Brüsten verziert). Die Henkelkrüge von Privatleuten waren häufig mit ländlichen Szenen bemalt, mit Geflügel und anderen Tieren. Eine Farbe herrschte vor bei diesen Verzierungen: ein Blau, das wir heute als Pastellblau bezeichnen würden und das den Glanz dieser ganzen Epoche ausmachte. Die Ständer für diese Krüge ohne Fuß waren rund, soweit es sich nicht um durchbrochene Untersätze handelte, deren vier Beine schräg nach außen verliefen oder deren Aufsatz- und Standfläche von einem Ring gebildet wurde (so etwa die Stücke aus einem Grab in Aniba in Nubien, heute in Leipzig). Die Gefäße, in denen man Wein aufbewahrte, waren sehr groß und langgestreckt; ihr hoher, kegelstumpf-förmiger Verschluß aus gebranntem Ton trug die Königssiegel, und auf der Schulter waren in hieratischer

246 - Theben, Tal der Könige, Grab des Tutanchamun - Kompositgefäß in Form des Zeichens für die Vereinigung der beiden Länder, auf einem durchbrochen gearbeiteten Sockel. 18. Dynastie - *Alabaster; Höhe 0,75 m* - Kairo, Ägyptisches Museum

247 - Theben, Tal der Könige, Grab des Tutanchamun - Lampe in Form dreier Lotospflanzen. 18. Dynastie - *Alabaster; Höhe 0,27 m* - Kairo, Ägyptisches Museum

Schrift Datum, Name des Weinbergs und des Winzers in schwarzer Tusche vermerkt: eine regelrechte ‹appellation contrôlée›. Die aus Syrien und Zypern importierten Weine kamen in Flaschen aus gebranntem Ton mit kleinen und deutlich unterschiedenen Schnürchen, so daß sie leicht zu erkennen waren.

Zur Beleuchtung verwendete man von altersher Schalen aus hartem Stein (Diorit), gebranntem Ton oder aus Kupfer, später auch aus Bronze; darin lag ein Docht aus Papyrusfasern oder Leinen, der mit Fett oder parfümiertem Öl getränkt wurde. Im Neuen Reich konnten die immer schalenförmigen Lampen auf feinen, schlanken Säulchen ruhen (Grab des Cha im Museum von Kairo). Im Grab des Tutanchamun wurden zwei ungewöhnliche Lampen gefunden. Die eine wirkt wie ein Erzeugnis vom Anfang unseres Jahrhunderts: eine Blüte des Blauen Lotos ist von zwei knolligen Blüten des Weißen Lotos eingefaßt, mit Stielen und mit Blättern, die wie auf der Wasseroberfläche schwimmen. Die brennenden Dochte müssen in den drei durchscheinenden

248 - Theben (?) - Ausschnitt von einem Arzneifläschchen in Gestalt einer Amme mit Kind. 18. Dynastie - *Gebrannter Ton mit Firniß; Gesamthöhe 0,166 m* - Paris, Louvre

Abb. 334

Blüten ein sehr warmes, bernsteinfarbenes Licht gegeben haben. Die zweite Lampe hat als zentrales Motiv einen hohen Kelch aus Kalzit, der auf einem durchbrochen gearbeiteten, rechteckigen Sockel steht und von Pflanzen und unheilabwehrenden göttlichen Wesen in durchbrochener Technik umgeben ist. Das Bild des königlichen Paars, das im Inneren der mittleren Lotosblüte aufgemalt ist, wurde als Schattenriß sichtbar, wenn der Docht angezündet war. Die kleinen Grablampen konnten manchmal wie schmale, hohe Stadthäuser gebildet sein; später in alexandrinischer Zeit wurden solche Lichthäuschen regelmäßig im Kult verwendet.

Unter den Gefäßen dieser Zeit, die von Anmut, Phantasie und Luxus bestimmt war, kann man die so eigenartige Gruppe der häufig tier- und menschengestaltigen Gefäße aus korallenrotgefirnißtem, gebranntem Ton nicht übergehen, die zum Teil schwarz bemalt waren. Manchmal kamen auch pflanzliche Formen vor, so etwa die Vase in Gestalt einer Mohnkapsel, die auf einem dreifüßigen Becken ruht (ehemalige Sammlung MacGregor). Häufig findet man auch Darstellungen einer weiblichen Ziege mit ihrem Jungen oder die Figur eines Kindes. Welche Funktion hatten diese Flaschen? Es ist schwer zu sagen. Aber solche wie die Frau mit Kind scheinen die ersten Apothekenfläschchen der Antike gewesen zu sein: aus den medizinischen Papyri wissen wir, daß man zur Heilung vieler Krankheiten (Schnupfen und Augenentzündungen) «die Milch einer Frau verwenden muß, die gerade einen Jungen zur Welt gebracht hat», was dieses Gefäß wohl zeigt. Man mußte die kostbare Flüssigkeit in diese kleinen Flaschen füllen, deren Form auf ihren Inhalt anspielte.

249 - Malqata (?) - Kugelförmige, abgeflachte Vase mit den Namen der Königin Teje und des Königs Amenophis' III. 18. Dynastie - *Glasierte Fritte; Durchmesser der Öffnung 0,075 m* - Kairo, Ägyptisches Museum

250 - Theben (?) - ‹hes›-Vase. 18. Dynastie - *Glasierte Fritte; Höhe 0,205 m* - New York, Brooklyn Museum

251 - Theben, Tal der Könige, Grab des Tutanchamun - Doppelgefäß in Form von zwei aneinandergefügten Kartuschen, wahrscheinlich ein Kultgefäß. 18. Dynastie - *Holz mit Gold- und Silberauflagen und inkrustierten Glaspasten; Höhe 0,15 m* - Kairo, Ägyptisches Museum

252 - Anubis-Maske mit beweglichem Unterkiefer, die zu Orakelzwecken diente. 21. Dynastie - *Holz; Höhe 0,178 m* - Paris, Louvre

Kultgegenstände und unheilabwehrende Geräte

Man muß nur einmal die Reliefs in einem der großen Tempel des Neuen Reiches betrachten, um die Eleganz und Ausgewogenheit der Libationsvasen und Opfergefäße zu bewundern, die vom König oder den Priestern für den Kult vor den verschiedenen Götterbildern oder von den Prinzessinnen für den Königskult verwendet wurden: kugelförmige Gefäße für den Wein, feine, schlanke Vasen für die Libation von Wasser, Schalen und Becher mit Henkeln und einfache Opferschalen, in der 19. Dynastie auch mit einem Henkel versehen. Geräuchert wurde mit dem charakteristischen Räucherarm, einem röhrenförmigen Stab, der an einem Ende mit einem Falkenkopf geschmückt ist und am anderen gelegentlich mit einer Lotosblüte abschließt, aus der

Abb. 88

253 - Theben, Tal der Könige, Grab des Tutanchamun - Salbentopf auf vier Gefangenenköpfen und mit einem Deckel in Form eines liegenden Löwen. 18. Dynastie - *Bemalter Alabaster; Höhe 0,268 m* - Kairo, Ägyptisches Museum

eine Hand herausragt, die einen Napf hält. In der Mitte des Stabs sitzt ein Schälchen mit einer kartuschenförmigen Einfassung, das mit Weihrauchkügelchen gefüllt war, die Seine Majestät im Kult auf die rotglühenden Kohlen im Näpfchen schnippen mußte. Als in der Amarnazeit der Kult anscheinend auf das Wesentliche reduziert worden war, kam ein Kästchen in Form von zwei aneinandergefügten Kartuschen auf, die von doppelten Straußenfedern bekrönt sind; in reicher Einlegearbeit ist es mit Namen und Titel des Gottes verziert, die Pharao zur Aton-Scheibe emporhebt. Ebenso symbolische Bedeutung hatte ein Doppelgefäß, das auch im Schatz des Tutanchamun vorkam, dort aus Gold und mit vielfarbigen Steinen verziert, aber ausschließlich mit dem Krönungsnamen des Königs versehen. Köpfe aus Holz oder glasierter Fritte, gebildet wie göttliche Erscheinungsformen, haben wahrscheinlich für Orakelzwecke gedient und wurden als Masken verwendet. Die Holzmaske eines jungen Hundes, des Anubis, im Louvre, zeigt nicht

254 - Deir el-Medineh (?) - Bes-Vase mit der hohen Federkrone des Gottes. Ende 18. Dynastie - *Bemalter gebrannter Ton; Höhe 0,50 m* - Berlin, Staatliche Museen, Ägyptisches Museum

255 - Deir el-Medineh, Grab des Cha (Nr. 8) - Hochhalsiges Gefäß mit unheilabwehrenden Zeichen auf dem Hals. 18. Dynastie - *Bemalter gebrannter Ton und bemaltes Leinen, Verschluß mit Papyrus überzogen; Höhe 0,38 m* - Turin, Museo egizio

256 - Theben - Tal der Königinnen, Grab der Königin Tui: Kanopendeckel mit dem Kopf der Königin Tui, der Gemahlin Sethos' I. und Mutter Ramses' II. 19. Dynastie - *Kalzit; Höhe 0,17 m* - Luxor, Museum

nur Befestigungslöcher am Hals des Kaniden, sondern auch einen beweglichen Unterkiefer mit scharfen Hakenzähnen.

Von den vielfältigen Gegenständen, die im Totenkult verwendet wurden, seien zunächst die Geräte für die Zeremonie der ‹Mund- und Augenöffnung› der Mumie genannt. Und wiederum ist es der Schatz des Tutanchamun, der uns die Verschiedenartigkeit der Gefäße für den Toten- Abb. 337 kult vor Augen geführt hat: sie enthielten die vorgeschriebenen Öle, ihre Formen und Verzierungen sollten Unheil abwehren und die feindlichen Wesen vernichten oder die Wiedergeburt gewährleisten (große Alabastergefäße, an denen Nilgötter die Pflanzen der Wiedererneuerung umeinanderschlingen). In dieser Zeit, in der die Kunstgegenstände aufs äußerste überladen waren, entstanden auch zarte Schöpfungen voller Empfindsamkeit: so der flache Deckel aus Kalzit, Abb. 336 auf dem ein schalenförmiges Nest liegt, in dem sich eine Gans niederläßt, um ihre Eier auszubrüten, aus denen die jungen Gänse der Sonne schlüpfen werden. In der Ramessidenzeit hatten Öl-

257 - Abydos - Uschebti des Bürgermeisters und Wesirs Ptahmose, des Hohenpriesters des Amun. 18. Dynastie - *Glasierte Fritte; Höhe 0,20 m* - Kairo, Ägyptisches Museum

258 und 259 - Theben - Uschebti des Kenamun in seinem mumienförmigen Sarg mit Deckel. 18. Dynastie - *Glasierte Fritte; Höhe des Sarges 0,15 m, Höhe des Uschebtis 0,095 m* - Paris, Louvre

260 und 261 - Memphis - Uschebti des Königsschreibers Ptahmose im Gewand der Lebenden (Rück- und Vorderansicht). 19. Dynastie - *Schist; Höhe 0,20 m* - Paris, Louvre

gefäße aus Alabaster für den Totenkult einen voluminösen Körper und waren manchmal mit Henkeln in Gestalt von Steinbockköpfen verziert. Oft waren es auch Kalksteinvasen mit Dekkeln, die verschiedene Tiermotive trugen (Metropolitan Museum, New York). Eine ganze Serie gebrannter Tongefäße, die in der Nekropole der Handwerker der Pharaonen in Deir el-Medineh gefunden wurde, zeigt die Gestalt des Gottes Bes mit der hohen Federkrone oder auch die Göttin Hathor. Unter den ungewöhnlich frisch erscheinenden Farben herrscht das Ägyptisch-blau vor. Eine weitere Form von Alabastergefäßen für den Totenkult kennen wir aus der Zeit

262 - Theben - Oberer Teil eines Uschebtis Ramses' IV. mit einer Hacke in jeder Hand. 20. Dynastie - *Bemaltes Holz; Höhe 0,325 m* - Paris, Louvre

des Tutanchamun. Ihre eleganteste Gestaltung aber erfuhren sie unter Ramses II. (im Louvre,
Paris), als die weicheren Konturen die Rundung der in späteren Zeiten verwendeten Situlen vor-
wegnahmen. Der Halskragen bestand aus einem Streifen mit Blumenblättern und Mandragoren-
früchten; der Boden der Vase aus helltürkis glasierter Fritte zeigt eine geöffnete Lotosblüte, die,
wie auch die ornamentalen Motive, in schwarzer Farbe aufgetragen ist.

Zur Grabausstattung gehörten grundsätzlich Kanopen und Uschebtis. Die Kanopen – wie
schon im Mittleren Reich immer vier – enthielten die mumifizierten Eingeweide; nur Herz und
Nieren wurden wieder in die Mumie zurückgelegt. Der Gefäßkörper war bis zur Zeit Amenophis' III. dickbäuchig, später schlank, mit hohen, recht schmalen Schultern. Seit dem Beginn der
18. Dynastie stellten ein rundplastisch gebildeter menschlicher Kopf und drei Tierköpfe die
Deckel der vier Gefäße dar (Metropolitan Museum, New York); doch erst in der Ramessidenzeit trugen die Kanopen von Privatleuten regelmäßig Deckel, wobei der mit einem Menschenkopf versehene den Horussohn Amset vertrat, während die drei anderen Deckel die Köpfe der
drei anderen Horussöhne, des affenköpfigen Hapi, des jungen Hundes Duamutef und des falkenköpfigen Kebechsenuef, wiedergaben.

Die Uschebtis, deren genaue Funktion man noch nicht bestimmen kann, die aber offensichtlich
Feldarbeiten für den Verstorbenen im Jenseits auszuführen hatten, waren in den Gräbern vom
Anfang der 18. Dynastie noch selten. Ein mumienförmiges Figürchen mit dem Namen des Ver-
storbenen, das in einem seine Formen nachzeichnenden Miniatursarg beigesetzt war, zeigt noch
die Übergangsform zwischen dem einfachen Typus des Mittleren Reiches und den eleganten
Statuetten aus Schist, Kalkstein, Kalzit, glasiertem Ton oder bemaltem Holz, die in zahllosen
Beispielen bis zur Mitte der Dynastie wiederkehrten. Unter Amenophis III. entstanden wahre
Meisterwerke aus glasierter Fritte, so die Figur des Fürsten und Wesirs Ptahmose (Museum in

263 bis 265 - Theben - Drei Uschebtis. 19. Dynastie - *Holz; Höhe 0,233 m; Holz; Höhe 0,21 m; Bemalter Kalkstein; Höhe 0,194 m* - Paris, Louvre

Kairo) mit weißem Körper zur Imitation von Mumienbinden und mit eingelegten, dunkelblauen Hieroglyphen (Name, Titel und das 6. Kapitel des Totenbuchs). Gesicht und Hände sind türkisfarben, die Perücke blaugelb gestreift. Die Uschebtis hielten Hacken in den Händen, und auf dem Rücken war ein Korb oder Sack mit Korn dargestellt. Manche Figürchen hielten Zeichen von Isis und Osiris, das Isisblut *(tit)* und den Djed-Pfeiler, oder auch das Lebenszeichen ‹anch›. In der Zeit Amenophis' III. kamen mit den mumiengestaltigen Statuetten auch Uschebtis im Gewand von Lebenden vor, in denen manche Gelehrten die Darstellung des Verstorbenen als Aufseher sehen wollen, der dazu da ist, seine Truppe von Stellvertretern, die anderen Uschebtis, zu befehligen. Anfänglich waren die Füße in Mumienbinden eingebunden, später wurden die ‹Lebenden› auch mit Sandalen bekleidet wiedergegeben. Bronze-Uschebtis, die in verschiedenen Ausführungen während der Ramessidenzeit vorkamen, gehen bis auf die Amarnazeit zurück. Manche Uschebtis Ramses' III. waren sogar aus Eisen. Die meisten aber bestanden aus Fritte mit türkisblauer Glasur, die am Ende der 18. Dynastie und am Anfang der Ramessidenzeit durch eine weiße Glasur ersetzt wurde; die Einzelheiten waren in violetter Farbe aufgemalt.

Im Schatz des Tutanchamun fanden sich viele Beispiele für all diese Formen und Materialien. Die schönsten sind aus hartem afrikanischem Holz geschnitzt, bemalt und mit Blattgold belegt. Die Verwendung dieser Figürchen geht besonders deutlich aus nach dem Neuen Reich entstandenen Texten hervor. Weil sie zur Grabausstattung des Königs oder vornehmer Privatleute gehörten, sind diese Uschebtis in eigenen Särgen in Form der unterägyptischen Kapelle mit gewölbtem Dach und zwei Säulchen beigesetzt gewesen.

Amtszeichen und Berufsutensilien

Jeder von den Ägyptern verwendete Gegenstand trug das Siegel der Stilsicherheit und des eigenen Formensinns. Die Königs- und Kultzepter, die seit alter Zeit als Machtabzeichen getragen wurden, waren aus Gold und Lapislazuli, auch aus Ebenholz und Mahagoni, das mit Gold inkrustiert war. Fächer und Wedel aus eleganten Straußenfedern wurden in ihrer überdimensionalen Größe Jahrtausende hindurch verwendet. Die hohen Stäbe trugen kostbare Aufsätze, häufig mit floralen Motiven. Anscheinend waren die am unteren Ende gebogenen und mit der Darstellung von Afrikanern und Asiaten geschmückten Stöcke dazu da, daß der König im Verlauf magischer Zeremonien seine Feinde symbolisch durch den Staub ziehen konnte; diese Stockform wurde wohl vom hethitischen Cadmus beeinflußt. Die Rangabzeichen bestimmter Berufe wurden am Hals getragen, etwa ein Figürchen der knienden Göttin Maat mit der Straußenfeder auf dem Kopf, die von Richtern auf der Brust getragen wurde. Der kultische Halskragen des Hohenpriesters des Ptah zeigte eine ganz ungewöhnliche Zusammenstellung. Er bedeckte den ganzen Oberkörper und die Oberarme, war mit Wellenlinien, Lebenszeichen und kleinen vasenförmigen Elementen verziert und wurde an den Seiten von gestreckten Tierkörpern mit dem Kopf eines Falken und eines Hundes begrenzt.

Abb. 338   Die Schreiber bemühten sich natürlich besonders um die Schönheit ihrer langen, schmalen Paletten, die manchmal aus seltenem Holz oder aus Elfenbein bestanden; ihre Namen und Titel waren dekorativ mit Hieroglyphen eingeschrieben und häufig mit blauer Farbe eingelegt. Im oberen Teil waren in zwei kleinen Näpfchen mit fein zisiliertem Rand die verfestigten Klumpen von roter und schwarzer Tinte enthalten. In den tiefen Einschnitt im unteren Teil der Palette steckte man immer die feinen, aus Schilf bestehenden Schreibrohre hinein, die zum Schreiben an einem Ende zu Pinseln zerkaut wurden. Die Malerpaletten besaßen zahlreiche Näpfe für die verschiedenen Farbklumpen. Ein ganzes Set bestand aus Papyrus und Schreibzeug: zuerst ein stumpfkegelförmiges Wassergefäß aus oft lapislazuliblau glasiertem Ton – ein ehrfürchtiger Schreiber mußte, bevor er sein Werk begann, einige Wassertropfen zu Ehren des weisen Imhotep libieren –, der Schaber, der Papyrusglätter, der reizende kleine Klopfer aus hartem, polier-

267 - Theben (?) - Vignette aus dem Totenbuch des Ani: Der Verstorbene im Gebet in der Osiris-Barke und Szene von der Feldbestellung. 20. Dynastie - *Malerei auf Papyrus; Höhe 0,20 m* - Turin, Museo egizio

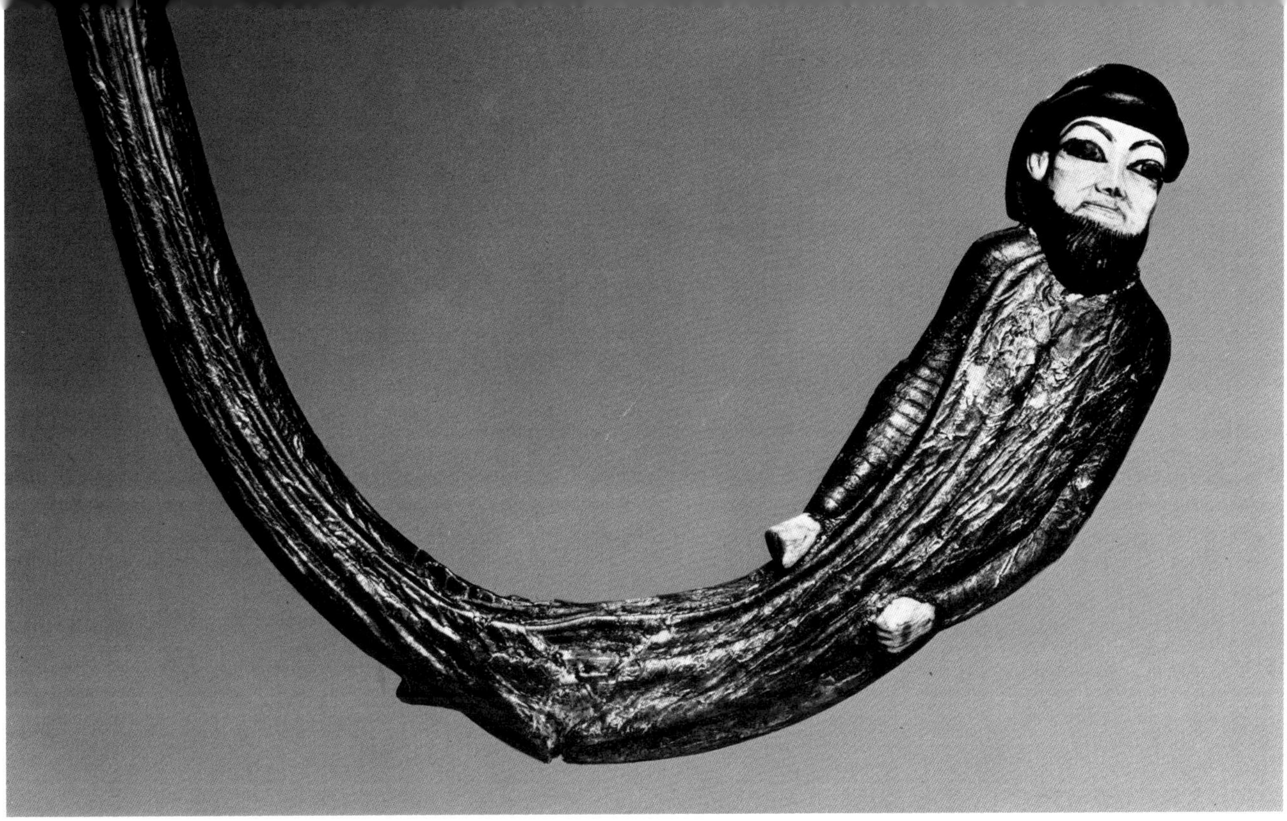

266 - Theben, Tal der Könige, Grab des Tutanchamun - Unteres Ende eines Zeremonialstabes: Ein Syrer, Abbild des Erbfeindes Ägyptens. 18. Dynastie - *Elfenbein, Einlagen aus Glaspaste; Gesamtlänge 1,02 m* - Kairo, Ägyptisches Museum

tem Holz mit Elfenbeineinlagen und schließlich der Papyrusschneider, das eleganteste Instrument von allen; sein Blatt hatte eine zweckentsprechend breite, dann schmaler werdende Schneide; der Stiel zeigte einen zurückgebogenen Entenkopf. Der Maler verwendete auch Paletten aus Schist oder glasierter Fritte in Gestalt von Muscheln, die häufig von einer Hand gehalten wurden, wie Beispiele im Metropolitan Museum in New York veranschaulichen.

Illustrierte Handschriften

Die Zeit des Ketzerkönigs von Amarna erlaubte es den Ägyptern, sich zu entfalten und sich freier auszudrücken. Auf so viele Jahrhunderte des Konservatismus folgten unglaubliche Neuerungen: die Vernachlässigung bestimmter althergebrachter Prinzipien, eine neue Ausdrucksform des Göttlichen, die Übernahme der mit Fremdwörtern durchsetzten, gesprochenen Sprache als Schriftsprache, das Wagnis, den Pharao als Erscheinungsform des Gottes seiner Zeit darzustellen, die vereinfachte Aufnahme in die Schule und die Suche nach einer naturnahen Wiedergabe in der Kunst. Zuerst erschienen illustrierte, religiöse Papyri mit aufgemalten mythischen und magischen Vignetten, das sogenannte Totenbuch, später dann satirische Papyri (Museen von Kairo und Turin), in denen Fabeltiere die Pharaonen, Priester und hohen Beamten parodierten. Auch erotische Darstellungen, möglicherweise mit magischer Bedeutung, kamen vor. Die unge-

Abb. 375 wöhnlich lebendigen Skizzen, die auf den Ostraka erhalten sind, zeigen nicht nur Entwürfe für die Ausschmückung von Grabräumen, sondern auch solche für die Illustration von Fabeln und Liebesgedichten.

Spiele und Musik

Abb. 374 Von allen Spielen ist offensichtlich das berühmte *senet*, das schon in früheren Zeiten bekannt war, am beliebtesten gewesen. Das Spiel besteht aus einem länglichen Kasten mit einer Lade, die häu-

268 - Theben (?) - Senetspiel mit Spielsteinen in Gestalt von Gefangenen. 18. Dynastie - *Holz mit Ritzverzierung und Malerei; Länge 0,36 m* - Paris, Louvre

269 - Theben, Grab des Ani - Bootsförmige Harfe mit rundplastischem Kopf und fünf Saiten. 19. Dynastie - *Bemaltes Holz, Knochen und glasierte Fritte; Länge 0,972 m* - London, British Museum

fig Szenen mit eben diesem Spiel zeigt, und es konnte beidseitig benutzt werden. Die eine Seite zeigt drei Reihen mit zehn kleinen, viereckigen und vertieften Feldern; auf der anderen Seite ist die Mittelreihe mit zwölf Feldern von zwei Reihen zu je vier Feldern flankiert. Für das große und das kleine Spiel verwendete man Knöchelchen und Figuren oft mit Tierköpfen oder fingerförmige Spielsteine, um die einzelnen Züge festzulegen. Die Spielsteine bestanden aus Glaspaste, Elfenbein oder glasiertem Ton und zeigten alle möglichen Gestalten, darunter auch afrikanische und asiatische Gefangene, weil das Spiel, das für den Verstorbenen bestimmt war, ihm die Möglichkeit geben sollte, allein die unsichtbaren Mächte zu besiegen, gegen die er sein Spiel in der Ewigkeit spielte. Die besonders kunstvoll ausgeführten Spiele aus Holz oder Elfenbein standen auf einem Untersatz in Form eines Schlittens mit Kufen. Das Hundespiel auf einer Tischplatte, deren Seitenflächen konkav gebildet und die mit einer Palme verziert und mit kleinen Löchern versehen waren und hohe Spielstäbe mit den Köpfen zweier verschiedener Kaniden trugen, war im Mittleren Reich manchmal noch auf einen stabilen Untersatz in Gestalt eines Nilpferdes gesetzt, das mit Löchern durchbohrt war. Dabei betonten noch farbige Glaseinlagen einzelne Körperteile des Tieres.

Durch die Kontakte mit Asien wurden auch neue Musikinstrumente eingeführt, so eine Doppelklarinette mit einfachem Rohrblatt, die schon seit dem Alten Reich bekannt war, und die besonders beliebte Doppeloboe mit Doppelrohrblatt. Beide wurden sorgfältig in zylindrischen Instrumentenkästen untergebracht, die mit Konzertszenen inkrustiert oder bemalt waren, so wie Instrumente oder ihre Futterale häufig gegenstandsbezogen verziert wurden (eine Spielszene auf dem Kästchen der Spielsteine, die Darstellung eines Morgenständchens mit der Doppelflöte auf seinem schützenden Instrumentenkasten, die Libation auf einem Kultgefäß für Wasser, das Bild einer Dame bei ihrer Toilette auf der Spiegelhülle, die Jagd mit dem Bogen auf dem Köcher und so fort).

Die Saiteninstrumente erlebten unter diesem asiatischen Einfluß eine unterschiedliche Entwicklung: die mit einer Tierhaut überzogene, bootsförmige Kleinbogenharfe mit hohen Schultern wurde auch weiterhin verwendet. Sie war aus einem einzigen Stück Holz hergestellt und häufig mit einem rundplastischen, bunt bemalten Königs- oder Götterkopf verziert. Es wurden auch Großbogenharfen hergestellt, die beim Spielen auf dem Boden standen. Ihr Resonanzkörper war wie bei der herrlichen dreieckigen Winkelharfe im Louvre aus einem Stück geschnitzt und bestand zu einem Viertel aus exakt berechneten und eingepaßten Holzplatten, so daß sie einen vorzüglichen Ton gab. Sie war ganz mit grünem Leder überzogen; darauf war rosa gefärbtes Gazellenleder mit eingeschnittenen Verzierungen geklebt. Diese Harfe des Louvre mit ihren neunzehn Saiten (und neunzehn Löchern) wurde wahrscheinlich mit einem System von Haltepflöcken gestimmt. Auch die Laute, deren Hals an dem bootsförmigen Instrumentenkörper angesetzt war, und die Leier waren asiatischen Ursprungs. Oberhalb ihres Schallkörpers verlief der ungleichmäßig gebogene oder gebauchte Saitenhalter, der an den oberen Ecken mit wunderschön geformten und inkrustierten Tierköpfen verziert war. Alle Saiten liefen in einem Ring am Fuß des Resonanzkörpers zusammen und waren über den oberen Teil des Halses verteilt, wo sie mit Hilfe von Drehwülsten gestimmt werden konnten.

Die kleinen hölzernen Kastagnetten in Form von Händen, die aus einer ornamentalen Platte herauskommen, müssen sehr häufig benützt worden sein: die elegant geschwungenen Stäbe mit der Darstellung von Händen, die den Unterarm verlängern, waren dagegen religiösen Zeremonien vorbehalten.

Die Militärmusik verwendete die hohe, schmale Walzentrommel der Nubier, die kreuzweise mit Lederriemen überspannt war. Die Vordersten in der Reihe bliesen lange, dünne Trompeten aus Bronze mit kelchförmig erweitertem und ziseliertem Schalltrichter. Die Könige hatten goldene oder silberne Trompeten. Sie waren sehr leicht und konnten mit einem Holzstutzen in Form einer bemalten Lotosblüte gestopft werden, der sie vor Beschädigungen schützen sollte. Die Trompete wurde unter anderem zu Ehren der Göttin Sachmet gespielt, um das Neue Jahr anzukündigen.

Waffen, Geräte und Werkzeuge

Die alte Jagdwaffe, der Bumerang, dessen eines Ende manchmal mit einem Schlangenkopf verziert war, wurde wohl noch bei der Jagd auf Wildenten in den Sumpflandschaften verwendet. Im Neuen Reich dagegen jagte man oft vom Wagen aus mit Pfeil und Bogen auf Hasen, Füchse, Hyänen, Steinböcke und alle Wüstentiere; dem König waren Wildstiere, Löwen und Strauße vorbehalten. Der Typenbestand an Kriegswaffen konnte infolge der Auseinandersetzung mit den Feinden im Osten beträchtlich erweitert werden. An der Axt von Ahmose I., die im Grab der Königin Ahhotep gefunden wurde, kann man die bisherige Entwicklung feststellen; in ihrer Form ähnelt sie unseren modernen Axtblättern, die nichts anderes mehr darstellen als ein einfaches Werkzeug. Mit weniger Schmuck wurde die gleiche Waffe in den Händen von Soldaten gefunden. Bei den Dolchen differierten vor allem die Länge der Klinge und die Gestaltung des Griffs, der nicht mehr halbmondförmig war, sondern in einem runden, ziselierten Knauf endete.

Abb. 369
und 370

270 - Dra Abu'l Naga, Grab der Königin Ahhotep - Dolch mit einem mit Köpfen verzierten Knauf. 18. Dynastie - *Gold und Elektron; Länge 0,285 m* - Kairo, Ägyptisches Museum; 271 - Theben, Tal der Könige, Grab des Tutanchamun - Dolch und seine Scheide mit der Darstellung von sich überlappenden Lilien (oder Wasserlilien?). 18. Dynastie - *Heft und Scheide: Gold und Glaspaste; Knauf: Bergkristall; Länge 0,30 m* - Kairo, Ägyptisches Museum; 272 - Dra Abu'l Naga, Grab der Königin Ahhotep - Votivaxt des Königs Ahmose I. 18. Dynastie - *Gold, Elektron, Kupfer, Steine; Länge der Klinge 0,134 m* - Kairo, Ägyptisches Museum

273 - Theben, Tal der Könige, Grab des Tutanchamun - Einer der großen Prunkwagen des Königs. 18. Dynastie - *Stukkiertes Holz mit Blattgoldauflage, Inkrustationen von Glaspaste und Halbedelsteinen; Länge 2,80 m* - Kairo, Ägyptisches Museum

Der Dolch der Ahhotep und der Tutanchamuns, in zwei weit auseinanderliegenden Epochen entstanden, bestätigen diese Tatsache. Der Dolchknauf am Gürtel einer Kolossalstatue Ramses' II. ist mit zwei antithetischen Falkenköpfen verziert. Die Klinge, bisher aus Bronze, konnte seit der 18. Dynastie aus Eisen bestehen. Die Scheiden waren mit geformtem Leder oder getriebenem Gold verziert.

Die Asiaten lieferten Waffen, aber sie zeigten ihren Siegern auch, wie man den Kompositbogen mit doppelter Krümmung herstellte. Er wurde aus importiertem Birkenholz gefertigt, und seine Spannkraft war wesentlich größer als beim afrikanischen Bogen, der aus einem einzigen Stück Holz bestand. Der Kompositbogen, dessen zwei Hölzer zusammengebunden waren, hatte die Form eines Dreiecks. Die Leistungen bestimmter Pharaonen dieser Zeit im Bogenschießen sind legendär: die Pfeile durchschlugen mehrere Kupferscheiben und flogen bis zu 300 m weit. Prunkvolle Futterale aus verziertem Leder, deren Enden mit Tierköpfen geschmückt waren, wetteiferten an Schönheit mit den Köchern, die an Wagen befestigt oder von Bogenschützen auf dem Rücken getragen wurden. Die Schützen legten auch Armschienen und einen Lederschutz für die Handgelenke an. Zur Vorbereitung auf den Kampf gegen die Seevölker sieht man Ramses III. auf einer Reliefdarstellung in seinem Totentempel bei der Inspektion der Waffenkammern, wo die Helme mit Roßschweifen gelagert waren, ebenso auch die Panzerhemden aus stabilen, eleganten, schuppenartig aufeinandergesetzten Lederstücken, die langen Spieße, Schwerter – richtige Rapiere –, aus hethitischem Eisen geschmiedet, und die Buckelschilde, in der Form ähnlich den runden, indogermanischen Schilden, die von den schardanischen Kaufleuten – den späteren Sardern – verwendet wurden. Auch das Sichelschwert, das aus Asien importiert war, ist in der Hand des Königs zu sehen; Amun selbst hatte dieses Kriegsschwert seinem geliebten Sohn zur Verteidigung seiner Grenzen übergeben.

Die landwirtschaftlichen Geräte dagegen veränderten in Ägypten, diesem ausgesprochenen Agrarland, niemals ihr Aussehen. Sogar der Pflug ist in seinen Einzelteilen so durchdacht, daß er noch heute genauso auf dem Lande in Ägypten verwendet wird; so auch das hölzerne Joch für zwei Tiere, das überall auf der Welt, an den Ufern des Nils wie auch bei unseren Bauern im Abendland, die gleiche Linienführung aufweist.

Auch die Werkzeuge der Schreiner und Kunsttischler behielten die Formen bei, die sich am meisten bewährt hatten – Sägen, Meißel und Holzhammer –, besonders die Fuchsschwänze und Dächsel waren immer sehr elegant und geschmeidig geformt. Bei allen diesen Dingen blieb der Zeitgeist spürbar, und die beiden Charakteristika, die Eleganz der Linienführung und die Feinheit des Dekors, setzten sich immer wieder durch: zum Beispiel bei der Herstellung von Ellen, in denen alle Abschnitte und Teilabschnitte dieses königlichen Maßes, bis hin zu den Brüchen, eingraviert waren, auch bei der Herstellung der kleinen Sonnenuhren in Form von Tempelpylonen, und der Sonnenuhrzeiger oder Wasseruhren, die mit dem affenköpfigen Thot oder dem als Frau dargestellten Sothisstern geschmückt waren. Auf alles erstreckte sich dieses Streben nach Form und Schönheit, sogar auf die Gewichte auf den Waagschalen, die lange vor den Römern in Gestalt von Rinderköpfen oder kleinen Tieren in ruhender Haltung gebildet waren.

Abb. 357 und 356

Transportmittel

Im Neuen Reich scheint die Sänfte nur noch bei kultischen Zeremonien verwendet worden zu sein. Ihr Tragkasten hatte noch leicht archaische Züge, paßte sich jedoch weitgehend dem Stil und Geschmack der zeitgenössischen Kunst an. Der König wurde auf einem Sitz getragen, um den ihn manche Höfe moderner Zeiten hätten beneiden können. Dazu kamen noch die Wedelträger, die die Lebendigkeit dieses Bildes erhöhten, wie man es noch vor wenigen Jahren im Vatikan sehen konnte, wenn der Heilige Vater majestätisch auf seiner *sedia gestatoria* erschien.

Das bevorzugte Fahrzeug auf den Dämmen in Ägypten und auf den Wegen der Fremdländer

274 - Theben, Tal der Könige, Grab des Tutanchamun - Modell eines Königsschiffs mit Mittelkabine und einem Baldachin an Bug und Heck. 18. Dynastie - *Stuckiertes und bemaltes Holz; Länge 1,18 m* - Kairo, Ägyptisches Museum

war der Wagen. Seine Form und Konstruktion kamen aus dem Vorderen Orient; er wurde zweifellos im Verlauf der asiatischen Einwanderungswelle – am Anfang des II. Jahrtausends – eingeführt, als man gleichzeitig das Pferd in Ägypten heimisch machte. Natürlich konnten sich ausschließlich der Herrscher und die hohen Beamten solchen Aufwand leisten. Aber auch die Truppen des Neuen Reiches verwendeten leichte, flinke Streitwagen, die wesentlich zum Sieg über gerade diese asiatischen Länder beitrugen, von denen sie den Wagen übernommen hatten. Dieses ideale und wendige Fahrzeug fuhr auf zwei Rädern – am Anfang der 18. Dynastie mit vier Speichen, bald darauf schon mit sechs – und wurde von zwei Pferden gezogen. Sein halbrunder Wagenkasten war an den Seiten durchbrochen; der Fahrer konnte sich auf eine Brüstung stützen. Der Wagen hatte höchstens für zwei Personen Platz, die auf einem elastischen Boden, einer Matte aus geflochtenen Lederriemen, standen. Die außergewöhnlich dünne Deichsel, deren Ende mit einer inkrustierten Blumenrosette verziert ist, war an ein Joch angebunden, so daß man die zwei beweglichen Widerristgabeln einhängen konnte. In der Sprache der Poesie, die für alle Teile des Wagens einen Namen fand, wurde dieser harmonisch geschwungene Teil mit den Hörnern eines Widdergottes verglichen. Über der Königsdeichsel saß als dekoratives Element das Bild der Sonne. Der Wagenkasten für die Prinzessinnen und Königinnen war innen und außen mit vergoldeten Girlanden und Rankenornamenten verziert und mit rosa oder mattgrünem Leder verkleidet. Wenn der König seinen Paradewagen bestieg, der mit vergoldeten Flachreliefs und Inschriften bedeckt war und ihn ganz umschloß, so verglichen ihn die Texte mit dem Bild der aufgehenden Sonne. Der Wagen des Pharao, des inkarnierten Gottes, ist als Vorläufer des Götterwagens des späteren Apoll anzusehen. Solche Wagen, die häufig als Tribut ins Land kamen, wurden sicher auch in Ägypten von geschickten Handwerkern nachgebaut, die sich die Formen und sogar die fremden Techniken abgeschaut hatten. Peitschen, Zaumzeug, Federschmuck der Pferde und auch die Satteldecken boten sich für Verzierungen an.

275 - Kantir, Palast Sethos' I. - Kachel als Wandverkleidung mit der Kartusche des Königs. 19. Dynastie - *Glasierte Fritte; Höhe 0,25 m* - Paris, Louvre; 276 - Tell el-Amarna (?) - Wandeinlage. 18. Dynastie - *Glasierte Fritte; Höhe 0,063 m* - New York, Brooklyn Museum; 277 und 278 - Tell el-Amarna - Kacheln mit Pflanzen- und Tierdarstellungen. 18. Dynastie - *Glaspaste; Höhe 0,03 m und 0,058 m* - Paris, Louvre

279 - El-Chocha - Grab des Nebamun und Ipuki (Nr. 181): Kunstvolle Stabsträuße bei der Bestattung. 18. Dynastie - *Malerei auf Gipsverputz*

In Zeiten von Eroberungen und Expeditionen blühten natürlich die Schiffswerften auf. Es wurde schon die Flotte erwähnt, die Thutmosis III. für den Transport auseinandernehmen und später wieder zusammensetzen ließ, um damit den Euphrat zu überqueren. Diese Schiffe waren mit Seilen verstärkt, um seetüchtig zu sein, und besaßen auf dem Mitteldeck eine große Kabine mit hell bemalten Wänden. Zwischen dem Bug und dem leicht erhöhten Heck lag ein Dach, in dessen Mitte sich ein großer Mast mit zwei Rahen erhob. Die leichten, luftigen Aufbauten im vorderen und hinteren Teil boten dem Kapitän und manchmal den Pferden des Königs Schutz. Es gab zu allen Zeiten verschiedene Schiffstypen und -formen für bestimmte Zwecke: Handelsschiffe, Vergnügungsbarken, Schlepper und Pinassen, die große Ladungen wie Obelisken zu transportieren hatten (eine Pinasse trug zum Beispiel einen granitenen Obelisken von 372 Tonnen mit 63 m Länge und wurde von 30 Ruderbooten getreidelt). Eine der letzten Erfindungen des

280 - Scheich Abd el-Gurna - Grab des Neferhotep (Nr. 50): Ausschnitt aus der mit floralen Motiven verzierten Decke. 18. Dynastie - *Malerei auf Gipsverputz*

Neuen Reiches scheint die der Kriegsschiffe gewesen zu sein, die Ramses III. bauen ließ, um die Seevölker zu bezwingen, die dann in der berühmten Seeschlacht an der Küste des Deltas zurückgeschlagen werden konnten. Der Bug war als Schiffsschnabel gestaltet, damit man auf den Angreifer frontal zufahren konnte. Er war sogar noch mit einem Löwenmaul geschmückt, das den Kopf eines Feindes packt. Die untere Rahe fehlte, aber die Mars als Ausguck für einen Wachhabenden lag hoch im Mast, und für die elf Ruderer jeder Seite war an Backbord und Steuerbord je ein schützendes Geländer angebracht. Das Vorderdeck scheint zweigeschossig gewesen zu sein, das Segel war farbig.

Schließlich ist noch die Heilige Barke des Amun, des Prototyps der Barke der Heiligen Familie, Abb. 375 zu nennen, die wie ein Nachen an Bug und Heck mit rundplastischen Figuren verziert und vergoldet war. Diese trugen kostbare Halskragen aus Elektron (in der Zeit Sethos' I.) oder vergoldetem Zedernholz. Kleine Figürchen aus reinem Gold standen bei dem Naos, der das verhüllte Götterbild barg; selbst die Steuerruder waren vergoldet. Im Verlauf der Prozession wurde die Barke mit Tragstangen zu einem großen Schiff gebracht, das sie zu den verschiedenen Sanktuaren transportierte: die Heilige Barke stellte einen der größten Tempelschätze dar.

Dekorative Verkleidungen und Verzierungen

Jede Fläche war eine Herausforderung für den Künstler, alles konnte eine ästhetische Manifestation werden, so etwa die Sitte, die Decke von Grabräumen zur Imitation von gewebter Leinwand oder von Teppichen mit farbigen Motiven zu bemalen, die sich während des Neuen Reiches immer mehr durchsetzte. Man gruppierte nicht mehr so oft verschiedene Muster nebeneinander, sondern wiederholte dasselbe Muster häufiger, um ganze Wände zu dekorieren. Unter mykenischem Einfluß wurden häufig Tiermotive – Heuschrecken und Bukranien – oder Pflanzen von mehrlagigem Ringelwerk umrahmt. Die Wände der Königspaläste der 18. Dynastie waren mit Kacheln aus glasiertem Ton mit der Darstellung von Pflanzenbeeten verziert, manche in Relief, manche in Einlegetechnik; manchmal war der Verputz der Wände mit ländlichen Szenen bemalt. Auf dem Fußboden fand man Darstellungen von Bassins mit Wasserpflanzen. Unter den Ramessiden wurden Türen und Fenster von hell- oder dunkelblauglasierten Kacheln eingerahmt, die der Hauptstadt Per-Ramses den Namen ‹die türkisfarbene Stadt› einbrachten. Die Böden zeigten in Pastellfarben die Darstellungen von Fischen, Vögeln und jungen Mädchen wie aus den Gärten von Tausendundeiner Nacht. Innen liefen Friese mit Motiven in Einlegearbeit entlang, die Pflanzen und Weintrauben nachahmten. Die reichsten Häuser besaßen verzierte Säulen.

Brachte man dem Gott oder dem Verstorbenen Opfer dar? Das Arrangement von Matten mit Flaschen, Krügen oder Körben gab dem Zeichner die Gelegenheit, seine Vorliebe für ausgewogene Symmetrie und das Verständnis für Formen und Farben zu offenbaren. Der bescheidene Opfertisch vor Sennedjem auf der Eingangstür seines Grabes (heute im Museum in Kairo) ist eines von vielen Beispielen. Als florale Motive verwendete man wundervolle Girlanden aus Weinranken und Nilpflanzen, die den Speisetisch und auch die Festgäste schmückten und den Rahmen für die ländlichen und figürlichen Szenen bildeten. Der ‹Stabstrauß›, das Sinnbild der Erneuerung, unterstrich noch reizvoll den architektonischen Sinn für Geometrie und die Liebe zur Farbe, die in die Kunstschöpfungen eindrangen, die der Mensch aus der so vergänglichen Natur gewann.

Kleidung

Die bemerkenswertesten Errungenschaften der Mode im Neuen Reich waren gewebte und gestickte Schals aus feinem Leinen, rote Lederhandschuhe für die Offiziere der Wagentruppe, Handschuhe mit Stickerei für die Könige, Beinschienen für die hohen Militärs im Feld, plissierte

281 - Theben, Tal der Königinnen - Grab des Prinzen Amunherchepeschef, eines Sohnes Ramses' III. (Nr. 55):
Der König im Prunkgewand wird von Isis begrüßt. 20. Dynastie - *Malerei auf einer mit Kalkmilch überzogenen Lehmschicht*

und immer ausladendere Gewänder und Sandalen unter den Ramessiden. Seit der Zeit Amenophis' III. ließen sich König und Königin in den reichen Gewändern darstellen, mit denen sich vorher schon die Vornehmen geschmückt hatten: im Gewand der Privatleute mit langem gemustertem, farbigem Gürtel, mit Ärmeln und plissiertem Vorderteil. Die Männer trugen ähnliche Gewänder wie die Damen der guten Gesellschaft, lange Mäntel aus plissiertem Leinen, darunter

Abb. 316 prachtvolle, drapierte und unter der Brust geknotete Kleider. Die Perücken wurden immer fül-
Abb. 306 liger und fielen bis über die Brust, wurden mit Blumen und Bändern gebunden und zu bestimmten Anlässen (Hochzeit?) durch goldene Röhrchen gezogen. Aber auch Prinzen und Könige entgingen nicht dem Trend zur Überladung, der die beginnende Dekadenz ankündigte: die Prinzengräber aus der 20. Dynastie im Tal der Königinnen zeigen uns die letzten Abbildungen königlicher Gewänder, die so mit Farben und Motiven überladen sind, daß wir doch den schlichten, feinen Gewändern der großen klassischen Epoche nachtrauern.

SCHLUSSWORT

Von Jean Leclant

Wahrlich – die Bilanz der Kunst aus den fünf Jahrhunderten des Neuen Reiches ist beträchtlich. Die Erbauer des Großreichs konnten eine blendende Reihe architektonischer Werke für sich verbuchen, die zu den prachtvollsten der Geschichte zählen. Trotz der wilden Zerstörungen durch Menschen und Jahrhunderte sind noch immer erstaunliche Zeugnisse erhalten: der riesige, dem Reichsgott Amun geweihte Komplex von Karnak, die Tempel von Luxor und Soleb, der Tempel in Abydos, dann im Herzen Nubiens die gigantischen, aus dem Felsen gehauenen Tempel des Ramses und seiner Königin in Abu Simbel und schließlich die Totentempel von Deir el-Bahari, des Ramesseums und von Medinet Habu. Reliefs und Rundplastiken zu Tausenden haben sich als ein besonders solides und berückendes Skulpturkapitel in das Buch der Welt geschrieben. Zu den Werken von klassischer Vollendung gesellt sich das verführerische Abenteuer der Episode von Amarna: Echnaton, der gottberauschte König, bekannte sich in seinem Drang nach absoluter Wahrheit zu den Freiheiten und Übertreibungen eines regelrechten Surrealismus. Dazu kommt etwas wie ein sublimes Paradox: da die mergeligen Wände der thebanischen Nekropole den Instrumenten der Steinmetzen keine geeignete Grundlage boten, entwickelte sich eine Ersatztechnik, nämlich die bloße Malerei auf Stucküberzug. Unser heutiges Empfinden entdeckt in diesen bescheideneren Arbeiten die Ursprünglichkeit und Frische wahrer Meisterwerke. Nun zum sogenannten Kunstgewerbe: niemals sonst war es den eigentlichen bildenden Künsten eher ebenbürtig; Goldschmiedearbeiten und Keramik, Skarabäen und Tischlerarbeiten, Werkzeuge, Waffen und Kleidungsstücke, Toilettengegenstände und kostbare Kultgeräte – die Museumsvitrinen bergen unzählige Überreste dieser Kultur, die bei der Verfeinerung von Alltagsdingen den Ruf im Ohr hatte: «Feiere einen schönen Tag» und außerdem Gebetsworte, die die Glückseligkeiten über das Ende hinaus erhalten sollten: «für immer und ewig». Dem Glücksfall, daß das Grab eines weniger berühmten Königs namens Tutanchamun wohlerhalten auf uns kam, verdanken es die Menschen des 20. Jahrhunderts, daß sie den außergewöhnlichen Glanz der ägyptischen Kunst ermessen können.

Mit dem Reichtum und der Mannigfaltigkeit seiner Werke widerlegt das Neue Reich das verallgemeinernde Klischee, die ägyptische Kunst sei unbeweglich gewesen. Durch die Fülle der sehr abwechslungsreichen, manchmal sogar widersprüchlichen Formen zieht sich eine Entwicklungskurve mit vielfachen Wiederaufnahmen und subtilen Varianten. Bei allem Respekt vor der strengen Ordnung der Welt der Pharaonen und ihrem Anspruch auf ewige Dauer, haben neue Bestrebungen doch der eher weltlichen Beschaffenheit von Raum und Zeit zu ihrem Recht verholfen; ein moderneres Empfinden für das Volumen der Dinge hat die Zwänge der aspektivischen Darstellungsweise gemildert; Linien können durch Bewegung ersetzt sein, ein Furor belebt die angespannten Rösser oder die Hitzigkeit der Bogenschützen. Tendiert die Größe zur Kolossalität, wirkt die Verfeinerung manchmal frivol. Die Massenproduktion ist nicht frei von einer gewissen Monotonie. Aber der Wille zu psychologischem Ausdruck offenbart oft den persönlichen Charakter des Künstlers. Wie Pharao von nun an ein Herrscher des Diesseits ist – das Neue Reich bietet eine erstaunliche Porträt-Galerie –, so schlägt sich die Individualität der Künstler besonders in dem mehr Spielraum gebenden Bereich der Malerei nieder. Kultische Rücksichten sind nicht mehr ausschließlich bestimmend: zur praktischen Funktion kommen Zielsetzungen bewußt ästhetischer Art.

Als die unleugbare politische Dekadenz der letzten Ramessiden den Verfall des Neuen Reiches nach sich zog und als sich um das Jahr 1000 v. Chr. das Dunkel der 3. Zwischenzeit über Ägypten senkte, sollte da die ägyptische Kultur am Ende gewesen sein? Schon unter der 20. Dynastie galten einige bedeutende Werke sozusagen als Wegweiser, als Unterpfand für das Überleben der ägyptischen Kunst. Ein Teil der Produktivität lebte auch in den folgenden Jahrhunderten fort, als das gespaltene Ägypten dem sterilen Rivalitätenspiel zwischen dem König-Priester Unterägyptens und dem Priester-König Oberägyptens ausgesetzt war und als die gewaltsame, quasi feudale Zerstückelung rücksichtslos fortgesetzt wurde.

Es widerspräche den sichtbaren Tatsachen, wollte man die Schöpferkraft der altägyptischen Künstler mit der Ramessidenzeit enden lassen. Bis zum 4. Jahrhundert n. Chr. wurden an den Ufern des Nils weiter Tempel gebaut, wurden Sanktuare und Gräber mit Reliefs geschmückt; weiterhin produzierte man oft prunkvolle Amulette und Schmuckstücke und belebte all das mit der magischen Kraft hieroglyphischer Inschriften. Für uns, die wir die Wechselfälle der ägyptischen Spätzeit mit den schrecklichen Niederlagen durch feindliche Invasionen kennen, auch das unvermeidliche Ende angesichts der Siegeszüge erst des Hellenismus, dann des Christentums – für uns handelt es sich um eine Zeit des Dahindämmerns. Aber sie dauerte fast eineinhalb Jahrtausende lang – viel länger als so manche berühmte Kultur –, und dieses Ägypten der Spätzeit schuf noch große Werke.

ZWEITER TEIL

Zusätzliche Abbildungen

283

284

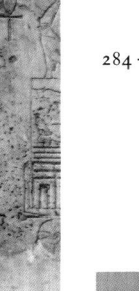

283 - *zu S. 9* - Karnak - Tempel des Amun-Re: Gesamtansicht von der Südost-Ecke des Heiligen Sees. 18. Dynastie

284 - *zu S. 67* - Karnak, Amun-Tempel - Kapelle Amenophis' I.: Der König weiht dem ithyphallischen ‹Amun-Re, König der Götter› Opfergaben. 18. Dynastie (um 1520) - *Alabaster (Kalzit)* - Karnak, Freilichtmuseum

286

282 - Verschiedene im Neuen Reich gebräuchliche Architekturelemente - Hathor-Pfeiler, geöffnetes Kapitell einer Papyrussäule, Papyrusbündelsäule, Zeltstangensäule und Pilaster - Zeichnungen nach Prisse d'Avennes und Lepsius

285

285 - *zu S. 156* - Theben - Kniefigur des Vorstehers Rui. 18. Dynastie (um 1490-1475) - *Bemalter Kalkstein; Höhe 0,317 m* - New York, The Metropolitan Museum of Art

286 - *zu S. 147* - Theben - Büste einer Königin. Anfang der 18. Dynastie (um 1520) - *Harter Kalkstein; Höhe 0,28 m* - New York, The Metropolitan Museum of Art

287

288

287 - *zu S. 75 und 91* - Scheich Abd el-Gurna - Grab
des Benia-Pahekamen (Nr. 343): Empfangshalle
nach Süden mit Scheintür und Darstellungen der
Totenspeisung. 18. Dynastie (um 1490) - *Bemalter
Kalkstein*

288 - *zu S. 75* - Scheich Abd el-Gurna - Teilansicht der
Nekropole der 18. und 19. Dynastie

289 - *zu S. 80 und 109* - Theben, Scheich Abd el-Gurna -
Grab des User (Nr. 21): Jagdbild. Ausschnitt:
Vom Pfeil getroffene und zusammenbrechende
Gazelle. 18. Dynastie (um 1480) - *Malerei auf Stuck*

290 - *zu S. 150* - Deir el-Bahari - Kolossal-Kniefigur der
Königin Hatschepsut, Gefäße mit Wein darbringend. 18. Dynastie (um 1475) - *Granit; Höhe
2,80 m* - New York, The Metropolitan Museum
of Art

289

290

291

291 - *zu S. 150* - Deir el-Bahari - Sitzfigur der Königin Hatschepsut
     im Gewand eines Pharao. 18. Dynastie (um 1475) - *Harter
     Kalkstein; Höhe 2,09 m* - New York, The Metropolitan Museum
     of Art

292 - *zu S. 155* - Armant - Senmut, eine Schlangengöttin darbringend.
     18. Dynastie (um 1475) - *Granit; Höhe 0,47 m* - New York,
     Brooklyn Museum

293 - *zu S. 72* - Theben, Deir el-Bahari - Gedächtnistempel der
     Hatschepsut, Punthalle: Das Fürstenpaar von Punt und Myr-
     rhenträger. 18. Dynastie (um 1480) - *Bemalter Kalkstein* - Kairo,
     Ägyptisches Museum

292

293

294

295

294 - *zu S. 152* - Karnak (?) - Standfigur des Senmut mit der Prinzessin Nefrure in den Armen.
18. Dynastie (um 1475) - *Granit; Höhe 0,527 m* - Chicago, Field Museum of Natural History

295 - *zu S. 14* - Karnak - Tempel des Amun-Re: Kolossalstatuen Thutmosis' III. vor der Nordseite des siebten Pylons. 18. Dynastie - *Granit; Höhe der Statuen 4,45 m*

296 - *zu S. 14* - Karnak - Tempel des Amun-Re: Fundamente des östlichen Obelisken vor
der Südseite des siebten Pylons. 18. Dynastie - *Sandstein*

297 - *zu S. 9* - Karnak - Tempel des Amun-Re: Basis einer Bündelsäule mit strahlenförmi-
gem Dekor im Opferhof Thutmosis' III. 18. Dynastie - *Sandstein; Durchmesser 1,30 m*

297

296

298

299

300

301

298 - *zu S. 23* - Tod - Stationsheiligtum Thutmosis' III.
für den Gott Month. 18. Dynastie - *Sandstein*

299 - *zu S. 10 und 11* - Karnak - Tempel des Amun-Re:
Die basilikale Anlage Thutmosis' III. mit ihren
Zeltstangensäulen. 18. Dynastie - *Sandstein; Höhe
der Säulen 6,50 m*

300 - *zu S. 325* - Semna - Tempel für Dedun und Sesostris III. 18. Dynastie - *Sandstein*

301 - *zu S. 14* - Karnak - Ost-Tempel: Unterbau des
einzelnen Obelisken Thutmosis' III. 18. Dynastie -
Sandstein

302

303

302 - *zu S. 236* - Theben, Grab der drei Prinzessinnen - Diadem. 18. Dynastie - *Gold; Länge 0,43 m* - New York, The Metropolitan Museum of Art

303 - *zu S. 92* - Theben, Scheich Abd el-Gurna - Grab des Djehuti (Nr. 45): Damen beim Bankett; Dienerin gießt Parfüm über die Hände. 18. Dynastie (um 1435) - *Malerei auf Stuck*

304

305

304 - *zu S. 238* - Dra Abu'l-Naga, Grab des Djehuti (Nr. 11) - Schale des Djehuti. 18. Dynastie - *Gold; Durchmesser 0,17 m* - Paris, Louvre

305 - *zu S. 88* - Theben, Scheich Abd el-Gurna - Grab des Rechmire (Nr. 100): Metallarbeiter; Schüren des Feuers mit Blasebalg und Abheben des geschmolzenen Metalls. 18. Dynastie (um 1435) - *Malerei auf Stuck*

306

307

308

309

306 - *zu S. 236 und 276* - Theben, Grab der drei Prinzessinnen - Kopfputz von einer der syrischen Gemahlinnen Thutmosis' III. 18. Dynastie - *Gold, Glaspaste; Länge 0,37 m* - New York, The Metropolitan Museum of Art

307 - *zu S. 75* - Theben, Scheich Abd el-Gurna - Grab des Djeserkareseneb (Nr. 38): Empfangshalle nach Süden: Opfer des Grabherrn an die thebanischen Götter und Feldarbeiten. 18. Dynastie (um 1410) - *Malerei auf Stuck*

308 - *zu S. 92* - Theben, Scheich Abd el-Gurna - Grab des Amenemhet (Nr. 82): Harfenspielerin, Lautenspieler und Flötistin beim Bankett. 18. Dynastie (um 1470) - *Malerei auf Stuck*

309 - *zu S. 84 und 87* - Theben, Scheich Abd el-Gurna - Grab des Mencheperreseneb (Nr. 86): Syrer und Hethiter (?) bringen kostbare Gefäße, Waffen und Helme als Tribute. 18. Dynastie (um 1450) - *Malerei auf Stuck*

287

310

311

310 - zu S. 76 und 82 - Theben, Scheich Abd el-Gurna - Grab des Menena (Nr. 69): Empfangshalle nach Süden: Ernteszenen, Menena und Frau in Anbetung vor Osiris. 18. Dynastie (um 1405) - *Malerei auf Stuck*

311 - zu S. 91 und 104 - Theben, Scheich Abd el-Gurna - Grab des Menena (Nr. 69): Einbringen der Ähren; Miteinander raufende Ährenleserinnen; Mädchen entfernt Dorn aus dem Fuß eines anderen. 18. Dynastie (um 1405) - *Malerei auf Stuck*

312

312 - zu S. 24 - Karnak - Tempel des Amun-Re: Tempel Amenophis' II. im Hof vor dem zehnten Pylon. 18. Dynastie - *Sandstein; Länge 37,50 m*

313 - zu S. 94 - Theben, Scheich Abd el-Gurna - Grab des Pairi (Nr. 139): Umschlungenes Paar am Speisetisch, Priester im Pantherfell beim Zelebrieren des Totenmahls unter der Speiseliste. 18. Dynastie (um 1390) - *Malerei auf Stuck*

313

314

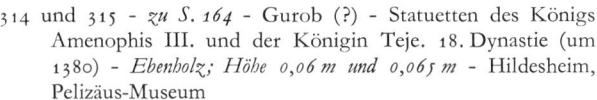

315

314 und 315 - *zu S. 164* - Gurob (?) - Statuetten des Königs
    Amenophis III. und der Königin Teje. 18. Dynastie (um
    1380) - *Ebenholz; Höhe 0,06 m und 0,065 m* - Hildesheim,
    Pelizäus-Museum
316 - *zu S. 276* - Zagazig - Ein Würdenträger und seine Gattin:
    Chaemwese und Manana. 18. Dynastie (um 1380) - *Steatit;
    Sockel: Kalkstein; Höhe 0,273 m* - Kairo, Ägyptisches Museum

316

317

317 - *zu S. 22* - Luxor - Luftbild mit dem Tempel (Aufnahme von 1914). 18.-19. Dynastie - *Sandstein*

318

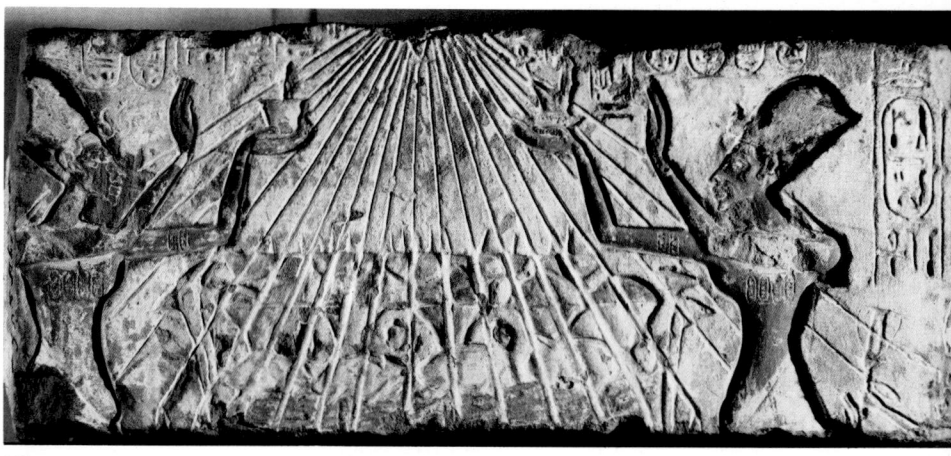

319

318 - *zu S. 172* - Tell el-Amarna - Standfigürchen des Königs Echnaton, eine Stele darbringend. 18. Dynastie (um 1372) - *Alabaster; Höhe 0,12 m* - Berlin, Staatliche Museen,
Ägyptisches Museum

319 - *zu S. 108 und 109* - Karnak, achter Pylon des Haremheb - Amenophis IV. bringt über
einem Brandopferaltar dem Aton Weihrauch und eine Figur der Göttin Maat dar.
18. Dynastie (um 1360) - *Bemalter Sandstein; Länge 0,51 m* - Karnak, Centre Franco-
Égyptien

320

321

322

323

324

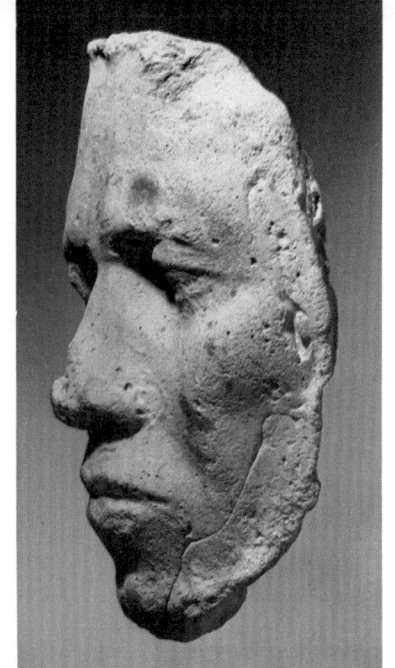

325

326

325 - *zu S. 176* - Tell el-Amarna - Maske eines Unbekannten. 18. Dynastie (um 1350) - *Gips; Höhe 0,178 m* - Berlin, Staatliche Museen, Ägyptisches Museum

326 - *zu S. 108* - Karnak, Fundamente des Großen Säulensaals - Salutierende Offiziere mit Standarten. 18. Dynastie (um 1360) - *Sandstein; Länge 0,265 m* - Luxor, Museum

327 - *zu S. 109* - Tell el-Amarna - Grab des Eje: Eje und seine Frau beten am Eingang ihres Grabes den Aton an. 18. Dynastie (um 1355) - *Kalkstein*

327

328

328 - Modell eines Hauses. Neues Reich - *Kalkstein; Höhe 0,17 m* - Paris, Louvre

329

329 - *zu S. 109* - Tell el-Amarna (?), wiederverwendet in Hermopolis, Tempel Ramses' II. - Hofdamen auf pferdebespannten Wagen bei einer königlichen Ausfahrt. 18. Dynastie (um 1355) - *Kalkstein; Länge 0,547 m* - New York, Sammlung N. Schimmel

330 - *zu S. 109* - Tell el-Amarna (?), wiederverwendet in Hermopolis, Tempel Ramses' II. - Bubalis-Antilope aus einer Szene mit Wüstenwild. 18. Dynastie (um 1355) - *Kalkstein* - New York, Brooklyn Museum

331 - *zu S. 110* - Tell el-Amarna, Grab des Eje - Eje in Begleitung seiner Frau empfängt das Ehrengold. 18. Dynastie (um 1355) - *Kalkstein; Länge 0,54 m* - Kairo, Ägyptisches Museum

331

330

332

332 - Ras Schamra - Plakette mit Tierdarstellungen. Neues Reich - *Elektron; Länge 0,146 m* - Paris, Louvre

333

334

335

333 bis 341 - Theben, Tal der Könige, Grab des Tutanchamun
(Nr. 58). 18. Dynastie - Kairo, Ägyptisches Museum

333 - *zu S. 220 und 238* - Deckel einer Truhe: Anchesenamun
reicht Tutanchamun Papyrussträuße. *Bemalte Elfenbein-
auflagen; Gesamthöhe 0,30 m*

334 - *zu S. 252* - Kelchförmige Lampe; im Innern ist das
Königspaar aufgemalt. *Alabaster; Höhe 0,514 m*

335 - *zu S. 220* - Kartuschenförmiger Kasten mit dem Namen
des Tutanchamun. *Holz mit Einlagen; Länge 0,635 m*

336 - *zu S. 257* - Krugdeckel, auf dem eine Schale mit einer
brütenden Gans liegt. *Schale: Alabaster; Gans: Holz mit
Gipsüberzug: Durchmessser 0,134 m*

337 - *zu S. 257* - Gefäß mit dem Lebenszeichen zwischen geflügelten Uräusschlangen. *Alabaster*

338 - *zu S. 262* - Schreibpalette mit dem Namen des Tutanchamun. *Elfenbein; Höhe 0,303 m*

339 - *zu S. 225* - Kanopenschrein, der von den Todesgöttinnen
beschützt wird. *Vergoldetes Holz; Höhe des Schreins 2 m*

294

336

337

339

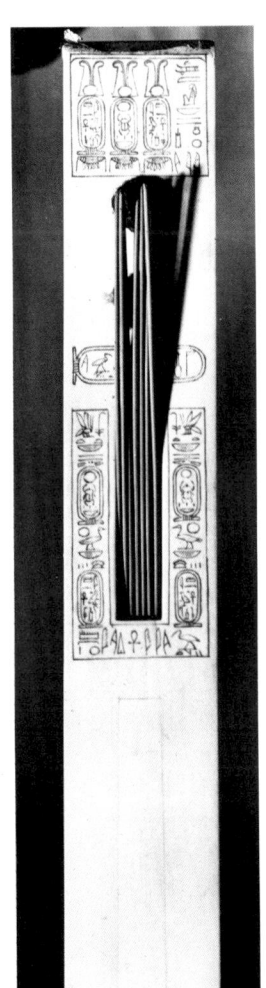

338

340

341

340 - *zu S. 212* - Anhänger in Form eines Skarabäus mit der
Darstellung des Phönix - *Harz*

341 - *zu S. 236* - Ringfassung: Der von zwei geflügelten
Göttinnen beschützte König zwischen zwei Affen, die den
falkenköpfigen Horus anbeten. *Gold; Länge 0,028 m*

342

343

342 – *zu S. 169* – Memphis (?) – Statue des Generals Haremheb als Schreiber. 18. Dynastie (um 1360) – *Granit; Höhe 1,12 m* – New York, The Metropolitan Museum of Art

343 – *zu S. 14 und 24* – Karnak – Tempel des Amun-Re: Der Heilige See mit dem achten und neunten Pylon. 18. Dynastie

344 – *zu S. 112* – Saqqara, Grab des Generals Haremheb – Gruppe ausländischer Gesandter vor einem ägyptischen Dolmetscher. 18. Dynastie (um 1330) – *Kalkstein* – Leiden, Rijksmuseum van Oudheden

345 – *zu S. 31* – Gebel es-Silsileh – Überwölbte Vorhalle im Speos des Haremheb. 18. Dynastie – *Sandstein*

344

345

346

347

346 - *zu S. 186* - Zweiersitzgruppe des Königs Haremheb mit dem Gott Horus. 18. Dynastie
(um 1330) - *Kalkstein; Höhe 1,52m* - Wien, Kunsthistorisches Museum

347 - *zu S. 112* - Saqqara, Grab des Generals Haremheb - Feldlager: Zelt mit Mobiliar
und Bediensteten. 18. Dynastie (um 1330) - *Kalkstein* - Bologna, Museo Civico

348 - *zu S. 226* - Sarkophag des königlichen Schreibers Djehutihotep, der das Gewand
der Lebenden trägt. Anfang 19. Dynastie (um 1300) - *Granit; Länge 2 m* - Paris, Louvre

349 - *zu S. 111* - Saqqara, Grab - Lautenspielerin, ihr Instrument stimmend. 18. Dynastie
(um 1340) - *Bemalter Kalkstein* - Kairo, Ägyptisches Museum

348

349

297

350

351

350 - *zu S. 189* - Abydos - Kniefigur des Königs Sethos I. 19. Dynastie (um 1310) - *Granit; Höhe 1,143 m* - New York, The Metropolitan Museum of Art

351 - *zu S. 42 und 118* - Abydos - Tempel Sethos' I.: Die Kapelle der Isis. 19. Dynastie (um 1300) - *Bemalter Kalkstein*

352 - *zu S. 133* - Theben, Scheich Abd el-Gurna - Grab des Userhat (Nr. 51): Klageweiber. 19. Dynastie (um 1300) - *Malerei auf Stuck*

353 - *zu S. 41 und 118* - Abydos - Tempel Sethos' I.: Blick in die Kapelle des Amun-Re mit der Scheintür an der Rückwand. 19. Dynastie (um 1295) - *Bemaltes Kalksteinrelief*

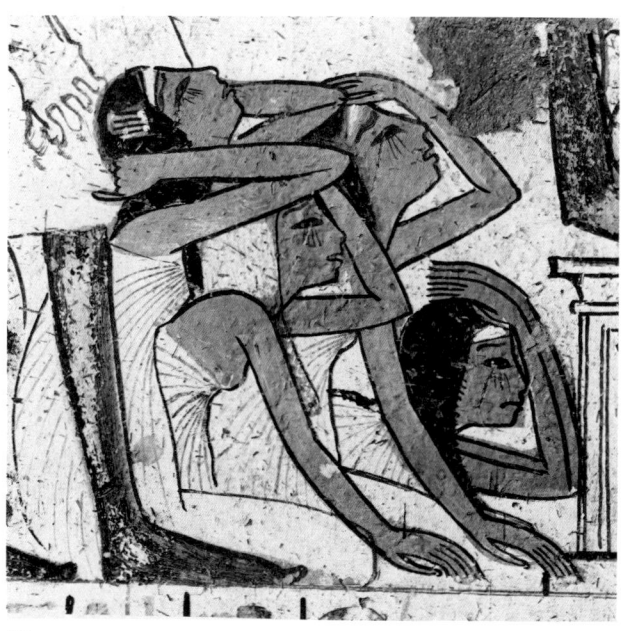

352

298

353

354

355

354 – *zu S. 42 und 118* – Abydos – Tempel Sethos' I.: Reliefschmuck im Vorraum der Osiris-Kapelle. 19. Dynastie (um 1295) – *Bemaltes Kalksteinrelief*

355 – Memphis – Tempel Sethos' I.: Kapitell

356 – *zu S. 269* – Sonnenuhr. Neues Reich – *Bronze; Länge 0,06 m* – Paris, Louvre

357 – *zu S. 269* – Sonnenuhr. Neues Reich – *Alabaster; Länge 0,08 m* – Paris, Louvre

358 – *zu S. 198* – Abydos (?) – Standfigur des Prinzen Chaemwese mit zwei Stäben. 19. Dynastie (um 1270) – *Breccie; Höhe 1,42 m* – London, British Museum

356

357

358

359

359 - *zu S. 28* - Luxor - Tempel des Amun-Re: Säulenumstandener Hof Ramses' II. mit Kolossalstatuen. 19. Dynastie - *Sandstein*

360

360 - *zu S. 196* - Memphis - Ausschnitt der Zweiergruppe des Königs Ramses II. und des Gottes
Ptah. 19. Dynastie (um 1250) - *Granit; Gesamthöhe 3,30 m* - Kopenhagen, Ny Carlsberg Glyptotek
361 - *zu S. 17* - Karnak - Tempel des Amun-Re:
Osiris-Pfeiler im Ost-Tempel Ramses' II.
19. Dynastie - *Sandstein; Höhe mit Sockel 5,20 m*

361

362

362 - *zu S. 44* - Theben - Luftbild vom Totentempel Ramses' II., dem Ramesseum (Aufnahme von 1914).
19. Dynastie

364

363

363 - *zu S. 45* - Theben - Totentempel Ramses' II., das
Ramesseum: Osiris-Pfeiler im Hof. 19. Dynastie -
Sandstein

364 - *zu S. 45* - Theben - Totentempel Ramses' II., das
Ramesseum: Ausschnitt vom großen Säulensaal.
19. Dynastie - *Sandstein*

365

366

367

365 - *zu S. 125* - Abu Simbel, Felsentempel Ramses' II. - Die Schlacht um Kadesch. 19. Dynastie (um 1270)

366 - *zu S. 49* - Abu Simbel - Kleiner Felsentempel der Königin Nefertari: Hathor-Pfeiler im Innenraum. 19. Dynastie - *Sandstein*

367 - *zu S. 197* - Karnak, ‹Cachette›-Hof - Würfelhocker des Chai. 19. Dynastie (um 1260) - *Granit; Höhe 0,73 m* - Kairo, Ägyptisches Museum

368 - *zu S. 128* - Theben (?) - Papyrusblatt mit Landkarte einer Goldminengegend in der östlichen Wüste. 19.-20. Dynastie (um 1270-1180) - *Papyrus; Höhe 0,41 m* - Turin, Museo Egizio

369 und 370 - *zu S. 266* - Votiväxte. 18. Dynastie - *Bronze: Höhe 0,08 m* - New York, The Metropolitan Museum of Art

371 - *zu S. 137* - Theben, Tal der Königinnen - Grab der Königin Nefertari (Nr. 66): Sargkammer. 19. Dynastie (um 1265) - *Malereien auf Stuck*

372 - *zu S. 192* - Ausschnitt von der Statuette einer Königin. 19. Dynastie (um 1300) - *Schist; Höhe 0,55 m* - Berlin, Staatliche Museen, Ägyptisches Museum

371

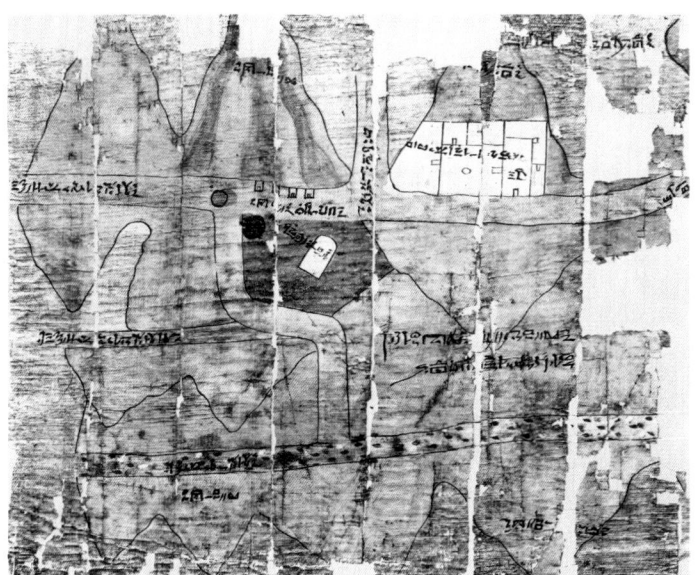

368

369

370

372

373

374

375

373 - *zu S. 52* - Medinet Habu - Totentempel Ramses' III.: Erster Hof mit
Portikus in Richtung auf das Hohe Tor. 20. Dynastie - *Sandstein*

374 - *zu S. 138 und 264* - Deir el-Medineh - Grab des Sennedjem (Nr. 1):
Der Tote mit seiner Frau beim Schachspiel. 19. Dynastie (um 1200) -
Malerei auf Stuck; Gesamthöhe 1,35 m - Kairo, Ägyptisches Museum

375 - *zu S. 264 und 275* - Deir el-Medineh - Ostrakon mit der Darstellung der
Barkenprozession des Amun mit dem Götterbild im Naos. 19.-20. Dy-
nastie - *Kalkstein; Länge etwa 0,175 m* - Berlin, Staatliche Museen,
Ägyptisches Museum

DRITTER TEIL

Anhang

PLÄNE UND REKONSTRUKTIONEN

Von Paul Barguet

DIE GÖTTERTEMPEL

Karnak, die Lage der Tempel

Das Tempelgebiet von Karnak besteht aus drei Bezirken, die jeweils von einer Umfassungsmauer aus ungebrannten Lehmziegeln eingefaßt sind. Die größte Umwallung ist die mittlere, die eine Fläche von 300000 qm umfaßt und den heiligen Bezirk des Amun einschließt. Eine Allee mit Widdersphingen, die den Namen des Haremheb tragen, führt zu dem im Süden gelegenen Tempel der Göttermutter Mut. Im Norden liegt der heilige Bezirk des Month. Die Anlage hat sich im Lauf der Zeit selbstverständlich mehrfach verändert: so war die Umfassungsmauer des Month-Tempels ursprünglich mindestens ebenso groß wie die des Amun-Tempels; diese wurde schließlich in ihrer letzten Bauphase in der 30. Dynastie trapezförmig angelegt. In der 18. Dynastie war sie noch bedeutend kleiner und wies Strebepfeiler auf, die östlich des Heiligen Sees zum Teil noch *in situ* zu erkennen sind.

Im Innern einer jeden Umfassungsmauer erhob sich der Haupttempel; daneben lag ein Heiliger See, der für die Reinigung der Priester und bei bestimmten Festen benötigt wurde. Der gewöhnlich rechteckig angelegte See hat beim Mut-Tempel ausnahmsweise die Form eines Hufeisens, in das sich der Tempel der Göttin einfügt. Im Lauf der Zeit aber wurde an den großen Tempelanlagen weitergebaut; man führte Nebentempel und -kapellen auf. Hervorzuheben sind zwei Tempel im Bezirk der Mut; der eine in der Nordost-Ecke der Umfassungsmauer war dem jugendlichen Chons geweiht. Zwei weitere liegen im Bezirk des Month; ein Anbau des

Haupttempels war der Göttin Maat geweiht. Die meisten Kultbauten aber liegen im Tempelbezirk des Reichsgottes Amun. Der bedeutendste in der Südwest-Ecke des Temenos ist der Tempel des Chons, des Sohns des Amun; er ist verbunden mit dem kleinen Opet-Tempel, einer Kultstätte für Osiris. An der Nordwand der Umfassungsmauer steht der Ptah-Tempel aus der Zeit Thutmosis' III. Zwischen dem großen Tempel und dem Heiligen See weihte Taharka dem Re-Harachte ein Heiligtum. Andere Nebenanlagen dienten etwa als große Stationsheiligtümer für die heiligen Barken, so der Tempel Ramses' III. zwischen dem ersten und zweiten Pylon oder der Tempel Sethos' II. beim ersten Pylon. Schließlich entstanden beim Amun-Tempel viele weitaus kleinere Bauten, vor allem in späterer Zeit die Osiris-Kapellen.

Alle drei Tempelbezirke sind nicht das Werk eines einzigen Königs: alle Pharaonen bis in die römische Zeit haben sich hier zu Ehren der Götter verewigt; manche hinterließen nur ihre Namen, andere bauten Innenräume ein oder vergrößerten sogar den Tempel beträchtlich.

Eine lange Prozessionsstraße, die von der vom Amun- zum Mut-Tempel verlaufenden abzweigte, verband den Tempelbezirk von Karnak mit dem Luxor-Tempel. Durch sie zog die große Prozession beim Opet-Fest mit den heiligen Barken in sechs ‹Stationen› zum großen Tempel des Südens. Beim ‹Schönen Fest des Wüstentales› wurde Amun in einer Prozession von der Kaianlage vor seinem Eingangspylon zu den vergöttlichten Königen in den Totentempeln am Fuß des Westgebirges auf die linke Nilseite gebracht.

Karnak, der Bezirk des Amun-Re

Die Tempelanlage des Amun wurde in der 30. Dynastie von einer trapezförmigen Mauer aus ungebrannten Lehmziegeln mit neun Toren umzogen. Innerhalb dieser Umfassungsmauer wurden im östlichen Teil die Reste einer Mauer aus ungebrannten Lehmziegeln mit Strebepfeilern wohl aus der 18. Dynastie freigelegt, den letzten noch sichtbaren Spuren einer älteren Umfassungsmauer.

Die Umfassungsmauer hat zwei Hauptzugänge: der Eingang im Westen liegt in der großen Westost-Achse des Tempels und ist von den über 40 m hohen Türmen des gewaltigen, dem Nil zugewandten ersten Pylons aus der 30. Dynastie bzw. der Ptolemäerzeit flankiert. Vom Anlegekai führte eine Widdersphinxallee zu diesem Eingangspylon. Das Tor in der Südwand der Umfassungsmauer liegt in der nordsüdlich verlaufenden Nebenachse und war ebenso von einem Pylon, dem heute teilweise zerstörten zehnten Pylon, eingefaßt, der wahrscheinlich unter Haremheb entstand. Über diese Tempelachse führte der Prozessionsweg zum Mut-Tempel und nach Luxor. Der ganze Götterkult konzentrierte sich auf diese beiden Tempelachsen. Der Einfachheit halber haben die Archäologen die einzelnen Pylonen nach ihrer Lage numeriert, ohne die chronologische Abfolge zu berücksichtigen: in der Westost-Achse stehen der erste bis sechste Pylon, in der Nordsüd-Achse der siebte bis zehnte Pylon.

Südlich des Heiligen Sees lagen auf einer Erhebung die Magazinräume für Opfergaben und die Arbeitsräume, in denen man Brot buk und Bier braute, um den Gott in seinem alltäglichen Kult zu versorgen. Die heute erhaltenen Anla-

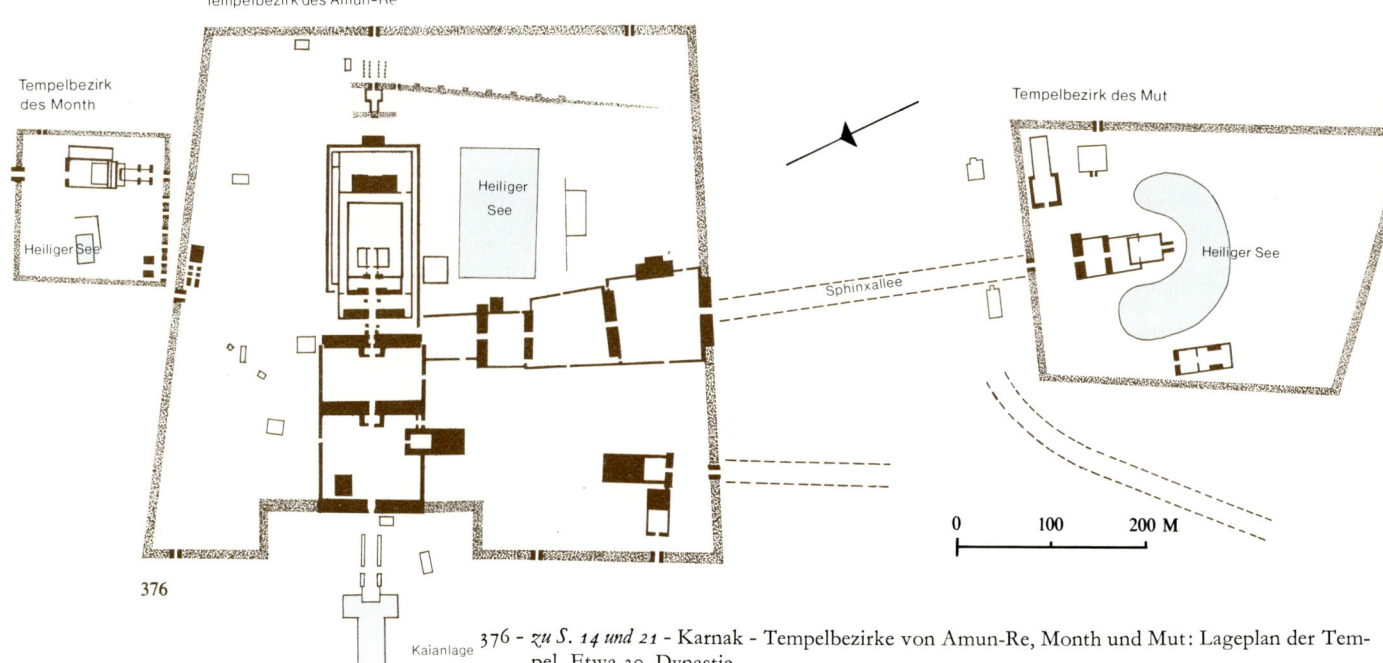

Tempelbezirk des Amun-Re

Tempelbezirk des Month

Heiliger See

Tempelbezirk des Mut

Heiliger See

Heiliger See

Sphinxallee

Heiliger See

0   100   200 M

376

Kaianlage

376 – *zu S. 14 und 21* – Karnak - Tempelbezirke von Amun-Re, Month und Mut: Lageplan der Tempel. Etwa 30. Dynastie

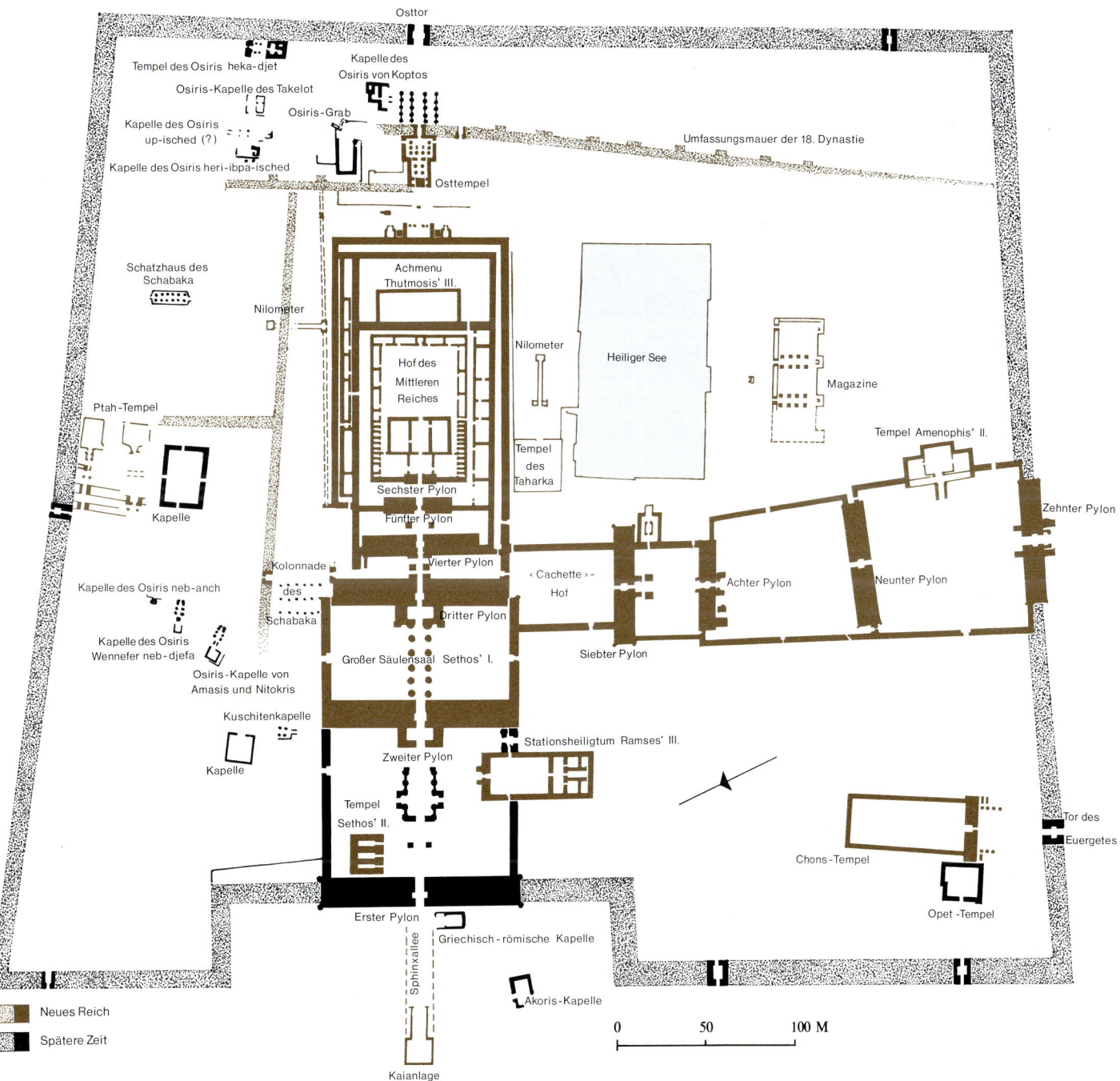

Osttor

Tempel des Osiris heka-djet

Osiris-Kapelle des Takelot

Kapelle des Osiris
up-isched (?)

Kapelle des Osiris heri-ibpa-isched

Kapelle des
Osiris von Koptos

Osiris-Grab

Osttempel

Umfassungsmauer der 18. Dynastie

Schatzhaus des
Schabaka

Nilometer

Achmenu
Thutmosis' III.

Hof des
Mittleren
Reiches

Nilometer

Heiliger See

Magazine

Ptah-Tempel

Tempel
des
Taharka

Tempel Amenophis' II.

Kapelle

Sechster Pylon

Fünfter Pylon

Kolonnade
des
Schabaka

Vierter Pylon

Dritter Pylon

‹Cachette›-
Hof

Achter Pylon

Neunter Pylon

Zehnter Pylon

Kapelle des Osiris neb-anch

Kapelle des Osiris
Wennefer neb-djefa

Osiris-Kapelle von
Amasis und Nitokris

Großer Säulensaal Sethos' I.

Siebter Pylon

Kuschitenkapelle

Kapelle

Zweiter Pylon

Stationsheiligtum Ramses' III.

Tempel
Sethos' II.

Chons-Tempel

Tor des
Euergetes

Opet-Tempel

Erster Pylon

Griechisch-römische Kapelle

Akoris-Kapelle

0   50   100 M

Sphinxallee

Kaianlage

Neues Reich

Spätere Zeit

377

377 - *zu S. 9, 14 und 30* – Karnak - Tempelbezirk des Amun-Re: Gesamtplan der Bauten in der Umfassungsmauer. Etwa 30. Dynastie.

gen aus der 29. Dynastie liegen über den Magazinen aus der 18. Dynastie. In einem Hof wurden die heiligen Gänse des Amun gehalten, die über eine Rampe ins Wasser gelangen konnten. Die Opfergaben wurden aus den Magazinen vor die Ostwand des ‹Cachette-Hofs› gebracht, dort geweiht und kultisch gereinigt. Dann kamen sie in den Säulensaal zwischen dem vierten und fünften Pylon und wurden in den Opferräumen

und -höfen aufgebaut. Die für das Opfer ausgewählten Tiere trugen das Zeichen des Amun. Sie wurden von den Domänen des Amun wahrscheinlich von Norden her über den Hof vor dem vierten Pylon in den Tempel gebracht; die Schlachthöfe sind jedoch nicht genau zu lokalisieren.

Die Priester wohnten innerhalb des Tempelbezirks östlich und westlich des Heiligen Sees.

In ptolemäischer Zeit wurde der gesamte Tempel restauriert. Unzählige Statuen und Votivfiguren aus den Höfen und Räumen wurden gemeinsam unter dem Fußboden des Hofs kultisch bestattet, der zwischen dem siebten Pylon und dem Tempel selbst liegt. Die Entdeckung dieses Statuendepots am Anfang unseres Jahrhunderts hat dem Hof die Bezeichnung ‹Cachette-Hof› eingetragen.

Karnak unter Thutmosis I.

‹Hof des Mittleren Reiches› ist die nicht ganz
treffende Bezeichnung für die Stelle, an der
Sesostris I. wahrscheinlich den Kalksteintempel
für Amun errichtete; im 5. Jahrhundert n. Chr.
verschwand der Tempel offenbar in den Kalk-
öfen. Die Türschwellen aus Rosengranit sind
glücklicherweise erhalten, so daß man wenig-
stens drei aufeinanderfolgende Räume rekonstruieren konnte; der hinterste war das Allerheiligste. Vor den drei Räumen lag ein freier
Platz. Die dort wiedergefundenen Fragmente
von polygonalen Sandsteinsäulen gehörten ehemals wohl zu einem säulenumstandenen Hof.
Die ganze Anlage wurde von Thutmosis I. mit
einer kalksteinverkleideten Sandsteinmauer eingefaßt, die mehr als 125 m lang war. Ein doppelter Pylon, der einen Säulensaal einschloß, bildete
den Eingang. Diesen Komplex könnte man den
eigentlichen Tempel des Amun-Re nennen.

Zwischen dem Tempel des Mittleren Reiches
und dem doppelten Pylon lag ein freier Platz.
Aus der Anordnung in den späteren Tempeln,
wie dem Chons-Tempel und den ptolemäischen
und römischen Tempeln, weiß man, daß zwischen dem Säulensaal und dem Allerheiligsten
die Vorratsräume für Opfergaben lagen; sie umschlossen ursprünglich auch ein Stationsheiligtum für die heilige Barke. Offenbar wurden die
Opfergaben für den Gott dort auf niedrigen Al-
tären vor der Barke des Amun aufgebaut. Wenn
die Anlage wirklich dem großen Aton-Tempel
von Amarna ähnelte, dann dürfte auch dieser
Platz durch zwei Höfe in zwei Teile gegliedert
gewesen sein. Im hinteren baute später die Königin Hatschepsut Räume ein, die sich nach
Osten bis zum Tempel des Mittleren Reiches
erstreckten. Vor ihrer Westfassade, die teilweise
mit Scheintüren verziert war, standen Opfertische.

Heute besteht der Amun-Tempel aus drei
Hauptteilen: dem Säulensaal – in dem sich die
volle Pracht des Gottes entfaltete, wenn er aus
der Dunkelheit seines Heiligtums heraustrat –,
den Opferhöfen und -räumen und dem Allerheiligsten. Die ganze Anlage war von einer
Mauer aus ungebrannten Lehmziegeln umgeben.

In diesem Säulensaal wurde der spätere Thutmosis III. von Amun zum König bestimmt; er
war damals noch jung und wohnte einer Prozession bei, in der das Götterbild getragen wurde.

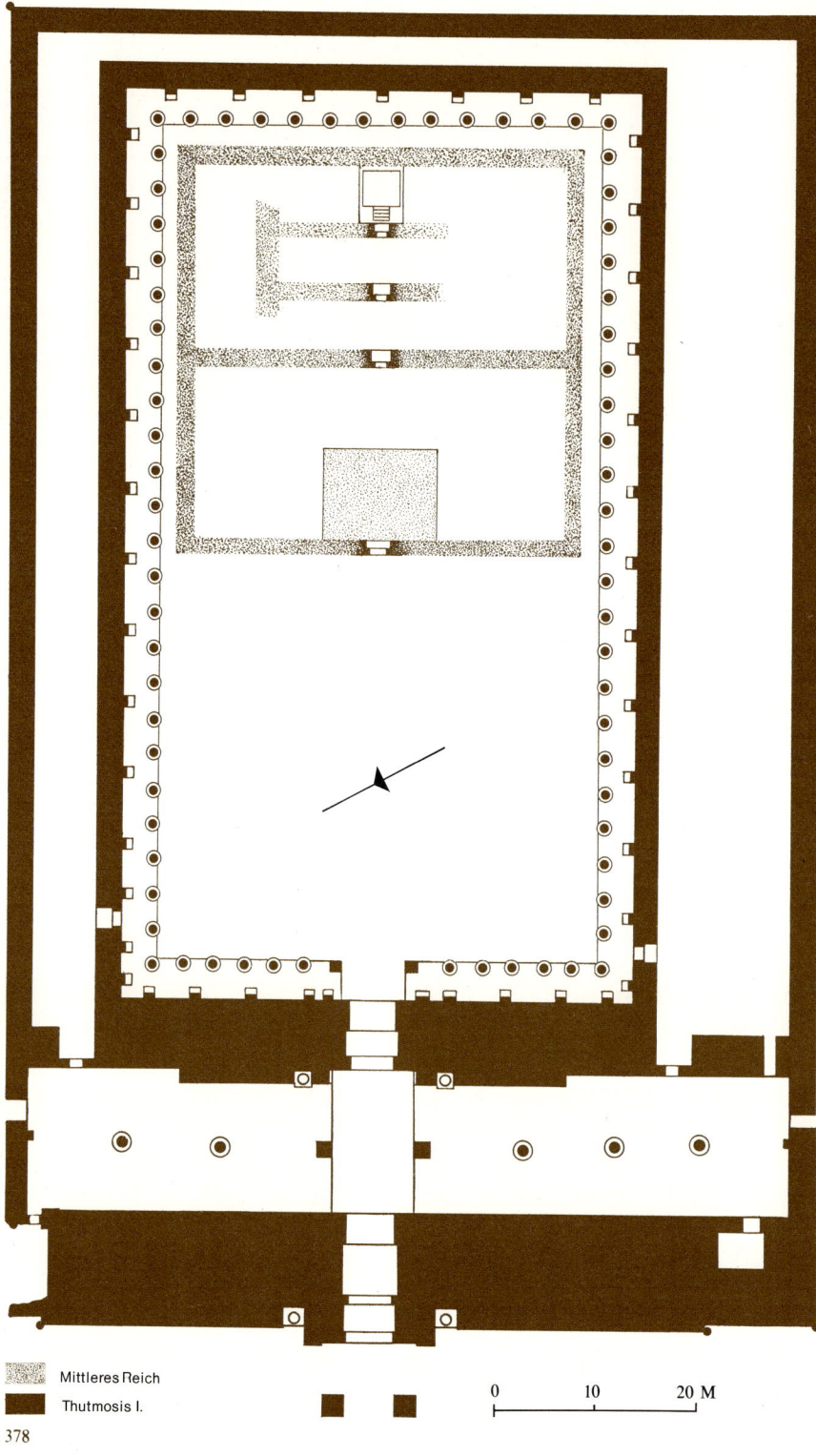

Mittleres Reich

Thutmosis I.

0   10   20 M

378

378 - *zu S. 10* - Karnak - Plan des eigentlichen Tempels des Amun-Re, des Ipet-Sut, zur Zeit
Thutmosis' I., mit der viereckigen Anlage aus dem Mittleren Reich. 18. Dynastie

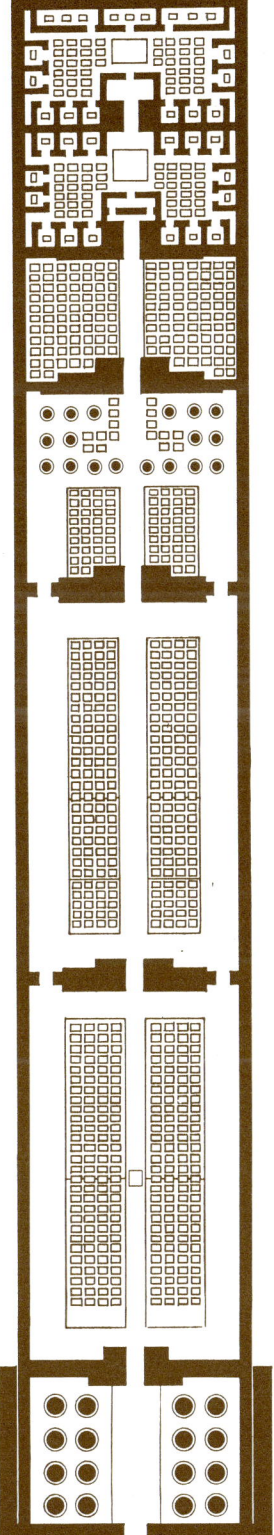

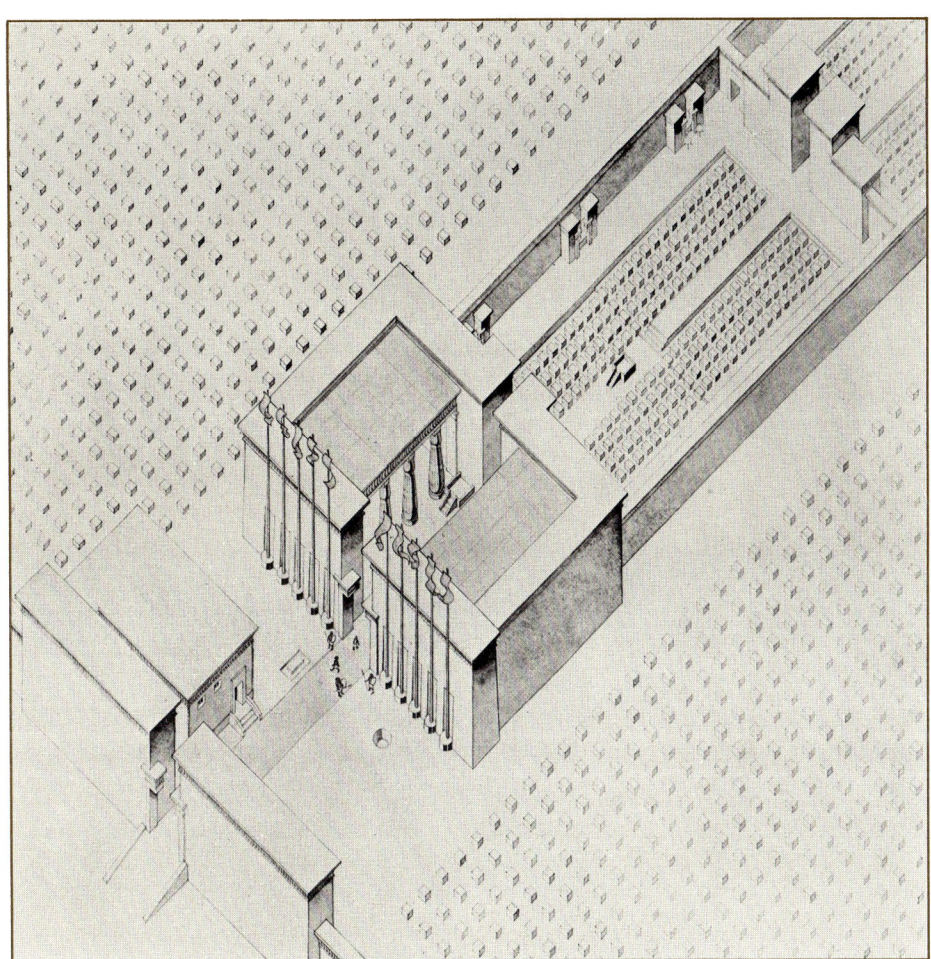

380

Tell el-Amarna, der Aton-Tempel

In einem riesigen, 760 m langen und 270 m breiten Temenos erhoben sich zwei Tempel, die,
wenn auch 320 m voneinander getrennt, in derselben Achse standen. Der dem Aton geweihte
Haupttempel war wie der Amun-Tempel in
Karnak nach Westen orientiert und maß 212 m
mal 32 m. Sein Grundriß konnte dank der ungewöhnlichen Konstruktionsweise genau fest-
gestellt werden: die mit weißem Gips gefüllten
Fundamentgräben deuten grob den Verlauf der
Mauern an. Darüber war ein in schwarze Farbe
getauchtes Seil gespannt, das, wurde es gestrafft,
die Mauerkanten genau markierte. Auf dem
verputzten Boden des zukünftigen Tempels
waren Innenaufbauten wie Altäre oder Opfertische ebenso vorgezeichnet. Nachdem die Fun-
damentblöcke eingesetzt waren, wurde die ganze
Anlage zuerst mit Sand, dann mit Lehm bedeckt; darauf wurden die kleinformatigen Bau-
steine aufgemauert. Das Aussehen des Tempels
kann mit Hilfe von Darstellungen in den Flach-

reliefs der Amarna-Gräber rekonstruiert werden, die den Tempel zugleich im Grundriß und
im Aufriß zeigen.

An den Pylon mit zehn Flaggenmasten schloß
sich ein Raum mit sechzehn Säulen an. Dahinter
lagen sechs aufeinanderfolgende Höfe mit Opfertischen auf steinernen Basen. In der Mitte des
ersten Hofs stand ein großer Altar, ebenso in
den beiden hintersten Höfen, die das Sanktuar
bildeten. Dort vollzog der König den Kult und
weihte Aton die Opfergaben. Auch außerhalb
des Tempels waren Opfertische aufgestellt.

Mit dem Ende der Amarnazeit wurden die
Stadt und ihre Tempel dem Verfall preisgegeben; wahrscheinlich ließ erst Ramses II. die
Bauten abtragen. Die Talatat wurden in späteren
Tempeln als Baumaterial verwendet. Die Stelle,
an der der Aton-Tempel stand, wurde mit einer
Zementschicht überzogen. Dadurch blieb die
ursprüngliche Zeichnung auf dem Gips erhalten,
so daß der Verlauf der Grundmauern erkennbar
blieb.

379

379 und 380 - *zu S. 10* - Tell el-Amarna - Aton-Tempel: Grundriß und perspektivische Teilansicht einer Rekonstruktion. 18. Dynastie

0   10   20   30 M

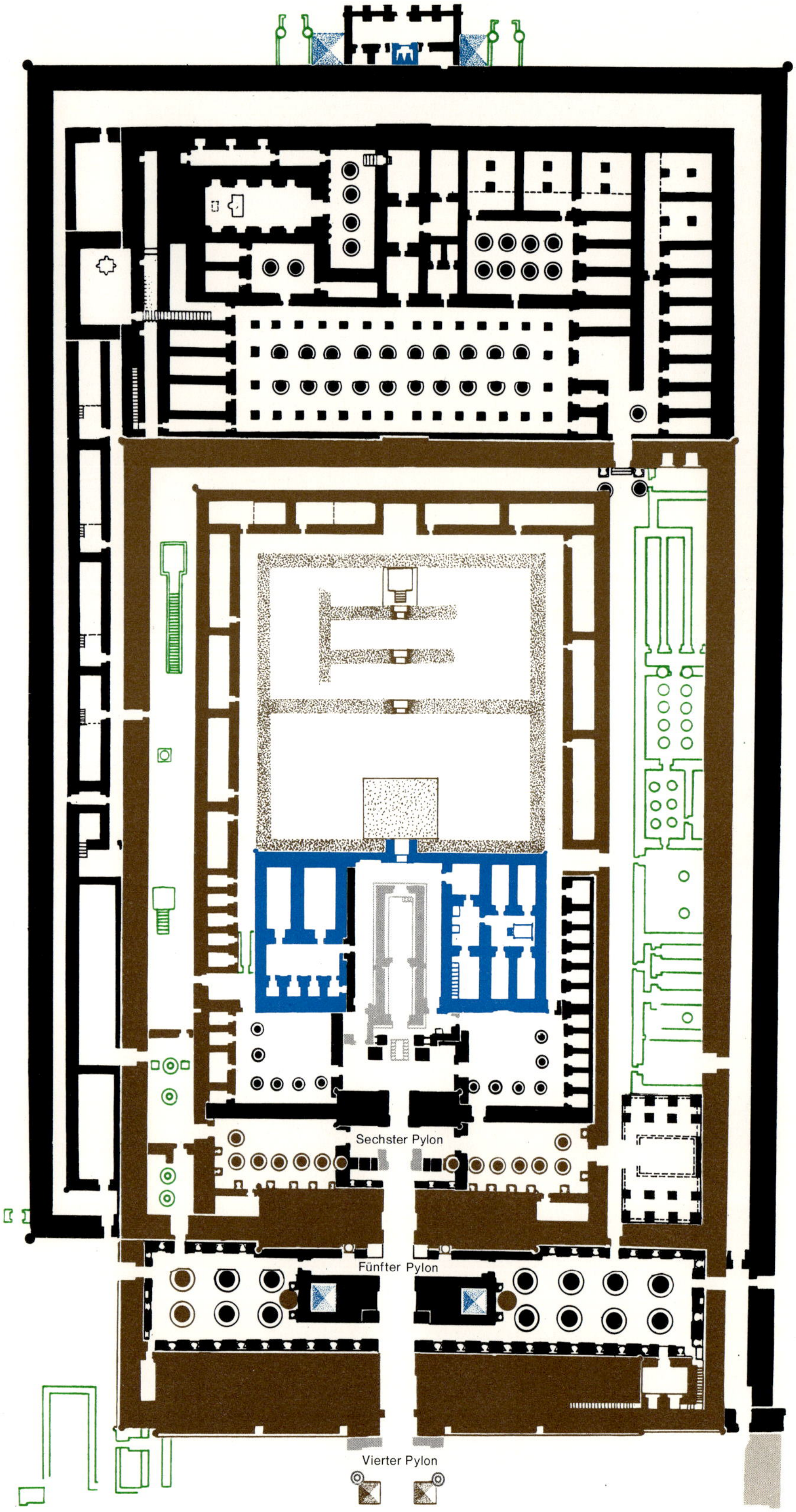

Sechster Pylon

Fünfter Pylon

Vierter Pylon

Karnak, der Tempel des Amun-Re

Der heilige Bezirk des Amun mit seinem einfachen Aufbau, den Thutmosis I. deutlich abgegrenzt hatte, wurde unter Hatschepsut und Thutmosis III. schrittweise erweitert und ausgebaut. Thutmosis III. hatte innerhalb des heiligen Bezirks eine Mauer errichtet, die nach Osten hin parallel zur Umfassungsmauer Thutmosis' I. verlief. Dort ließ er hinter dem fünften Pylon die Türme eines ‹inneren›, des sechsten Pylons aufführen. Außerdem ließ er Wände für zahlreiche kleine Kapellen einziehen, in denen der König einen Teil der göttlichen Opfergaben entgegennahm. Das zusätzliche Tor bildet eine wichtige Zäsur in der großen Westost-Achse. Wenn man den Reliefdarstellungen glauben darf, war der König auf seinem Weg ins Sanktuar, nachdem er im Vortor des vierten Pylons von Horus und Seth kultisch gereinigt worden war, von den beiden Göttern im Säulensaal zwischen dem vierten und fünften Pylon mit den beiden Kronen gekrönt worden. Bevor er dann den sechsten Pylon durchschritt, wandte er sich dem höher liegenden Naos südlich der Tempelachse zu, in dem Amun thronte; dort empfing er die göttliche Kraft, um die Opfergaben in den Opferräumen und -höfen weihen zu können und in das Allerheiligste zu treten.

Dieser Baukomplex, der das Zentrum des Amun-Tempels bildet, wurde dann von zwei

382 - Karnak - Schematischer Gesamtplan des Tempels des Amun-Re. 18.-20. Dynastie

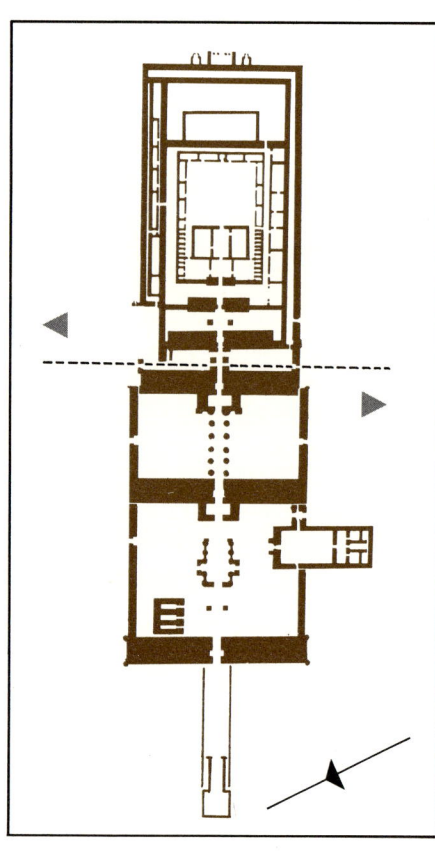

381 und 383 - *zu S. 10* - Karnak - Grundriß (in zwei Teilen) des Tempels des Amun-Re. 18.-20. Dynastie

381

382

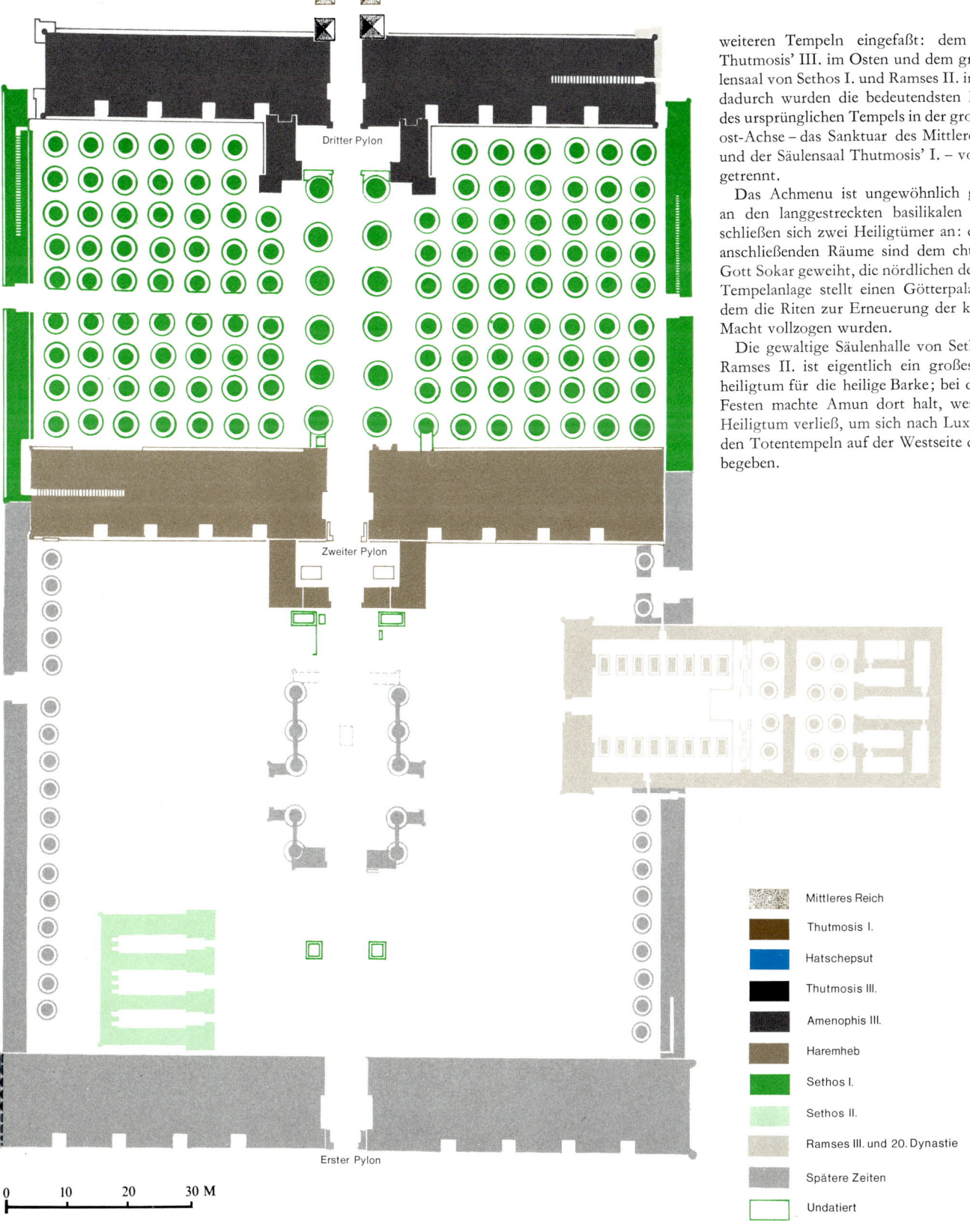

weiteren Tempeln eingefaßt: dem Achmenu Thutmosis' III. im Osten und dem großen Säulensaal von Sethos I. und Ramses II. im Westen; dadurch wurden die bedeutendsten Bauglieder des ursprünglichen Tempels in der großen West-ost-Achse – das Sanktuar des Mittleren Reiches und der Säulensaal Thutmosis' I. – voneinander getrennt.

Das Achmenu ist ungewöhnlich gegliedert; an den langgestreckten basilikalen Säulensaal schließen sich zwei Heiligtümer an: die südlich anschließenden Räume sind dem chthonischen Gott Sokar geweiht, die nördlichen dem Re. Die Tempelanlage stellt einen Götterpalast dar, in dem die Riten zur Erneuerung der königlichen Macht vollzogen wurden.

Die gewaltige Säulenhalle von Sethos I. und Ramses II. ist eigentlich ein großes Stationsheiligtum für die heilige Barke; bei den großen Festen machte Amun dort halt, wenn er sein Heiligtum verließ, um sich nach Luxor oder zu den Totentempeln auf der Westseite des Nils zu begeben.

Dritter Pylon

Zweiter Pylon

Erster Pylon

	Mittleres Reich
	Thutmosis I.
	Hatschepsut
	Thutmosis III.
	Amenophis III.
	Haremheb
	Sethos I.
	Sethos II.
	Ramses III. und 20. Dynastie
	Spätere Zeiten
	Undatiert

0   10   20   30 M

Karnak, der Ost-Tempel

Dies ist das einzige Beispiel für einen in der Tempelachse für sich stehenden Obelisken (Obelisken werden gewöhnlich paarweise zu seiten eines Tors aufgestellt), wie auch für einen Tempel, dessen Sanktuar ein Obelisk ist. So stellt sich der Baukomplex in seiner letzten Bauphase aus der Zeit Nektanebos oder der Ptolemäer jedenfalls eindeutig dar.

Der ursprünglich von Thutmosis III. begonnene einzelne Obelisk wurde von Thutmosis IV. im «oberen Vorhof des Tempels», auf halbem Weg zwischen der Ostwand des Amun-Tempels und der Umfassungsmauer mit Vorsprüngen aus der 18. Dynastie, die an dieser Stelle von einem Tor unterbrochen war, aufgerichtet. Dazwischen lag offensichtlich eine Kolonnade mit sechzehnkantigen Säulen. Ramses II. baute diese Kapelle beziehungsweise diesen Kiosk in sehr kleinem Maßstab in einen richtigen Tempel mit Hof und kleinem Säulensaal um, in dem Säulentrommeln aus der 18. Dynastie wiederverwendet wurden. Der Obelisk bildete das Sanktuar. Seine etwa 2 m hohe Rosengranitbasis zeigte wahrscheinlich eine Darstellung Amuns in Hochrelief. Die Thebaner richteten am Eingang dieses Tempels ihre Bitten an den Gott. Thutmosis III., Ramses II. und später Ptolemäus VIII. Euergetes II., der den inneren Portikus neu ausschmückte, ließen sich als Vertreter des Gottes, «der die Bitten erhört», nennen.

Vor diesem Ost-Tempel errichtete Taharka eine vierfache Kolonnade.

Der einzelne Obelisk wurde von Constantius II. 357 n.Chr. von Karnak nach Rom gebracht. Heute steht er auf dem Lateransplatz in Rom (‹Lateran-Obelisk›).

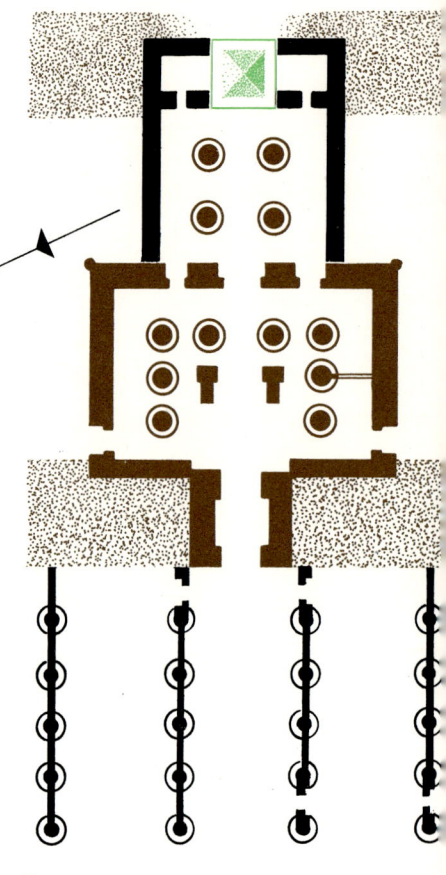

384 - *zu S. 14* - Karnak - Grundriß des Ost-Tempels mit dem einzelnen Obelisken zur Zeit Ramses' II. und mit der Kolonnade des Taharka. 19. und 25. Dynastie

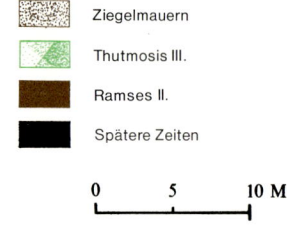

▦ Ziegelmauern

▨ Thutmosis III.

■ Ramses II.

■ Spätere Zeiten

0   5   10 M

384

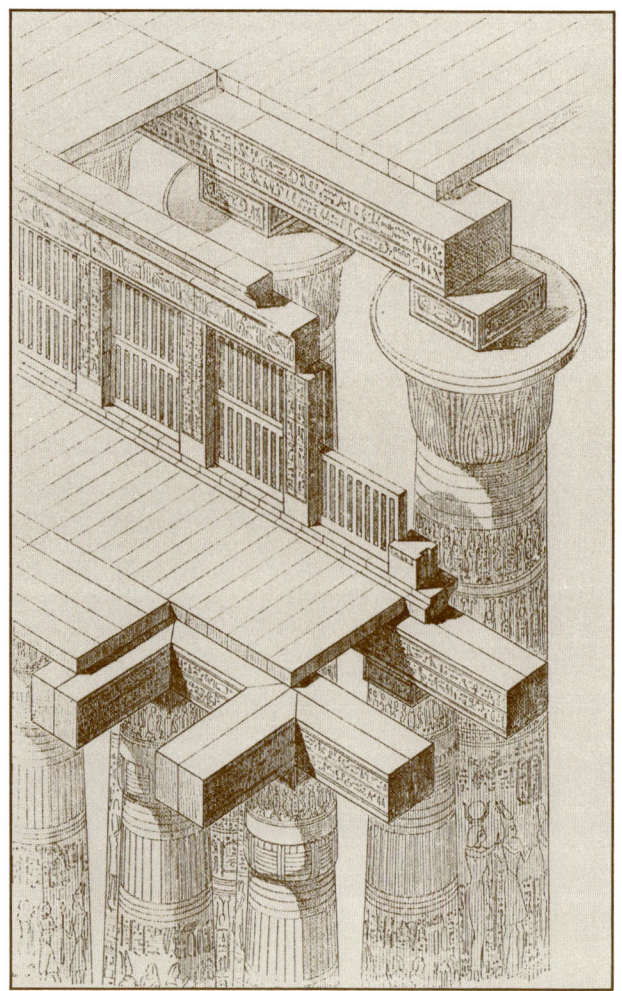

385

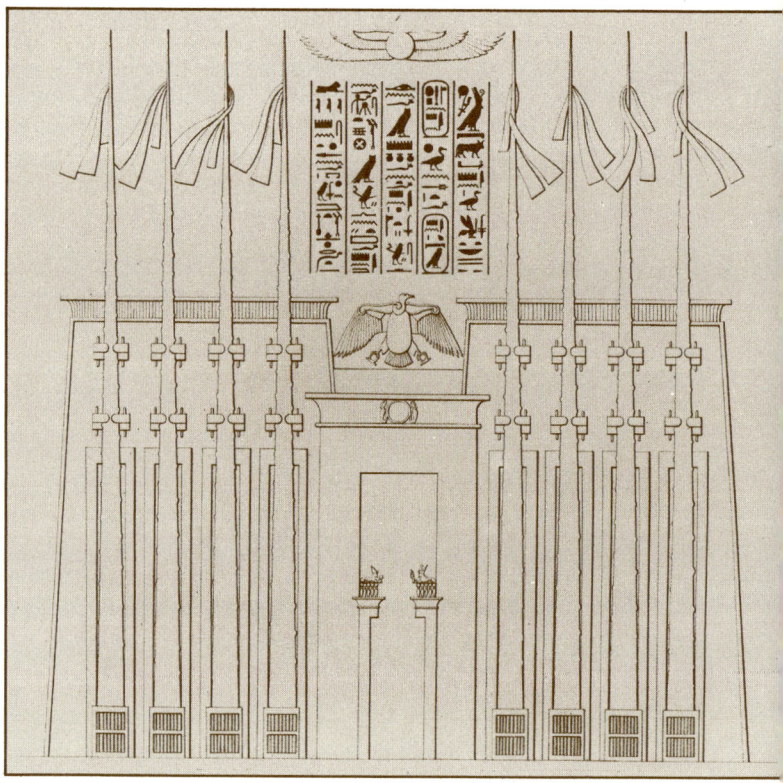

386

385 - *zu S. 26* - Karnak - Tempel des Amun-Re: Rekonstruktion der sich über zwei Ebenen erstreckenden Decke und der Fenster in der großen Säulenhalle. 19. Dynastie

386 - *zu S. 25* - Karnak - Chons-Tempel aus der Zeit Ramses' III. und Ramses' IV.: Darstellung des zweiten Pylons im Tempel des Amun-Re mit vier Flaggenmastpaaren. 20. Dynastie

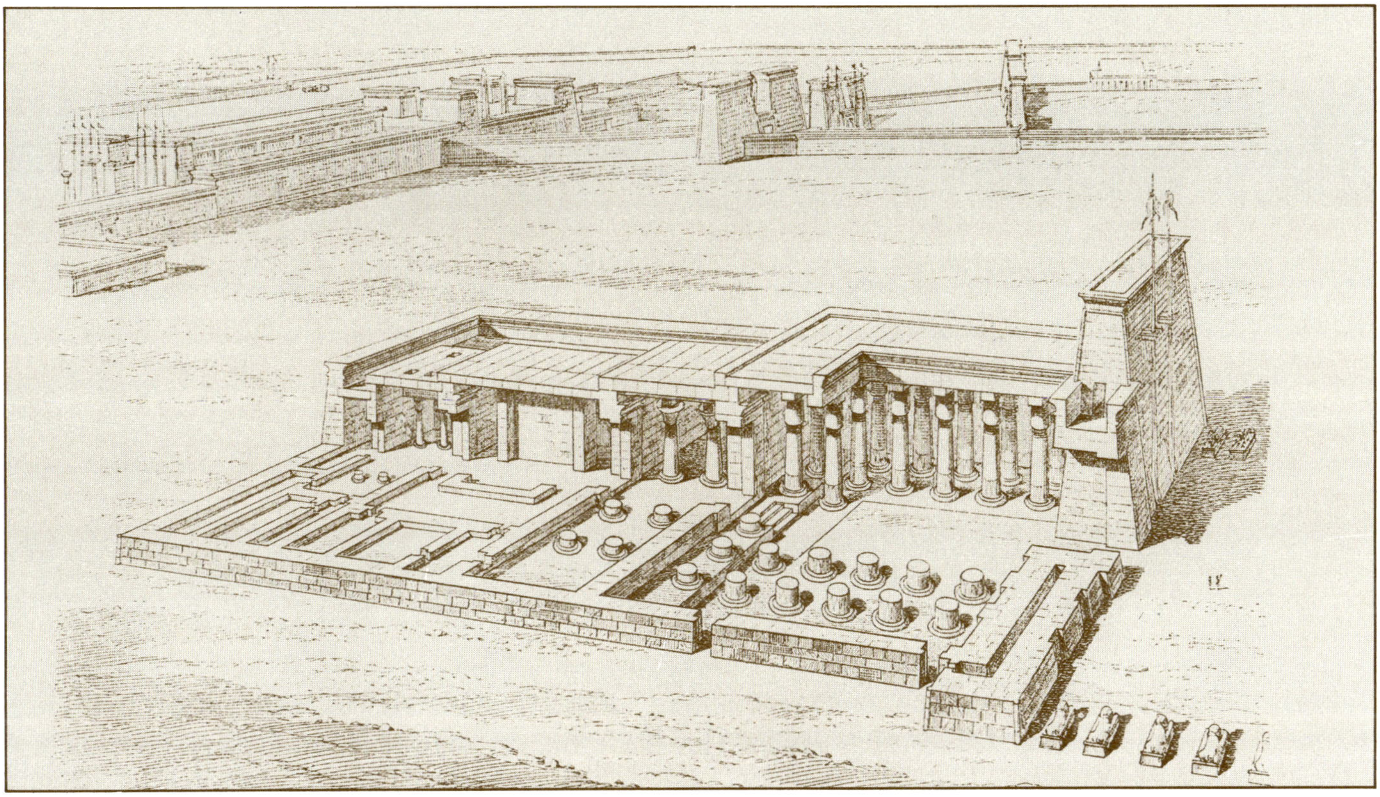

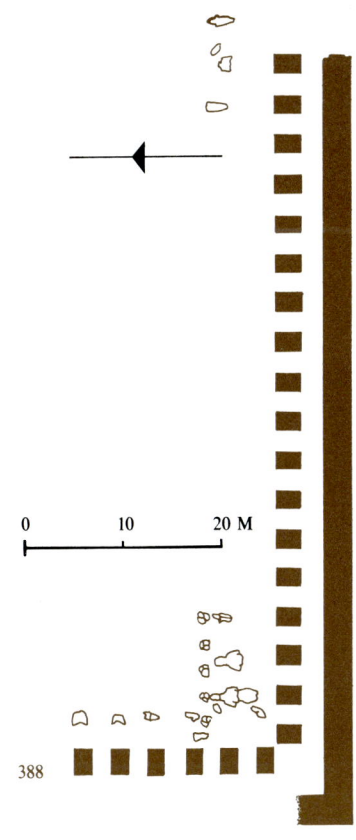

387

Karnak, der Chons-Tempel

Der 75 m lange und 30 m breite Chons-Tempel entstand in den letzten Regierungsjahren Ramses' III. und scheint einen älteren Tempel aus der Zeit Amenophis' III. ersetzt zu haben, denn die Sphingen der vorgelagerten Prozessionsallee tragen dessen Namen. Der Sandsteintempel birgt ungewöhnlicherweise inmitten seiner Opferräume ein Barkensanktuar aus Rosengranit, dessen Seitenwände aus je einem einzigen Steinblock gearbeitet sind und das die Namen Thutmosis' III. und Amenophis' II. trägt. Als Ramses IV. die Opferräume ausschmückte, umgab er dieses Barkensanktuar mit einer Sandsteinkonstruktion. Der anschließende Viersäulensaal bildet den Vorraum zum Sanktuar und entspricht mit seinem von Augustus veranlaßten Dekor dem ‹Enneadenraum› der ptolemäischen Tempel. Das in eine Nische eingelassene Sanktuar ist dem Chons geweiht. Östlich schließt sich eine Osiris-Kammer und westlich ein Sonnenheiligtum an. Der Gott dieses Tempels konnte durch seine magische Kraft die Prinzessin von Baktrien heilen, zu der er gerufen worden war, wenn man der ägyptischen Erzählung ‹Die Prinzessin von Bachtan› glauben kann. Eine gewundene Treppe führt auf das Tempeldach, wo ein Zweipfeilerraum, der von Pinodjem I. ausgestattet worden war, dem Sonnengott geweiht war.

Außer seinem einfachen und klaren Grundriß, der diesen gut erhaltenen Tempel zum Prototyp eines ägyptischen Tempels macht, zeigt der Chons-Tempel das Phänomen einer Verlagerung des religiösen Schwerpunkts: als Herihor, ein Hoherpriester des Amun, König wurde, scheint nicht mehr Chons, der Mondgott und Sohn der thebanischen Triade, im Mittelpunkt des Kults gestanden zu haben, sondern Amun, der in den Wandbildern des Säulensaals, des Hofs und des Pylons dargestellt ist. Vielleicht deutet dies aber auch auf eine gewisse Dualität innerhalb des Tempels hin: in der vorderen Tempelhälfte aus der Zeit Ramses' XI., Herihors und Pinodjems I. steht Amun in seinem solaren Aspekt im Vordergrund, in der hinteren Tempelhälfte aus der Zeit Ramses' III. und Ramses' IV. wird die Bedeutung des Mondes herausgestellt. Schließlich eine letzte Eigentümlichkeit: in die Wand eines Raums, der sich auf den Vorraum zum Sanktuar öffnet, ist ein Versteck eingelassen, in dem der Tempelschatz verborgen werden konnte; eine verschiebbare Platte verdeckte die Öffnung.

In der Kuschitenzeit, in der 25. Dynastie, wurde der Platz vor dem Pylon mit einer vierreihigen Kolonnade mit je fünf Säulen versehen, die den Namen des Taharka trugen.

In der sehr anschaulichen, perspektivischen Skizze von Chipiez ist ein kleiner Irrtum zu verbessern: am Ende des peristylen Hofs steht auf einer Stufe, die man über eine Rampe betritt, nicht nur eine einzige Reihe mit sechs Säulen, sondern zwei Reihen mit zwölf Säulen. Diese Kolonnade bildet den Eingang zu einem hypostylen Raum mit acht Säulen.

388

0   10   20 M

---

387 - zu S. 30 - Karnak - Chons-Tempel aus der Zeit Ramses' III. und Ramses' IV.: Perspektivische Ansicht eines teilweise rekonstruierten Tempels. 20. Dynastie

388 - zu S. 17 - Karnak - Aton-Tempel Amenophis' IV., das Gempaaton: Grundriß des Eingangshofs mit viereckigen Pfeilern, vor denen die Kolossalstatuen standen. 18. Dynastie (um 1370)

313

Luxor, der Tempel des Amun-Re

Anläßlich des etwa 15 Tage dauernden Opet-Festes verließ die Götterprozession den Tempel von Karnak. Sie geleitete die heiligen Barken über die 2,5 km lange und mit Steinplatten gepflasterte Sphinxallee, die unter Nektanebos zum letzten Mal umgestaltet worden war, bis zum Eingangspylon des Luxor-Tempels. Dort auf dem Tempelvorplatz, den Nektanebos mit einer Mauer umgeben hatte, machte die Prozession halt. Vor dem Pylon, der von Ramses II. errichtet worden war und im ersten Hof im Relief dargestellt ist, erhoben sich zwei Obelisken, zwei kolossale Sitzfiguren und vier überlebensgroße Standbilder, die kultisch verehrt wurden. Die Bedeutung dieser monumentalen Königs-

390 - *zu S. 22* - Luxor - Tempel des Amun-Re: Grundriß des Tempels Amenophis' III. mit dem Erweiterungsbau Ramses' II. 18. und 19. Dynastie

■ (grün) Hatschepsut - Thutmosis III.
■ Amenophis III., erste Bauphase
■ Amenophis III., zweite Bauphase
■ Amenophis III., dritte Bauphase
■ Ramses II.

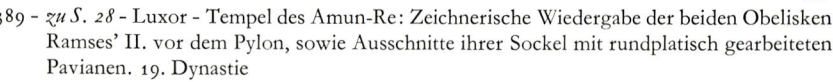

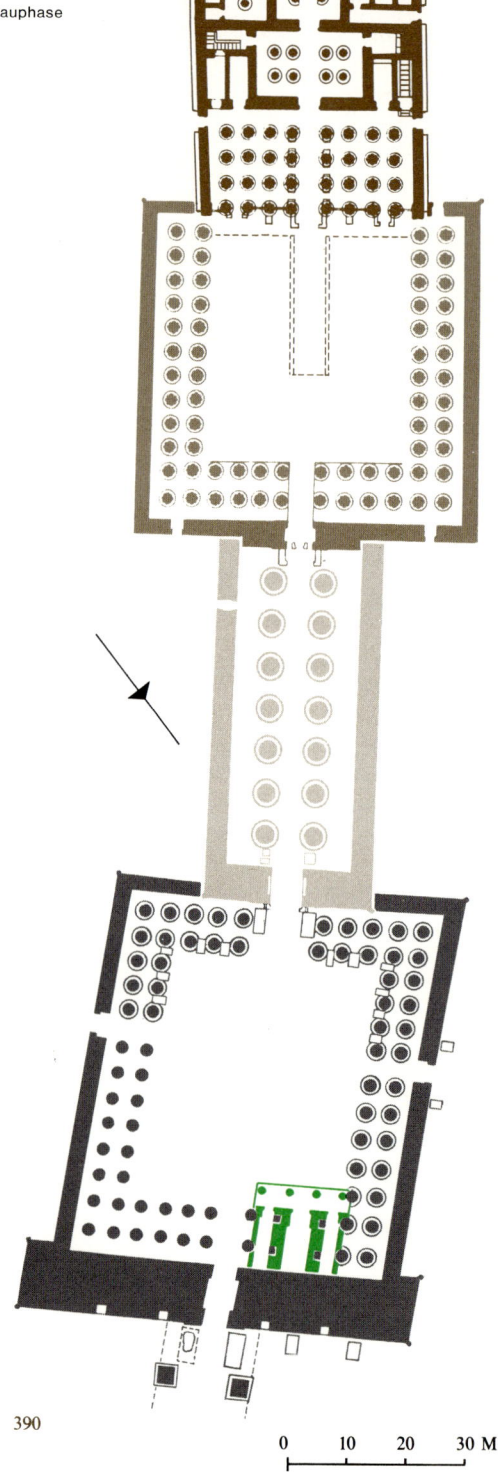

389   390

389 - *zu S. 28* - Luxor - Tempel des Amun-Re: Zeichnerische Wiedergabe der beiden Obelisken Ramses' II. vor dem Pylon, sowie Ausschnitte ihrer Sockel mit rundplatisch gearbeiteten Pavianen. 19. Dynastie

0   10   20   30 M

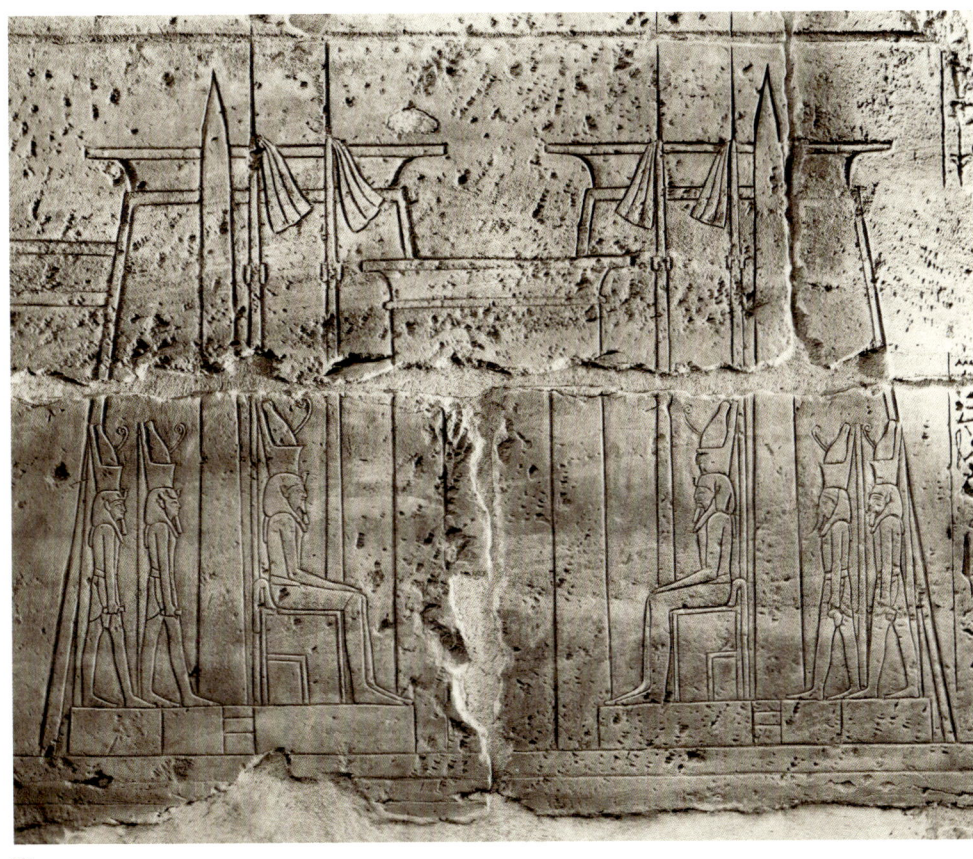

391

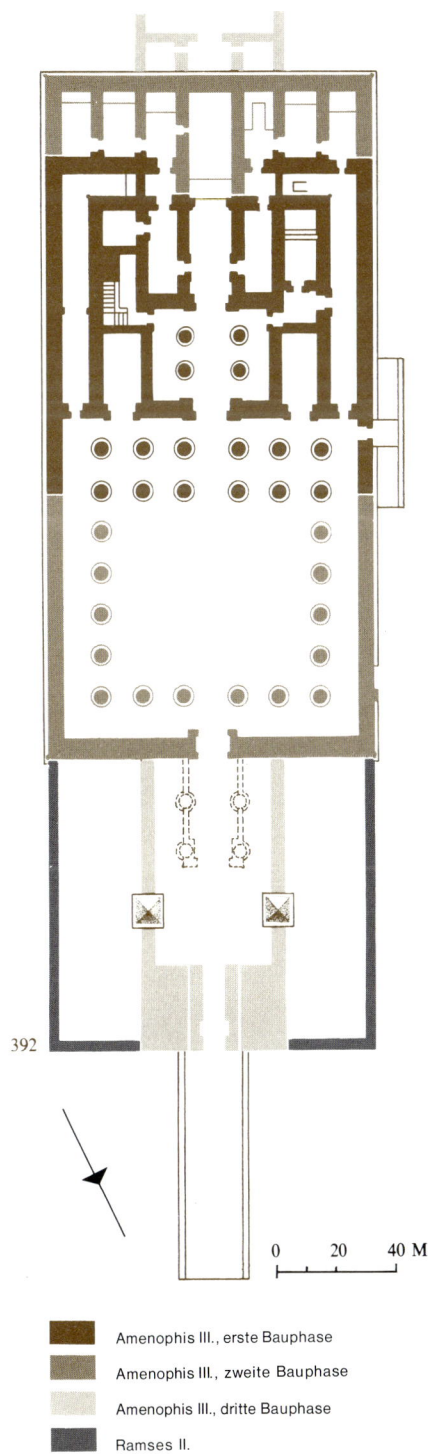

392

bildnisse wird durch die elf überlebensgroßen Standfiguren in der südlichen Hälfte des ersten Hofs und durch die beiden Sitzfiguren Ramses' II. noch hervorgehoben, deren eine den Eigennamen ‹Sonne der Herrscher› trägt.

Dieser säulenumstandene Vorhof Ramses' II. mit seinem nicht quadratischen Grundriß liegt vor dem Tempel Amenophis' III. Wenn das Geleit der heiligen Barken den Tempel erreichte, warteten dort schon die wohlgenährten Rinder, die mit Brennstempeln als Opfertiere gekennzeichnet waren, um zum heiligen Schlachthaus geführt zu werden.

Amenophis III. ließ vor dem Tempelhaus (1. Bauphase) einen großen, säulenumstandenen Hof (2. Bauphase) und eine gewaltige Kolonnade als Eingangshalle (3. Bauphase) anlegen. Das Tempelhaus gliedert sich in zwei Teile: im nördlichen Teil steht das zentrale Stationsheiligtum für die Amun-Barke; im südlichen Teil wurde das Kultbild des Amun aufbewahrt, das regelrecht ernährt und angekleidet wurde. Dieser hinterste Tempeltrakt mit seinem Sanktuar rechtfertigt die Bezeichnung des Luxor-Tempels als ‹Adyton (Opet) des Südens›.

Karnak, der Month-Tempel

Der Tempel des Amun-Re-Month in Karnak Nord wurde von Amenophis III. erbaut und ähnelt in seiner Anlage dem Luxor-Tempel, wurde aber in seiner 2. Bauphase im Gegensatz zu diesem beträchtlich erweitert: nicht nur ein Vorhof kam hinzu, sondern auch hinten wurden Räume angebaut, wodurch sich die Tiefe des Allerheiligsten verdoppelte. Leider ist der Tempel bis auf seine Grundmauern zerstört.

Hinter dem Month-Tempel wurde wahrscheinlich gleichzeitig ein kleines Heiligtum für die Maat, die Göttin der Wahrheit, errichtet. Sein Sanktuar barg einen Schrein, der anläßlich des Opet-Festes nach Luxor gebracht wurde. In diesem Tempel wurden unter Ramses IX. die Schänder der königlichen Grabanlagen verhört.

0   20   40 M

Amenophis III., erste Bauphase

Amenophis III., zweite Bauphase

Amenophis III., dritte Bauphase

Ramses II.

391 - *zu S. 28* - Luxor - Tempel des Amun-Re: Flachrelief im säulenumstandenen Hof Ramses' II. mit der Darstellung der beiden Obelisken und der kolossalen Sitz- und Standfiguren vor dem Eingangspylon. 19. Dynastie

392 - *zu S. 21* - Karnak - Month-Tempel: Grundriß mit den drei Bauphasen. 18. Dynastie

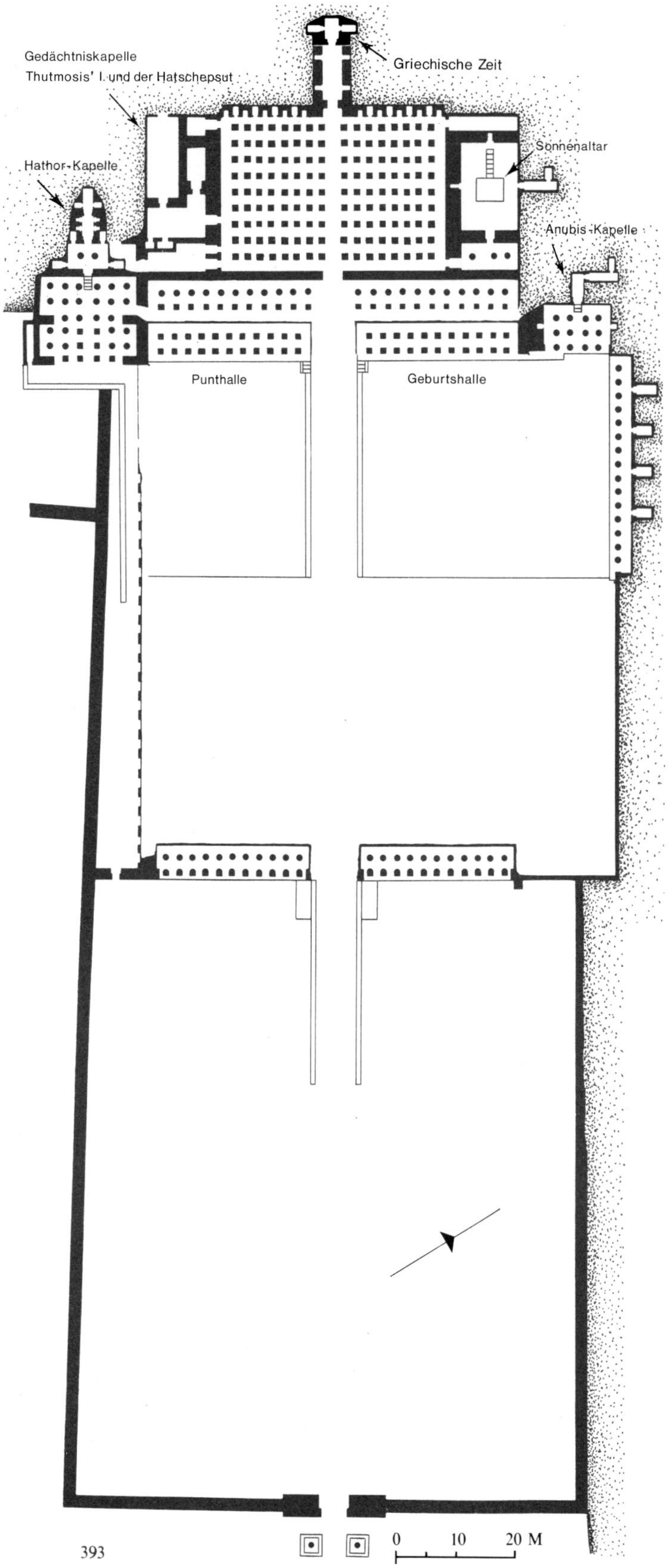

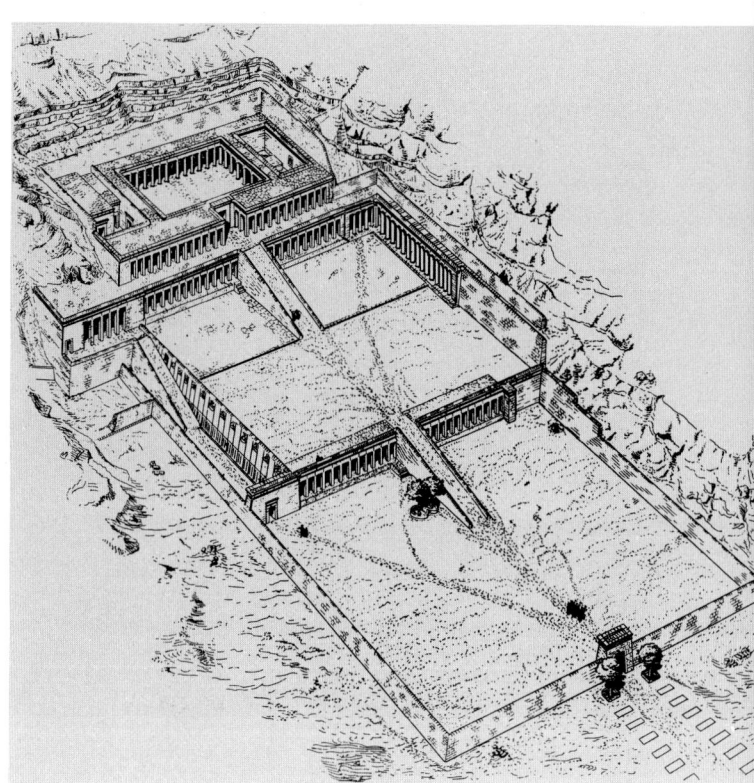

Gedächtniskapelle
Thutmosis' I. und der Hatschepsut

Griechische Zeit

Hathor-Kapelle

Sonnenaltar

Anubis-Kapelle

Punthalle

Geburtshalle

393

394

0   10   20 M

DIE KÖNIGLICHEN TOTENTEMPEL

Deir el-Bahari, der Tempel der Hatschepsut

Die wiederaufgefundenen Gründungsbeigaben deuten darauf hin, daß der Tempel nach dem Vorbild des benachbarten Tempels des großen Mentuhotep aus der 11. Dynastie errichtet werden sollte, allerdings in sehr viel kleinerem Ausmaß. Der Architekt der Königin ließ eine Ziegelkapelle von Amenophis I. und seiner Mutter Ahmose-Nofretere abreißen und begann dort mit dem Bau des Gedächtnistempels, der jedoch so groß wie der des Königs aus dem Mittleren Reich wurde. Aber er übernahm nur die Form der Terrassen mit Säulenportikus.

Der Tempel erhebt sich am Ende eines langen Aufwegs, der vom Nil heraufführte und jenseits des Fruchtlands noch sichtbar ist. Er verläuft parallel zum Aufweg des Mentuhotep-Tempels über eine bis zu 5 m hohe Aufschüttung, soweit Unebenheiten des Geländes überbrückt werden mußten. Beiderseits des Aufwegs wurden zerbrochene Statuen der Hatschepsut gefunden, die Thutmosis III. dort zerschlagen hatte, um das Andenken an seine Tante auszulöschen. Die Farben der vom Sand bedeckten Figuren hatten sich vorzüglich erhalten. Bei manchen Statuen waren die Augen herausgebrochen und die Nase abgeschlagen, damit sie nicht mehr sehen und riechen konnten. Gleichzeitig ließ der König die

393 und 394 - *zu S. 34* - Deir el-Bahari - Totentempel der Königin Hatschepsut: Grundriß (nach den jüngsten polnischen Grabungen) mit dem Säulensaal auf der obersten Terrasse und perspektivische Ansicht. 18. Dynastie
395 bis 398 - *zu S. 50* - Soleb - Tempel Amenophis' III.: Grundrisse der vier Bauphasen. 18. Dynastie

Namen und Darstellungen der Königin auf den Tempelwänden ausmeißeln.

Über diesen Aufweg, der von Sphingen mit den Gesichtszügen der Königin flankiert war, zog die Prozession im 10. Monat eines jeden Jahres beim Talfest, wenn sie nach dem Besuch aller ‹Häuser der Millionen Jahre› ihre Rundreise beschloß. Die Statue des Amun war in der göttlichen Barke auf den Schultern der Priester aus Karnak herausgetragen worden und wurde nun zwischen den Papyrusbecken auf der ersten Erdaufschüttung von Terrasse zu Terrasse bis zum Felssanktuar an der Rückwand der obersten Tempelterrasse emporgebracht, das die aufgehende Sonne Anfang Mai vollständig erleuchtete. Zwischen den kolossalen Osiris-Pfeilern der Königin, die an den vier Ecken des Sanktuars standen, verbrachte der Gott dort die Nacht.

Zur Zeit der Hatschepsut bestand das tief in den Felsen geschlagene Sanktuar aus zwei hintereinanderliegenden Räumen. Unter den ersten Ptolemäern wurde die Rückwand noch weiter in den Felsen hineinverlegt und in der Längsachse noch ein weiterer kleiner Raum angebaut, der den Göttern der Heilkunst, Imhotep und Amenophis, dem Sohn des Hapu, geweiht war; griechische Inschriften nennen sogar noch den Namen der Göttin Hygieia. Die oberste Terrasse wurde auf diese Weise eine Art Sanatorium.

Die Hathor-Kapelle auf der zweiten Terrasse lehnt sich im Süden an die oberste Tempelterrasse an und wirkt wie eine Miniaturausführung des Terrassenbaus. Ihr Sanktuar zeigt denselben Aufbau wie das Hauptsanktuar des Tempels und ersetzt wahrscheinlich eine alte Grotte, in der die Hathor-Kuh verehrt wurde und auf die wohl die Kapellen von Amenophis I. und Ahmose-Nofretere ausgerichtet waren. In den Darstellungen trinkt die Königin am Euter der Kuh.

Auf der Südseite der obersten Terrasse lag eine zweigeteilte Gedächtniskapelle für die Königin und ihren Vater Thutmosis I.; dort wurden vor der Scheintür auf der Westwand die Opfer für sie niedergelegt. Gegenüber, auf der Nordseite der Terrasse, wurde dem Amun-Re-Harachte auf einem großen Sonnenaltar geopfert, der in der Mitte eines Hofes unter freiem Himmel stand.

Soleb, der Tempel Amenophis' III.
In Soleb, auf der linken Nilseite, erhob sich nahe am Ufer der Sandsteintempel Amenophis' III. mit dem Namen «der in der Maat erscheint». Der Tempel war über einer sehr viel älteren Anlage aus ungebrannten Lehmziegeln errichtet, die von Thutmosis III. in einen etwa 48 m langen, schiffsförmigen Graben umgewandelt wurde, der, nordsüdlich orientiert, mit dem Bug

nach Norden, als Sanktuar diente. Östlich davon erhebt sich der eigentliche Eingangspylon des Tempels, der eigentlich den zweiten Pylon des Tempels bildet.

Insgesamt konnten im Tempel dreißig verschiedene Schichten von gestampfter Erde unterschieden werden. Einschneidend waren die vier großen Bauphasen: vor dem Tempelhaus, von dem nur noch eine hypostyle Halle mit ehemals vierundzwanzig Säulen zu erkennen ist, lag ein peristyler Hof mit sechsunddreißig Bündelsäulen (1. Bauphase), dazu kam ein peristyler Hof mit einem Eingangspylon (2. Bauphase), dann ein Aufweg mit widderköpfigen Sphingen (3. Bauphase), der zu einer Kaianlage führte. Schließlich wurde vor dem Pylondurchgang ein Vortor, eine quadratische Eingangshalle mit vier Palmstammsäulen, errichtet und ein gewaltiger Pylon am Anfang des Aufwegs (4. Bauphase). In diesem ‹Haus der Millionen Jahre› wurde der König göttlich verehrt. In seiner Funktion steht der Bau den thebanischen Totentempeln nahe; leider sind von seiner Anlage nur noch die beiden großen Höfe erhalten, der hintere Teil ist völlig zerstört. Der Tempel ist wegen seiner wunderschönen Bündelsäulen und wegen seiner Wanddarstellungen berühmt, die – vor allem auf dem zweiten Pylon – Ausschnitte vom ‹sed›-Fest Amenophis' III. zeigen.

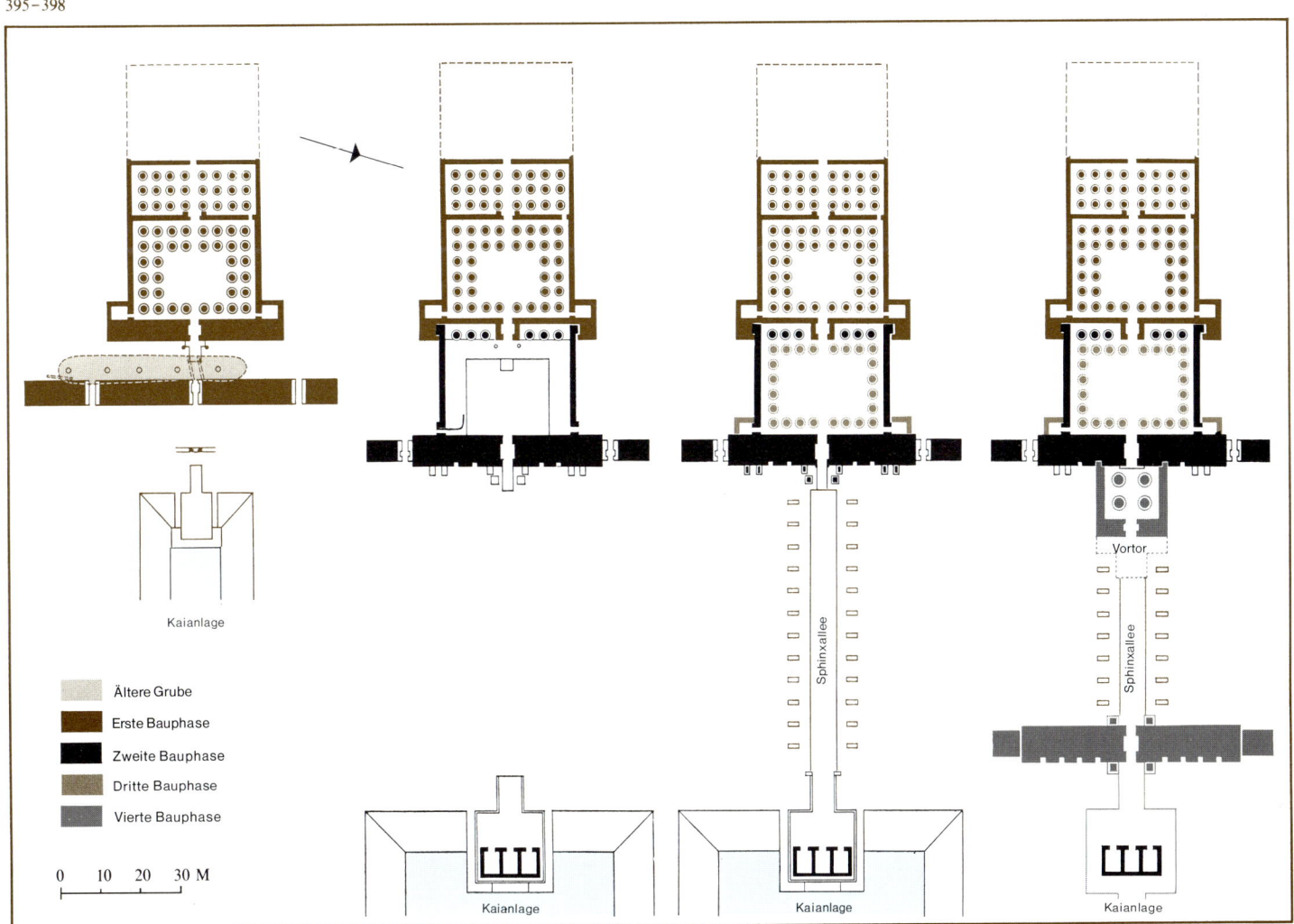

Ältere Grube
Erste Bauphase
Zweite Bauphase
Dritte Bauphase
Vierte Bauphase

0   10   20   30 M

Kaianlage

Kaianlage

Sphinxallee

Kaianlage

Vortor

Sphinxallee

Kaianlage

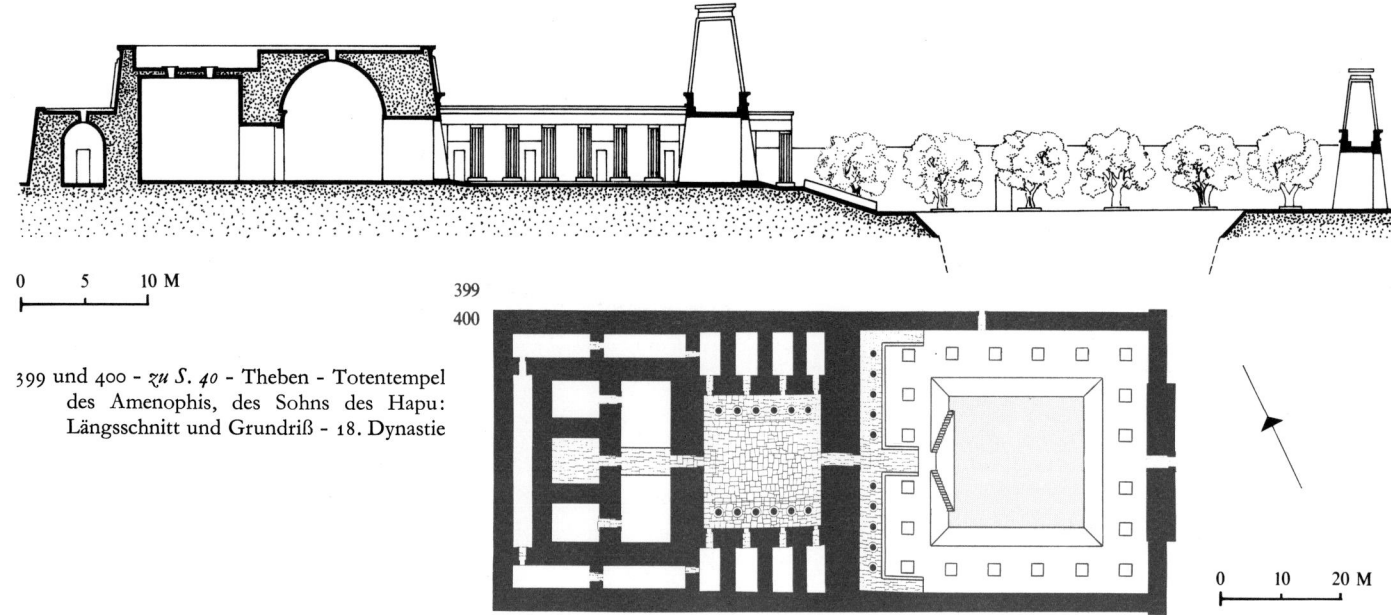

0   5   10 M

399
400

399 und 400 - *zu S. 40* - Theben - Totentempel des Amenophis, des Sohns des Hapu: Längsschnitt und Grundriß - 18. Dynastie

0   10   20 M

Theben, der Tempel des Amenophis, des Sohns des Hapu

Dieser außergewöhnliche Totentempel, der einzige Verehrungstempel für einen Privatmann neben all den königlichen Totentempeln, war zu Ehren von Amenophis, dem Sohn des Hapu, errichtet worden. Amenophis kam aus einfachen Verhältnissen, war zuerst Schreiber, wurde dann unter Amenophis III. königlicher Schreiber, der mit der Truppenaushebung beauftragt war, und schließlich oberster Bauleiter des Königs. Im Tempel von Karnak wurden sieben seiner Statuen gefunden, einige davon am Tempeleingang, in denen er als Mittler zwischen Gott und Mensch fungierte; sie charakterisieren ihn als bedeutenden Staatsmann, der hoch verehrt und schließlich vergöttlicht wurde.

Sein Tempel unterscheidet sich von den anderen durch ein gewaltiges Wasserbecken, das nicht vor dem Tempel, sondern hinter dem Eingangspylon liegt. Wahrscheinlich entspricht dieses Becken der Kaianlage, die bei den Totentempeln am Anfang des Aufwegs lag; denn in einer Darstellung auf der Westseite des zweiten Pylons werden wohlgenährte Rinder herangeführt, eine Szene, die sonst gewöhnlich an den Wänden der Tempelhöfe zu finden ist; deshalb dürfte dieser Pylon den eigentlichen Eingang zum Tempel gebildet haben.

Abydos, Tempel und Kenotaph

Das ‹Haus der Millionen Jahre› und das Osireion, der Kenotaph Sethos’ I., bilden zusammen eine gewaltige Kultanlage, ähnlich wie im Alten Reich die Pyramide und der königliche Totentempel. Aber wenn auch der Plan in großen Zügen der gleiche bleibt, so gilt das keineswegs für die Darstellungen und Texte aus der Zeit des Merenptah. Im Kenotaph biegt der geneigte Korridor, wie in der Pyramide, scharf im rechten Winkel zum Sargraum ab; jedoch ist der Vorraum relativ klein. Grabherr ist Osiris, wenn auch die Texte an den Wänden des langen, abschüssigen Korridors mit einer Huldigung für

Horus beginnen. Sie sprechen einerseits von der Erneuerung des göttlichen Körpers und von der posthumen Zeugung des jungen Horus durch den verstorbenen Osiris (Ausschnitt aus dem Höhlenbuch), andererseits von der Übergabe des Königtums an den neuen Herrscher Horus (Ausschnitt aus dem Pfortenbuch). Die unterirdische Anlage in der Mitte des Grabraums soll das Grab des Osiris symbolisieren, zugleich aber das Scheingrab des Königs darstellen.

Eine lange Treppe, und nicht wie gewöhnlich ein langer Aufweg, führte hinauf zum ‹Haus der Millionen Jahre›, dem Memnonium nach Strabo. In diesem Tempel neben dem Kenotaph wurde der Kult für den verstorbenen König, den Osiris Sethos, gefeiert. Die Opfer wurden ursprünglich wohl im zweiten Säulensaal vollzogen. Die anschließenden sieben Kapellen entsprechen den fünf Statuennischen im Totentempel des Alten Reiches. Die beiden zusätzlichen Kapellen sind den beiden anderen Mitgliedern der abydenischen Triade – Osiris, Isis und

401- 402

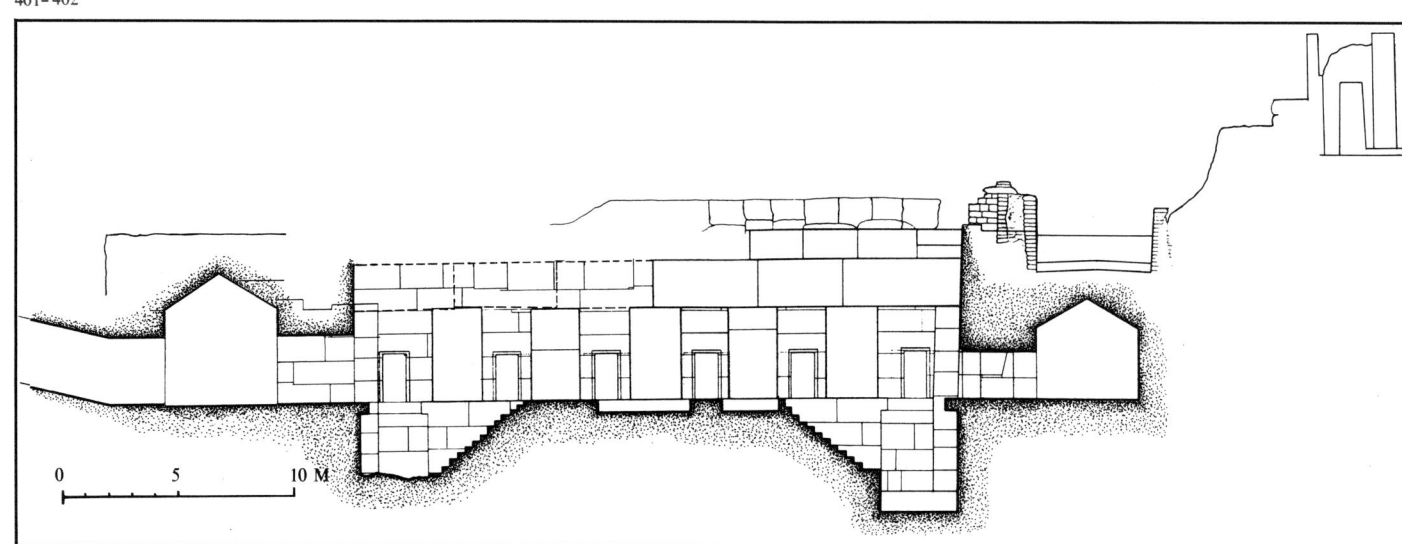

0   5   10 M

401 und 402 - *zu S. 42* - Abydos - Das Osireion, der Kenotaph des Sethos-Tempels: Längsschnitt und Grundriß. 19. Dynastie

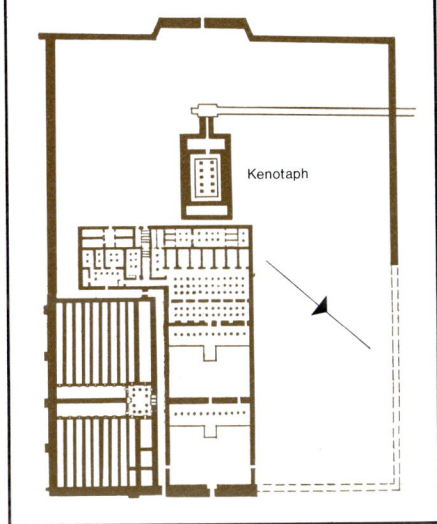

403

Horus – vorbehalten. Die Sokar- und Osiris-
Räume hinter den sieben Kapellen entsprechen
dem im Alten Reich üblichen länglichen Sanktuar hinter den fünf Nischen.

Die für die Kulthandlung bestimmten Opfertiere wurden zum heiligen Schlachthaus im linken
Flügel des Tempels gebracht. Dort waren große
Gefäße in den Boden eingelassen, in die Ablaufrinnen mündeten. Die Magazine lagen außerhalb,
südöstlich vom Tempel, und bestanden wahrscheinlich aus ungebrannten Lehmziegeln. Sie
dienten einerseits als Ställe; andererseits wurden
dort Getreide und andere Nahrungsmittel aufbewahrt.

Jenseits vom Schlachthaus vor der Anhöhe,
die von Süden an den Kenotaph grenzt, liegt
das Schatzhaus, in dem die Kostbarkeiten des
Tempels, wie Gefäße, Harfen, Halskragen und
anderes aufbewahrt wurden.

Die Barken, auf denen die Götterbilder in der
Prozession getragen wurden, waren in einem
eigenen Raum mit seitlich umlaufenden Bänken
neben dem Schlachthaus untergebracht.

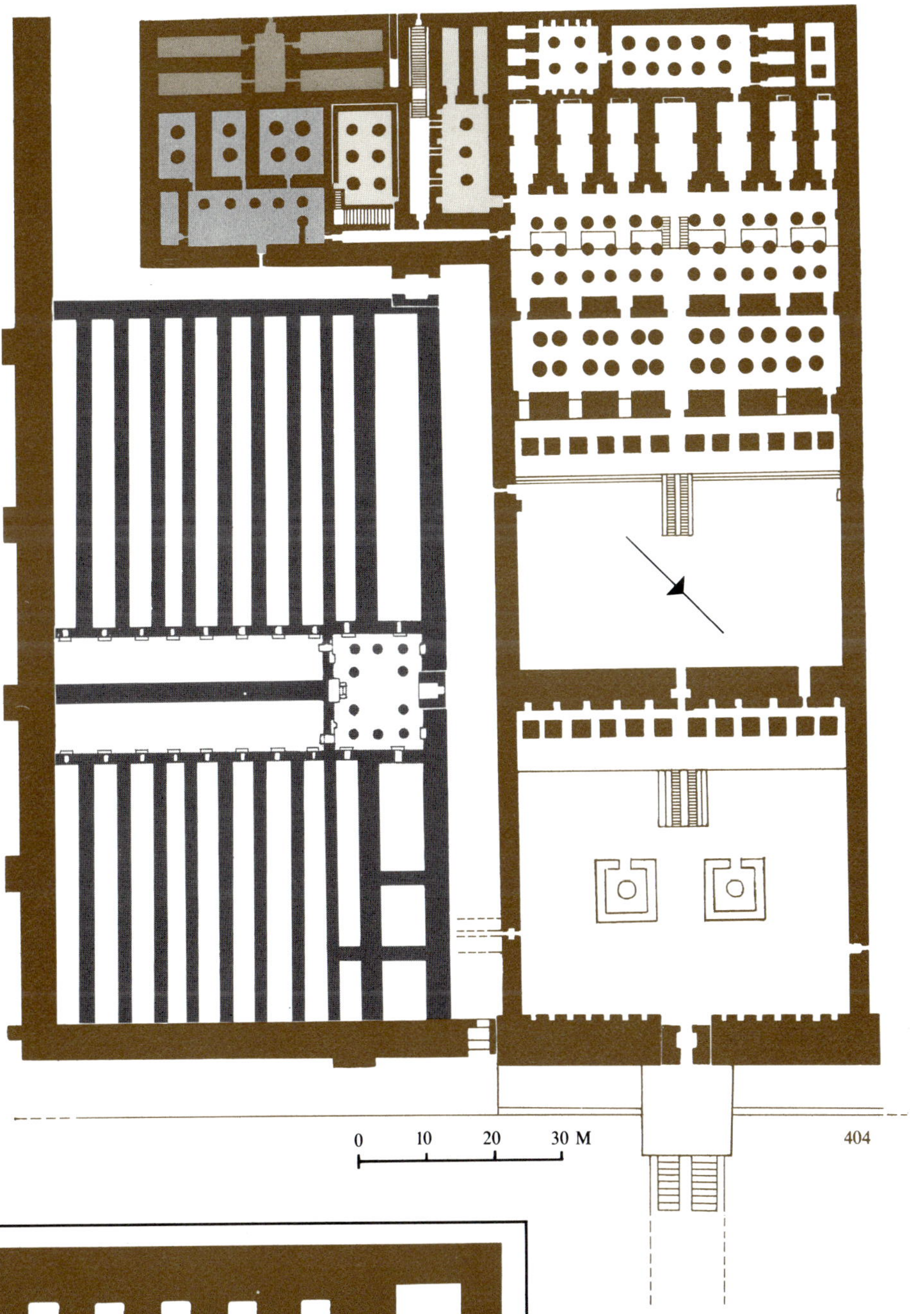

0 10 20 30 M

404

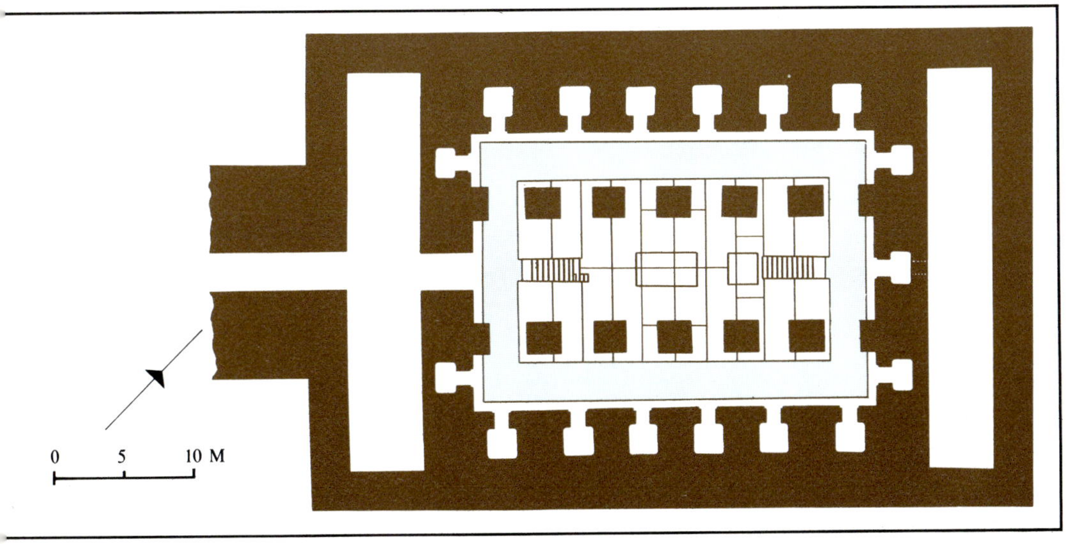

Tempelhaus
Magazinraum für Barken
Schlachthaus
Schatzhaus
Magazine

0 5 10 M

319

403 und 404 - *zu S. 41* - Abydos - Sethos-Tempel: Gesamtplan mit Osireion und Ausschnitt mit Tempel und Magazinen. 19. Dynastie

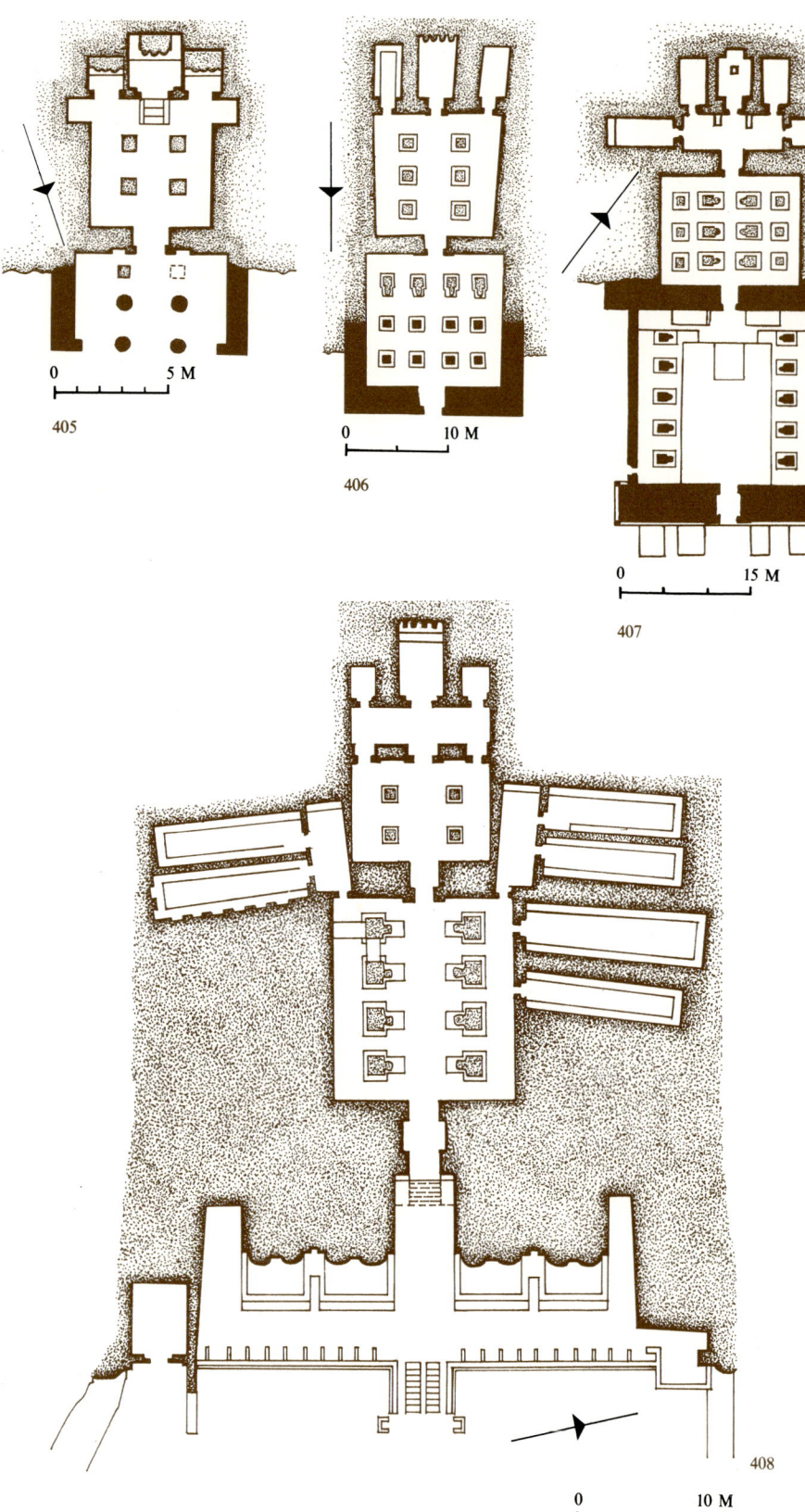

0   5 M

405

0   10 M

406

0   15 M

407

0   10 M

408

Die Felsentempel von Wadi Miah, Derr, Wadi es-Sebua und Abu Simbel

Östlich von Edfu liegt mitten in der Wüste der kleine Hemispeos von Wadi Miah, den Sethos I. aus Dankbarkeit den Göttern geweiht hatte, nachdem er durch ihre Hilfe eine Wasserstelle für seine Arbeiter auf dem Weg zu den Goldminen gefunden hatte. In den drei Nischen der Rückwand ist der König neben Amun, Re, Ptah und der Osiris-Triade als siebte Gottheit halbplastisch dargestellt. Das gewonnene Gold war für die Statuen seines königlichen Tempels in Abydos bestimmt, für den Tempel mit seinen sieben Kapellen, von denen eine dem König selbst geweiht war.

Auch in den Tempeln von Derr, Abu Simbel und Wadi es-Sebua bilden drei Nischen die Rückwand, ebenso im Tempel von Gerf Hussein; dort aber ist nur die Mittelnische mit Statuen geschmückt, die Ramses II. neben den Göttern zeigen. Vor den Nischen liegt noch ein Vorraum (für Opfergaben?), nicht jedoch im Tempel von Wadi Miah und Derr.

In Abu Simbel ist der vorgelagerte Pfeilerraum nicht so bedeutend wie sonst; seine vier Pfeiler sind nicht mit Osiris-Figuren geschmückt. Dafür ist der Hof dieses großen Tempels ganz in den Felsen verlegt und bildet mit seinen acht Osiris-Pfeilern einen Innenraum. Aber charakteristisch für Abu Simbel ist die große Tempelterrasse vor dem Eingang, auf der vier Königskolosse stehen. Die Sockelzone ist auf der Südseite mit gefangenen Negern, auf der Nordseite mit Asiaten geschmückt, also genau zu Füßen des Königs. Vorn auf der Terrasse stehen außerdem abwechselnd kleine Statuen des königlichen Horusfalken und des Königs als Osiris. Vor dem Tempel lag ein fast 40 m tiefer Vorhof. An einer Kaianlage am Nilufer landeten die Barken des Amun und des vergöttlichten Ramses II., die von dort ins Sanktuar gebracht wurden.

Der Tempel von Wadi es-Sebua unterscheidet sich von den anderen Felsentempeln durch seinen eindrucksvollen Aufweg (hier nicht wiedergegeben): vor dem Tempel lagen zwei Höfe, deren Umfassungsmauer aus ungebrannten Lehmziegeln an den Felsen anschloß. Die Eingänge wurden von zwei Ziegelpylonen gebildet. Der Mittelzugang ist von Sphingen flankiert – im zweiten Hof sind sie falkenköpfig – und bildet so einen königlichen Aufweg zu dem gewaltigen Tempel, vor dessen Sandsteinpylon sich vier Kolossalfiguren Ramses' II. erheben. Über diesen Prozessionsweg gelangten die Barken des vergöttlichten Ramses und von Re-Harachte in das Sanktuar.

405 bis 408 - *zu S. 47, 48 und 50* - Felsentempel Sethos' I. in Wadi Miah; Felsentempel Ramses' II. in Derr, Wadi es-Sebua und Abu Simbel: Grundrisse im Vergleich. 19. Dynastie

409 - *zu S. 52* - Medinet Habu - Gesamtplan des Totentempels Ramses' III. mit seinen Umfassungsmauern. 20. Dynastie

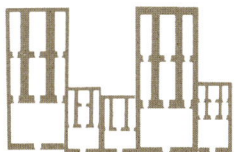

Medinet Habu, der Totentempel Ramses' III.

Der Totentempel Ramses' III. ist heute der eindrucksvollste aller thebanischen ‹Häuser der
Millionen Jahre›. Er ist von einer gewaltigen
Umfassungsmauer aus ungebrannten Lehmziegeln mit einer Seitenlänge von 310 × 210 m,
18 m Höhe und 10,50 m Dicke umgeben. Der
Hauptteil des Tempels liegt innerhalb einer
mit Bastionen bestückten rechteckigen Umfassungsmauer aus ungebrannten Lehmziegeln
(170 × 135 m). Die Wohnungen der Priester und
des Tempelpersonals standen dicht beieinander
im Norden und Süden zwischen den beiden Umfassungsmauern. Im Osten umgibt ein großer
Vorhof einen Tempel aus der 18. Dynastie mit
Umgang. Die äußere, zinnenbekrönte Umfassungsmauer mit ihrem hohen Tor aus Sandstein,
dem Migdol, war durch eine mit Zinnen versehene, aber weniger hohe Mauer mit kleinen
Türmen, auch mit Zinnen, verstärkt.

Nur die Fassade bietet den Eindruck einer
Festung. Der innere Aufbau des Tempels folgt
dem Vorbild der thebanischen Totentempel seit
Eje und Haremheb; die Flachreliefs sind vielfach Kopien der Darstellungen im Ramesseum.
Zuerst betritt man die beiden großen Höfe. Neben dem ersten Hof, der in den späteren Texten
«der Hof des Volkes» genannt wurde, lag der
Königspalast mit dem Erscheinungsfenster, von
dem aus der König bei Festlichkeiten für das
Volk teilnehmen konnte (Wettkämpfe, Stock-
kämpfe, Zurciten, Pferdedressur); von hier aus
verteilte er Belohnungen und nahm den Tribut
der fremden Völker entgegen (auch die Kriegs-
gefangenen und die Sklaven des Amun für den
Tempel wurden hier ausgeliefert). Der zweite
Hof war eigentlich der Festhof für die heiligen
Prozessionen mit den Götterbarken sowie für
das Sokar- und das Min-Fest.

Im hinteren Tempelteil finden sich erstaunlich viele Barkenräume: für die Barke des vergöttlichten Ramses II., für die von Month, Sokar und für Amun von Medinet Habu (es sind
die Nebenräume des hypostylen Saals mit vierundzwanzig Säulen); die Barken von Mut und
Chons standen beiderseits des Mittelsanktuars
mit den vier quadratischen Pfeilern, in dem die
Barke des Amun ihren Platz fand. Hinter diesem
Sanktuar lag ein von Ramses III. dem Amun ge-
weihter Raum, in dem Opfergaben dargebracht
wurden. Die Rückwand war wahrscheinlich mit
einer Scheintür wie im Totentempel Sethos' I. in
Gurna geschmückt.

Wenn man dem großen Papyrus Harris glauben darf, dann standen 62 626 Personen im
Dienst des Totentempels Ramses' III., vor allem
Kriegsgefangene, die die ägyptischen Armeen
in den Kämpfen gegen die Libyer und die Seevölker gemacht hatten.

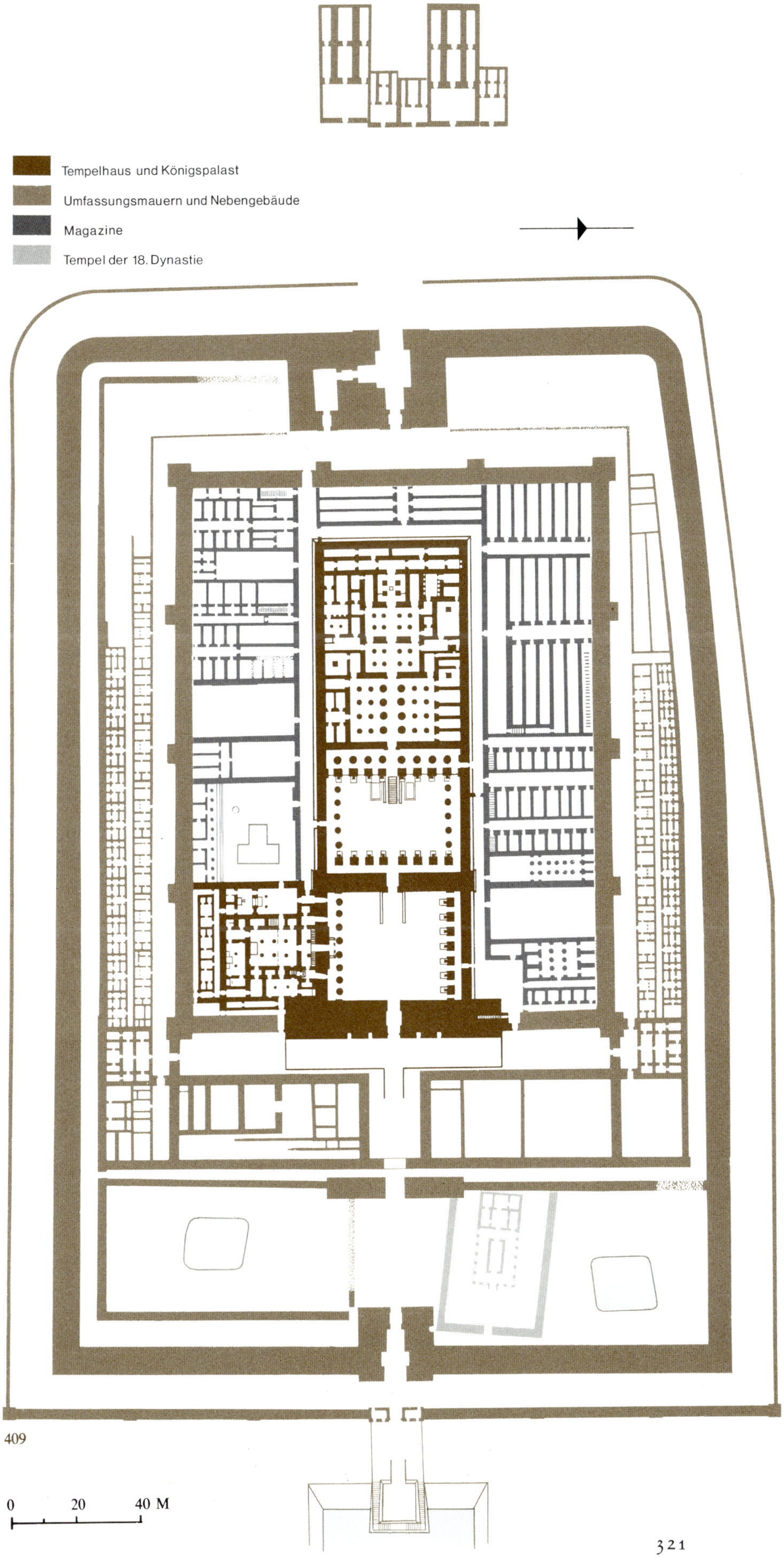

409

0   20   40 M

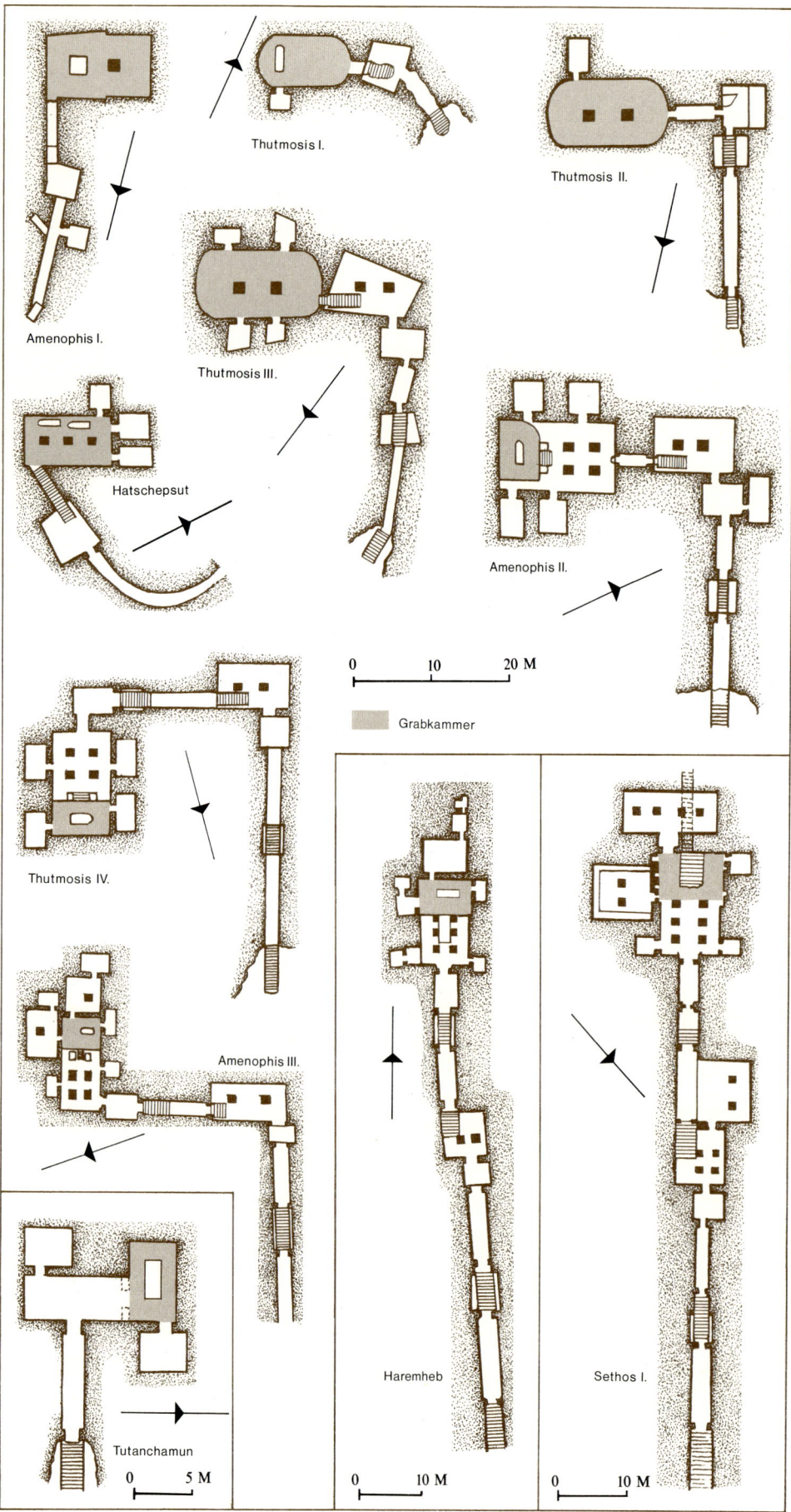

Thutmosis I.

Thutmosis II.

Amenophis I.

Thutmosis III.

Hatschepsut

Amenophis II.

0   10   20 M

Grabkammer

Thutmosis IV.

Amenophis III.

Haremheb

Sethos I.

Tutanchamun

0   5 M

0   10 M

0   10 M

DIE KÖNIGSGRÄBER

Theben, die Gräber Amenophis' I. und Sethos' I.
Die Anordnung der Korridore und Innenräume hat sich unabhängig von der Hauptachse des Grabes entwickelt, die anfangs gebogen, später abgeknickt und schließlich geradlinig verlief. Zwei bis vier geneigte Korridore führten in den Felsen und waren durch eine heute verschwundene Holztür verschlossen. Ostraka, die einen beschrifteten Grundriß des Grabes zeigen, nennen sie «den Weg des Lichtes», den der verstorbene König auf seinem nächtlichen Gang durch die Unterwelt zurücklegte. Am Eingang des in den Felsen geschlagenen Schachtes, am äußersten Ende des Korridors, lagen zwei kleine Nischen, «die beiden Räume des Wächters».

Der Sargraum, das ‹Goldhaus›, ist gewöhnlich goldgelb bemalt, wodurch die Unverletzlichkeit der Mumie garantiert werden sollte. Hier verwandelte sich der Verstorbene in eine neue Sonne. Der Raum mit quadratischen Pfeilern, der häufig noch davor liegt und mit dem Sargraum verbunden sein kann, ist der ‹Wagenraum›, der den Wagen und die Grabausstattung des Königs aufnahm. Neben diesen beiden Haupträumen des Grabes liegen kleine Nebenräume, vor allem für die Uschebtis und die königlichen Kanopen. Wände und Pfeiler sind mit Texten und Szenen bemalt, die symbolisch die Verwandlung des verstorbenen Königs in die Sonne und die Übergabe seines Königtums an seinen Nachfolger auf Erden wiedergeben.

Obwohl der Grabeingang nach Abschluß der Bestattungsfeierlichkeiten durch eine Steinaufschüttung überdeckt und das Tal der Könige von Wachtposten kontrolliert wurde, waren fast alle Königsgräber ausgeraubt und ihre Mumien unter den letzten Ramessiden von einem regelrechten Grabräuberring ausgeplündert, so daß die ganze Grabausstattung abhanden kam. Die entdeckten Täter wurden vor Gericht gestellt; ihr Prozeß ist auf einem Papyrus festgehalten worden und uns daher bekannt. Die Mumien wurden fortgeschafft, erneut eingewickelt und dann in einem Versteck im Süden des Talkessels von Deir el-Bahari zum zweitenmal bestattet.

Man hat angenommen, daß die Größe eines Grabes von der Regierungsdauer des Herrschers abhängig gewesen sei; kleinere Gräber wären folglich wegen der zur Verfügung stehenden Arbeitszeit nur für Könige mit kurzer Herrschaftsdauer entstanden. Das ist aber keineswegs immer der Fall; auch wirtschaftliche Gründe scheinen keine Rolle gespielt zu haben.

410 bis 420 - *zu S. 56 und 58* - Theben - Entwicklung der Grundrisse der Königsgräber von Amenophis I. bis Sethos I., mit anfangs abgeknickter Achse, schließlich gerader Achse. 18.-19. Dynastie

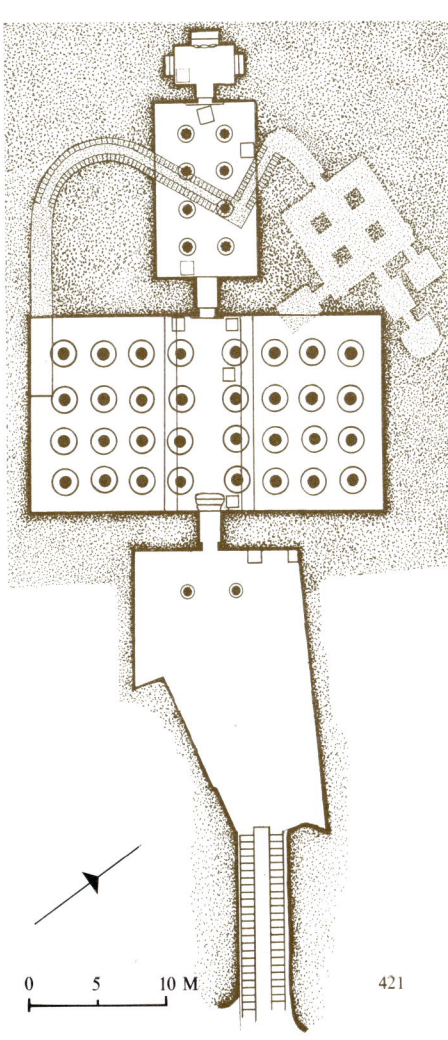

Scheich Abd el-Gurna, das Grab des Ramose

Ramose, in der Regierungszeit Amenophis' III. geboren, wurde Gouverneur in Theben und Wesir unter Amenophis IV. Sein Grab in Theben zeigt die typische Grabform des Neuen Reiches: hinter dem säulenumstandenen Eingangshof sind zwei Räume, in umgedrehter T-Form angeordnet, in den Felsen geschlagen; an den hinteren schließt sich eine kleine Kapelle mit drei Nischen an. Besonders eindrucksvoll an diesem Grab ist einerseits die Anzahl der gedrungenen, achtteiligen Papyrusbündelsäulen – im ersten Raum stehen zweiunddreißig, im zweiten Raum acht Säulen –, andererseits die

Ausschmückung des Grabes, die zwei verschiedene Stile nebeneinander zeigt. Offensichtlich war Ramose von dem neuen Aton-Kult eingenommen, der so tiefgreifend das ästhetische Bewußtsein in der Zeit Amenophis' IV. veränderte. Wahrscheinlich folgte Ramose seinem König in die neue Hauptstadt Amarna und starb auch dort – ein Grund dafür, daß sein thebanisches Grab nicht vollendet wurde.

Vom ersten Säulensaal führen eine Rampe und eine gewundene Treppe zu dem unterirdischen, quadratischen Grabraum mit vier Pfeilern, der 15 m unter dem Niveau der oberen Räume liegt.

STADTARCHITEKTUR

Deir el-Medineh, die Siedlung der Handwerker

Die Siedlung, die unter Amenophis I. angelegt worden war, erstreckte sich in einer Ausdehnung von 130 × 50 m in einem ehemaligen Wadi am Fuß des thebanischen Felsens, jenseits vom Fruchtland, und wurde ‹Stätte der Wahrheit› genannt. Die Bewohner, ‹die Diener an der Stätte der Wahrheit›, bildeten für sich eine Mannschaft aus spezialisierten Handwerkern (Steinmetzen, Graveuren, Bildhauern und Malern), die die Königsgräber im Tal der Könige anlegen sollten. Dafür konnten sie hier wohnen, erhielten Lebensmittel und Wäsche und wurden

durch den König versorgt. In ihrer Tätigkeit unterstanden sie direkt dem Wesir. Eine bajonettförmig verlaufende Straße teilte die Stadt in zwei Teile: die Handwerker, die auf der einen Straßenseite wohnten, waren auch mit dem Aushöhlen und der Ausstattung einer bestimmten Seite des Grabes beauftragt. Sie wurden in Naturalien, vor allem mit Korn bezahlt. Als am Ende der Regierungszeit Ramses' III. ihre Rationen nicht rechtzeitig eintrafen, kam es unter den unzufriedenen Handwerkern zu Unruhen, und sie streikten über mehrere Tage. Sie stiegen über die Nekropolenmauer und drangen ins

421 - *zu S. 60* - Scheich Abd el-Gurna - Grundriß vom Grab des Wesirs Ramose (Nr. 55) mit dem Zugang zur Sargkammer. 18. Dynastie

422 - *zu S. 64* - Deir el-Medineh - Grundriß der Siedlung der Handwerker und Künstler, die die Königsgräber anlegten. 18.-20. Dynastie

0 5 10 M

421

422

0 10 20 M

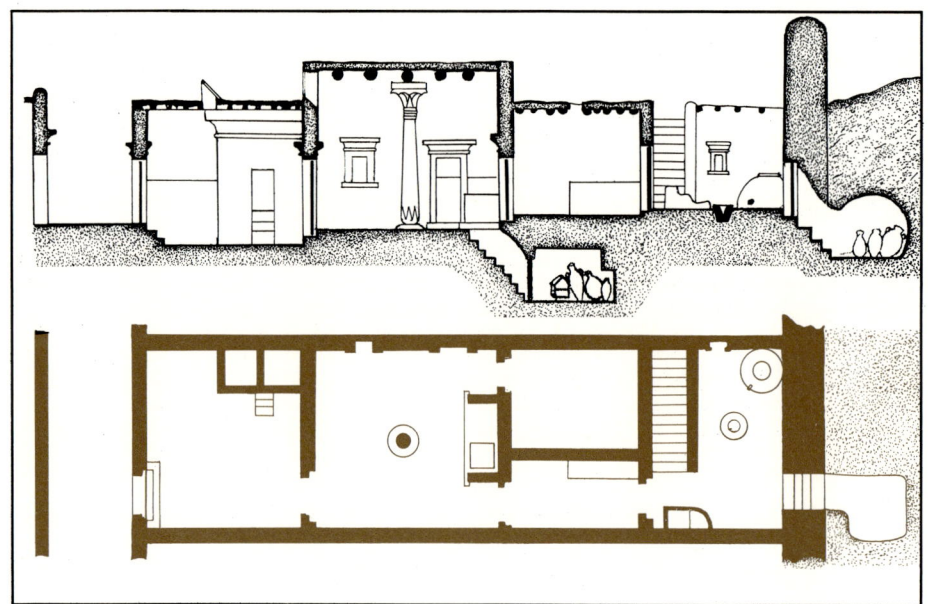

423 – 424

Ramesseum ein, wo sie das Tempelpersonal bedrängten, bis sie das Geforderte bekamen.

Die Anlage der Siedlung hat sich seit ihrer Gründung in der 18. Dynastie bis in die Ramessidenzeit immer wieder verändert. Nach Abschluß der noch fortdauernden Untersuchungen muß der hier wiedergegebene Plan später auf den neuesten Stand gebracht werden. Die älteste vermessene Umfassungsmauer entstand in der Zeit Thutmosis' I. Um diesen Kern herum breitete sich das Dorf aus. Nach einer großen Feuersbrunst wurde die Siedlung in mehreren unterscheidbaren Phasen hergerichtet. Ihre endgültige Ausdehnung erreichte sie erst zu Beginn der 19. Dynastie. Die Anzahl der Arbeiter mit

ihren Frauen und Kindern, die in der Siedlung wohnten, war verschieden. Manche Häuser blieben eine Zeitlang unbewohnt, bisweilen lebten zwei Handwerker im selben Haus. In der Zeit Ramses' IV. wurden bis zu einhundertneunundzwanzig Arbeiter gezählt, durchschnittlich aber rechnete man mit dreißig bis vierzig Handwerkern. Diese privilegierte Personengruppe hatte ihr eigenes Gericht, im Westen ihre eigene Nekropole und im Norden ihren eigenen Tempel.

Millionen von Ostraka wurden in der Siedlung und in dem gewaltigen Schacht am nördlichen Ende des Dorfes gefunden und stellen eine interessante Dokumentation über die Siedlung dar. In hieratischer Kursive berichten sie vor allem von dem Privatleben seiner Bewohner, nennen Aufträge für Arbeitsmaterial und geben Einblick in die Lohnlisten der Bauhütten. Manche Ostraka zeigen lebensnahe Szenen mit häufig humoristischen und selbst satirischen Darstellungen, die die Freiheit der Phantasie erkennen lassen, solange die Künstler nicht bei der Ausschmückung der Königsgräber an religiöse und symbolische Szenen gebunden waren.

Deir el-Medineh, das Haus eines Handwerkers
Jedes Haus hatte einen rechteckigen Grundriß; die Räume lagen hintereinander. Man kam zuerst in den Empfangsraum (mit einem erhöhten Altar?), dann in den Aufenthaltsraum, dessen Decke ein oder zwei Holzsäulchen stützten, und schließlich in den Schlafraum mit Vorratskammer. Dahinter lag die Küche mit der Herdstelle aus Lehm und dem Keller. Die Küche war vom Schlafraum durch eine Treppe getrennt, die auf die Terrasse führte. Die Beigaben in den nahegelegenen Gräbern geben eine Vorstellung vom alltäglichen Leben der Handwerker. Die Gegenstände sind immer qualitätvoll und sehr schön mit farbigen Motiven bemalt, so die Betten, Stühle, Hocker, Lampen mit Fuß, in denen ein Docht brannte, Gefäße, auch Arbeitsgeräte wie Richtschnur und Lot. Matten bedeckten den Boden.

Deir el-Medineh, das Grab eines Handwerkers
Die Gräber der Handwerker sind gleich neben ihrem Dorf in den Felsen geschlagen und wie

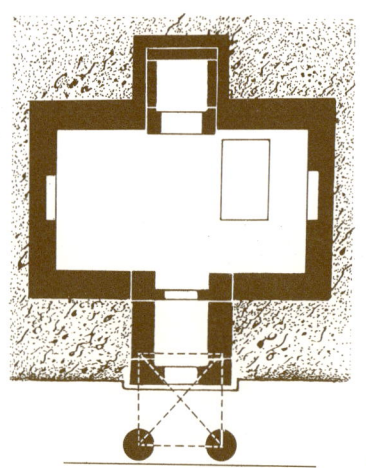

426

Hemispeos-Bauten angelegt, häufig auch als Familiengräber. Von außen wirkten sie wie ein ganzes Feld von kleinen Pyramiden, die auf verschiedenem Niveau angelegt waren. Unter der Kult-Kapelle liegt der oft sehr sorgfältig gestaltete Sargraum, in dem die Mumie mit unzähligen Amuletten und mit dem unentbehrlichen Jenseitsführer, dem Totenbuch, beigesetzt ist.

425

423 und 424 - *zu S. 64 und 65* - Deir el-Medineh - Haus eines Handwerkers oder Künstlers: Längsschnitt und Grundriß. 18.-20. Dynastie

425 und 426 - *zu S. 60* - Deir el-Medineh - Grab eines Handwerkers oder Künstlers, angelegt als Hemispeos: Längsschnitt und Grundriß. 18.-20. Dynastie

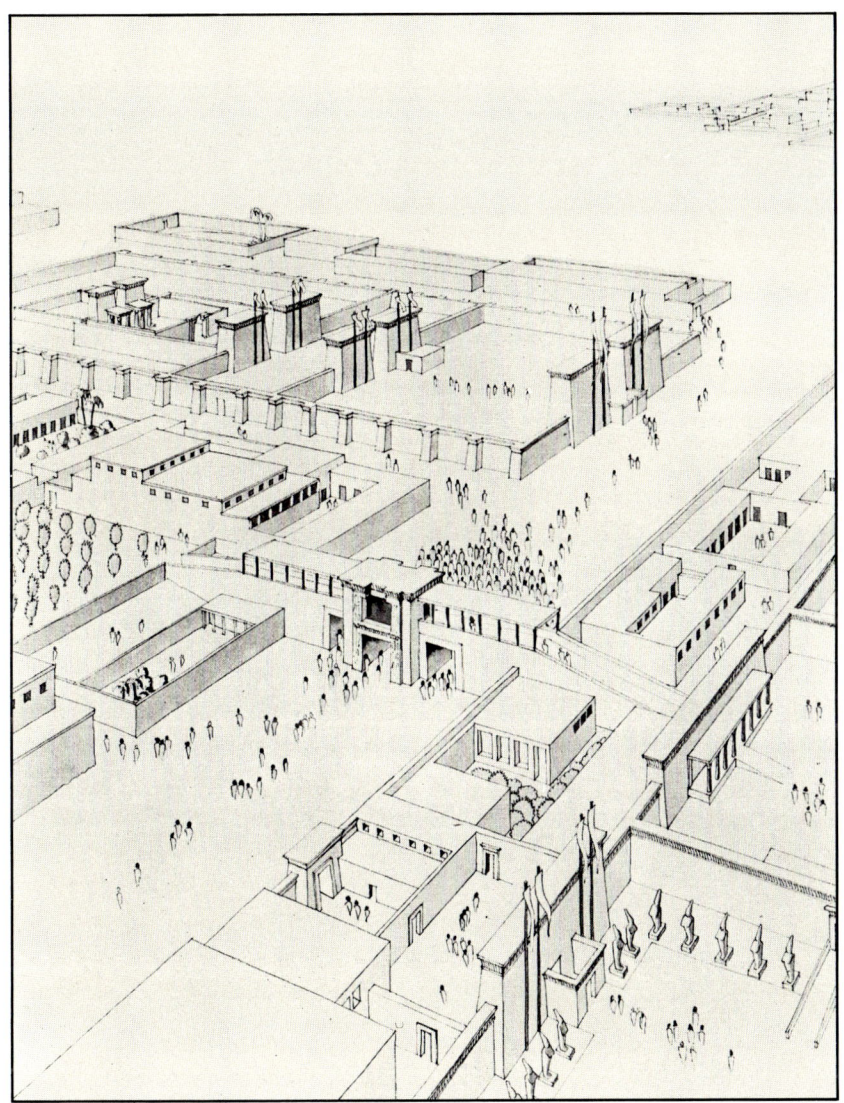

427

aus ungebrannten Lehmziegeln, der über der Straße lag. Von den beiden Seitenfenstern aus konnte sich der König seinem Volk zeigen. Die Brücke scheint mit Ziegeln gepflastert und mit Holzbalken verstärkt gewesen zu sein. Offensichtlich zog sich eine Galerie über sie hin, die mit Malereien verziert war, denn Fragmente von Fresken wurden dicht daneben gefunden. Die Verwendung von Brücken, die über eine Straße oder einen Kanal führen, ist seit der 4. Dynastie bekannt.

Semna West, die Festung

Zwei Festungen beherrschten den Südeingang des zweiten Katarakts, wo der Nil eine Barriere aus kristallinem Gestein überwindet. Auf der Ostseite liegt Kumma (auch Semna Ost genannt), auf der Westseite Semna. Diese Festungen wurden wie die Festungen von Buhen und Aniba im Mittleren Reich (12. Dynastie?) zugleich als Militärstützpunkt und als Handelsniederlassung errichtet. Im Neuen Reich wurden sie umgebaut.

Die mit Bastionen verstärkte Festung von Semna West hatte ursprünglich eine Ausdehnung von 230 × 180 m. Ihre Mauern aus ungebrannten Lehmziegeln waren 6 bis 8 m dick und standen auf einem aufgemauerten Unterbau aus lokalem Gneis. Außen waren die Mauern von einem 25 m breiten geböschten Graben umgeben. Die Festung konnte 300 Mann Besatzung aufnehmen.

In der 18. Dynastie ließ Thutmosis III. anstelle eines kleinen Heiligtums von Thutmosis I. auf einer künstlichen Plattform einen Sandsteintempel mit schönen Reliefs erstellen, der dem nubischen Gott Dedun und Sesostris III. geweiht war. Dieser große Eroberer von Nubien wurde hier göttlich verehrt; er hatte Verordnungen erlassen, die die Durchquerung des 2. Katarakts regelten. Sehr viel später, in der 25. Dynastie, ließ Taharka etwas weiter südlich einen Ziegeltempel errichten.

427 - *zu S. 63* - Tell el-Amarna - Perspektivische Ansicht der Königsstadt mit der überdeckten Brücke. 18. Dynastie

428 - *zu S. 65* - Semna West - Perspektivische Ansicht der Festung mit Bastionen. 12. (?) und 18. Dynastie

Tell el-Amarna, die Königsstadt

Die große Königsstraße teilte Amarna in zwei Bezirke, die Nord- und die Südstadt. In halber Länge wurde sie offenbar von einer Ziegelbrücke überquert, die den Königspalast (rechts) mit dem Privathaus des Königs verband. Der Königspalast besaß zahlreiche Höfe, darunter einen sehr weitläufigen mit Figuren des Königs und der Königin. Zu dem Privathaus gehörten ein Garten auf einer Terrasse, ein kleiner See und Magazine. Hinter dieser Anlage erhob sich ein kleiner Aton-Tempel. Die Brücke wies drei Durchgänge auf, der mittlere war 5 m breit. Zwei Rampen führten zu dem zentralen Pavillon

428

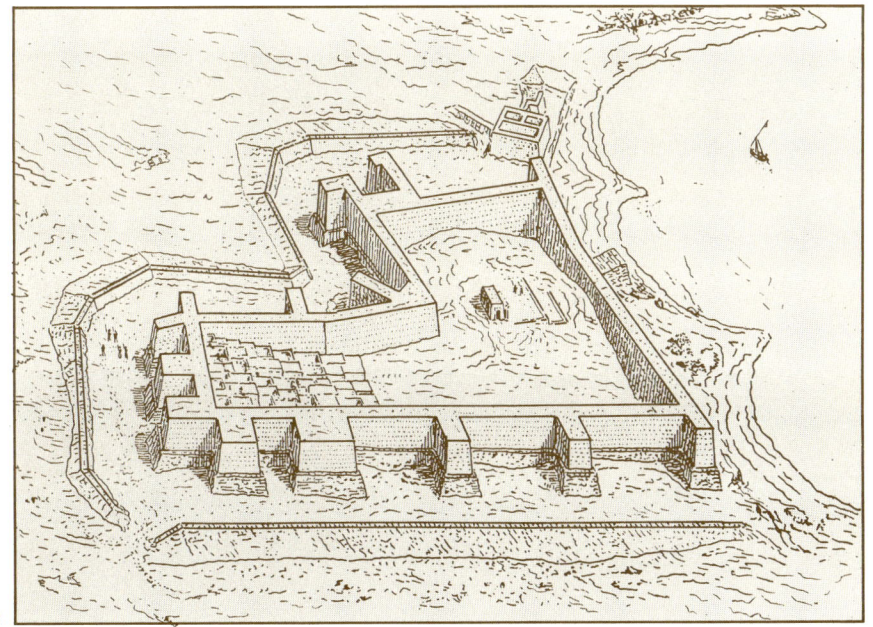

ZEITTAFEL

Die hier verwendete Chronologie wurde zuletzt von E. Hornung, Grundzüge der ägyptischen Geschichte, Darmstadt 1978, vorgeschlagen. Auch sie kann nur Näherungswerte geben. Der Unsicherheitsfaktor liegt bei etwa gut zehn Jahren. Jean Leclant

HERRSCHER	REGIERUNGS-ZEITEN	EREIGNISSE
		18. DYNASTIE 1552–1306
Ahmose	1552–1527	Bruder und Nachfolger des Kamose. Ende der Hyksosherrschaft. Ägyptische Präsenz in Palästina
Amenophis I.	1527–1506	Sohn des Ahmose. Politisches Erstarken: der ägyptische Einfluß reicht bis zum Euphrat
Thutmosis I.	1506–1494	Wahrscheinlich Sohn von Amenophis I. Erobert Nubien und siegt über Mitanni
Thutmosis II.	1493–1490	Sohn Thutmosis' I. Erster Gemahl der Königin Hatschepsut, der Tochter Thutmosis' I. Nach dem Tode des Herrschers Auseinandersetzungen um die Nachfolge
Hatschepsut	1490–1468	Die Königin übernimmt die Herrschaft und eignet sich alle königlichen Machtbefugnisse an
Thutmosis III.	1490–1436	Sohn Thutmosis' II. Kommt erst nach dem Tode der Königin Hatschepsut zur Herrschaft, unternimmt 17 erfolgreiche Kriegszüge, so die Schlacht bei Megiddo, und unterwirft Palästina, Syrien, Phönizien
Amenophis II.	1438–1412	Sohn Thutmosis' III. Sichert das ägyptische Reich durch eine Politik unnachgiebiger Härte
Thutmosis IV.	1412–1402	Sohn Amenophis' II. Ägyptisch-mitannische Allianz durch die Heirat mit der Tochter des Königs Artatama I.
Amenophis III.	1402–1364	Sohn Thutmosis' IV. Höhepunkt der thebanischen Herrschaft
Amenophis IV. (Echnaton)	1364–1347	Sohn Amenophis' III., der ‹Ketzerkönig›; erhebt Aton zum alleinigen Gott. Widerstand seitens der Priesterschaft des Amun Tell el-Amarna wird neue Hauptstadt Seine Gemahlin ist Nofretete
Semenchkare	1347	Jüngster Sohn (?), Schwiegersohn und nur kurze Zeit regierender Nachfolger Echnatons am Ende der Amarnazeit
Tutanchamun	1347–1338	Bruder Echnatons (?). Wiedereinsetzung des Amun-Kults. Aufgabe von Tell el-Amarna. Theben wird wieder Hauptstadt
Eje	1337–1333	Hoher, königlicher Würdenträger, später Mitregent unter Tutanchamun, dessen Witwe Anchesenamun er heiratet
Haremheb	1333–1306	Hervorragender und politisch geschickt agierender General, heiratet eine Prinzessin königlichen Geblüts. Ordnung und Wohlstand kehren unter diesem letzten König der 18. Dynastie wieder ein
		19. DYNASTIE 1306–1186
Ramses I.	1306–1304	Ehemaliger Kampfgefährte Haremhebs. Gründer der 19. Dynastie
Sethos I.	1304–1290	Sohn Ramses' I. Festigt die Dynastie
		Sieg bei Kadesch über den hethitischen König Muwatalli
Ramses II.	1290–1224	Sohn Sethos' I. Gründet in der Nähe von Auaris die Königsstadt ‹Ramses-Stadt›. Weitere Kämpfe mit den Hethitern und erneute Schlacht bei Kadesch mit unentschiedenem Ausgang. Status quo und Vertrag mit den Hethitern. Ramses heiratet eine Tochter des Königs Hattuschili III. Zahlreiche Kriegszüge und Rückeroberungen (Libanon, Syrien)
Merenptah	1224–1204	Dreizehnter Sohn Ramses' II. Bewahrt Ägypten vor der Invasion der Libyer und der Seevölker
Sethos II.	1204–1194	Stürzt Merenptah und heiratet dessen Witwe
Siptah	1194–1188	
Tawosret	1188–1186	Schwache Herrscherin. Kampf um die Nachfolge
Iarsu	1186	Usurpator aus Palästina, beherrscht Ägypten Aufstände und Anarchie. Ende der 19. Dynastie

KUNST UND KULTUR	KLEINASIEN UND ÖSTLICHER MITTELMEERRAUM	DATEN
	Idrimi, König von Alalach Vorherrschaft von Knossos Erstarken von Assyrien Telipinu, hethitischer König	1560
Karnak, Tempel des Amun-Re unter Thutmosis I. Entfaltung des Kunstgewerbes Verwendung des Streitwagens und neu eingeführter Waffen Beibehaltung des Formenschatzes bei Möbeln	Erneuerung des Königtums von Aleppo Blütezeit Kretas Hethitisches Großreich Tudchalija I., hethitischer König	1500
Deir el-Bahari, Tempel der Hatschepsut: Geburtshalle und Punthalle Eigener Stil in den Statuen bei Hatschepsut und Thutmosis III. Abweichung vom strengen Stil. Vielfalt der Formen. Karnak, Achmenu und Kolosse Thutmosis' III.		1450
Medinet Habu, Stationsheiligtum Deir el-Bahari, Hathor-Kapelle Karnak, Tempel des Amun-Re: Reliefs am 7. Pylon Theben, Privatgräber in Scheich Abd el-Gurna, Dra Abu'l-Naga und el-Chocha Würfelhocker Übertriebene Stilisierung der Formen	Zerstörung von Knossos Hattuschili II., hethitischer König	
Luxor, Tempel des Amun-Re von Amenophis III. Karnak, Month-Tempel Theben, Totentempel Amenophis' III. und Memnons-Kolosse Tempel des Amenophis, des Sohns des Hapu Soleb, Tempel Amenophis' III. Statuen hoher Würdenträger in der Haltung der Schreiber Beginn der Amarnazeit	Vormachtstellung von Mykene Niqmad II., König von Ugarit	1400
Tell el-Amarna, Reliefs von Echnaton und der königlichen Familie. Malereien in den Palästen. Werkstatt des Thutmosis Tell el-Amarna, Aton-Tempel. Rückkehr zum Amun-Glauben. Schatz des Tutanchamun; Fülle des Dekors. Beibehaltung der Techniken für Gold- und Silberschmuck Tell el-Amarna, Grab des Eje. Saqqara, Grab des Haremheb. Kompositstatuen. Herstellung von gegossenem Glas. Erstes Medizinfläschchen	Einnahme von Karkemisch durch Schuppiluliuma I. Kurigalzu III., König von Babylon	1350
Gurna, Sethos-Tempel Abydos, Sethos-Tempel Theben, Tal der Könige, Grab Sethos' I. Karnak, großer Säulensaal im Tempel des Amun-Re Luxor, Tempel des Amun-Re Theben, Ramesseum. Kolossalstatuen Ramses' II. und die letzten Meisterwerke ägyptischer Kunst Theben, Tal der Königinnen, Grab der Nefertari Theben, Privatgräber Abu Simbel, Tempel Ramses' II. und der Nefertari	Muwatalli, hethitischer König Trojanischer Krieg Urhiteschup, hethitischer König Phönizisches Alphabet Hattuschili III., hethitischer König	1300
	Seßhaftwerden der Hebräer in Palästina	1250
		1200
Illustrierung des Totenbuchs und satirischer Papyri Karnak, Chons-Tempel	Eisenzeit Herrschaft der Phryger Erste griechische Siedlungen an der kleinasiatischen Küste	

HERRSCHER	REGIERUNGS-ZEITEN	EREIGNISSE

20. DYNASTIE 1186–1070

Sethnacht	1186-1184	Stürzt Iarsu und gründet die 20. Dynastie
Ramses III.	1184-1153	Sohn des Sethnacht. Schlägt eine neue Welle der Seevölker zurück.
		Kriegszug gegen die Libyer
		Verstärkt den ägyptischen Einfluß in Palästina
		Widersetzt sich zahlreichen Verschwörungen
Von Ramses IV. bis Ramses XI.	1153-1070	Die letzten Ramessiden. Unruhige Zeiten: soziale Umwälzungen, Zersetzung der Priester-schaft, Streiks, Aufruhr im Delta, Zerstörung der Ramses-Stadt
		Herihor übernimmt die Herrschaft in Oberägypten
		Ende der 20. Dynastie und des Neuen Reiches

DRITTE ZWISCHENZEIT

KUNST UND KULTUR	KLEINASIEN UND ÖSTLICHER MITTELMEERRAUM	DATEN
	Palästina, Zeit der Richter	
	Babylonien, Ende der Kassiten-	
	herrschaft	
Medinet Habu, Tempel Ramses' III.	Zerstörung Trojas	
	Zweite Dynastie von Isin	
Verwendung von Kriegsschiffen		1150
	Submykenische Zeit	
Theben, Tal der Könige, Grab Ramses' VI.	Dorische Wanderung	
Deir el-Medineh, Siedlung und Gräber der Handwerker	Tiglatpileser I., König von Assyrien	
	Die Philister unterwerfen die Hebräer	
	Die Aramäer fassen Fuß in Babylon	
		1070

BIBLIOGRAPHIE

Werke, die bereits im Band ‹Ägypten. Erster Band: Das Alte und Mittlere Reich› zitiert sind, werden hier nicht noch einmal aufgeführt.

1. ALDRED, Cyril, New Kingdom Art in Ancient Egypt During the Eighteenth Dynasty. 1590 to 1315 B. C. - London, 1951.

2. ALDRED, Cyril, The Foreign Gifts Offered to Pharao. In: The Journal of Egyptian Archaeology LVI, 1970, S. 105-116.

3. ALDRED, Cyril, Akhenaten and Nefertiti. - New York, 1973.

4. ANTHES, Rudolf, Meisterwerke ägyptischer Plastik = Die Sammlung Parthenon. Neue Folge [o. Nr.]. - Stuttgart, [1947].

5. ARNOLD, Dieter, Wandrelief und Raumfunktion in ägyptischen Tempeln des Neuen Reiches = Münchner Ägyptologische Studien II. - Berlin, 1962.

6. ASSMANN, Jan, Flachbildkunst des Neuen Reiches. In: VANDERSLEYEN, Claude, Das Alte Ägypten = Propyläen Kunstgeschichte XV, S. 304-317. - Berlin, 1975.

7. BADAWY, Alexander, Le Dessin architectural chez les anciens Égyptiens; étude comparative des représentations égyptiennes de constructions. - Kairo, 1948.

8. BADAWY, Alexander, The Symbolism of the Temples at 'Amarna. In: Zeitschrift für ägyptische Sprache und Altertumskunde LXXXVII, 1962, S. 79-95.

9. BADAWY, Alexander, A History of Egyptian Architecture. [III:] The Empire (the New Kingdom). From the Eighteenth Dynasty to the End of the Twentieth Dynasty. 1580-1085 B. C. - Berkeley und Los Angeles, 1968.

10. BARGUET, Paul, L'obélisque de Saint-Jean-de-Latran dans le Temple de Ramsès II à Karnak. In: Annales du Service des Antiquités de l'Égypte L, 1950, S. 269-280.

11. BARGUET, Paul, Note sur le complexe architectural de Séti Ier à Abydos. In: Kêmi. Revue de Philologie et d'Archéologie égyptiennes et coptes XVI, 1962, S. 21-27.

12. BARGUET, Paul, Le Temple d'Amon-Rê à Karnak. Essai d'exégèse = Publications de l'Institut français d'Archéologie orientale du Caire. Recherches d'archéologie, de philologie et d'histoire XXI. - Kairo, 1962.

13. BARGUET, P., Note sur le grand temple d'Aton à El-Amarna. In: Revue d'Égyptologie XXVIII, 1976, S. 148-151.

14. BARGUET, P., und LECLANT, J., Karnak-Nord IV (1949-1951). Fouilles conduites par Cl. Robichon. Text- und Tafelbd. = Fouilles de l'Institut français d'Archéologie orientale du Caire XXV, 1-2. - Kairo, 1954. *Vgl. auch Nr. 169 und 37*

15. BISSING, Fr. W. von, Der Fußboden aus dem Palaste des Königs Amenophis IV. zu el Hawata im Museum zu Kairo. - München, 1941.

16. BJÖRKMAN, Gun, Kings at Karnak. A Study of the Treatment of the Monuments of Royal Predecessors in the Early New Kingdom = Acta universitatis upsaliensis boreas. Uppsala Studies in Ancient Mediterranean and Near Eastern Civilizations II. - Uppsala, 1971.

17. BORCHARDT, Ludwig, Zur Geschichte des Luqsortempels. In: Zeitschrift für ägyptische Sprache und Altertumskunde XXXIV, 1896, S. 122-138.

18. BORCHARDT, Ludwig, Die aegyptische Pflanzensäule. Ein Kapitel zur Geschichte des Pflanzenornaments. - Berlin, 1897.

19. BORCHARDT, Ludwig, Zur Baugeschichte des Amonstempels von Karnak = Untersuchungen zur Geschichte und Altertumskunde Aegyptens V, 1. - Leipzig, 1905.

20. BORCHARDT, Ludwig, Statuen und Statuetten von Königen und Privatleuten im Museum von Kairo, Bd. II und III = Catalogue général des antiquités égyptiennes du musée du Caire LXXVII, LXXXVIII, XCIV. - Berlin, 1925 und 1930.

21. BORCHARDT, Ludwig, Ägyptische Tempel mit Umgang = Beiträge zur ägyptischen Bauforschung und Altertumskunde II. - Kairo, 1938.

22. BRACK, Annelies und Artur, Das Grab des Tjanuni. Theben Nr. 74 = Archäologische Veröffentlichungen XIX. - Mainz, 1977.

23. BREASTED, James Henry, Ancient Records of Egypt. Historical Documents from the earliest Times to the Persian Conquest, collected, edited and translated with commentary, Bd. II-IV. - Chicago, 1906.

24. BRUNNER, Hellmut, Die südlichen Räume des Tempels von Luxor = Archäologische Veröffentlichungen XVIII. - Mainz, 1977.

25. BRUNNER-TRAUT, Emma, Der Tanz im alten Ägypten nach bildlichen und inschriftlichen Zeugnissen = Ägyptologische Forschungen VI. - Glückstadt, Hamburg und New York, 1938.

26. BRUNNER-TRAUT, Emma, Die altägyptischen Scherbenbilder (Bildostraka) der deutschen Museen und Sammlungen. - Wiesbaden, 1956.

27. BRUNNER-TRAUT, Emma, Altägyptische Tiergeschichte und Fabel. In: Saeculum X, 1959, S. 124-185; 2. durchges. und erweit. Aufl. Darmstadt, 1968; 3. Aufl. 1970.

28. BRUYÈRE, M. Bernard, Rapport sur les fouilles de Deir el Médineh. 1922-1923 = Fouilles de l'Institut français d'Archéologie orientale du Caire (FIFAO) I, 1, 1924. 1923-1924 = FIFAO II, 2, 1925. 1924-1925 = FIFAO III, 3, 1926. 1926 = FIFAO IV, 3, 1927. Deir el Médineh. Année 1926. Sondage au temple funéraire de Thotmès II (Hat Ankh Shesept) = FIFAO IV, 4, 1952. Rapport sur les fouilles de Deir el Médineh. 1927 = FIFAO V, 2, 1928. 1928 = FIFAO VI, 2, 1929. 1929 = FIFAO VII, 2, 1930. 1930 = FIFAO VIII, 3, 1933. 1931-1932 = FIFAO X, 1, 1934. Rapport sur les fouilles de Deir el Médineh. 1933-1934. Première partie: La nécropole de l'ouest = FIFAO XIV, 1937. 1934-1935. Deuxième partie: La nécropole de l'est = FIFAO XV, 1937. 1934-1935. Troisième partie: Le village, les décharges publiques, la station de repos du col de la Vallée des Rois = FIFAO XVI, 1939. 1935-1940. Quatrième partie = FIFAO XX, 1-3, 1948 und 1952. Années 1945-1946 et 1946-1947 = FIFAO XXI, 1952. Années 1948 à 1951 = FIFAO XXVI, 1953.
Vgl. auch Nr. 120

29. BRUYÈRE, Bernard, und KUENTZ, Ch., Tombes Thébaines. La Nécropole de Deir el-Médineh. I: Tombe de Nakht-Min. II: La Tombe d'Ari Nefer = Mémoire de l'Institut Français d'Archéologie Orientale LIV. - Kairo, 1926.

30. CAMINOS, Ricardo A., The New-Kingdom Temples of Buhen. 2 Bde. = Archaeological Survey of Egypt XXXIII und XXXIV. - London, 1974.

31. CARTER, Howard, und NEWBERRY, Percy E., The Tomb of Thoutmôsis IV = Catalogue général des antiquités égyptiennes du musée du Caire. - Westminster, 1904.

32. Centre franco-égyptien d'étude des temples de Karnak. Karnak V. 1970-1972. - Kairo, 1975.

33. ČERNY, Jaroslav, A Community of Workmen at Thebes in the Ramesside Period = Bibliothèque d'Étude L. - Kairo, 1973.

34. CHEVRIER, Henri, Le temple reposoir de Séti II à Karnak = Service des antiquités de l'Égypte. - Kairo, 1940.

35. CHEVRIER, Henri, Technique de la construction dans l'ancienne Égypte. II: Problèmes posés par les obélisques. III: Gros-œuvre, maçonnerie. In: Revue d'Égyptologie XXII, 1970, S. 15-39 und XXIII, 1971, S. 67-111.

36. CHOISY, Auguste, L'art de bâtir chez les Égyptiens. - Paris, 1904.

37. CHRISTOPHE, Louis A., Karnak-Nord III (1945-1949). Fouilles conduites par C. Robichon = Fouilles de l'Institut français d'Archéologie orientale du Caire XXIII. - Kairo, 1951.
Vgl. auch Nr. 169 und 14

38. CHRISTOPHE, Louis-A., Quelques remarques sur le grand temple d'Abou-Simbel. In: La Revue du Caire XLVII, 1961, S. 303-333.

39. COONEY, John D., Amarna Reliefs from Hermopolis in American Collections. - Mainz, 1965.

40. COONEY, John D., Amarna Reliefs. In: MUSCARELLA, Oscar White (Hrsg.), Ancient Art. The Norbert Schimmel Collection, Nr. 241-265. - Mainz, 1974.

41. COONEY, John D., Egyptian Section of Ancient Art in the Norbert Schimmel Collection. - Mainz, 1974.

42. DĄBROWSKI, Leszek, The Main Hypostyle Hall of the Temple of Ḥatshepsut at Deir el-Baḥri. In: The Journal of Egyptian Archaeology LVI, 1970, S. 101-104.

43. DAVIES, Norman de Garis, The Tomb of Ken-Amūn at Thebes = Publications of the Metropolitan Museum of art Egyptian expedition V, 2 Bde. - New York, 1930.

44. DAVIES, Nina de Garis, The Tomb of Menkheperrasonb, Amenmosē and another (Nos. 86, 112, 42, 226) with a frontispice in colour and line plates, by Nina de Garis Davies and with an explanatory text by Norman de Garis Davies = The Theban Tombs Series V. - London, 1933.

45. DAVIES, Nina M., Egyptian Tomb Paintings. From originals mainly of the Eighteenth dynasty in the British Museum and the Bankes collection. - London, [1958].

46. DAVIES, Nina de Garis, Scenes from some Theban Tombs (Nos. 38, 66, 162, with excerpts from 81) = Private Tombs at Thebes IV. - Oxford, 1963.

47. DAVIES, Nina M., und GARDINER, Alan H., The Tomb of Amenemhēt (No. 82) copied in line and colour by Nina de Garis Davies and with explanatory Text by Alan H. Gardiner = The Theban Tombs Series I. - London, 1915.

48. DAVIES, Nina de Garis, und GARDINER, Alan H., The Tomb of Ḥuy. Viceroy of Nubia in the Reign of Tut'ankhamūn (No. 40) = The Theban Tombs Series IV. - London, 1926.

49. DAVIES, Nina M., und GARDINER, Alan H., Ancient Egyptian Paintings. Textbd. und 2 Tafelmappen. - Chicago, 1936.

50. DAVIES, Nina M., und GARDINER, Alan H., Tutankhamun's Painted Box. - Oxford, 1962.

51. DAVIES, N. de G., The Rock Tombs of El Amarna. Bd. I: The Tomb of Meryra. Bd. II: The Tombs of Panehesy and Meryra II. Bd. III: The Tombs of Huya and Ahmes. Bd. IV: The Tombs of Penthu, Mahu and Others. Bd. V: Smaller Tombs and Boundary Stelae. Bd. VI: Tombs of Parennefer, Tutu and Aÿ = Archaeological Survey of Egypt XIII-XVIII. - London, 1903, 1905, 1905, 1906, 1908 und 1908.

52. DAVIES, N. de Garis, Five Theban Tombs (being those of Mentuherkhepeshef, User, Daga, Nehemawäy and Tati) = The Archaeological Survey of Egypt XXI. - London, 1913.

53. DAVIES, Norman de Garis, The Tomb of Nakht at Thebes = Publications of the Metropolitan Museum of Art. Egyptian Expedition. Robb de Peyster Tytus Memorial Series I. - New York, 1917.

54. DAVIES, Norman de Garis, The Tomb of Puyemrê at Thebes. Bd. I: The Hall of Memories. Bd. II: The Chapels of Hope = Publications of the Metropolitan Museum of Art. Egyptian Expedition. Robb de Peyster Tytus Memorial Series II und III. - New York, 1922 und 1923.

55. DAVIES, N. de G., Akhenaten at Thebes. In: The Journal of Egyptian Archaeology IX, 1923, S. 132-152.

56. DAVIES, N. de Garis, The Tombs of Two Officials of Tuthmosis the Fourth (Nos. 75 and 90) = The Theban Tombs Series III. - London, 1923.

57. DAVIES, Norman de Garis, The Tomb of Two Sculptors at Thebes = Publications of the Metropolitan Museum of Art. Egyptian Expedition. Robb de Peyster Tytus Memorial Series IV. - New York, 1925.

58. DAVIES, Norman de Garis, Two Ramesside Tombs at Thebes = Publications of the Metropolitan Museum of Art. Egyptian Expedition. Robb de Peyster Tytus Memorial Series V. - New York, 1927.

59. DAVIES, N. de Garis, The Tomb of the Vizier Ramose = Mond Excavations at Thebes I. - London, 1941.

60. DAVIES, Norman de Garis, The Tomb of Rekh-mi-Rēʿ at Thebes. Text- und Tafelbd. = Publications of the Metropolitan Museum of Art. Egyptian Expedition XI. - New York, 1943.

61. DAVIES, N. de Garis, Seven Private Tombs at Ḳurnah = Mond Excavations at Thebes II. - London, 1948.

62. Description de l'Égypte ou recueil des observations et des recherches qui ont été faites en Égypte pendant l'expédition de l'armée française. 2. Auflage. Text: 24 Abteilungen in 26 Bänden. I-V: Antiquités: Descriptions. VI-VIII: Antiquités: Mémoires. IX: Antiquités: Mémoires et descriptions. X: Explication des planches. XI-XVIII, 3: État moderne. XIX: Botanique, Météorologie. XX: Histoire naturelle. XXI: Minéralogie. Zoologie. XXII-XXIV: Zoologie. - Paris, 1821-1830.
Tafeln: 3 Abteilungen in 10 Bänden. - Paris, 1820-1826.
Atlasband. - Paris, 1826.

63. DESROCHES NOBLECOURT, Christiane, Pots anthropomorphes et recettes magico-médicales dans l'Égypte ancienne. In: Revue d'Égyptologie IX, 1952, S. 49-67.

64. DESROCHES-NOBLECOURT, Ch., Un «lac de Turquoise»; godets à onguents et destinées d'outre-tombe dans l'Égypte ancienne. In: Monuments et Mémoires publiés par l'Académie des Inscriptions et Belles-Lettres XLVII, 1953, S. 1-34.

65. DESROCHES-NOBLECOURT, Christiane, Vie et mort d'un pharaon, Toutankhamon. - Paris, 1963; Neuaufl. 1966 und 1976; deutsche Ausgabe: Tut-ench-Amun. Leben und Tod eines Pharao. - Frankfurt und Berlin, 1963; englische Ausgabe: Tutankhamen; life and death of a pharao. - New York, 1963.

66. DESROCHES-NOBLECOURT, Chr., und KUENTZ, Ch., Le petit temple d'Abou Simbel. Text- und Tafelbd. = Centre de documentation et d'étude sur l'ancienne Égypte. Mémoires I-II. - Kairo, 1968.

67. DONDELINGER, Edmund, Der Jenseitsweg der Nofretari. Bilder aus dem Grab einer ägyptischen Königin. - Graz, 1973.

68. EMERY, Walter B., A Preliminary Report on the Excavations of the Egypt Exploration Society at Buhen, 1959-60. In: Kush. Journal of the Sudan Antiquities Service IX, 1961, S. 81-86.

69. FAULKNER, R. O., The Battle of Kadesh. In: Mitteilungen des Deutschen Archäologischen Instituts. Abteilung Kairo XVI, 1958, S. 93-111.

70. FORMAN, Werner, und KISCH-KEWITZ, Hannelore, Die altägyptische Zeichnung. - Hanau, 1971.

71. FOŘTOVÁ-ŠÁMALOVÁ, Pavla, und VILÍMKOVÁ, Milada, Das ägyptische Ornament. - Hanau, 1963; englische Ausgabe: Egyptian ornament. - London, 1963.

72. FOUCART, George, Histoire de l'ordre lotiforme. Étude d'archéologie égyptienne. - Paris, 1897.

73. FRANKFORT, H., The Mural Painting of el-ʿAmarneh. - London, 1929.

74. FRANKFORT, H., The Cenotaph of Seti I at Abydos. Text- und Tafelbd. = Memoirs of the Egypt Exploration Society XXXIX, 1-2. - London, 1933.

75. FRANKFORT, H., und PENDLEBURY, J. D. S., The City of Akhenaten. Part II: The North Suburb and the Desert Altars. The Excavations at Tell el Amarna During the Seasons 1926-1932 = Memoirs of the Egypt Exploration Society XL. - London, 1933.
Part I vgl. Nr. 126
Part III vgl. Nr. 127

76. GABALLA, G. A., Narrative in Egyptian Art — Deutsches Archäologisches Institut. Abteilung Kairo. - Mainz, 1976.

77. GARDINER, Alan H. (Hrsg.), CALVERLEY, Amice M., und BROOME, Myrtle F., The Temple of King Sethos I at Abydos. Bd. I: The Chapels of Osiris, Isis and Horus. Bd. II: The Chapels of Amen-Rēʿ, Rēʿ-Ḥarakhti, Ptaḥ, and King Sethos. Bd. III: The Osiris Complex. Bd. IV: The Second Hypostyle Hall = Joint Publication of the Egypt Exploration Society (Archaeological Survey) and of the Oriental Institute of the University of Chicago. - London und Chicago, 1933, 1935, 1938 und 1958.

78. GHAZOULI, Edouard B., The palace and magazines attached to the Temple of Sety I at Abydos and the facade of this Temple. In: Annales du Service des Antiquités de l'Égypte LVIII, 1964, S. 99-186.

79. GITTON, Michel, Le palais de Karnak. In: Bulletin de l'Institut

français d'Archéologie orientale LXXIV, 1974, S. 63-73.

80. GOYON, J.-Cl., und EL-ACHIRIE, H., Le Ramesseum. I: Hypostyle N (travée centrale). VI: La salle des Litanies (R) = Collection Scientifique [o. Nr.]. - Kairo, 1973 und 1974.

81. GROENEWEGEN-FRANKFORT, H. A., Arrest and Movement. An Essay on Space and Time in the representational Art of the ancient Near East. - Chicago, 1951.

82. HAENY, Gerhard, Basilikale Anlagen in der ägyptischen Baukunst des Neuen Reiches = Beiträge zur ägyptischen Bauforschung und Altertumskunde IX. - Wiesbaden, 1970.

83. HAYES, William C., The Scepter of Egypt. A Background for the Study of the Egyptian Antiquities in the Metropolitan Museum of Art. II: The Hyksos Period and the New Kingdom (1675-1080 B. C.). - New York, 1959.

84. HELCK, Wolfgang, Die Beziehungen Ägyptens zu Vorderasien im 3. und 2. Jahrtausend v. Chr. = Ägyptologische Abhandlungen V. - Wiesbaden, 1962; 2. verbesserte Aufl. 1971.

85. HERMANN, Alfred, Die Stelen der thebanischen Felsgräber der 18. Dynastie = Ägyptologische Forschungen XI. - Glückstadt, Hamburg und New York, 1940.

86. HERMANN, Alfred, Altägyptische Liebesdichtung. - Wiesbaden, 1959.

87. HÖLSCHER, Uvo, The Excavations of Medinet Habu. II: The Temples of the Eighteenth Dynasty. III-IV: The Mortuary Temple of Ramses III. Part I. Part II = The University of Chicago. Oriental Institute Publications XLI, LIV und LV. - Chicago, 1939, 1941 und 1951.

88. HORNEMANN, Bodil, Types of Ancient Egyptian Statuary I, II-III und IV-V. - Kopenhagen, 1951, 1957 und 1966.
Gezeichnete Abbildungen in Kassetten

89. HORNUNG, Erik, Ägyptische Unterweltsbücher. - Zürich und München, 1972.

90. HORNUNG, Erik, und TEICHMANN, Frank, Das Grab des Haremhab im Tal der Könige. - Bern, 1971.

91. JÉQUIER, Gustave, Décoration égyptienne. Plafonds et frises végétales du Nouvel Empire Thébain (1400 à 1000 avant J.-C.). - Paris, [1911].

92. JÉQUIER, Gustave, L'architecture et la décoration dans l'ancienne Égypte. [I:] Les temples memphites et thébains des origines à la XVIIIe dynastie. [II:] Les temples ramessides et saïtes de la XIXe à la XXXe dynastie. - Paris, 1920 und [1922].

93. JÉQUIER, G., Manuel d'archéologie égyptienne. I: Les éléments de l'architecture. - Paris, 1924.

94. KANTOR, Helene J., The Aegean and the Orient in the Second Millenium B. C. = Monographs on Archaeology and Fine Arts IV = The Archaeological Institute of America. Monograph I. - Bloomington, 1947.

95. KLEBS, Luise, Die Reliefs und Malereien des neuen Reiches (XVIII.-XX. Dynastie, ca. 1580-1100 v. Chr.). Material zur ägyptischen Kulturgeschichte. Teil I: Szenen aus dem Leben des Volkes = Abhandlungen der Heidelberger Akademie der Wissenschaften. Phil.-hist. Klasse IX. - Heidelberg, 1934.

96. LACAU, P., L'or dans l'architecture égyptienne. In: Annales du Service des Antiquités de l'Égypte LIII, 1956, S. 221-250.

97. LANGE, Kurt, und HIRMER, Max, Ägypten. Architektur, Plastik, Malerei in 3 Jahrtausenden. - München, 1957; 4. neu bearb. und sehr erweit. Auflage 1967; 5. Auflage 1975; Sonderausgabe München und Zürich, 1978.

98. LAUFFRAY, Jean, Le secteur Nord-Est du temple jubilaire de Thoutmosis III. État des lieux et commentaire architectural. In: Kêmi. Revue de Philologie et d'Archéologie égyptiennes et coptes XIX, 1969, S. 179-218.

99. LEFÉBURE, E., Les hypogées royaux de Thèbes. I: Le tombeau du Séti Ier. II: Notices des hypogées. Textbd. und Tafelmappe.

III: Tombeau de Ramsès IV = Mémoires de la mission archéologique française au Caire II und III, 1-2. - Paris, 1886, 1889 und 1889.

100. LEGRAIN, Georges, Statues et statuettes des rois et de particuliers. 3 Bde. = Catalogue général des antiquités égyptiennes du musée du Caire. - Kairo, 1906, 1909 und 1914.

101. LEGRAIN, Georges, Les temples de Karnak. Fragment du dernier ouvrage de Georges Legrain. - Brüssel, 1929.

102. LHOTE, André, Les chefs-d'oeuvre de la peinture égyptienne. - [Paris], 1954.

103. LIPIŃSKA, Jadwiga, The architectural design of the temple of Tuthmosis III at Deir el-Bahari. In: Mitteilungen des Deutschen Archäologischen Instituts. Abteilung Kairo XXV, 1969, S. 85-89.

104. LIPIŃSKA, Jadwiga, Studia nad świątynią Totmesa III w Deir el-Bahari. In: Studia z archeologii Azji Przedniej i starożytnego Wschodu IX, 1970, S. 7-36.
Mit englischer Zusammenfassung: Studies on the temple of Tuthmosis III at Deir el-Bahari (S. 35-36)

105. LUCAS, Alfred, Ancient Egyptian Materials and Industries. - London and New York, 1926; 4. Aufl., hrsg. von J. R. Harris, London, 1962.

106. LÜDDECKENS, Erich, Untersuchungen über religiösen Gehalt, Sprache und Form der ägyptischen Totenklagen = Mitteilungen des Deutschen Instituts für Ägyptische Altertumskunde in Kairo XI. - Kairo, 1943.

107. MACKAY, Ernest, Proportion Squares on Tomb Walls in the Theban Necropolis. In: The Journal of Egyptian Archaeology IV, 1917, S. 74-85.

108. MACKAY, Ernest, On the Use of Beeswax and Resin as Varnishes in Theban Tombs. In: Ancient Egypt 1920, 2, S. 35-38.

109. MACKAY, Ernest, The Cutting and Preparation of Tomb-Chapels in the Theban Necropolis. In: The Journal of Egyptian Archaeology VII, 1921, S. 154-168.

110. MARIETTE-BEY, Auguste, Abydos. Description des fouilles exécutées sur l'emplacement de cette ville. Bd. I: Ville antique. - Temple de Séti. Bd. II: Temple de Séti (Supplément). - Temple de Ramsès. - Temple d'Osiris. - Petit Temple de l'ouest. - Nécropole. - Paris, 1869 und 1880.

111. MARIETTE-BEY, Auguste, Karnak, Étude topographique et archéologique. Text- und Tafelbd. - Leipzig, Kairo und Paris, 1875.

112. MARTIN, Geoffrey T., Excavations at the Memphite Tomb of Ḥoremḥeb, 1975: Preliminary Report. In: The Journal of Egyptian Archaeology LXII, 1976, S. 5-13 und LXIII, 1977, S. 13-19.

113. MEKHITARIAN, A., La déprédation des tombes thébaines. In: Chronique d'Égypte XXX, 1955, S. 318-323.

114. MEKHITARIAN, A., Personnalité de peintres thébains. In: Chronique d'Égypte XXXI, 1956, S. 238-248.

115. MEKHITARIAN, Arpag, Un peintre thébain de la XVIIIe dynastie. In: Mitteilungen des Deutschen Archäologischen Instituts. Abteilung Kairo XV, 1957, S. 186-192.

116. MONTET, Pierre, Les nouvelles fouilles de Tanis (1929-1932) = Publications de la Faculté des Lettres de Strasbourg Ser. II, 10. - Paris, 1933.

117. MONTET, Pierre, Tanis. Douze années de fouilles dans une capitale oubliée du Delta égyptien. - Paris, 1942.

118. MÜLLER, Hans Wolfgang, Alt-Ägyptische Malerei. Von der Vorgeschichte bis zum Ende des Neuen Reiches. Viertes bis Ende des Zweiten Jahrtausends v. Chr. = Meisterwerke Außereuropäischer Malerei [o. Nr.]. - Berlin, 1959.

119. MYŚLIWIEC, Karol, Le portrait royal dans le bas-relief du Nouvel Empire = Travaux du Centre d'Archéologie méditerranéenne de l'Académie Polonaise des Sciences XVIII [XIX]. - Warschau, 1976.

120. NAGEL, M. Geo., Rapport sur les fouilles de Deir el Médineh (Nord). 1928 = Fouilles de l'Institut français d'Archéologie orientale du Caire VI, 3. - Kairo, 1929.
Vgl. auch Nr. 28

121. NAVILLE, Edouard, The Temple of Deir el Bahari: Its Plan, its Founders, and its First Explorers. Introductory Memoir = Memoirs of the Egypt Exploration Fund XII. - London, 1894. Bd. I: The North-Western End of the Upper Platform [= Memoirs . . . XIII]. - London, 1895. Bd. II: The Ebony Shrine. Northern Half of the Middle Platform [= Memoirs . . . XIV]. - London, 1896. Bd. III: End of Northern Half and Southern Half of the Middle Platform [= Memoirs . . . XVI]. - London, 1898. Bd. IV: The Shrine of Hathor and the Southern Hall of Offerings [= Memoirs . . . XIX]. - London, 1901. Bd. V: The Upper Court and Sanctuary [= Memoirs . . . XXVII]. - London, 1906. Bd. VI: The Lower Terrace, Additions and Plans [= Memoirs . . . XXIX]. - London, 1908.

122. NELSON, Harold Hayden (Hrsg.), Ramses III's Temple within the great inclosure of Amon. I: Part 1. II: Part 2 and Ramses III's Temple in the Precinct of Mut = Reliefs and inscriptions at Karnak I und II = The University of Chicago. Oriental Institute Publications XXV und XXXVI. - Chicago, 1936.

123. NIMS, Charles F., The Eastern Temple at Karnak. In: Aufsätze zum 70. Geburtstag von Herbert Ricke = Beiträge zur ägyptischen Bauforschung und Altertumskunde XII, S. 107-111. - Wiesbaden, 1971.

124. NIMS, Charles F., The Transition from the Traditional to the New Style of Wall Relief under Amenhotep IV. In: Journal of Near Eastern Studies XXXII, 1973, S. 181-187.

125. OTTO, E., Zur Bedeutung der ägyptischen Tempelstatue seit dem Neuen Reich. In: Orientalia XVII, 1948, S. 448-466.

126. PEET, Eric T., und WOOLLEY, C. Leonard, The City of Akhenaten. Part I: Excavations of 1921 and 1922 at el-'Amarneh = Memoirs of the Egypt Exploration Society XXXVIII. - London, 1923.
Part II vgl. Nr. 75
Part III vgl. Nr. 127

127. PENDLEBURY, J. D. S., The City of Akhenaten. Part III: The Central City and the Official Quarters. The Excavations at Tell el-Amarna During the Seasons 1926-1927 and 1931-1936. Text- und Tafelbd. = Memoirs of the Egypt Exploration Society XLIV, 1-2. - London, 1951.
Part I vgl. Nr. 126
Part II vgl. Nr. 75

128. PERROT, Georges, und CHIPIEZ, Charles, Histoire de l'art dans l'antiquité I. - Paris, 1882; deutsche Ausgabe: Geschichte der Kunst im Alterthum. I: Aegypten. - Leipzig, 1884.

129. PETRIE, W. M. Flinders, Six Temples at Thebes. 1896. - London, 1897.

130. PETRIE, W. M. Flinders, Ehnasya 1904 = Memoirs of the Egypt Exploration Fund XXVI. - London, 1905.

131. PIANKOFF, Alexandre, The Tomb of Ramesses VI. Textbd. und Tafelmappe = Egyptian Religious Texts and Representations I = Bollingen Series XL, 1. - New York, 1954.

132. PORTER, Bertha, und MOSS, Rosalind L. B., Topographical Bibliography of Ancient Egyptian Hieroglyphic Texts, Reliefs, and Paintings. I: The Theban Necropolis. II: Theban Temples. III: Memphis. IV: Lower and Middle Egypt. V: Upper Egypt: Sites. VI: Upper Egypt: Chief Temples. VII: Nubia, the Deserts, and outside Egypt. - Oxford, 1927, 1929, 1931, 1934, 1937, 1939 und 1951; 2. Aufl. 1960-1977.

133. PRISSE D'AVENNES, [E.], Architecture. In: (derselbe), Histoire de l'Art Égyptien d'après les Monuments depuis les temps les plus reculés jusqu'à la domination romaine, Bd. I, S. 149-236. Tafeln: Atlas. - Paris, 1879 und 1878.

134. QUIBELL, J. E., The Ramesseum = Egyptian Research Account 1896, S. 1-21. - London, 1898.

135. RADWAN, Ali, Die Darstellungen des regierenden Königs und seiner Familienangehörigen in den Privatgräbern der 18. Dynastie = Münchner Ägyptologische Studien XXI. - Berlin, 1969.

136. Ramsès le Grand. Katalog der Ausstellung im Grand Palais, Paris, 1976, hrsg. von C. Desroches-Noblecourt. - Paris, 1976.

137. REFORD, Donald B., History and Chronology of the Eighteenth Dynasty of Egypt. - Toronto, 1967.

138. RICKE, Herbert, Der Grundriß des Amarna-Wohnhauses = Ausgrabungen der Deutschen Orient-Gesellschaft in Tell el-Amarna IV = Wissenschaftliche Veröffentlichungen der Deutschen Orient-Gesellschaft LVI. - Leipzig, 1932.

139. RICKE, Herbert, Der Totentempel Thutmoses' III. Baugeschichtliche Untersuchung = Beiträge zur ägyptischen Bauforschung und Altertumskunde III, 1. - Kairo, 1939.

140. RICKE, Herbert, Das Kamutef-Heiligtum Hatshepsut's und Thutmoses' III. in Karnak. Bericht über eine Ausgrabung vor dem Muttempelbezirk = Beiträge zur ägyptischen Bauforschung und Altertumskunde III, 2. - Kairo, 1954.

141. RICKE, Herbert, HUGHES, George R., und WENTE, Edward F., The Beit el-Wali Temple of Ramesses II = The University of Chicago. Oriental Institute Nubian Expedition I. - Chicago, 1967.

142. ROBICHON, C., und VARILLE, A., Le temple du scribe royal Amenhotep fils de Hapou I = Fouilles de l'Institut français d'Archéologie orientale du Caire XI. - Kairo, 1936.

143. ROEDER, Günther, Ausgrabungen der Deutschen Hermopolis-Expedition in Hermopolis 1929-1939. Bd. II: Amarna-Reliefs aus Hermopolis = Pelizaeus-Museum zu Hildesheim. Wissenschaftliche Veröffentlichung VI. - Hildesheim, 1969.

144. SÄVE-SÖDERBERGH, Torgny, Four Eighteenth Dynasty Tombs = Private Tombs at Thebes I. - Oxford, 1957.

145. SÄVE-SÖDERBERGH, T., Eine Gastmahlszene im Grabe des Schatzhausvorstehers Djehuti. In: Mitteilungen des Deutschen Archäologischen Instituts. Abteilung Kairo XVI, 1958, S. 280-291.

146. SCHÄFER, Heinrich, Von ägyptischer Kunst, besonders der Zeichenkunst. Eine Einführung in die Betrachtung ägyptischer Kunstwerke. - Leipzig, 1919; 2. stark vermehrte Aufl. 1922; 4. verbesserte Aufl. Wiesbaden, 1963; englische Neuausgabe, hrsg. von Emma Brunner-Traut und J. Baines: Principles of Egyptian art. - Oxford, 1974.

147. SCHÄFER, Heinrich, Amarna in Religion und Kunst = Sendschriften der Deutschen Orient-Gesellschaft VII. - Leipzig, 1931.

148. SCHENKEL, Wolfgang, Die Farben in ägyptischer Kunst und Sprache. In: Zeitschrift für ägyptische Sprache und Altertumskunde LXXXVIII, 1963, S. 131-147.

149. SCHIFF GIORGINI, Michaela, Soleb. Campagna 1959-60. In: Kush. Journal of the Sudan Antiquities Service IX, 1960, S. 182-197.
Mit englischer Zusammenfassung: Soleb. 1959-60 Season (S. 197)

150. SCHIFF GIORGINI, Michaela, Soleb. I: 1813-1963. II: Les nécropoles. - Florenz, 1965 und 1971.

151. SCHOTT, Siegfried, Ein Fall von Prüderie aus der Ramessidenzeit. In: Zeitschrift für ägyptische Sprache und Altertumskunde LXXV, 1939, S. 100-106.

152. SCHOTT, Siegfried, Altägyptische Liebeslieder. Mit Märchen und Liebesgeschichten = Die Bibliothek der Alten Welt. Der Alte Orient. - Zürich 1950.

153. SCHOTT, Siegfried, Das schöne Fest vom Wüstentale. Festbräuche einer Totenstadt = Akademie der Wissenschaften und der Literatur in Mainz. Abhandlungen der geistes- und sozialwissenschaftlichen Klasse 1952, Nr. 11. - Wiesbaden, 1953.

154. SCHOTT, Siegfried, Kanais. Der Tempel Sethos I. im Wadi Mia = Nachrichten der Akademie der Wissenschaften in Göttingen. I. Phil.-hist. Klasse 1961, Nr. 6. - Göttingen, 1961.

155. SETTGAST, Jürgen, Untersuchungen zu altägyptischen Bestattungsdarstellungen = Abhandlungen des Deutschen Archäologischen Instituts Kairo. Ägyptologische Reihe III. - Glückstadt, Hamburg und New York, 1963.

156. SMITH, H. S., The Fortress of Buhen. The Inscriptions = Egypt Exploration Society. Excavation Memoir XLVIII. - London, 1976.

157. SMITH, Ray Winfield, und REDFORD, Donald B., The Akhenaten Temple Project. Bd. I: Initial Discoveries. - Warminster, 1976.

158. SMITH, William Stevenson, Interconnections in the Ancient Near East. A Study of the Relationships between the Arts of Egypt, the Aegean, and Western Asia. - New Haven und London, 1965.

159. SPIEGEL, Joachim, Die Entwicklung der Opferszenen in den Thebanischen Gräbern. In: Mitteilungen des Deutschen Archäologischen Instituts. Abteilung Kairo XIV, 1956, S. 190-207.

160. STADELMANN, Rainer, Der Tempel Sethos I. in Gurna. Erster Grabungsbericht. In: Mitteilungen des Deutschen Archäologischen Instituts. Abteilung Kairo XXVIII, 1972, S. 293-299.

161. STADELMANN, Rainer, Tempelpalast und Erscheinungsfenster in den Thebanischen Totentempeln. In: Mitteilungen des Deutschen Archäologischen Instituts. Abteilung Kairo XXIX, 1973, S. 221-242.

162. STEINDORFF, Georg, und WOLF, Walther, Die thebanische Gräberwelt = Leipziger Ägyptologische Studien IV. - Glückstadt und Hamburg, 1936.

163. THAUSING, Gertrud, und GOEDICKE, Hans, Nofretari. Eine Dokumentation der Wandgemälde ihres Grabes = Monumenta Scriptorum. - Graz, 1971.

164. THOMAS, Elizabeth, The Royal Necropoleis of Thebes. - Princeton, 1966.

165. Toutankhamon et son temps. Katalog der Ausstellung im Petit Palais, Paris, 1967, hrsg. von C. Desroches-Noblecourt. - Paris, 1967.

166. Treasures of Tutankhamun. Katalog der Ausstellung im British Museum, London, 1972, hrsg. von I. E. S. Edwards. - London, 1972.

167. TYTUS, Robb de P., A Preliminary Report on the Re-Excavation of the Palace of Amenhetep III. - New York, 1903.

168. VANDIER, J., Manuel d'archéologie égyptienne. II: Les grandes époques. 1: L'architecture funéraire. 2: L'architecture religieuse et civile. III: Les grandes époques. La statuaire. Text- und Tafelbd. IV: Basreliefs et peintures. Scènes de la vie quotidienne. Text- und Tafelbd. - Paris, 1954-1964.

169. VARILLE, Alexandre, Karnak I = Fouilles de l'Institut français d'Archéologie orientale du Caire XIX. - Kairo, 1943.
Vgl. auch Nr. 37 und 14

170. VARILLE, Alexandre, Description sommaire du sanctuaire oriental d'Amon-Rê à Karnak. In: Annales du Service des Antiquités de l'Égypte L, 1950, S. 137-247.

171. VERCOUTTER, Jean, L'Égypte et le monde égéen préhellénique. Étude critique des sources égyptiennes (Du début de la XVIIIe à la fin de la XIXe Dynastie). - Kairo, 1956.

172. WEGNER, Max, Stilentwicklung der thebanischen Beamtengräber. In: Mitteilungen des Deutschen Archäologischen Instituts. Abteilung Kairo IV, 1933, S. 38-164.

173. WENIG, Steffen (Hrsg.), Meisterwerke der Amarnakunst = Insel-Bücherei Nr. 990. - Leipzig, 1974.

174. WERBROUCK, Marcelle, Les pleureuses dans l'Égypte ancienne. - Brüssel, 1938.

175. WERBROUCK, Marcelle, Le temple d'Hatshepsout à Deir el Bahari. - Brüssel, 1949.

176. WIT, C. de, La statuaire de Tell el Amarna. - Brüssel und Antwerpen, 1950.

177. WOLF, Walther, Das schöne Fest von Opet. Die Festzugsdarstellung im Großen Säulengange des Tempels von Luksor = Veröffentlichungen der Ernst von Sieglin-Expedition in Ägypten V. - Leipzig, 1931.

178. WRESZINSKI, Walter, Atlas zur Altaegyptischen Kulturgeschichte I und II. - Leipzig, 1923 und 1935.
In Lieferungen erschienene Tafeln mit Erklärungen

179. YOYOTTE, Jean, Un porche doré: la porte du IVe pylône au grand temple de Karnak. In: Chronique d'Égypte XXVIII, 1953, S. 28-38.

180. YOYOTTE, Jean, À propos de l'obélisque unique. In: Kêmi. Revue de Philologie et d'Archéologie égyptiennes et coptes XIV, 1957, S. 81-91.

NAMEN- UND SACHREGISTER

A

ABU SIMBEL - Tempelanlage im ägyptischen Nubien, etwa 40 km nördlich der heutigen Grenze zum Sudan, am letzten Engpaß des Tals vor dem 2. Katarakt. Diese Stätte, die in der Antike Meha genannt wurde, ist berühmt durch die beiden Speoi, die Ramses II. in den Felsen schlagen ließ für seinen eigenen Kult und den seiner Hauptgemahlin Nefertari. In dem Großen Felsentempel ließ Ramses II. auch seine Schlacht um Kadesch am Orontes abbilden *S.* 4, 47, 49, 147, 190, 200, 277, 320 *Abb.* 36-39, 365, 366, 408

ABUSIR - königliche Nekropole des Alten Reiches aus der Zeit der 5. Dynastie in Unterägypten am Rande der Wüste, zwischen Gisa und Saqqara; Abusir wird heute kaum noch besucht . . . . *S.* 149

ABYDOS - religiöses Zentrum des Osiris in Oberägypten, etwa 170 km nördlich von Karnak und Luxor. Sethos I. ließ hier einen gewaltigen, ungewöhnlichen Totentempel mit einem Kenotaph, dem Osireion, errichten. Die Gesamtanlage wurde von Ramses II. vollendet, der nahebei außerdem seinen eigenen Tempel errichten ließ. Der Tempel Sethos' I. war der Triade Osiris, seiner Gemahlin Isis und deren Sohn Horus geweiht, sowie den Reichsgöttern Ptah, Re-Harachte und Amun und dem verstorbenen König. Der heutige Name von Abydos ist Arabat el-Madfounah . . . . . . *S.* 3, 4, 18, 30, 41, 42, 44, 50, 56, 60, 80, 118, 147, 189, 190, 198, 202, 277, 318, 320 *Abb.* 31, 32, 53, 68, 105, 110, 180, 257, 350, 351, 354, 358, 401-404

ACHET-ATON - s. TELL EL-AMARNA

ACHMENU - ‹Tempel der Millionen Jahre›, ein aus Stein errichteter Zeltbau Thutmosis' III. in Karnak, östlich des eigentlichen Tempels für Amun-Re. Er ist berühmt wegen seines ‹botanischen Gartens›, seiner Zeltstangensäulen, die später nicht mehr verwendet wurden, und wegen seiner Königsliste, die sich heute im Louvre befindet . *S.* 3, 4, 9, 11, 14, 17, 21, 26, 311 *Abb.* 7, 9, 282, 299

ÄGÄIS - Inselwelt zwischen Griechenland und Kleinasien, mit der Ägypten vor allem in der 18. Dynastie in wirtschaftlichem und kulturellem Austausch stand . . . . *S.* 4, 80, 87, 159, 211

AHHOTEP - Gemahlin des Königs Seqenenre-Tao II. (17. Dynastie). Ihr Grab wurde 1859 von Mariette in Dra Abu'l-Naga entdeckt; es barg außergewöhnlich schöne Goldschmiedearbeiten . . *S.* 212, 231, 266 *Abb.* 217, 219, 220, 270, 272

AHMOSE I. - Gründer der 18. Dynastie (um 1552-1527). Er konnte Ägypten von der Fremdherrschaft der Hyksos befreien . . . . *S.* 2, 56, 67, 149, 231, 266 *Abb.* 53, 219, 220, 272

AHMOSE - Königin, Gemahlin Thutmosis' I. und Mutter der Herrscherin Hatschepsut . *S.* 69, 71 *Abb.* 54

AHMOSE-NOFRETERE - Königin, Gemahlin des Ahmose, des Gründers der 18. Dynastie, Mutter Amenophis' I. Nach ihrem Tode wurde sie göttlich verehrt *S.* 162, 190, 316, 317

AMARA - Ortschaft in Obernubien, auf halbem Wege zwischen dem 2. und 3. Katarakt. Ramses II. ließ dort eine befestigte Stadt mit seinem Tempel anlegen, um das Gold von dem naheliegenden Gebirgszug aufzubereiten . . . . *S.* 44, 65

AMARNA, TELL EL- - s. TELL EL-AMARNA

AMAUNET - weibliches Gegenstück des Amun in Theben . . . . *S.* 22

AMDUAT, BUCH DES - eine der heiligen Schriften, die von den geheimnisvollen Mächten der Unterwelt berichten. Das Amduat kommt erstmals in der 18. Dynastie in den thebanischen Königsgräbern vor. . *S.* 137, 149

AMENEMHET I. - König der 12. Dynastie . . . . *S.* 189

AMENEMHET III. - König der 12. Dynastie . . *S.* 145, 158, 188

AMENEMHET - Schreiber, Zähler des Korns des Amun, Haushofmeister des Wesirs. Er ist bestattet in Grab Nr. 82 in Scheich Abd el-Gurna . . . . *S.* 92, 103 *Abb.* 308

AMENEMHET SURER - oberster Haushofmeister, Ratgeber des Königs und Aufseher der Widderherden des Amun unter Amenophis III. Sein Grab (Nr. 48) liegt in Chocha *S.* 60

AMENEMINET - Vorsteher der Handwerker und Obergoldschmied. Er wurde in Saqqara bestattet . . . *S.* 114 *Abb.* 104

AMEN-NACHT - Inhaber des thebanischen Grabs Nr. 218 aus der 19. Dynastie . . . . . *Abb.* 126

AMENOPHIS I. - König vom Anfang der 18. Dynastie (um 1527 bis 1506), Sohn des Ahmose. Er ließ als erster Herrscher sein Königsgrab getrennt vom königlichen Totentempel anlegen . . . . *S.* 14, 21, 56, 60, 67, 148, 316, 317, 322, 323 *Abb.* 130, 284, 410

AMENOPHIS II. - König der 18. Dynastie (um 1438-1412), Sohn Thutmosis' III. Der durch hervorragende sportliche Leistungen bekannte König hatte nur mehr Aufstände asiatischer Vasallen zu unterdrücken . . *S.* 2, 7, 14, 21, 24, 58, 60, 75, 76, 87, 121, 149, 150, 158, 169, 313 *Abb.* 59, 140, 141, 312, 415

AMENOPHIS III. - König der 18. Dynastie (um 1402-1364), Sohn der asiatischen Prinzessin Mutemwija, der Gemahlin Thutmosis' IV. Ein friedliebender Herrscher, der Bauwerke im Tempelkomplex von

Karnak errichten ließ, in Luxor, Soleb, Sedeinga und im Sudan, sowie ein Tempelchen auf Elephantine. Die ‹Memnonskolosse› sind alles, was von seinem Totentempel übriggeblieben ist. In seiner Zeit erlebte die Reliefkunst ihren Höhepunkt. In seinem Palast in Theben West (Malqata) kamen zum ersten Mal Malereien auf Wänden, Fußböden und Decken vor. Diese Dekorform entfaltete sich unter seinem Nachfolger Echnaton in Tell el-Amarna *S.* 2, 7, 21, 22, 25, 28, 38, 50, 59, 62, 69, 75, 76, 80, 91, 99, 103, 104, 106, 110, 117, 145, 146, 149, 152, 158, 160, 162-164, 167, 169, 170, 182, 186, 188, 190, 192, 196, 216, 231, 233, 260, 262, 276, 313, 314, 317, 318, 322 *Abb.* 12, 13, 15, 29, 40, 88, 144, 146, 148, 149, 222, 231, 249, 314, 390, 395-398, 417

AMENOPHIS IV. (ECHNATON) - König der 18. Dynastie (um 1364 bis 1347), Sohn Amenophis' III. und der Königin Teje. Er wertete den Kult Atons, der Sonnenscheibe, auf und erbaute ihm östlich von Karnak einen Tempel. Später gab er Theben als Hauptstadt auf und ließ in Amarna mit seinen Palästen und Tempeln eine neue Stadt erstehen. Gleichzeitig änderte er seinen Namen in Echnaton um . . . . . *S.* 2, 3, 7, 10, 11, 17-19, 25, 59, 63-65, 99, 103, 104, 106, 108-110, 115, 146, 156, 158, 167, 170, 172, 179, 182, 189, 212, 277, 323 *Abb.* 93-95, 154, 156, 162, 318, 319, 322, 331, 388

AMENOPHIS, SOHN DES HAPU - Architekt und Wesir des Königs Amenophis III. In der Spätzeit wurde er als Gott der Heilkunde göttlich verehrt . . . . . *S.* 40, 169, 170, 317, 318 *Abb.* 153, 399, 400

AMENUSER - Statthalter der Stadt (Theben) und Wesir unter Thutmosis III. . . . . *S.* 60

AMSET - menschengestalteter Schutzgott, einer der vier Horussöhne . . *S.* 260

AMUNHERCHEPESCHEF - Sohn Ramses' III., der im Tal der Königinnen bestattet ist . . *Abb.* 281

AMUN, AMUN-RE - Gott der oberägyptischen Hauptstadt Theben. Während des Aufschwungs, den das Reich in der frühen 18. Dynastie nahm, wurde er zum allumfassenden Reichsgott, zum König der Götter und Herrn der Throne der beiden Länder. Meist wird er in menschlicher Gestalt mit zwei hohen Federn auf dem Kopf dargestellt, die seine Macht über Luft und Licht symbolisieren; in seiner Eigenschaft als Fruchtbarkeitsgott nimmt er die ithyphallische Gestalt des Fruchtbarkeitsgottes Min von Koptos an. Als Amun-Re wurde er früh mit dem Sonnengott verbunden. Auch in den Tiergestalten einer Gans und eines Widders kann er sich manifestieren. Sein Hauptheiligtum ist Karnak. Die Königstheologie des beginnenden Neuen Reiches brachte den Gott in engste Beziehung zur Dynastie: Amun zeugte mit der legitimen Königsgemahlin, dem Gottesweib, den Thronfolger (vgl. Geburtshalle von Deir el-Bahari). Anläßlich des Talfestes zog eine prunkvolle Prozession mit der Barke des Amun zu den königlichen Totentempeln auf der thebanischen Westseite und anläßlich des Opetfestes zum Luxor-Tempel. Die religiöse Neuorientierung unter Amenophis IV. (Echnaton) richtet sich gegen die Priesterschaft Amuns. Der Name des Gottes wurde auf allen Denkmälern getilgt, um dann bei der Wiedereinsetzung seines Kults unter Tutanchamun und Haremheb überall wieder eingesetzt zu werden . . . . *S.* 3, 4, 9-11, 17, 21-23, 26, 28, 30, 31, 34, 41, 42, 49, 67-69, 71, 74, 75, 84, 87, 88, 97, 108, 109, 115, 117, 150, 155, 158, 164, 189, 190, 196, 200, 202, 207, 269, 275, 277, 306-315, 317, 320, 321 *Abb.* 3-13, 15-19, 24, 56-59, 108, 109, 139, 171, 172, 175, 177, 181, 184, 186, 187, 257, 283, 284, 295-297, 299, 312, 319, 326, 343, 353, 359, 361, 375-378, 381-383, 385, 386, 389-391

ANCH - hieroglyphisches Zeichen für Leben, oft auch Henkelkreuz genannt . . *S.* 262 *Abb.* 206, 229

ANCHESENAMUN oder **ANCHESENPAATON** - Tochter von Echnaton und Nofretete, Witwe des Königs Tutanchamun. Sie wurde wahrscheinlich die Gemahlin seines Nachfolgers Eje . . . . *Abb.* 333

ANI - königlicher Schreiber in der 18. Dynastie . . . *Abb.* 262, 269

ANIBA - Dorfbezirk in Unternubien nördlich von Abu Simbel; dort fand sich eine bedeutende Nekropole mit überwölbten Grabkapellen und pyramidenförmigem Oberbau . . . . . *S.* 60, 65, 248, 325

ANTENGEBÄUDE - Gebäude, dessen Fassade aus einer Säulenreihe besteht, die an beiden Seiten durch Pfeiler abgeschlossen ist . . *S.* 14

ANUBIS - Gott mit Schakalskopf, der den Verstorbenen in die Welt der Toten führte . *S.* 35, 256 *Abb.* 252

APOLLON - griechischer Gott des Lichts, der nach griechischer Vorstellung in seinem Götterwagen über den Himmel fuhr . . . . . *S.* 271

APOPHIS - göttliches Wesen in Schlangengestalt, das die feindlichen Mächte symbolisierte. . . . . . . *S.* 142, 182 *Abb.* 127, 165

ARINEFER - Diener an der Stätte der Wahrheit, also ein Künstler, der die Königsgräber in der Ramessidenzeit ausschmückte. Sein Grab (Nr. 290) liegt in Deir el-Medineh . . . . . *Abb.* 126, 128

ARMANT - Kultort auf dem Ostufer des Nils, Hauptstadt des 4. oberägyptischen Gaus *S.* 155 *Abb.* 292

ASCHERU - s. ISCHERU

ASCHMUNEIN - s. HERMOPOLIS

ASPEKTIVE - Darstellungsweise der ägyptischen Kunst, die im Gegensatz zur perspektivischen Sehweise der klassischen und modernen Kunst die Wirklichkeit des dargestellten Objekts begrifflich analysiert (nach H. Schäfer, ‹Von ägyptischer Kunst›, 1919, und anderen). So können verschiedene Ansichten eines Gegenstandes gleichzeitig dargestellt werden. Die verschiedenen Größen von Gegenständen und Figuren innerhalb eines Bildes haben nichts mit der jeweiligen Entfernung vom Betrachter zu tun, sondern richten sich nach der Bedeutung des Dargestellten . . . . *S.* 2

ASSIUT - Stadt in Oberägypten, etwa 300 km nördlich von Theben. Kultstätte des Schakalsgottes Upuaut, das Lykopolis der Griechen . *S.* 18

ASSUAN - Stadt in Oberägypten auf der rechten Nilseite am Ende des 1. Katarakts, gegenüber der Insel Elephantine. Assuan ist vor allem wegen seiner Granitsteinbrüche berühmt . . . . *S.* 9

ATON - ägyptische Bezeichnung für die Sonnenscheibe. Amenophis IV. (Echnaton) brachte Aton in Verbindung mit Re-Harachte, dem heliopolitanischen Sonnengott, und ernannte ihn zum alleinigen Gott. . . *S.* 2, 3, 10, 17-19, 63, 106, 109, 110, 172, 179, 212, 256, 308, 309, 323, 325 *Abb.* 319, 322, 327, 379, 380, 388

AUFWEG - besonders bezeichneter, oft ausgebauter Verbindungsweg von der Anlegestelle am Nil (oder an einem abzweigenden Kanal) zu einer königlichen oder privaten Grabanlage, auch zu einem Heiligtum, über dem westlichen Wüstenabbruch . . . . *S.* 35, 150, 316-318

AUGUSTUS (63 v.Chr. - 14 n.Chr.) - erster römischer Kaiser; er herrschte als Pharao über die römische Provinz Ägypten . . . . *S.* 313

B

BAAL - syrisch-palästinensischer Unwetter- und Kriegsgott, meist menschengestaltig mit der vorderasiatischen Hörnermütze und einem kurzen Schurz dargestellt. Er wurde in der 18. Dynastie in das ägyptische Pantheon aufgenommen und dem Seth angeglichen. . . . . . *S.* 145

BACHTAN - s. BAKTRIEN

BAK - einer der berühmten Bildhauer am Hof des Echnaton . . . . . . *S.* 167, 172 *Abb.* 320

BAKTRIEN - Landschaft in Zentralasien, die einen Teil des heutigen Russisch-Turkestan umfaßt . *S.* 313

BARKE, HEILIGE - Reiseboot für Götterprozessionen zu den verschiedenen Kultorten . . . . *S.* 3, 21-23, 26, 28, 34, 41, 42, 52, 97, 117, 133, 275, 306, 308, 311, 314, 315, 319-321 *Abb.* 105, 115, 267

BARKENSANKTUAR - freistehender Bau, in dem während der Prozession die heilige Barke einer Gottheit abgestellt wurde . . . . . . *S.* 9, 10, 21, 22, 23, 26, 30, 63, 67, 68, 312, 313 *Abb.* 6, 14, 298

BAUMGÖTTIN - der heilige Baum der Nekropole war vor allem die Sykomore, die in Gestalt einer Göttin dem Verstorbenen Schatten und frische Luft spendete und Speise und Trank reichte . . . . *S.* 77, 114, 134, 141 *Abb.* 104, 125

BEDRESCHEIN - modernes Dorf auf der westlichen Nilseite, etwa 30 km südlich von Kairo, nahe beim antiken Memphis . . . . . . *S.* 146

BEIT EL-WALI - Felsentempel in Unternubien, etwa 50 km südlich des 1. Katarakts. Ramses II. ließ dort am Ende seiner Koregenz mit seinem Vater Sethos I. einen Hemispeos errichten . . . . . *S.* 47

BELZONI, Giovanni Battista (1778 bis 1823) - italienischer Forscher und Abenteurer, der im Auftrag des britischen Konsuls Henry Salt 1815 bis 1819 in Ägypten war. Er führte Ausgrabungen in Theben durch und trug Antiquitäten zusammen, von denen sich die meisten heute im British Museum befinden . *S.* 195

BENIA-PAHEKAMEN - Oberaufseher der Arbeiten und Höfling, der im Grab Nr. 343 in Scheich Abd el-Gurna bestattet ist . . . . *S.* 76, 91 *Abb.* 60, 287

BENI HASSAN - Nekropole des Mittleren Reiches, etwa 270 km südlich von Kairo. Etwas weiter südlich öffnet sich ein breites Wadi, an dessen Rand die Königin Hatschepsut einen Felsentempel für die Katzengöttin Pachet errichten ließ, den Speos Artemidos . . . . *S.* 31

BES - Gottheit, die mit groteskem, unförmigem Körper, meist mit einer Grimasse und herausgestreckter Zunge dargestellt ist. Oft hält Bes ein Messer, trägt eine Federkrone und ein Katzenfell über den Schultern. Als Beschützer vor bösen Geistern, vor Schlangen- und Skorpionbissen erscheint er auf magischen Stelen, Gefäßen, Amuletten und zahlreichen Möbelstücken. Er wacht auch über den Schlaf . . . *S.* 259 *Abb.* 254

BIBAN EL-HARIM - s. TAL DER KÖNIGINNEN

BIBAN EL-MULUK - s. TAL DER KÖNIGE

BILDPROGRAMM (BILDKOMPOSITION) - die Ausstattung aller Sakralbauten, der Tempel, der königlichen und privaten Grabanlagen und ebenso der königlichen Paläste mit Wandbildern und Inschriften folgt in der gesamten Planung jedes Bauwerks und jedes seiner Teile einem theologisch durchdachten Programm. Die Themen der Darstellungen und die Aussagen der Inschriften ordnen sich auf jedem Architekturglied, auf jeder Wandfläche, in jedem Raum und in der gesamten Anlage den sakralen Funktionen, insbesondere den kultischen Erfordernissen, unter. . . . . . . *S.* 68, 71, 74-76, 80, 82, 109, 110, 112, 117-119, 125, 130, 134

BONAPARTE, Napoleon - Kaiser der Franzosen, der 1798 nach Ägypten zog. Der große Stab von Wissenschaftlern, der ihn begleitete und das gesamte Land bereiste, legte

den Grundstein für die archäologischen und wissenschaftlichen Forschungen in Ägypten . . *S.* 23, 38

‹BOTANISCHER GARTEN› - s. ACHMENU

BUBASTIS - Stadt im Delta nahe bei Zagazig, das heutige Tell Basta, wo zahlreiche Funde mit dem Namen Ramses’ II. ans Tageslicht kamen . . *Abb.* 224, 227

BUHA - Dorf im Ostdelta *Abb.* 137

BUHEN - Festungsanlage auf dem linken Nilufer beim 2. Katarakt. Hatschepsut und Thutmosis II. errichteten dort einen Tempel für Horus. Die Festung von Buhen gehört zu den Meisterwerken ägyptischer Militärarchitektur des Mittleren und Neuen Reiches . . . *S.* 24, 65, 325

C

CARNARVON, Herbert Lord (1866 bis 1923) - englischer Mäzen, der vor allem die Erforschung des Tals der Könige durch Howard Carter finanzierte, die schließlich zur Auffindung des Grabs des Tutanchamun führte *S.* 214

CARTER, Howard (1874-1939) - englischer Ausgräber für Lord Carnarvon. Nach zahlreichen Ausgrabungen im Tal der Könige legte er 1922 das Grab des Tutanchamun frei *S.* 214

CHA - Architekt unter Amenophis II., in dessen Grab in Deir el-Medineh ein vollständig erhaltener Grabschatz gefunden wurde (heute im Museo Egizio in Turin) . *S.* 250 *Abb.* 255

CHABECHENT - Inhaber eines Grabs in Deir el-Medineh aus der 19. Dynastie . . . . . *S.* 225 *Abb.* 212

CHAEMHET - königlicher Schreiber, Oberaufseher der Kornspeicher von Ober- und Unterägypten vom Ende der Regierung Amenophis’ III. Sein Grab (Nr. 57) in Scheich Abd el-Gurna in Theben West ist mit ausgezeichneten Reliefdarstellungen geschmückt; sie zeigen den Grabherrn in Ausübung seiner Funktion beim ersten Jubiläumsfest des Herrschers. Das Grab enthält eine aus dem anstehenden Fels gemeißelte Statue des Chaemhet mit seinen Angehörigen *S.* 60, 104, 106, 146 *Abb.* 87

CHAEMWASET - s. CHAEMWESE

CHAEMWESE (CHAEMWASET) - Sohn Ramses' II.; er ist in Saqqara, nahe beim Serapeum, beigesetzt . . *S.* 4, 198, 200 *Abb.* 358

CHAEMWESE - hohe Persönlichkeit aus der Zeit Amenophis' III.; sein Grab wurde in Bubastis im Ostdelta gefunden . . . .*Abb.* 316

CHAI - Würdenträger aus der Zeit der 19. Dynastie (um 1260) . .*Abb.* 367

CHAMPOLLION, Jean-François (1790-1832) - französischer Wissenschaftler, dem die Entzifferung der Hieroglyphen gelang und der damit die Ägyptologie begründete. Man nennt ihn Champollion den Jüngeren, um ihn von seinem Bruder Jacques-Joseph zu unterscheiden, der ihn zu seinen ersten Forschungen hinführte. Sein kometenhafter Aufstieg begann, als er mit sechzehn Jahren der Akademie von Grenoble eine Abhandlung über die Hieroglyphenschrift vorlegte. 1809 erhielt er einen Forschungsauftrag seiner Stadt und veröffentlichte 1811 die ‹Introduction à l'Égypte sous les Pharaons›, ein umfassendes Werk über die Geographie Ägyptens, seine klassischen Texte und die koptische Sprache. Nach langem geduldigem Studium der hieroglyphischen Denkmäler, unter anderem des Steins von Rosette, gelang es ihm, den Schlüssel zur Entzifferung der Hieroglyphen zu finden. 1822 legte er der Akademie seine Ergebnisse vor: ‹Lettre à Monsieur Dacier relative à l'alphabet des hiéroglyphes phonétiques›; 1824 veröffentlichte er ‹Précis de système hiéroglyphique›. In wenigen Jahren stellte er eine Chronologie auf, arbeitete über Geschichte, die Götterwelt des pharaonischen Ägypten, ordnete die ägyptischen Altertümer des Louvre und unternahm 1828 bis 1829 eine große Expedition nach Ägypten und Unternubien, nahm die noch erhaltenen Denkmäler auf und schrieb die Inschriften ab. Als Professor am Collège de France und Mitglied der Académie des inscriptions starb er bald darauf und hinterließ eine große Zahl unvollendeter Werke . . . . *S.* 3, 35

CHEKER-ORNAMENT - Ornamentfries oberer Wandabschlüsse, der vermutlich aus der Stilisierung geknoteter Kettfäden von Geweben für Wandbespannungen entstanden ist *S.* 76 *Abb.* 371

CHEPHREN - König der 4. Dynastie *S.* 149

CHIPIEZ, Charles - französischer Künstler und Zeichner des 19. Jh. *S.* 313

CHOCHA, EL- - kleiner Hügel am Rand des Talkessels von Deir el-Bahari . . *Abb.* 70, 85, 86, 279, 324

CHONS - Götterkind der thebanischen Triade, Sohn des Amun und der Mut, der mumiengestaltig mit der Jugendlocke dargestellt wurde . . . . . . *S.* 4, 25, 30, 41, 190, 306, 308, 321 *Abb.* 20, 21, 386, 387

CHONSU - Erster Prophet Thutmosis' III. unter der Regierung Ramses' II. Sein Grab (Nr. 31) liegt in Scheich Abd el-Gurna . . . . . *S.* 133 *Abb.* 115

CLIPEUS - Körperteil des Skarabäus *S.* 212

CONSTANTIUS II. (317-361 n.Chr.) - römischer Kaiser (337-361 n.Chr.) . *S.* 312

D

DAVIES, Norman des Garis (1865 bis 1941) - englischer Ägyptologe und Zeichner. Er kopierte in exakten Strichzeichnungen die in versenktem Relief ausgeführten und bereits stark beschädigten Wandbilder der Privatgräber von Tell el-Amarna, die er 1903-1908 in einer sechsbändigen Publikation vorlegte. Davies arbeitete sodann in den thebanischen Privatgräbern, deren wichtigste er gemeinsam mit seiner Frau, Nina Davies, im Auftrag des Metropolitan Museum und für die Memoirs des ‹Archaeological Survey of Egypt› kopierte. Seine getreuen Kopien, der Scharfsinn seiner Beobachtungen und seine Interpretationen der Szenen, die er in vielen Monographien einzelner Gräber und in Artikeln in Fachzeitschriften veröffentlicht hat, sind für die ägyptische Reliefkunst und Malerei von unschätzbarem Wert . . . . . *S.* 109

DEDUN - schon in den Pyramidentexten belegter, den Süden vertretender Territorialgott mit den Titeln ‹Oberägyptischer Jüngling, der aus Nubien gekommen ist› und ‹Dedun I. von Nubien›. Ursprünglich irgendein Raubvogel, wurde er in Ägypten dem Horusfalken angeglichen . . . *S.* 325 *Abb.* 300

DEIR DRUNKA - Nekropole etwa 8 km südlich von Assiut mit Grä-

bern aus dem Mittleren und Neuen Reich . . . . . *S.* 196 *Abb.* 176

DEIR EL-BAHARI - Talkessel in dem steilen Felsen von Theben West, in dem der Gründer des Mittleren Reiches, Mentuhotep-Nebhepetre, seinen Totentempel erbaute. Daneben ließ die Königin Hatschepsut im Neuen Reich durch ihren Vermögensverwalter und Architekten Senmut ihren ‹Tempel der Millionen Jahre› errichten. Das thebanische Westgebirge war der Göttin Hathor geweiht. Die christlichen Mönche, die später in der Tempelruine wohnten, gaben ihr den Namen Deir el-Bahari, ‹Kloster des Nordens› *S.* 2, 14, 31, 34, 68, 74, 145, 150, 152, 158, 277, 316, 322 *Abb.* 23-28, 54-56, 131, 211, 290, 291, 293, 393, 394

DEIR EL-MEDINEH - schmales Tal zwischen dem thebanischen Westgebirge und dem Hügel Kurnet Murai. Amenophis I. ließ für die Handwerker und Künstler, die im Tal der Könige die Gräber anlegen und ausstatten sollten, ein eigenes Dorf errichten. Die Häuser bestanden aus luftgetrockneten Lehmziegeln und waren innen mit einer Kalktünche überzogen und mit einem Dekor versehen. Die Künstler legten sich in den ansteigenden Hängen ihres Tals ihre eigenen Gräber an und malten sie auch selber aus. In der Arbeitersiedlung wurden zahlreiche Skizzen und Texte auf Kalksteinscherben gefunden, die über das Leben und die Organisation der Arbeiten an den Gräbern der Könige und Königinnen im einzelnen berichten. Der moderne Name Deir el-Medineh bedeutet ‹Kloster der Stadt› . *S.* 60, 64, 77, 79, 140, 141, 259, 323, 324 *Abb.* 51, 119, 123-128, 177, 212, 254, 255, 374, 375, 422-426

DERR - Felsentempel Ramses II., etwa 100 km nordöstlich von Abu Simbel *S.* 50, 190, 320 *Abb.* 406

DIENER AN DER STÄTTE DER WAHRHEIT - Titel für Handwerker, die an der Ausstattung der Gräber der Könige und Königinnen tätig waren . . . . *S.* 141

DIODOR VON SIZILIEN (1. Jh. v. Chr.) - Zeitgenosse von Julius Caesar, der auf Griechisch eine Weltgeschichte in 40 Bänden geschrieben hat, von denen uns 15 erhalten sind. Es handelt sich um eine kritiklose Zusammenstellung, die aber für uns doch von Bedeutung ist, weil in der Abhandlung über Ägypten alte

Amarna. Er bedeutet ‹Aton ist gefunden›.............
S. 17, 18, 19 *Abb.* 154, 156, 388

GERF HUSSEIN - Hemispeos etwa 100 km südlich von Assuan für Ramses II. und Ptah . . S. 50, 190, 320

GISA - Stadtteil des modernen Kairo auf der Westseite des Nils. Im weiteren Sinne bezeichnet der Name das Kalksteinplateau, auf dem die großen Pyramiden mit ihren Tempeln, der Sphinx und den sie umgebenden Friedhöfen liegen . . . . . S. 145

GRAUWACKE - grüner Stein, eine Art sandsteinhaltiger Schist, den die alten Ägypter im Wadi Hammamat, in der Ostwüste, gewannen . S. 146

GURNA - terrassenförmige Erhebung am Fuß des thebanischen Westgebirges mit einer der umfangreichsten oberägyptischen Nekropolen, in der vor allem die hohen Beamten der 18. Dynastie beigesetzt sind . . . .
S. 41, 47, 56, 58, 60, 321 *Abb.* 30

GUROB oder MEDINET GUROB - Stadt des Neuen Reiches am Eingang zum Fayum. Berühmt sind der Tempel Thutmosis' III. und ein Palast aus der 18. Dynastie. . . . .
Abb. 151, 314, 315

H

HALSKRAGEN - s. MENIT

HAPI - affenköpfiger Schutzgott, einer der vier Horussöhne. . . S. 260

HAPU - Vater des Amenophis, des Baumeisters und Wesirs Amenophis' III. . . . . S. 169, 170, 317, 318 *Abb.* 153, 399, 400

HAREMHEB - königlicher Schreiber, Rekrutenschreiber. Sein Grab (Nr. 78) liegt in Scheich Abd el-Gurna
S. 99 *Abb.* 83

HAREMHEB (um 1333-1306) - General unter Echnaton und Tutanchamun. Er ließ sich bei seiner Garnison Memphis, in Saqqara, ein großes Grab mit bedeutenden Reliefdarstellungen anlegen. Als Generalissimus unter Tutanchamun führte er nach dem Intermezzo von Amarna die Restauration im Lande durch. Nach dem Tod des Eje bestieg er den Pharaonenthron, setzte die Wiederherstellung der alten Ordnung fort, die vor der Reformation Amenophis' IV. (Echnaton) geherrscht hatte, und ließ sich als Pharao ein Grab im Tal der Könige anlegen

S. 3, 24, 25, 31, 59, 60, 112, 115, 169, 185, 186, 195, 202, 306, 321
Abb. 99, 100, 201, 342, 344-347, 419

HARIM - Bezeichnung für das Frauenhaus im orientalischen Palast. . .
S. 3, 4, 52, 62, 64

HARRIS, PAPYRUS - großer Papyrus, der von dem Sammler A. Ch. Harris erworben wurde und im British Museum aufbewahrt wird. Er enthält das Inventar der ägyptischen Tempel unter Ramses III. . . S. 321

HATHOR - Göttin der Liebe, des Todes und des Himmels sowie Muttergöttin. Die verschiedenen Aspekte der Hathor verbinden sich in ihrer Identifikation mit der Kuh. Sie trägt eine Krone aus zwei Kuhhörnern und einer Sonnenscheibe in der Mitte. In Tempeln und Kapellen, die ihr geweiht sind, zeigen Säulen- und Pfeilerkapitelle ihr menschengestaltiges Gesicht mit Kuhohren. Ihre Embleme, das Sistrum und das Menit, stellen eine Anspielung auf die Fruchtbarkeit dar . . . . . S. 14, 22, 35, 49, 50, 74, 97, 149, 155, 158, 190, 245, 248, 259, 317 *Abb.* 23, 24, 26-28, 56, 90, 244, 282, 321, 366

HATHORKAPITELL - würfelförmiges Kapitell, dessen Seitenflächen einen Hathorkopf, ein menschliches Gesicht mit Kuhohren, zeigen . . .
S. 21 *Abb.* 209

HATNUB - Alabastersteinbrüche in den Bergen, die die Ebene von Tell el-Amarna beherrschen. Sie wurden schon seit dem Alten Reich ausgebeutet . . . . S. 9

HATSCHEPSUT (um 1490-1468) - Königin der 18. Dynastie, Tochter Thutmosis' I. und der Königin Ahmose. Durch ihre Heirat mit ihrem Halbbruder Thutmosis II. machte sie ihn zum rechtmäßigen Thronerben. Aus der Ehe ging als einziges Kind eine Tochter, die Prinzessin Nefrure, hervor. Nach dem frühen Tod Thutmosis' II. (1490) übernahm Hatschepsut vorläufig die Regierungsgeschäfte für den eigentlichen Thronerben Thutmosis III., den Sohn ihres Gemahls und einer Haremsdame. Aber 1488 riß sie endgültig die Macht an sich und nahm die Titulatur eines männlichen Pharaos an. Sie und Thutmosis III. errichteten das Allerheiligste in Karnak, das aus Quarzit bestand und mit Darstellungen der Amuns-Prozession und ihrer eigenen Krönung durch Amun geschmückt war. Die großen Reliefzyklen ihres Totentempels in Deir

el-Bahari, der von ihrem Architekten und Günstling Senmut errichtet worden war, enthalten in der Geburtshalle Darstellungen ihres rechtmäßigen Herrschaftsanspruchs sowie der Expedition in das Weihrauchland Punt . . . S. 2, 7, 10, 11, 14, 23, 31, 34, 36, 38, 59, 67-69, 71, 74, 75, 87, 117, 145, 148-152, 155, 158, 176, 308, 310, 316, 317 *Abb.* 4, 10, 14, 23-28, 54, 55, 131, 135-137, 290, 291, 293, 393, 394, 413

HAUS DER MILLIONEN JAHRE - s. GEDÄCHTNISTEMPEL

HAWARAH - Ort am Eingang des Fayum . . . . S. 145

HAWATA, EL- - Siedlung südlich von Amarna . . . . . . *Abb.* 98

HEB-SED - Jubiläumsfest, das der König nach einer gewissen Anzahl von Regierungsjahren, zunächst nach dreißig Jahren, feierte. Er glaubte, seine körperliche Kraft regenerieren zu können, indem er die Zeremonie seiner Krönung nachvollzog. Zu diesem Anlaß trug er einen eigenartigen kurzen Mantel, der bis hoch in den Nacken hinaufreichte . . . .
S. 164, 167, 170, 317

HEKA-ZEPTER - Herrschaftsabzeichen des Königs, auch Krummstab genannt . . . . S. 190 *Abb.* 170

HELIOPOLIS - nordöstlicher Vorort von Kairo; religiöses Zentrum des alten Ägypten, das On der Bibel, nach ägyptischem Namen Iunu, ‹Stadt des Pfeilers›. Heliopolis war Kultzentrum des Sonnengottes Re . S. 18, 142, 149 *Abb.* 127, 185

HEMISPEOS - Tempel, der zum größeren Teil in den Felsen hineingeschlagen ist, mit einem ummauerten Vorhof . . . . S. 9, 34, 47, 48, 50, 320, 324 *Abb.* 425, 426

HERAKLEOPOLIS - Ort etwas südlich vom Eingang zum Fayum, das heutige Ehnasije el-Medineh. Herakleopolis war Zentrum Ägyptens in der 1. Zwischenzeit; der Haupttempel war dem Widdergott Herischef (Harsaphis) geweiht, den die Griechen dem Herakles gleichsetzten S. 30

HERIHOR - General unter Ramses XI., später Hoherpriester des Amun und Wesir von Oberägypten, der sich am Ende der 20. Dynastie selbst zum König proklamierte . . . . .
S. 25, 31, 313

HERMOPOLIS - Ort in Mittelägypten, etwa 300 km südlich von Kairo, das heutige Eschmunein, das sich aus dem antiken Namen Chemenu ableitet. Hermopolis war Kultzentrum des Weisheitsgottes Thot, den die Griechen dem Hermes gleichsetzten *S*. 18, 109, 247 *Abb*. 94, 330

HES-VASE - hohes, schlankes Gefäß mit kleinflächigem Standfuß, das vor allem im Bestattungsritual eine wichtige Rolle spielte . . . . *Abb*. 250

HETHITER - Volk in Anatolien, eine der führenden Mächte in der zweiten Hälfte des II. Jahrtausends in Vorderasien . . . *S*. 1, 4, 87, 189, 262

HOR - Architekt unter Amenophis III. *S*. 21

HORUN - falkenköpfiger Sonnengott, der asiatisch beeinflußt ist . . . . . *S*. 196 *Abb*. 173

HORUS - Gott, der als Falke oder in Menschengestalt mit Falkenkopf dargestellt wird. In der ägyptischen Mythologie ist er der Sohn, den Isis, die göttliche Zauberin, posthum von ihrem wiedererweckten Gatten Osiris, dem letzten göttlichen Herrscher Ägyptens, empfangen hatte. Jeder König galt als Inkarnation des Gottes Horus, als legitimer Nachfolger des Osiris auf dem Thron. Horus war auch ein Symbol der Sonne. . . *S*. 3, 42, 44, 47, 149, 182, 186, 196, 200, 260, 310, 318 bis 320 *Abb*. 165, 178, 180, 341, 346

HUI - Vizekönig von Nubien und Königssohn von Kusch unter Tutanchamun. Sein Grab (Nr. 40) liegt in Kurnet Murai . . . . *S*. 115 *Abb*. 101, 103

HYGIEIA - Göttin der Gesundheit im griechischen Pantheon . . . *S*. 317

HYKSOS - asiatische Nomaden, die um 1780 v. Chr. allmählich in Ägypten einsickerten und 1730-1560 v. Chr. den größten Teil des Landes beherrschten. Sie bildeten die nach Manetho parallel verlaufende 15. und 16. Dynastie und residierten in Auaris im Ostdelta, bis sie von den thebanischen Fürsten der 17. Dynastie aus Ägypten vertrieben wurden. ‹Hyksos› ist die gräzisierte Form der ägyptischen Bezeichnung ‹Herrscher der Fremdländer› . . . *S*. 1, 2, 149, 211, 212, 231, 236

I

IMHOTEP - Architekt des Königs Djoser (3. Dynastie). Er entwarf und beaufsichtigte den gesamten Bau-

komplex der Stufenpyramide in Saqqara . . . . *S*. 262, 317

INENI - Aufseher der Kornspeicher Amuns und Leiter der Arbeiten unter Amenophis I. bis Thutmosis III. Er überwachte die Errichtung der Pylonen, Tempelräume und Obelisken Thutmosis' I. in Karnak . *S*. 10, 60

INHERCHAI - Künstler ‹an der Stätte der Wahrheit›, der in Deir el-Medineh bestattet ist (Grab Nr. 359), 20. Dynastie . . . . *S*. 141, 142 *Abb*. 124, 127

IPET-SUT - altägyptischer Name des Amun-Re-Tempels in Karnak . . . *S*. 10, 14, 36 *Abb*. 378

IPUI - Bildhauer unter Ramses II. Sein Grab (Nr. 217) liegt in Deir el-Medineh . . . . . *S*. 141 *Abb*. 119

IPUKI - s. NEBAMUN und IPUKI

IRINEFER - Diener ‹an der Stätte der Wahrheit›. Sein Grab (Nr. 290) liegt in Deir el-Medineh . . . . *S*. 141 *Abb*. 126, 128

ISCHERU oder ASCHERU - hufeisenförmiger See im Tempelbezirk der Mut in Karnak Süd *S*. 21, 145

ISIS - Göttin, Gemahlin des Osiris und Mutter des Horus . . . . *S*. 3, 42, 44, 262, 318 *Abb*. 180, 210, 281

IUNI - königlicher Schreiber und Verwalter in der frühen 19. Dynastie, zur Zeit Ramses' II. . . . . . *S*. 197 *Abb*. 176

J

JAFFA - Hafenstadt an der syrischphönizischen Küste . . . . *S*. 238

JUGENDLOCKE - charakteristische Haartracht der noch nicht geschlechtsreifen Knaben. Die Darstellungen von Kindern zeigen häufig einen Zopf, der seitlich an der Schläfe herabhängt . . . *S*. 240

K

KA - eine zweite Wesensform des Menschen mit der gleichen Gestalt, jedoch dargestellt mit dem hieroglyphischen Zeichen Ka, den beiden erhobenen Armen, auf dem Kopf. Es verkörpert die Gesamtheit aller Lebenskraft verleihenden Eigenschaften und beschützt den Menschen . . . . *S*. 146

KAB, EL- - Ort in Oberägypten, etwa 90 km südlich von Theben auf der rechten Nilseite an der Mündung eines Wadis. Amenophis III. ließ dort ein Barkensanktuar für die Lokalgöttin Nechbet errichten . *S*. 22

KADESCH - Ort am Orontes beim heutigen Hama. Dort fand die berühmte Schlacht Ramses' II. gegen die verbündeten Truppen des Mittleren Orients statt. Der unentschiedene Ausgang der Schlacht wurde auf ägyptischer Seite als Sieg dargestellt . . . . *S*. 4, 125, 236 *Abb*. 108, 365

KAMOSE - letzter König der 17. Dynastie, aus Theben . . . . . . *S*. 2

KANOPEN - die vier Gefäße für die mumifizierten Eingeweide des Verstorbenen. Die Bezeichnung ist von Kanopos, dem Ort im Delta, abgeleitet, wo man, wie die Griechen erzählten, eine Gottheit in Gestalt eines Gefäßes verehrte . . . . . . *S*. 260, 322 *Abb*. 208, 256, 339

KARNAK - Tempelbezirk für Amun, Mut und deren Sohn Chons, der von einer hohen Umfassungsmauer aus luftgetrockneten Lehmziegeln umgeben war und den heiligen Bezirk der Stadt Theben darstellte. Der arabische Name Karnak bedeutet ‹befestigte Stadt› . . . . *S*. 2-4, 9, 10, 17, 19, 21, 22-24, 41, 67, 68, 74, 75, 97, 106, 109, 119, 146, 170, 182, 189, 190, 196, 277, 306-315, 317, 318 *Abb*. 3-12, 16-18, 20, 21, 57-59, 108, 109, 130, 132-136, 139-142, 147, 153, 154, 156, 164, 169-172, 175, 181-183, 186, 187, 283, 284, 294-297, 299, 301, 312, 319, 326, 343, 361, 367, 376-378, 381-388, 392

KARTUSCHE - längliches Oval, das den Geburts- und Krönungsnamen des Königs, zwei der fünf Namen seiner Titulatur, umschließt und an der hinteren Schmalseite durch einen Balken begrenzt wird. Die Kartusche entstand aus dem Zeichen des Kreises, dem Symbol der Sonnenbahn und des Universums, in dem der König regiert. Die in Kartuschen stehenden Namen dürfen bei der Darstellung des Königs nicht fehlen. Die erste Kartusche trägt den Titel ‹König von Ober- und Unterägypten› oder ‹Herr der beiden Länder›, die zweite den Titel ‹Sohn des Sonnengottes› oder ‹Herr der Kronen› . . . . *S*. 42, 60, 190, 192, 196, 220, 231, 256 *Abb*. 189-191, 205, 219, 220, 251, 275, 335

KAWA - nubischer Ort auf dem rechten Nilufer oberhalb des 3. Katarakts, gegenüber dem heutigen Dongola . *S. 9*

KEBECHSENUEF - falkenköpfiger Schutzgott, eines der vier Horuskinder . . . . *S. 260*

KENAMUN - Oberdomänenvorsteher unter Amenophis II. Sein Grab (Nr. 93) in Scheich Abd el-Gurna in Theben West gehörte ehemals zu den schönsten Privatgräbern der Nekropole, ist aber heute stark zerstört . . . .
S. 80, 158, 190 Abb. 65, 258, 259

KENOTAPH - leeres Grab, für einen andernorts bestatteten Toten errichtet *S. 42, 60 Abb. 32, 318, 319*

KIOSK - s. BARKENSANKTUAR

KÖNIGSKOPFTUCH (NEMES) - plissiertes Tuch als Kopfbedeckung des Herrschers, bestehend aus zwei Kopftuchlappen, die vorn über die Schulter fallen, und aus einem Zopf im Rücken. Die altägyptische Bezeichnung ist ‹nemes› . . . . . .
S. 182, 188 Abb. 164, 174

KOHEL - Schminkfarbe auf der Basis von Bleiglanz, mit der sich die alten Ägypter bemalten, um ihre Augen vor Krankheiten zu schützen. Die Schminke wurde in Gefäßen aus Holz, Elfenbein oder grüner Fritte aufbewahrt, in denen ein kleiner Griffel steckte. Die Gefäße hatten Pflanzen- oder Tiergestalt und trugen reliefierte Zeichen, die auf die prophylaktische Bedeutung ihres Gebrauchs anspielten. . *S. 240, 246*

KOR - Ort im Gebiet des 2. Katarakts, im Norden des heutigen Sudan *S. 65*

KRAGGEWÖLBE - Überdeckungsvorrichtung aus Ziegeln oder Stein, bei der jede Lage einige Zentimeter über die darunterliegende vorkragt, so lange, bis der zu überdeckende Zwischenraum so eng geworden ist, daß ein einziger Ziegel oder Stein über die Lücke hinwegreicht. Je nachdem, ob die Steine nur bei zwei gegenüberliegenden oder bei allen vier Wänden vorkragen, erhält man ein Gewölbe mit deutlich dreieckigem Profil oder eine Art Kuppel mit vier Graten, die von den Ecken des Raums ausgehen . . . . *S. 42*

KRONE, BLAUE oder CHEPRESCH - manchmal auch Kriegshelm genannt. Sie wurde dem König bei der Krönung neben den anderen Herrschaftsinsignien durch die Gottheit verliehen. Die Krone ist direkt vor Beginn des Neuen Reiches erstmals belegt; sie ist blau, seltener schwarz und gewöhnlich mit gelben Ringen besetzt . . *S. 150, 158, 188*

KUMMA - Festung auf dem rechten Nilufer am 2. Katarakt . . . *S. 325*

KURNET MURAI - Hügel im Süden der thebanischen Nekropole, nahe von Deir el-Medineh *Abb. 101, 103*

KUS - Stadt in Oberägypten, 31 km nördlich von Luxor . . *Abb. 245*

KUSCHITEN - Sammelbezeichnung für einige ostafrikanische, nicht semitische Völker . . . . . *S. 313*

L

LEPSIUS, Karl Richard (1810-1884) - deutscher Ägyptologe, der das philologische Erbe Champollions weiterführte. In einer großangelegten Expedition reiste er flußaufwärts durch Ägypten mit den angrenzenden Wüsten und kam bis nach Nubien und in das entfernte Meroe, um die auf den Denkmälern dieser Gebiete dargestellten Szenen und Inschriften aufzunehmen (1842-1845). Das zusammengetragene Material veröffentlichte er in zwölf umfangreichen Bänden unter dem Titel ‹Denkmäler aus Ägypten und Äthiopien›. Seine außerordentlich zahlreichen historischen, archäologischen, epigraphischen und philologischen Arbeiten sind heute noch unentbehrlich
S. 45

LIBANON - Landstrich an der Ostküste des Mittelmeers. Zwischen Ägypten und dem Libanon herrschten rege wirtschaftliche Kontakte
S. 189

LIBU - libyscher Volksstamm, der im späten Neuen Reich mit Ägypten in kriegerischer Auseinandersetzung stand. . . . . *S. 4*

LIBYER (LIBYEN) - Stammesgruppen nordwestlich von Ägypten, die seit der 19. Dynastie nach Ägypten drängten. Darstellungen unterworfener Libyer finden sich in Gräbern und Tempeln . . . . *S. 125, 207, 321 Abb. 76, 120, 121, 182, 183, 344*

LISCHT - Ort nördlich der Einmündung des Fayum in das Niltal; Hauptstadt Ägyptens im Mittleren Reich . . . . *S. 246*

LUXOR - moderner Ort auf dem Ostufer des Nils bei Theben, 2,5 km südlich von Karnak, mit dem es durch eine von Sphingen gesäumte Prozessionsstraße verbunden ist. Anstelle eines älteren Heiligtums errichtete Amenophis III. den südlichen Harim des Amun, einen bedeutenden Tempel nach einheitlichem Plan. Anläßlich des ‹Schönen Festes von Opet› besuchte Amun in festlicher Barkenprozession seinen Harim. Tutanchamun stattete die riesige Eingangshalle mit der Darstellung dieses Festes aus. Ramses II. fügte dem Tempel nach Norden einen Säulenhof mit Pylon und Obelisken an. Auf dem Pylon ließ er die Schlacht um Kadesch darstellen . . . . *S. 3, 4, 14, 17, 21, 22, 24, 28, 69, 75, 117, 145, 190, 192, 277, 306, 311, 314, 315 Abb. 13, 15, 19, 88, 317, 359, 389-391*

M

MAAT - Göttin der Gerechtigkeit und der Wahrheit, dargestellt als junge Frau mit einer Straußenfeder auf dem Kopf. Der Begriff der Maat ist ein wesentlicher Bestandteil der ägyptischen Philosophie; er bezieht sich gleichzeitig auf die kosmische Ordnung, die der Weltschöpfer seit der Erschaffung der Welt zu verwirklichen sucht. Die Maat gewährleistet die Ordnung in der Welt, obwohl sie ständig durch die Kräfte der Anarchie und des Chaos bedroht wird . . . .
S. 2, 106, 262, 306, 315 Abb. 218

MAJA - Architekt und Bauleiter unter Haremheb . . . . *S. 31*

MALQATA - Palastanlage Amenophis' III. im äußersten Süden von Theben West, südlich von Medinet Habu. Der aus ungebrannten Lehmziegeln errichtete Palast wurde ‹Haus des Jubels› genannt *S. 62 Abb. 249*

MANANA - Gemahlin des Chaemwese, deren Statue in Tell Basta bei Zagazig im Ostdelta gefunden wurde
Abb. 316

MARJANNU - Oberschicht in der syrischen Gesellschaft . . . *S. 145*

MARU-ATON - Palastgarten in der Südstadt von Amarna mit einem Tempelchen . . . . . . *S. 64*

MASTABA - arabische Bezeichnung für einen bestimmten Typus von Privatgräbern des Alten Reiches, die Mariette in Gisa und Saqqara fand. Die Form ihres Oberbaus ähnelt der einer Bank, wie sie vor ländlichen

Häusern oder um sie herum noch heute zu finden ist. Mariette führte die Bezeichnung Mastaba als archäologischen Terminus ein. Eine Mastaba besteht aus zwei verschiedenen Teilen: dem rechteckigen Oberbau aus Lehmziegeln oder aufgemauerten Steinen und einem in den Fels gehauenen unterirdischen Raum, der durch einen senkrechten Schacht mit dem Oberbau verbunden ist. Dieser Oberbau war ursprünglich nicht zugänglich; später wurde ein Gang in ihm angelegt, bis schließlich viele Räume in der Mastaba entstanden, die die beiden wichtigsten Kultstätten enthielten, den Opferraum und den ‹serdab›. In dem unterirdischen Raum, dem Grabraum, stand der Sarkophag. Gänge und Räume des Oberbaus waren häufig mit Reliefs und Malereien geschmückt . . . . *S*. 79

MEDINET GUROB - s. GUROB

MEDINET HABU - Dorf im Süden von Theben West mit dem Totentempel Ramses' III., der größten Anlage, die heute noch zu sehen ist. In seiner Ziegelumfassungsmauer liegt auch ein Barkensanktuar von Hatschepsut und Thutmosis III.; früher Djeme . . . . *S*. 4, 23, 26, 52, 62, 129, 130, 145, 167, 200, 277, 321 *Abb*. 2, 14, 41-46, 111-114, 120, 121, 138, 145, 178, 373, 409

MEGIDDO - kanaanäische Stadt, die von Thutmosis III. eingenommen wurde . . . . *S*. 2

MEIDUM - Dorf am nördlichen Eingang des Fayum. Nordwestlich davon erhebt sich die große Stufenpyramide, die wahrscheinlich von Snofru erbaut worden ist . . *S*. 149

MEMNONIUM - Totentempel Amenophis' III. in Theben West. Außer den ‹Memnonskolossen›, die vor dem Eingangspylon standen, ist nichts mehr von ihm erhalten. Beide Kolosse zeigen Amenophis III. auf einem Thron. Zu beiden Seiten stehen seine Mutter Mutemwija und seine Gemahlin Teje. Die Griechen sahen in den Kolossen Memnon, den Sohn der Aurora. Sie sind aus einem einzigen rötlichen Quarzitblock geschlagen und wurden bei einem Erdbeben im Jahr 27 v. Chr. beschädigt. Seither gaben sie bei Tagesanbruch einen Ton von sich. Erst nachdem sie restauriert worden waren, hörten sie auf zu ‹singen› *S*. 38, 318 *Abb*. 29

MEMNONSKOLOSSE - s. MEMNONIUM

MEMPHIS - Hauptstadt und Verwaltungszentrum in Unterägypten, 28 km südlich des heutigen Kairo; Memphis war Kultort des Gottes Ptah, der vor allem in der Ramessidenzeit an Bedeutung gewann *S*. 18, 26, 30, 111, 112, 149, 190, 192, 196 *Abb*. 226, 260, 261, 342, 349, 355, 360

MEN - berühmter Bildhauer unter Echnaton . . . . *S*. 167

MENCHEPERRESENEB - Erster Prophet Amuns unter Thutmosis III. Sein Grab (Nr. 86) liegt in Scheich Abd el-Gurna . . . . . . *S*. 87 *Abb*. 309

MENENA - Katasterschreiber der königlichen Ländereien in Ober- und Unterägypten, wahrscheinlich unter Thutmosis IV. Sein Grab (Nr. 69) liegt in Scheich Abd el-Gurna . . . *S*. 80, 82 *Abb*. 64, 310, 311

MENES - Name eines Königs, den Herodot als ersten Herrscher Ägyptens bezeichnet hat. Er ist als König Meni im Turiner Königspapyrus und in der Königsliste von Abydos aufgeführt. Nach Manethos Angaben kam er aus This bei Abydos und vereinigte als erster König Ober- und Unterägypten. Er gründete Memphis unter dem Namen ‹Weiße Mauern›. Menes ist zweifellos mit dem Horus Narmer zu identifizieren, dem ersten König des Südens und des Nordens, was durch Denkmäler dieser Epoche gut belegt ist. Manchmal wird er auch mit Hor Aha gleichgesetzt, den wir jedoch eher als zweiten König der 1. Dynastie, Athothis, ansehen . . . . *S*. 42

MENIT - Halskragen mit schwerem Gegengewicht, der als Schmuck, aber auch als Kultgerät Verwendung fand. Wegen seines musikalischen Klangs, der bei seiner Bewegung entstand, wurde er verwendet, wollte man die Götter erfreuen . . . *S*. 167, 231, 248, 260, 262, 275 *Abb*. 129

MENTUHOTEP - vierter König der 11. Dynastie, aus Theben stammend *S*. 316

MERENPTAH (um 1224-1204) - dreizehnter Sohn Ramses' II. und dessen Nachfolger. Er hatte Kämpfe mit den einmarschierenden Libyern zu bestehen . . . . *S*. 190, 196, 207, 214, 318 *Abb*. 22

MERETSEGER - Lokalgöttin der thebanischen Nekropole, die der Hathor, der Herrin der Westwüste, angeglichen wurde. Meretseger, «die die Stille liebt», erscheint in Gestalt einer Schlange, die, wie man glaubte, das ‹Horn von Gurna› bewohnte, den Berg, der die Nekropole auf der thebanischen Westseite beherrscht *Abb*. 141

MERITAMUN - Königin, Tochter von Echnaton und Nofretete, Gemahlin des Semenchkare *Abb*. 211

MESCHWESCH - berberischer Stamm, der seit der 19. Dynastie Ägypten von Westen bedrängte *S*. 4

MIGDOL - zinnenbekrönter Turm, eine Architekturform aus dem Vorderen Orient . . . . *S*. 52, 321 *Abb*. 44, 373

MIN - ithyphallischer Gott aus der Gegend von Koptos und aus der Ostwüste, wo er in griechischer Zeit dem Gott Pan angeglichen wurde. In den Darstellungen hat er nur einen Arm, der erhoben ist und in der Hand eine Geißel hält. Neben ihm sind ein Beet mit Lattich, der ‹Garten des Min›, und ein Zelt (?) gezeigt, wie es die Beduinen in der Wüste benutzen . . . . *S*. 321

MINNACHT - Oberaufseher der Speicher in Ober- und Unterägypten, Oberaufseher der Pferde des Herrschers der beiden Länder und königlicher Schreiber. Sein Grab (Nr. 87) liegt in Scheich Abd el-Gurna . . . *S*. 77, 99 *Abb*. 63, 82

MINNACHT - General der Nachamarnazeit . . . . *S*. 183

MITANNI - Landschaft in der syrischen Wüste mit der Hauptstadt Waschukanni, die noch nicht wiedergefunden werden konnte. Die Bevölkerung war indogermanischen Ursprungs. Ihre als hurritisch bezeichnete Kultur ist von Mesopotamien beeinflußt . . . *S*. 1, 2, 231

MONTH - thebanischer Gott, der Kriegsgott, der in Menschengestalt mit Falkenkopf, der Sonnenscheibe und dem Doppeluräus dargestellt wurde. Er wurde von Amun verdrängt und in den vier bedeutendsten Tempeln des thebanischen Raums verehrt, in Medamud, Karnak Nord, Tod und Armant . . . . *S*. 21, 22, 23, 133, 145, 306, 315, 321 *Abb*. 298, 376, 392

MUNDÖFFNUNG - rituelle Handlung, durch die Tempel- und Grabstatuen ‹belebt› werden sollten. Die Mundöffnung wurde durch einen Priester auch an der Mumie vollzogen, die bei der Bestattung am Eingang des Grabes aufgestellt war, damit der Verstorbene auf magische Weise seine Seele finden und im Jenseits seinen Weg durch die Ewigkeit antreten könne . . . . S. 257

MUSIK UND TANZ - sie sollten die Gäste des Grabherrn beim Gastmahl unterhalten. Zu den schon im Alten und Mittleren Reich am häufigsten verwendeten Instrumenten, Flöte und Harfe, kamen im Neuen Reich Leier, Laute und neue Harfenformen hinzu, die aus Vorderasien nach Ägypten eingeführt worden waren
S. 92 Abb. 78-80

MUT - göttliche Gemahlin Amuns. Ihr ist eine Tempelanlage südlich des Amun-Bezirks in Karnak geweiht, mit mehreren Tempeln und dem Heiligen See, dem Ischeru. Zahlreiche Statuen der löwenköpfigen Göttin Sachmet stehen dort . .
S. 4, 14, 21-23, 41, 145, 155, 158, 163, 186, 190, 306, 321 Abb. 145, 147, 169, 172, 376

MUTNEDJMET - Gemahlin von Haremheb . . . *S. 186 Abb. 169*

MYKERINOS - König der 4. Dynastie
S. 180

N

NACHT - Wesir und Statthalter von Amarna . . . . *S. 64*

NACHT - Schreiber und Stundenbeobachter Amuns unter Amenophis II. Sein Grab (Nr. 52) liegt in Scheich Abd el-Gurna . . . . *S. 76, 80, 82, 92, 94 Abb. 61, 62, 77, 80*

NAOS - kleines Heiligtum oder Kapelle für eine Götterstatue . . . . .
S. 14, 197, 222, 275, 310 Abb. 176, 209, 375

NEB - hieroglyphisches Zeichen, das einen Korb darstellt und unter anderem die Gesamtheit bezeichnet . .
Abb. 206

NEBAMUN - Oberaufseher der Kornspeicher Amuns, der wahrscheinlich unter Thutmosis III. lebte. Sein Grab (Nr. 146?) liegt wahrscheinlich in Dra Abu'l-Naga. Die Grabmalereien befinden sich heute im British Museum *S. 97 Abb. 66, 79*

NEBAMUN - Standartenträger der heiligen Barke, Polizeichef von The-

ben West unter Thutmosis IV. oder Amenophis III. Sein Grab (Nr. 90) liegt in Scheich Abd el-Gurna . . .
S. 87 Abb. 73, 81

NEBAMUN und IPUKI - Oberbildhauer und Bildhauer des Herrn der beiden Länder unter Amenophis III. und Amenophis IV. Ihr Grab (Nr. 181) liegt in Chocha . . . .
S. 91, 101 Abb. 85, 86, 279, 324

NEBMERUTEF - königlicher Schreiber der 18. Dynastie . . . *Abb. 152*

NEFERHOTEP - Gottesvater des Amun in der Zeit des Haremheb. Sein Grab (Nr. 30) liegt in Scheich Abd el-Gurna . . . . . *Abb. 280*

NEFERHOTEP - oberster Schreiber Amuns, wahrscheinlich in der Zeit des Eje. Sein Grab (Nr. 49) liegt in Chocha . . . . *S. 21*

NEFERTARI - große königliche Gemahlin Ramses' II. Ihr Grab im Tal der Königinnen ist der Harmonie seiner Formen und Farben wegen ein Meisterwerk der Sakralkunst nach der Restauration unter Sethos I. In Abu Simbel erbaute Ramses II. den kleinen Tempel für den Kult seiner Gemahlin (Tempel der Königin) . . .
S. 49, 60, 137, 190 Abb. 37, 48, 52, 117, 225, 366, 371

NEFERTEM - Götterkind der memphitischen Triade, Sohn von Ptah und Sachmet . . . . *S. 42*

NEFRURE - Tochter der Königin Hatschepsut . . . .
S. 152 Abb. 135, 136, 294

NEKTANEBOS I. und NEKTANEBOS II. - Könige der 30. Dynastie . . . . *S. 312, 314*

NEMES - s. KÖNIGSKOPFTUCH

NOFRETETE - Hauptgemahlin Amenophis' IV. (Echnatons) . . . . .
S. 2, 64, 106, 172, 176, 179 Abb. 95, 155, 159, 162, 322

NUBIEN - das sich im Niltal entlangziehende bebaubare Land südlich von Ägypten zwischen dem 1. und dem 4. Katarakt: mehr oder weniger ausgedehnte Becken, oft nur schmale, einige Meter breite Streifen. Zwischen dem 1. und dem 2. Katarakt erstreckt sich Unternubien, relativ offen und fruchtbar; stromaufwärts liegt Obernubien. Jenseits des 2. Katarakts (Wadi Halfa) dehnen sich fast 100 km weit die schrecklichen Einöden von Batn el-Haggar (der ‹Steinbauch›); mitten darin befinden sich die Stromschnellen von Semna-

Kumna; weiter im Süden bilden Sukkat und Mahass kleine Becken bis zum nächsten Riegel, dem 3. Katarakt. Weiter südwärts, in der großen Schleife, die der Nil um die nubische Wüste beschreibt, erstrecken sich riesige Becken (Dongola, Letti, Napata). Nubien ist deutlicher afrikanisch ausgeprägt als Ägypten und entwickelte sich seit der frühen Vorgeschichte im Zusammenhang mit den anderen Kulturen um die Sahara. An der Wende zur Geschichte (um 3000 v. Chr.) verbreitete sich dort die Kultur der sogenannten Gruppe A. Dann begann sich die ägyptische Politik auf Nubien auszuwirken: während des Alten Reiches schickte Ägypten Handelsexpeditionen nach Nubien. Unternubien wurde im Mittleren Reich durch einen rigorosen Festungsgürtel bei Semna in Schach gehalten; zu der Zeit entwickelte sich südlich des 3. Katarakts die sogenannte Kultur von Kerma (Reich von Kusch); mit Beginn des Neuen Reiches war ganz Nubien bis zum 4. Katarakt erobert; Napata kontrollierte die Südgrenze des Reiches und überwachte die Einfuhr von Gütern aus Innerafrika. Der nubische ‹Korridor› war unumgängliches Durchzugsgebiet zwischen Ägypten und dem übrigen Afrika; deshalb hat Nubien seit der fortschreitenden Überflutung des Tals das Interesse der Ägyptologen geweckt. Überflutet wurde das Tal zunächst durch den Bau und die spätere Erhöhung des Assuan-Damms, schließlich durch den seit 1956 erbauten Sadd el-Ali, hinter dem sich der Nasser-See, ein 500 km langer Stausee, gebildet hat, der bis zu den Stromschnellen von Dal reicht, bis an die Grenze oberhalb von Batn el-Haggar. Unter der Schirmherrschaft der UNESCO haben viele archäologische Expeditionen die nubischen Ruinen untersucht und Stücke gerettet, die hätten im Wasser versinken sollen. Das schwer zugängliche Gebiet noch weiter im Süden bleibt zukünftigen Grabungen vorbehalten *S. 1, 3, 9, 47, 65, 87, 115, 189, 190, 211, 226, 236, 238, 245, 248, 266, 277, 325 Abb. 69, 101, 103, 436*

O

OPET-FEST - eines der großen Jahresfeste im alten Ägypten. In einer großen Prozession verließ Amun in seiner Barke den Karnak-Tempel,

Saqqara, etwa 30 km südlich von Kairo. Die hohen Würdenträger des Neuen Reiches wählten Saqqara als Bestattungsort; ihre Gräber sind mit außergewöhnlich feinen Kalksteinreliefs ausgeschmückt, von denen die meisten nur als Fragmente erhalten sind. Das Grab des Generals Haremheb, dessen Lage nicht mehr bekannt war, konnte erst kürzlich durch eine gemeinsame Ausgrabung der Egypt Exploration Society und des Rijksmuseum van Oudheden in Leyden wiedergefunden werden; darin befinden sich noch feine Reliefs in situ . . . . *S.* 3, 111, 145, 149 *Abb.* 99, 100, 104, 168, 344, 347

SCHACH - s. SENET

SCHADUF - Hebevorrichtung für Wasser . . . . *S.* 211

SCHEICH ABD EL-GURNA - hoher Felshügel in Theben West, südlich von Chocha, mit der berühmtesten Anlage von Privatgräbern der 18. Dynastie. Auf der Spitze des Hügels liegt das Kuppelgrab des Lokalheiligen Abd el-Gurna *S.* 323 *Abb.* 60-65, 67-69, 71-78, 80-84, 87, 89-91, 115, 116, 241, 280, 287-289, 303, 305, 307-311, 313, 321, 352, 421

SCHENDJUT-SCHURZ - plissierter Dreiecksschurz, klassischer Kurzschurz, der während der gesamten ägyptischen Geschichte vom Pharao besonders bei kultischen Anlässen getragen wurde . . . . *S.* 192, 196

SCHIST - amphibolithisches, schieferähnliches Tiefengestein . . . . . .
S. 151, 202, 207, 214, 247, 260, 264 *Abb.* 130, 140, 150, 152, 181, 184, 185, 187, 189-199, 260, 261, 372

SCHUPPILULIUMA I. - hethitischer Großkönig (um 1380-1340 v.Chr.), der eigentliche Begründer der hethitischen Großmacht . . . . *S.* 189

SEBEKHOTEP - Aufseher des südlichen Sees und des Sees des Sobek unter Thutmosis IV. Sein Grab (Nr. 63) liegt in Scheich Abd el-Gurna
S. 87 *Abb.* 72, 74

SEBUA - s. WADI ES-SEBUA

SED - s. HEB-SED

SEDEINGA - Ort zwischen dem 2. und 3. Katarakt, etwa 200 km südlich von Wadi Halfa. Amenophis' III. ließ dort einen Tempel für seine Gemahlin Teje errichten . . *S.* 22, 50

SEEVÖLKER - verschiedene Völkergruppen, die vor allem aus Kleinasien kamen. Zusammen mit den libyschen Stämmen stellten die Seevölker eine ernste Bedrohung für Ägypten dar. Ihr Kampf gegen Ramses III. war eine der ersten großen Seeschlachten der Geschichte *S.* 4, 52, 129, 275, 321 *Abb.* 111

SELKET - skorpiongestaltige Schutzgöttin der Zauberer und Heilkundigen . . . . *Abb.* 208

SEMENCHKARE (um 1347) - Nachfolger des Königs Echnaton, dessen Tochter Meritaton bzw. Meritamun er heiratete. Vielleicht um 1349 an Koregent Echnatons . . . . *S.* 182

SEMITEN - Völker in Vorderasien, die durch eine gemeinsame Sprache, zum Teil auch gemeinsame Kultur, nicht jedoch durch die Rasse verbunden sind . . . . . *S.* 3, 87

SEMNA - große Festungsanlagen im sudanesischen Nubien im 2. Katarakt auf dem Westufer des Nils mit Nekropolen und einem Tempel, den Thutmosis III. dem nubischen Gott Dedun und dem vergöttlichten Sesostris III. weihte . . . . .
S. 325 *Abb.* 300, 428

SENET - rechteckiges Brettspiel mit verschiedenen tier- oder menschengestaltigen Spielsteinen. Das Spiel wurde in Privatgräbern des Neuen Reiches häufig dargestellt, weil man damit feindliche Wesen magisch abwehren und zur Wiederbelebung des Verstorbenen beitragen wollte . . .
S. 138, 264, 265 *Abb.* 117, 122, 268

SENMUT - Architekt der Hatschepsut und Erzieher ihrer Tochter, der Prinzessin Nefrure . . . *S.* 34, 151, 152, 155 *Abb.* 135-137, 292, 294

SENNEDJEM - ‹Diener an der Stätte der Wahrheit›, also ein Künstler, der an der Ausstattung der Königsgräber beteiligt war. Sein Grab (Nr. 1) liegt in Deir el-Medineh . . . .
S. 141 *Abb.* 123, 125, 374

SENNEFER - Oberaufseher der Kornspeicher, der Herden und Gärten Amuns und Vorsteher von Theben unter Amenophis II. Sein Grab (Nr. 96) in Scheich Abd el-Gurna zeigt im unteren Raum die Form einer Weinlaube und ist mit Weintrauben verziert . . . . *S.* 60 *Abb.* 138

SESEBI - Ort unterhalb des 3. Katarakts, etwa 260 km südlich von Wadi Halfa; Amenophis IV. gründete dort eine befestigte Stadt mit Tempel und Nekropole . . . . . . *S.* 9, 18, 65

SESOSTRIS I. - König der 12. Dynastie . . . . *S.* 21, 67, 308

SESOSTRIS III. - König der 12. Dynastie . . . *S.* 158, 325 *Abb.* 300

SETH - Gott der Gewalt, Verkörperung des Negativen. Der Sage nach tötete er seinen Bruder Osiris und kämpfte mit seinem Neffen Horus um die Königsherrschaft. Der Kult für Seth konzentrierte sich auf einige Orte in Oberägypten und vor allem auf das Ostdelta . . . .
S. 200, 310 *Abb.* 178

SETHOS I. (um 1304-1290) - Sohn Ramses' I. und Vater Ramses' II. Wegbereiter einer neuen Epoche. Er errichtete unter anderem den großen Säulensaal von Karnak und den Tempel von Abydos mit seinem Kenotaph. In den Tempelreliefs setzt sich ein klarer, sachlicher Stil durch, der sich an den Grundprinzipien der ägyptischen Kunst orientiert und damit eine neue Richtung einschlägt. Die großen Reliefzyklen mit Siegesdarstellungen wie der Eroberung der Festung von Kadesch in Karnak sind die ersten Anzeichen einer Entwicklung, die sich unter Ramses II. und III. weiter fortsetzte . . . . . .
S. 3, 7, 24, 26, 41, 42, 44, 45, 47, 48, 50, 60, 118, 119, 125, 128, 129, 133, 189, 196, 240, 275, 311, 318, 320-322 *Abb.* 5, 30-32, 105, 108, 109, 256, 275, 350, 351, 353-355, 401-405, 420

SETHOS II. (um 1204-1194) - König der 19. Dynastie . . . .
S. 28, 236, 306 *Abb.* 223

SHELLEY, Percy B. (1792-1822) - englischer Dichter . . . . *S.* 192

SICHELSCHWERT - sichelförmige Waffe, die in den Tempelreliefs dem König von der Gottheit häufig als Kultwaffe verliehen wird . . *S.* 269

SINAI - Halbinsel nordöstlich von Ägypten . . . . *S.* 167 *Abb.* 150

SISTRUM - Musikinstrument, das die Priesterinnen der Göttin Hathor spielten; es wurde aber auch im Kult für andere Götter verwendet, wenn Frauen daran beteiligt waren (z. B. für Amun, Aton, Mut, Isis) . . . .
S. 22, 31, 50, 80, 155 *Abb.* 90, 321

SITULA - kleines Henkelgefäß für Weihwasser, das vor allem im Isis-Kult verwendet wurde . . . *S.* 260

SKARABÄUS - Bezeichnung für den Mistkäfer, der als heiliges Tier verehrt und mit der aufgehenden Sonne identifiziert wurde - eine Vorstellung, die sich ableitet von dem Bild des Käfers, der seine Eier in einer großen Mistkugel vor sich herschiebt. Seit

FOTO- UND BILDQUELLEN

I. Fotografen

Babey-Ziolo, Paris: Abb. 113, 283
Barguet, P., Paris: Abb. 8, 12, 14, 19, 29, 39, 43, 51, 296-299, 301, 312, 343, 345, 353, 361, 366, 377, 381-383
Bothmer, Berlin: Abb. 157, 160, 325, 372
Boudot-Lamotte, Paris: Abb. 24
Chuzeville, Paris: Abb. 260, 261, 348
Desroches-Noblecourt, C., Paris: Abb. 256, 273
Gout, J.-F., Kairo: Abb. 3
Hassia, Paris: Abb. 156, 183
Müller, H. W., Tutzing: Abb. 93, 100, 104, 307, 319, 326, 331
Nelson, O. E., New York: Abb. 329
Pozzo Gros Monti, Turin: Abb. 267
Thiem, E., München: Abb. 62, 73, 83, 85, 125, 284, 288, 313, 322

II. Institute, Universitäten, Museen, Sammlungen, Archive

BERLIN, Bildarchiv Preußischer Kulturbesitz: Abb. 95, 151, 159, 254, 318, 320, 375
BOLOGNA, Fotofast: Abb. 213, 347
CHICAGO, Field Museum of Natural History: Abb. 294
EDINBURGH, Royal Scottish Museum (mit freundlicher Genehmigung des Royal Scottish Museum): Abb. 185
HILDESHEIM, Pelizaeus-Museum: Abb. 314, 315
KAIRO, Centre de Documentation et d'Études sur l'Ancienne Égypte: Abb. 36, 37
  Deutsches Institut - Dietev Johannes: Abb. 76
  Mission archéologique Soleb-Sedeinga M. S. Giorgini: Abb. 40
KOPENHAGEN, Ny Carlsberg Glyptotek: Abb. 360
LEIDEN, Rijksmuseum van Oudheden: Abb. 99, 344
MÜNCHEN, Privatsammlung: Abb. 72
NEW YORK, Brooklyn Museum (mit freundlicher Genehmigung des Brooklyn Museum): Abb. 144, 330

Charles Edwin Wilbour Fund: Abb. 148, 250, 276, 292
Sammlung N. Schimmel: Abb. 94
The Metropolitan Museum of Art: Abb. 87, 133, 188, 222, 306, 369, 370
Theodore Davis Collection, Bequest of Theodore M. Davis, 1915: Abb. 149
Rogers Fund, 1911: Abb. 163
Rogers Fund, 1916: Abb. 286
Rogers Fund, 1922: Abb. 350
Rogers Fund, 1930: Abb. 290
Rogers Fund, 1933: Abb. 176
Rogers Fund and contributions from Edward S. Harkness, 1929: Abb. 291
Museum Excavations, 1926-1928: Abb. 131
Gift of George F. Baker and Mr. and Mrs. V. Everit Macy, 1920: Abb. 302
Gift of Mr. and Mrs. V. Everit Macy, 1923: Abb. 342
OXFORD, Ashmolean Museum: Abb. 323
PARIS, Agence Rapho-Audrain-Samivel: Abb. 38
Gallimard, Photothek: Schutzumschlag, Abb. 1, 4-7, 9-11, 13, 16-18, 20-23, 25-28, 30, 31, 33-35, 41, 44-50, 52-61, 63-71, 74, 75, 77, 79-82, 84, 86, 88-92, 97, 98, 101-103, 105-112, 115-122, 124, 126-130, 132, 134-143, 145-147, 150, 152-155, 158, 161, 162, 164-175, 177, 178, 180-182, 184, 186, 187, 189-212, 214-221, 223-242, 244-249, 251-253, 255, 257-259, 262-266, 268-272, 274, 275, 277-281, 287, 289, 293, 295, 303-305, 308-311, 316, 321, 324, 327, 328, 332-341, 349, 351, 352, 354-359, 363, 364, 367, 371, 373, 374, 391
Gallimard, Photothek - Eric Pollitzer: Abb. 96, 243, 285
Giraudon: Abb. 15, 78, 114, 123
Privatarchive: Abb. 42, 317, 362
PHILADELPHIA, The University Museum: Abb. 179
WIEN, Kunsthistorisches Museum: Abb. 346

III. Veröffentlichungen in Buchform und in Zeitschriften

Barguet, P., vgl. Bibliographie Nr. 10: Abb. 384
Barguet, P., und Leclant, J., vgl. Bibliographie Nr. 14: Abb. 392
Borchardt, L., vgl. Bibliographie Nr. 19 (mit Änderungen von P. Barguet): Abb. 378
Bruyère, B., vgl. Bibliographie Nr. 28: Abb. 422-426
Caminos, R. A., Surveying Semna Gharbi. In: Kush XII, 1964: Abb. 300
Centre de Documentation et d'Études sur l'Ancienne Égypte, Kairo: Abb. 408
Centre de Documentation et d'Études sur l'Ancienne Égypte, Kairo - Clère, P., und Fouad, M.: Abb. 365
Chevrier, H., Rapport sur les travaux de Karnak (nov. 1926 - mai 1927). In: Annales du Service des Antiquités de l'Égypte XXVII, 1927 (mit Änderungen von P. Barguet): Abb. 388
Clarke, S., Ancient Egyptian Frontier Fortresses. In: The Journal of Egyptian Archaeology III, part I, 1916: Abb. 428
Davies, N. de Garis, vgl. Bibliographie Nr. 59 (mit Änderungen von P. Barguet): Abb. 421
Frankfort, H., vgl. Bibliographie Nr. 74: Abb. 32, 401, 402
Ghazouli, E. B., vgl. Bibliographie Nr. 78: Abb. 403, 404
Hölscher, U., The Excavations of Medinet Habu. General plans and view I = The University of Chicago, Oriental Institute Publications XXI: Abb. 2, 409
Lauffray, J., Sauneron, S., und Anus, P., Rapport sur les travaux de Karnak, Activités du centre franco-égyptien en 1967-1968. In: Kêmi XIX, 1969: Abb. 376
Lepsius, K. R., Denkmäler aus Ägypten und Aethiopien I. Berlin, 1849: Abb. 282
Naville, E., vgl. Bibliographie Nr. 121: Abb. 393 (mit Änderungen von P. Barguet), 394
Pendlebury, J. D. S., vgl. Bibliographie Nr. 127: Abb. 379, 380, 427
Perrot, G., und Chipiez, C., vgl. Bibliographie Nr. 128: Abb. 385, 387

Prisse d'Avennes, E., vgl. Bibliographie Nr. 133: Abb. 282, 386, 389

Robichon, C., und Varille, A., vgl. Bibliographie Nr. 142: Abb. 399, 400

Scamuzzi, E., L'Art égyptien au Musée de Turin. Paris, 1966: Abb. 368

Schiff Giorgini, M. S., vgl. Bibliographie Nr. 149: Abb. 395-398

Schott, S., vgl. Bibliographie Nr. 154: Abb. 405

Schwaller de Lubiez, R. A., Le Temple dans l'homme. Kairo, 1949: Abb. 390

Vandier, J., vgl. Bibliographie Nr. 168: Abb. 406, 407, 410-420

Woldering, I., Égypte. L'Art des Pharaons. Paris, 1963: Abb. 403

Yoyotte, J., Le Trésor des pharaons. Genf, 1968 (mit Änderungen von P. Barguet): Abb. 431

Die Pläne wurden von CLAUDE ABEILLE, die Karten von JACQUES PERSON angefertigt.

Deutsche Kartographie: ALFRED BERON

KARTEN

ÄGYPTEN UND NUBIEN

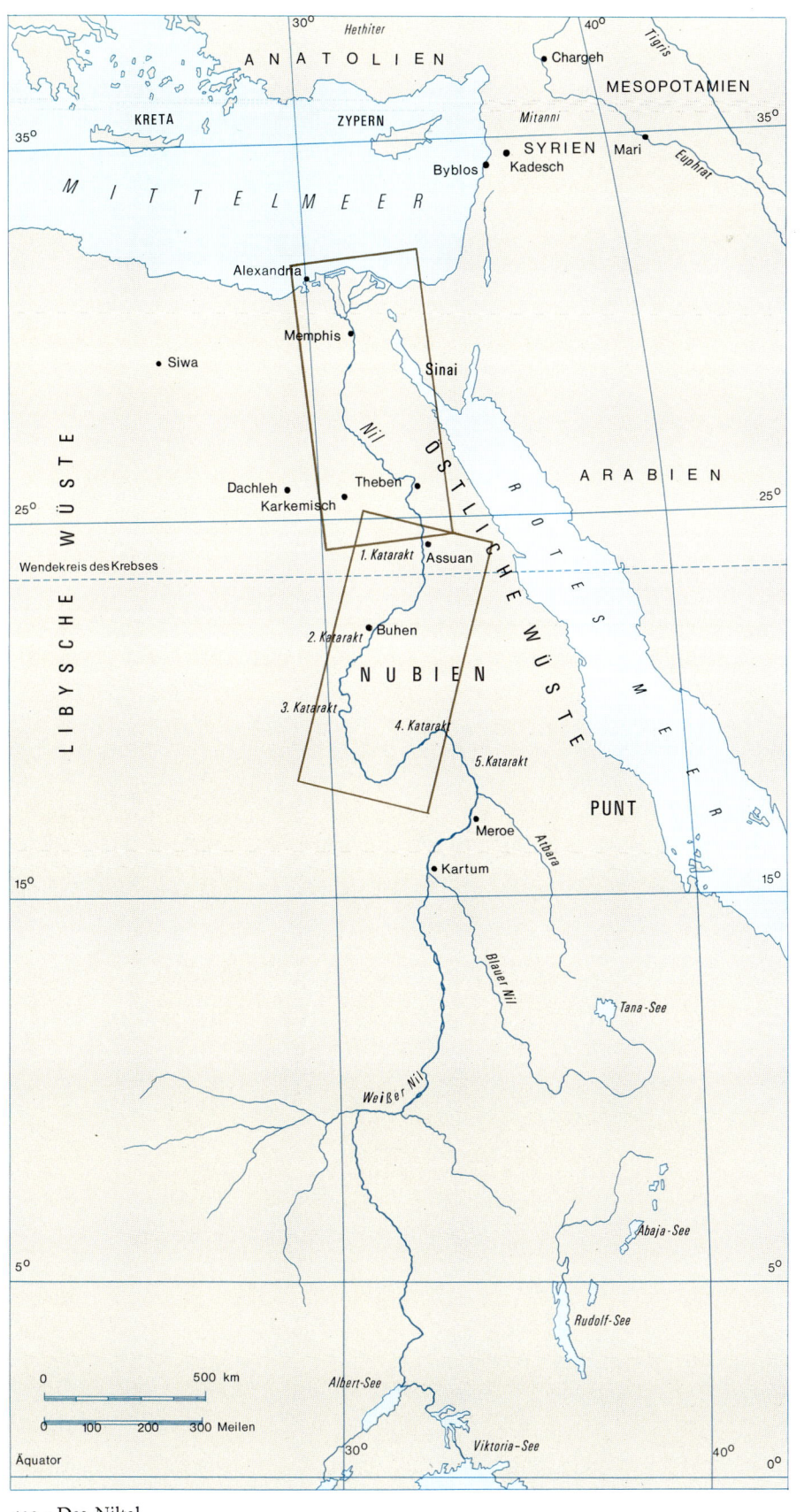

Left map (429 - Das Niltal):

ANATOLIEN
Chargeh
MESOPOTAMIEN
Hethiter
KRETA
ZYPERN
Mitanni
SYRIEN
Byblos
Kadesch
Mari
Euphrat
Tigris
MITTELMEER
Alexandria
Memphis
Siwa
Sinai
ARABIEN
LIBYSCHE WÜSTE
OSTLICHE WÜSTE
Nil
ROTES MEER
Dachleh
Theben
Karkemisch
Wendekreis des Krebses
1. Katarakt
Assuan
2. Katarakt
Buhen
NUBIEN
3. Katarakt
4. Katarakt
5. Katarakt
PUNT
Meroe
Atbara
Kartum
Blauer Nil
Tana-See
Weißer Nil
Abaja-See
Rudolf-See
Albert-See
Äquator
Viktoria-See

0   500 km
0 100 200 300 Meilen

429 - Das Niltal

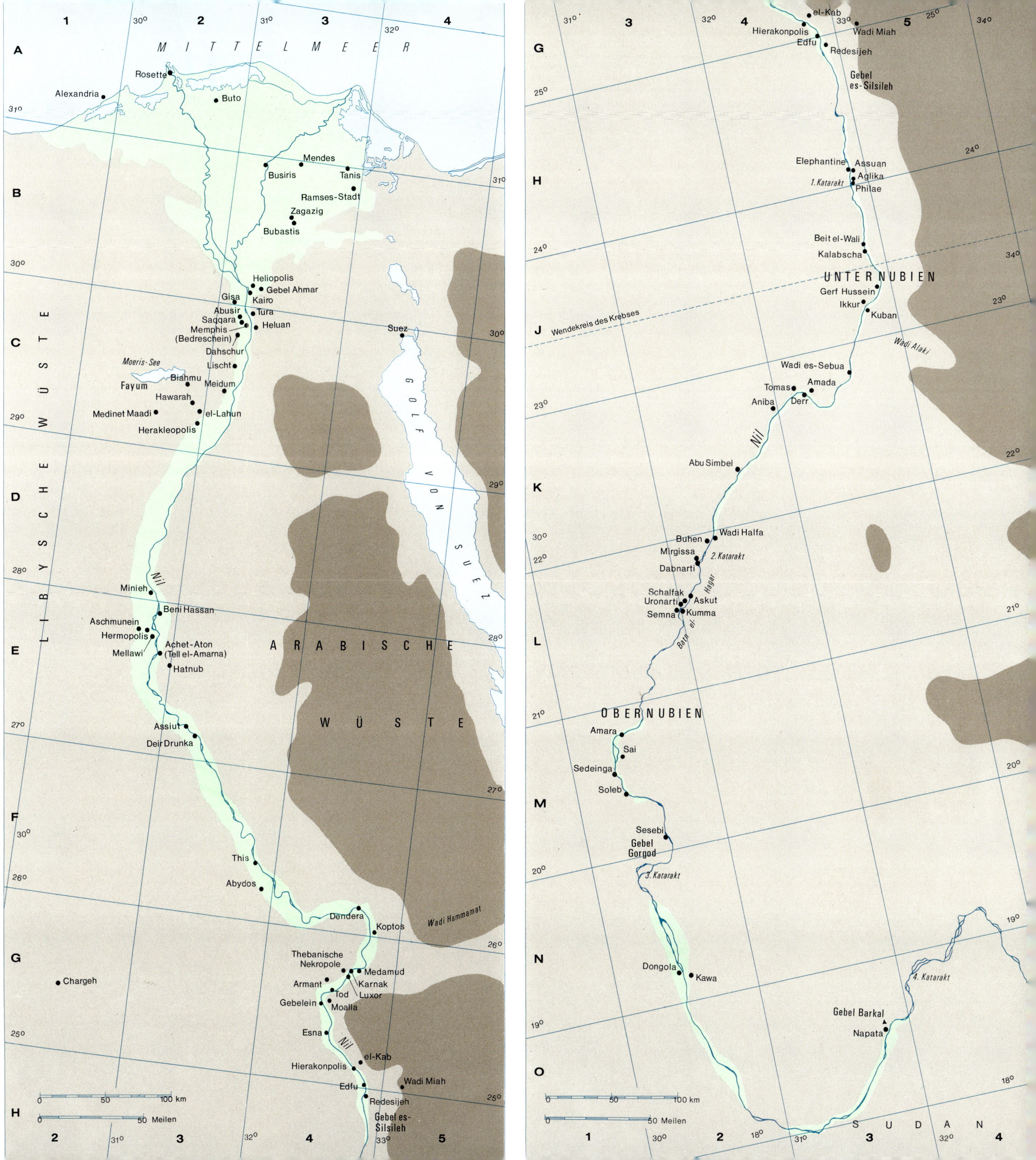

Middle map (430 - Ägypten und Nubien):

MITTELMEER
Rosette
Alexandria
Buto
Mendes
Busiris
Tanis
Ramses-Stadt
Zagazig
Bubastis
Suez
Heliopolis
Gebel Ahmar
Gisa
Kairo
Abusir
Saqqara
Tura
Memphis (Bedreschein)
Heluan
Dahschur
Lischt
Moeris-See
Bischmu
Meidum
Fayum
Hawarah
Medinet Maadi
el-Lahun
Herakleopolis
GOLF VON SUEZ
LIBYSCHE WÜSTE
Nil
ARABISCHE WÜSTE
Minieh
Beni Hassan
Aschmunein
Hermopolis
Achet-Aton (Tell el-Amarna)
Mellawi
Hatnub
Assiut
Deir Drunka
This
Abydos
Wadi Hammamat
Dendera
Koptos
Thebanische Nekropole
Medamud
Armant
Karnak
Tod
Luxor
Gebelein
Moalla
Esna
Nil
el-Kab
Hierakonpolis
Wadi Miah
Edfu
Redesijeh
Gebel es-Silsileh
Chargeh

0   50   100 km
0   50 Meilen

430 - Ägypten und Nubien

Right map:

el-Kab
Hierakonpolis
Wadi Miah
Edfu
Redesijeh
Gebel es-Silsileh
Elephantine
Assuan
1. Katarakt
Aglika
Philae
Beit el-Wali
Kalabscha
UNTER NUBIEN
Gerf Hussein
Ikkur
Kuban
Wendekreis des Krebses
Wadi Alaki
Wadi es-Sebua
Tomas
Amada
Aniba
Derr
Nil
Abu Simbel
Buhen
Wadi Halfa
Mirgissa
2. Katarakt
Dabnarti
Schalfak
Uronarti
Askut
Semna
Kumma
Batn el-Hagar
OBERNUBIEN
Amara
Sai
Sedeinga
Soleb
Sesebi
Gebel Gorgod
3. Katarakt
Dongola
Kawa
4. Katarakt
Gebel Barkal
Napata
SUDAN
0   50   100 km
0   50 Meilen

Tal der Affen

Tal der Könige

Straße zum Tal der Könige

Gräber

Gräber der 11. Dynastie

Saft el-Leben

Tempel der Hatschepsut

Tempel Thutmosis' III.

Deir el-Bahari

Assassif

1604

Tempel des Mentuhotep

Horn von Gurna

Dra Abu'l-Naga

Scheich Abd el-Gurna

el-Choha

Gräber der Vornehmen

Tempel Sethos' I.

GURNA

Tal der Königinnen

Tempel der Hathor

Tempel Thutmosis' III.

Gräber

Tempel Amenophis' II

Deir el-Medineh

Tempel Ramses' II. (Ramesseum)

Kurnet Murai

Tempel des Merenptah

Kom el-Hetan

Tempel des Amenophis, Sohn des Hapu

Tempel Amenophis' III. (Amenophium)

Memnonskolosse

Palast Amenophis' III.

Tempel Ramses' III.

Medinet Habu

Malqata

Birket Habu

Moderner Kanal

KARNAK

Month-Tempel

Tempel des Amun-Re

Aton-Tempel

Chons-Tempel

Mut-Tempel

Theben

Sphinxallee

Nil

Deir Chelluit

Tempel der Isis

Tell el-Karafa

Großer Tempel

LUXOR

0   200   400   600   800 1000 m

0   0.5 Meilen

431 - Die Umgebung von Theben